ホールの響きと音楽演奏

著者　ユルゲン・メイヤー
訳者　日高　孝之

市ヶ谷出版社

Copyright 1972/2004 by Jürgen Meyer
Translation of the fifth edition, originally published by
PPVMEDIEN GmbH, Edition Bochinsky, Bergkirchen
Japanese translation rights arranged with PPVMEDIEN GmbH
Through Japan UNI Agency, Inc.

ISBN 978—4—87071—279—9

図1.3 バンベルク「Sinfonie an der Regnitz」のヨセフ・カイルベルトホール(Sradthallen GmbH, Bamberg)

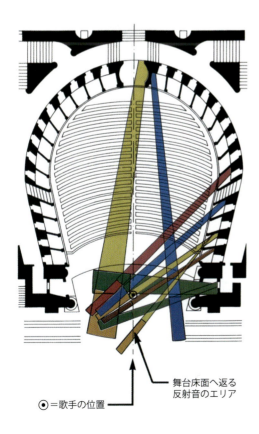

⦿ = 歌手の位置

舞台床面へ返る反射音のエリア

図1.22 ナポリ・サンカルロ歌劇場において歌手から発生して舞台に戻る反射音(Weiss and Gelies, 1979による)。

図 1.4 ライプツィヒ・ゲヴァントハウス大ホール (Gert Mothes, Leipzig)

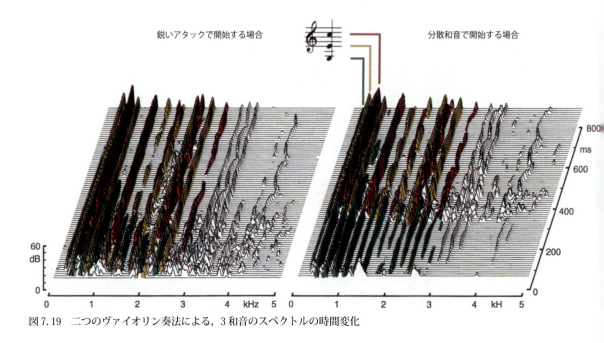

図 7.19 二つのヴァイオリン奏法による,3和音のスペクトルの時間変化

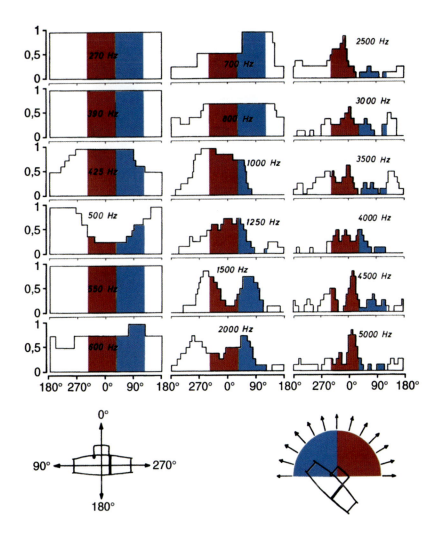

図 8.17 鉛直面内（駒を含み胴体に垂直な平面）におけるヴァイオリンの主要放射方向（−3 dB 放射域）のヒストグラム表示。
赤：第1ヴァイオリンからの放射音が客席への直接音となるか，あるいは天井へ入射した後に1回反射音として客席へ返る放射方向，
青：ドイツ式配置の第2ヴァイオリンからの放射音が客席への直接音となるか，天井へ入射後に客席へ1回反射音として返る放射方向。

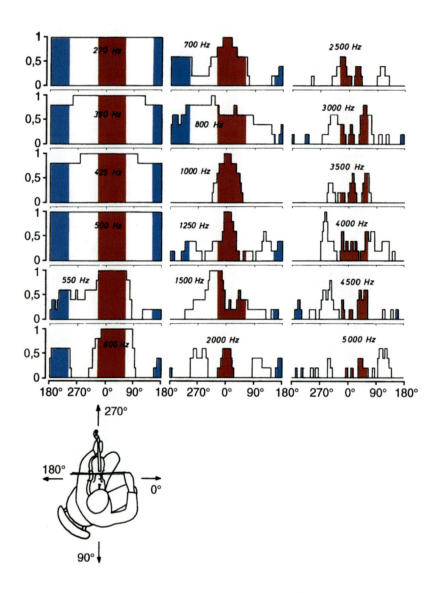

図 8.18　水平面におけるヴァイオリンの主要放射方向（−3 dB 放射域）のヒストグラム表示。
赤：第 1 ヴァイオリンから客席方向へ向かう直接音の放射方向，
青：ドイツ式配置の第 2 ヴァイオリンから客席方向へ進む直接音の放射方向。

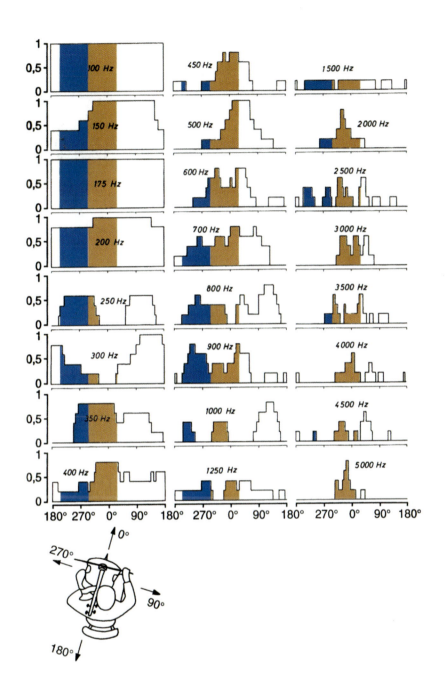

図 8.23 チェロの主要放射方向（−3 dB 放射域）の方向別ヒストグラム（駒を含む水平面）。
黄：表板を客席方向に向けて配置したとき，聴衆エリアが対応する方向。
青：ステージの先端に沿って横向きに配置したとき，聴衆エリアが対応する方向。

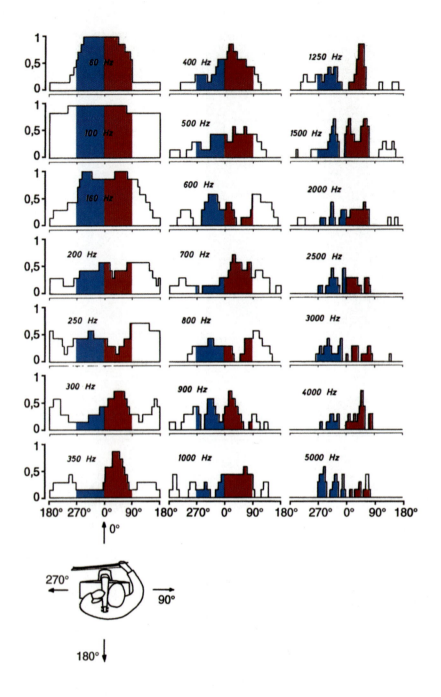

図 8.24　コントラバスの主要放射方向（−3 dB 放射域）の方向別ヒストグラム（駒を含む水平面）。
赤：ステージ上手の後方に配置したとき，聴衆エリアが対応する方向。
青：ステージ下手の後方に配置したとき，聴衆エリアが対応する方向。

訳者 序文

　本書は 1972 年に初版が発行され，40 年後の今日まで読み継がれている名著である。今回の日本語版は 2004 年の 5 版をもとにしており，さらにメイヤー博士の意向により最新の知識が付加されている。

　本書のテーマは，音響科学に基づいてなされる音楽演奏の方法論である。非常に興味深いこのテーマをサイエンスの観点から論じ，理解するためには高いハードルが存在する。類似の書物は国内には皆無であり，英語圏においてもほぼ同様と考えられる。音楽演奏とは，演奏者の表現方法や音楽を享受する悦びを縦糸とし，楽器学，音響物理，聴覚心理，建築技術等を横糸とする織物と例えられよう。前者には管弦楽法の書物が存在するが，後者は科学技術の分野である。メイヤー博士はこの広大な分野を知悉しておられる，屈指の学者であり，音楽演奏者なのである。

　初版序文に記されているように，本書の主な対象は，録音，建築音響，建築デザイン，楽器製作に携わる人々である。もちろん，音楽演奏者にとり多くの知見と着想を与えるものであり，音楽を愛する人々にとっても興味深い読み物となっている。

　なお，1978 年と 2009 年に本書の英語翻訳版が出版されている。しかし，これら 2 冊は我々，日本語読者にとり理解は容易ではなく，原書の意図が正確に伝わりがたいと思われる。また，誤植・誤謬も見受けられる。

　本書の邦訳には二つの壁が存在した。一つは音楽家と技術者の使うボキャブラリーの違いである。同じ単語が異なった意味で使用されることである。次に，原語形容詞による楽器の音色や空間の響きの表現をいかに日本語に置き換えるかという課題である。この表現用語のギャップをいかに埋めるかは大きな問題であり，一部の訳文にはカッコ付きでドイツ語を付記してある。これらに関しては，正確を期すべくメイヤー博士と緊密な情報交換に努めた次第である。

　また，本邦訳版では原著の 6 章から 9 章を先に，専門的内容を主体とする 1 章から 5 章をその後に続けるよう章建てを変更した。これは読者の興味を考慮したものであるが，もちろん原著の順序で読み進めることも可能である。音名のオクターブ表記については原著と同じくドイツ式記法を使用した。次表が記法の比較であり，周波数は a^1 を 440 Hz としたときの値である。

ドイツ式

C_1	C	c	c^1	c^2	c^3	c^4	c^5

国際式

C_1	C_2	C_3	C_4	C_5	C_6	C_7	C_8

周波数（Hz）

32.7	65.4	130.8	261.6	523.3	1046.5	2093.0	4186.0

三枝成彰氏には素晴らしい導入部「序　音響とこれからの音楽ホール」をお書き頂いた．音楽家にとっての演奏空間，音楽と社会との関わり，音楽鑑賞の将来像など多方面に渡る洞察はきわめて興味い．

　翻訳に際しては，曽根圭司氏（ヤマハ（株）），高橋幸夫氏（独在住），満川隆氏（(有) ナミ・レコード）に原稿のチェックをお願いし，正確な訳文作成についてご指導いただいた．市ヶ谷出版社の澤崎明治社長には本書出版の意義をご理解いただき，終始のご支援を賜った．ここに心から感謝する次第である．

　最後に，慎重に翻訳を行った所存であるが，訳者の至らないところも多々あると思われる．その点についてご容赦いただければ幸いである．

　2015 年 4 月

日高　孝之

初版　序文

　今日，レコードや放送に接する機会が増大したことで，音のディテールや微妙な音のニュアンスへの期待が増しつつある。一方，コンサートホールの規模が大型化したため，音楽家にとって演奏上の問題が持ち上がり，かつては知られていなかった音響上の課題も生じてきた。こうした問題に対応すべきなのは，主には音楽家自身である。しかし場合によって録音技師やコンサートホールの設計者が，演奏の結果に大きな影響を与えることもありうる。したがい，音楽演奏に関与するすべての人々にとって，音に対する演奏家の見解と聴衆の知覚する印象とに介在する（聴覚，楽器，ホールなどの）音響プロセスを理解することが重要となる。そして，音楽家と技術者が互いの視点を理解することにより，両者の協力関係はさらに良好なものになるであろう。

　本書の主題は，楽器の音響的性質に関する最新の知識を総括し，そこから実際の音楽演奏に有益となる知識を導き出すことにある。本論に入る前に，十分な専門知識を持たない読者を対象にして，音響学の基本事項についての簡単な説明と，ヒトの聴覚の基本的属性について要約した。また，ホール音響の専門家ではない人々向けに，室内音響学に関して短い解説を加えた。なお，この分野については広範かつ詳細な技術文献が多く存在している。音響技術者はこの章を飛ばし，音楽家にはなじみ深い奏法の歴史的変遷の要約を論じた章に進まれたい。

　当然ながら，楽器音の音質的特徴と放射特性，そして室内での音の伝搬に関する音響測定値が示すものは客観的事実である。これに対して，実際の音楽演奏についての論評は，多くの場合，主観的な解釈とみなすべきである。つまり，これら論評は，音を芸術としての演奏に高めるに際して，その音響的環境あるいは音響条件を評価する機会を与えているにすぎない。ただし，普遍的結果である音響測定値と個人的な主観的解釈との境界線を判断することは，さほど難しい問題ではない。

　本著に記した実験データはブラウンシュバイク州立物理工学研究所での研究成果であり，多くの研究機関と州政府から公的基金のご支援を受けた。これら諸機関と支援代表者の方々に謝意を表したい。さまざまな実験に参加いただいた世界各国の音楽家には最大の感謝を申し上げる。その際の興味深いディスカッションを通じて，私の研究結果の解釈をする上で実に多くの貴重なヒントを得ることができた。膨大な実験とデータ分析に協力された同僚の E. Jenkner 工学士，K. Heim 氏に心から感謝する。最後に出版社 Das Musik-instrument と緻密な編集作業をしていただいた同社 H. K. Herzog 氏の好意にお礼申し上げる。

ブラウンシュバイクにて，1972年春
ユルゲン・メイヤー

日本語版　序文

　20世紀半ば以降，演奏会の催される機会が増大したことによって，音楽家や建築家に対する新たな要望が生じ，これに伴って演奏会場に求められるものも変化した。その理由として，以前よりも大きなコンサートホールが造られる傾向にあること，聴衆が良質な録音に影響を受けたことによって，演奏に対して高い精度と微妙な音のニュアンスを当然のこととして期待することがあげられる。こうした状況では，旧世代の知識に基づいた理解では，音響的かつ演奏表現上の問題を生じることになる。この課題に関する知識は演奏家本人が十分に了解すべき事柄であるが，さらには，最終成果としての演奏の音に重大な影響を及ぼすという点から，トーンマイスター（録音技師）やコンサートホール，オペラハウスの建設にかかわる人々も十分に理解しなければならない。この場合，重要なポイントとなるのは，演奏者の音の知覚に始まり聴衆が感じる聴覚的印象に至る，空間内で響きが形成される音響プロセスにかかわる知識を得ることである。

　こうした背景の下，本書の前身であるドイツ語初版本「音響学と音楽演奏」は1972年に出版された。そこでは，楽器音響学と室内音響学から音楽に関係する領域について考察した。同書で重視した論点は，これら音響諸原理から実際の音楽演奏の方法論を導くことであった。これは非常に大きなテーマであるため，本書は何度も版を重ねることとなり，そのたびに最新の知識を加えて改訂した。この日本語版は2004年のドイツ語第5版に基づいているが，今後出版されるドイツ語版第6版に含まれる予定の内容も加えられている。なかでも，古楽器の音響パワー，空間の響きに対する作曲家のイマジネーションへの考察，コンサートホール音響学の進歩に伴う新しい電気音響システム，演奏家にとってのステージの音響条件，オーケストラピットで使用される防音パネル，1960～2010年に建設されたコンサートホールの形状とそのトレンドに関する統計分析などが新たな話題として盛り込まれている。さらに，ヨーロッパ，アメリカ，日本（1995年，霧島）で著者が司会者かつ指揮者として行った「オーケストラの楽器配置に関する」デモンストレーション演奏会での様々な個人的経験を重要な視点として付け加えた。

　この複雑な課題について物理科学の特別な知識を持たない読者が理解する助けとして，第5章ではごく基礎的な事柄に関する簡単な説明を行った。そこでは音響学の基本事項とともに，本書を理解するためにはさらに重要となる聴覚の基本原理の一部について記述した。第8章に示した指向性の詳細なデータは本来，録音技術者を対象としている。今世紀に入り，コンサートホール音響学の新しい分野として可聴化技術が発展しつつあるが，これは1972年当時には予測できないことであった。室内音響学を取り扱う第9章は，主に音楽演奏に本質的にかかわる観点に限定しており，音響技術者ではない読者にとっての入門書と考えて良い。一方，これまでの音楽演奏の技術的な側面を考えれば，演奏家にとっては常識だと思われることであっても，その本質を見極めることが音響技術者にとってはより重要ではないだろうか。

楽器と歌手の音響放射と空間内の音の伝搬プロセスに関する音響データは，現象の客観的事実を物語っている．これとは対称的に，多くの場合での実際の演奏は主観的解釈の一例にすぎない．つまり，本書の意図は芸術的な音の知覚を具体的に表現するに際して，音響学的事実が活用できることを明らかにすることである．換言すれば，本書は規範となる２つの著作，フレッチャーとロシングの「楽器の物理学」(2012年)とベラネクの「コンサートホールとオペラハウス」(2005年)の中間に位置づけられよう．そして，本書は著者の実際的体験に基づくことによって，楽器音響学と室内音響学のかけ橋をなしている．これに関連して，オーケストラの楽器配置が及ぼすその音質と響きへの影響という問題は，著者が一方ならず関心を持つところであり，特に詳しい議論を行っている．

　本書に引用した科学的データは，著者が行ったブラウンシュバイクPTB（州立物理工学研究所）での実験研究とデットモルト音楽大学・オーディオ工学コース（トーンマイスター教育）での講義録からの成果物である．ここに，筆者は両研究機関による数十年に渡る支援に改めて感謝の意を表する．近年，オーケストラの弦楽器配置に関して（いわゆるドイツ的な）古典的配置への回帰という観点で指揮者の意識が変化したという事実があり，それを生じさせたのは幾世代にもわたる録音技師との協力であったことは間違いない．これについては，音楽演奏へ及ぼすその影響を明らかにするため，物理的測定データを主観的な観点から解釈するというテーマについて記述したが，その際には私個人の音楽的体験，つまりはヴァイオリン奏者として（アマチュアオーケストラのコンサートマスター）また指揮者として（室内オーケストラの指導者）の数多くの演奏経験に基づいていることに触れておきたい．

　本書のドイツ語版と英語版はこの数十年国際的に注目されてきたが，今回日本語版が出ることを非常にうれしく思う．日本におけるクラシック音楽分野で長年優れた活動が続いていることは素晴らしいと思うからである．私の同僚である日高孝之博士からは様々なアドバイスをいただき，また緻密な翻訳作業をしていただいた．心から感謝したい．さらに日高氏と，ドイツ語と日本語という二つの言語に関して，その用語表現の意味を整合させるという難解な問題について様々検討し，協力し合ったが，それも私にとっては大いなる喜びだった．彼なしでは本書は存在しなかった．また，日本語版の出版を実現していただいた（株）市ヶ谷出版社および同社の澤崎明治社長に感謝したい．

　最後に，三枝成章氏に本書に関心を持っていただき，現在および今後のコンサートホールに対する考えと期待，さらに中高音と低音のバランスに関する氏のイマジネーションについて書いていただいたことに，心より感謝したい．特に，三枝氏もライブのコンサートを聴くことの重要性を説いているが，とてもうれしく思う．本書でも，録音ではない生の楽器音や歌声に焦点を当てているからである．こうした意味での氏の国際的な視点，そして日本に目を向けた洞察は，私自身の解釈においても価値ある支援となっている．

　2014年4月

ユルゲン・メイヤー

目　次

訳者　序文	i
初版　序文	iii
日本語版　序文	iv

序　音響とこれからの音楽ホール　三枝成彰　　1

第1章　新旧音楽演奏空間の音響特性
- 1.1　コンサートホール　9
  - 1.1.1　空間の響きに求められるもの　9
  - 1.1.2　残響時間とホールの規模　11
  - 1.1.3　音場とホールの形状　18
  - 1.1.4　ステージの音響条件　24
  - 1.1.5　指揮台の音響条件　30
- 1.2　オペラハウス　32
  - 1.2.1　残響時間と空間の規模　32
  - 1.2.2　直接音と初期反射音　36
- 1.3　教会　40
- 1.4　室内楽ホール　44
- 1.5　録音スタジオ　47
- 1.6　特殊用途の部屋　48
- 1.7　屋外ステージ　50

第2章　オーケストラの楽器配置
- 2.1　一般的な楽器配置　53
- 2.2　ホールの音響効果　59
  - 2.2.1　弦楽器　59
  - 2.2.2　木管楽器　76
  - 2.2.3　金管楽器　83
  - 2.2.4　ティンパニ　95
  - 2.2.5　グランドピアノ　96
  - 2.2.6　ハープ　98
  - 2.2.7　オーケストラ全体の響き　99
  - 2.2.8　歌声　109

第3章　楽器編成と奏法に関する音響学的考察
- 3.1　アンサンブルの規模　113
  - 3.1.1　歴史的変遷　113
  - 3.1.2　演奏空間に適合した楽器編成　115
- 3.2　ダイナミクス（音量）　123
- 3.3　演奏方法　130
  - 3.3.1　アーティキュレーションと音の表現　130
  - 3.3.2　ビブラート　137
  - 3.3.3　管楽器の構え方　140
- 3.4　テンポと空間の音響条件　143

第4章　オペラハウスの音響的課題
- 4.1　オーケストラの音量　146
  - 4.1.1　歴史的変遷　146
  - 4.1.2　客席の音圧レベル　147
  - 4.1.3　オーケストラピット内の音圧レベル　149
- 4.2　オーケストラピット内の楽器配置　150
  - 4.2.1　伝統的な楽器配置　150
  - 4.2.2　客席空間の音響効果　152
- 4.3　声楽ソリストとオーケストラのバランス　156
- 4.4　舞台上の合唱と器楽奏者の配置　161
  - 4.4.1　舞台背景内での演奏　161
  - 4.4.2　舞台裏からの演奏　163

第5章　音響学序論
- 5.1　物理的な基本原理　165
  - 5.1.1　音圧　165

5.1.2	粒子速度	165
5.1.3	音響パワー	166
5.1.4	周波数	166
5.1.5	音速	167
5.1.6	波長	167
5.2	聴覚システムの性質	168
5.2.1	音の大きさ（ラウドネス）の知覚	168
5.2.2	マスキング効果	171
5.2.3	指向性	173
5.2.4	方向知覚	174
5.2.5	カクテルパーティ効果	175
5.2.6	奏者が受けるマスキング効果	176
5.2.7	周波数と音圧レベルの変動に対する耳の感度	178

第6章　楽音の構造

6.1	モデルの導入	180
6.2	周波数と音圧レベルの構造	182
6.2.1	音響スペクトルの倍音構造	182
6.2.2	音響スペクトルの周波数範囲	183
6.2.3	フォルマント	185
6.2.4	部分音の効果	186
6.2.5	部分音の周波数幅	187
6.2.6	ノイズ成分の影響	188
6.2.7	ダイナミクス（音の強弱）と音響スペクトル	188
6.2.8	ダイナミックレンジと音響パワー	189
6.3	時間構造	190
6.3.1	定常振動過程からの偏り	190
6.3.2	初期トランジェントの継続時間	191
6.3.3	非協和性の成分	192
6.3.4	共鳴システムの減衰	193
6.3.5	減衰音の可聴時間と減衰時間	194
6.3.6	準定常部分の変動	195

第7章　楽器の音色的特質

7.1	金管楽器	197
7.1.1	フレンチホルン	197
7.1.2	トランペット	203
7.1.3	トロンボーン	206
7.1.4	チューバ	209
7.2	木管楽器	211
7.2.1	フルート	211
7.2.2	オーボエ	214
7.2.3	クラリネット	217
7.2.4	ファゴット	221
7.3	弦楽器	226
7.3.1	ヴァイオリン	226
7.3.2	ヴィオラ	233
7.3.3	チェロ	235
7.3.4	コントラバス	237
7.4	ピアノ	239
7.5	チェンバロ	245
7.6	ハープ	247
7.7	打楽器	248
7.7.1	ティンパニ	248
7.7.2	バスドラム（大太鼓）	250
7.7.3	スネアドラム（小太鼓）	251
7.7.4	ゴング	251
7.7.5	シンバル	253
7.7.6	トライアングル	253
7.8	歌声	254

第8章　楽器の指向性

8.1	指向性を伴う音響放射の基礎	258
8.1.1	方向特性と指向性パターン	258
8.1.2	評価量とその定義	259
8.2	金管楽器	261
8.2.1	トランペット	261
8.2.2	トロンボーン	262
8.2.3	チューバ	263
8.2.4	フレンチホルン	263
8.3	木管楽器	265
8.3.1	フルート	265
8.3.2	オーボエ	268
8.3.3	クラリネット	270
8.3.4	ファゴット	271
8.4	弦楽器	272

- 8.4.1 一般的考察 272
- 8.4.2 ヴァイオリン 274
- 8.4.3 ヴィオラ 276
- 8.4.4 チェロ 278
- 8.4.5 コントラバス 279
- 8.5 グランドピアノ 280
  - 8.5.1 屋根を開けた時 280
  - 8.5.2 屋根を閉じた時 282
  - 8.5.3 屋根が半開の時 283
  - 8.5.4 屋根を取り外した時 283
  - 8.5.5 チェンバロ 284
- 8.6 ハープ 284
- 8.7 打楽器 294
  - 8.7.1 ティンパニ 284
  - 8.7.2 太鼓 286
  - 8.7.3 ゴング 287
- 8.8 歌声 288

第9章　室内音響学の基礎

- 9.1 反射と回折
  - 9.1.1 平面による反射 291
  - 9.1.2 曲面による反射 292
  - 9.1.3 波長の影響 292
- 9.2 吸音 295
- 9.3 残響 296
- 9.4 直接音と拡散音場 298
  - 9.4.1 音響エネルギー密度 298
  - 9.4.2 直接音 299
  - 9.4.3 拡散距離 300
- 9.5 音場の時間構造 302

付表　統計指向係数の角度ごとの値 307
参考文献 308
索引 321
- 事項 321
- 建物 325
- 人名・音楽作品 326

序　音響とこれからの音楽ホール

三枝成彰

　ユルゲン・メイヤー先生の『ホールの響きと音楽演奏』の日本語版を出版するにあたって，「音響とこれからの音楽ホール」についてを，音楽家として執筆していただきたいという要請がありました。

　ユルゲン・メイヤー先生は，音響学の研究者として，世界中のホールを実地検分しておられて，この本は，大変貴重な本になると思いました。そこで，私は音楽家の立場から音響についての考えをまとめ，これからの音楽ホールの姿について執筆したいと思います。

(1) 音楽家にとっての残響

　残響のないホールは，音楽家にとっては，こんな苦痛はありません。

　日本人は戦後になって，残響のないホールは，とてもつらいものだということに，気がついたわけです。もちろん，ホールを設計する人の何人かは，当然知っていたでしょうが，現実には戦前に作られたホールで，残響のあるホールは，ほとんどないと言ってもいいくらいです。われわれ音楽家にとっては，ホールは楽器です。ホールが

オペラ『KAMIKAZE－神風－』作曲：三枝成彰　舞台背景画：千住 博　2013年　東京文化会館

駄目だったら，音楽の意味を大きく損ねます。

　劇場・ホールというのは，音楽を聞くためにつくられるという概念から，オペラ劇場とコンサートホール，そして，芝居をやるところの三つがあり，それぞれに違いがあります。

　不思議なことに，オペラはあまり残響を必要としないと皆が思っているのですが，本当は残響を必要とします。現実には，照明を当てたり大きな舞台セットを吊ったりするために，舞台の上が抜けちゃっていて反射板がなかったり，いろいろ問題がありますが，オペラ劇場には新しいつくり方があると思っています。

　舞台の後ろ側についても，板でできた背景があればずいぶん良いのです。なければ後方に音が抜けてしまうので，歌い手はぜひとも板を張ってほしいと思っています。つまり歌声を反射させるものが必要なはずで，例えば照明度の高いガラスの天井が設けられれば良いと思います。

　ホールでは急に残響を増やすことはできません。適正な空気容量がないと，絶対良い音にはなりません。メトロポリタン・オペラハウスは，とても良い音がすると，この本に書いてありますけど，私もなるほどそうだと思いました。そして東京文化会館の音が良いといわれていますのも，それが理由なのだと思います。

　空気容量が足りなくて，歪むホールも実際にあります。私たちがやっているジャパン・ヴィルトゥオーゾ・シンフォニー・オーケストラのトップメンバーで，本気で弾くと音が歪んでしまうのです。ホールで歪んでしまうのです。だから，適度な空間が必要だということも，ホールには重要です。

　音というのは，民族によって感じ方に差があります。例えばロシア人は低音域が好きなのです。チャイコフスキーホールというのは，非常に低音域がよく響きます。日

『Jr. バタフライ』（イタリア語版）2014年8月イタリア・プッチーニ・フェスティヴァルにて

本は中高音域が鳴るのが好きなようです。これは日本人の特性です。高い音というのか，中高音域がすごく好きなのだろうと思います。

　日本のホールについて言えば，全体的には低音域が鳴らないホールが多いようです。これには少し改善の余地があると思います。東京文化会館は低音域が鳴ると，外国のオケの連中が言っていますが，概して，低音の鳴らないホールが見受けられます。

　残響は，ただ長ければ良いとは思いませんが，私はある程度長いほうが良いと思います。例えば，NHK ホールは 1.8 秒あるというのですが，そのようには聞こえません。残響の聞こえる量の問題があるのです。ただ長くても駄目で，量がないものは駄目なのです。量と質の問題と，長さの問題とは違う関係にあります。だから，このホールは 1.8 秒ありますから音楽向き，と，必ずしもそうではないです。残響時間と残響感というのは，まったく違う，ということです。

　この『音響学と音楽演奏』は貴重で，すごい本だと思います。世界中のホールの実地検分が出てくるのです。読んで特に面白いなと思ったのは，音圧，つまり音量感がとても大切だということです。実際音圧を感じないところがあるのです。なんか向こうで，遠くのほうから聞こえてくる。そういったことも，この本でわかりました。

　それからダイナミクス，これも面白いなと思ったのですが，モーツァルトの初期のものは，ピアノもフォルテも書いていません。ハイドンもそうです。後期になると，ピアノとフォルテはあります。ベートーヴェンはピアニッシモとフォルテッシモがあります。ピアニッシモの ppp の p が 3 つあるのが，ベートーヴェンは 2 か所あります。しかし，メゾフォルテは 1 つもありません。メゾフォルテはシューベルトにはあるのですが，ベートーヴェンにはありませんし，ブラームスになるとメゾフォルテです。

　今はフォルテが 5 つからピアノの 5 つまでは，メシアンの中にあります。そういう

新国立劇場　オペラ劇場の舞台天井内に格納された照明装置

意味では，ダイナミックレンジというのは，モーツァルトの後半から起こった問題だと思います。ベートーヴェンの時代は，オーケストラも，たぶん35人くらいでやっていたのでないかと思います。

　そう考えますと，今のようなオーケストラではなかったようです。だから，ホールも小さかったのです。

(2)　時代とともに変わる音楽の聴き方

　昔は「音楽」といったら，何よりのごちそうだったのです。特にモーツァルト，ベートーヴェンの時代は，音楽は料理より高価でした。だから，貴族がホールを持って，接待に使ったわけです。

　次に，録音技術が発明されて，レコードの時代が来ます。

　私の時代は，LPを買うのに2,500円ぐらい出したと思います。それが擦り切れるまで，みんな使ったものです。レコードで音楽を聴くことが，多くの人にとって音楽に接する機会で，なかなか生（なま）の音楽に接することができませんでした。

　それが，現代では音楽は著作料も取れないけど，簡単に言えば，もう違う時代になっているのです。21世紀はもう間違いなく，「生（なま）」の時代です。音楽っていうのは缶詰で聞く時代は，もう完全に過ぎてしまって，缶詰の音楽は，みんなただで手に入るのです。例えば，インターネット，ラジオを通じてありとあらゆる作曲家の音楽が網羅的に聞けるのです。そして，Bluetoothを使うと，これまたすごい音がします。

　残っているのは，生しかないのです。本当に良い音楽を聞きたかったら，生で聞くしかなくなったのです。

　感動は，生しか生まれなくなりました。そこでホールが，とても必要なものになっ

東京文化会館

たのです。録音技術と音楽の無償化は，もう行くところまで行っているのです。NHK の番組の 99％ はシンセサイザー，コンピューターでつくられた音楽なのです。ということは，音楽を生で聞く以外には，音楽はレコーディングをして聞くということは，もうないのじゃないかと思います。レコードにする必要がないのです。安くタダで手に入るので，レコードや CD はもう売れないのです。

(3) 音楽ホールに求めるもの

私は小学校 3 年のときに「夕鶴」を見たのです。大阪初演，東京初演のとき，10 歳でした。感動して泣きました。学校を早退して「夕鶴」を見に行ったのを覚えています。初めての経験です。私が最初に生の音楽を見たのは，昭和 20 年か 21 年の敗戦の頃だったようです。長門美保オペラ団の「魔弾の射手」。これは覚えていないのです。なんか弾をのぞいているところしか覚えがない。音楽はまったく覚えていない。でも，小学校 10 歳のときの「夕鶴」は，強烈なイメージが今でも残っています。

ホールは，音楽をやる人にとっては，とっても絶対的な大切なものです。だから音楽家は，変なところで演奏会をやってはいけない。

そして，そのホールには多くの人を呼んで，音楽を生で，安く見せたほうがいいと思っています。多くの人を呼ぶために，もっともっと切符を安くしなければなりません。まず，客席数を増やすことを考えましょうということです。二つ目は「居住空間」に金をかけないことです。それに徹することが大事です。ふかふかの椅子をつくったら，どんどん音響が悪くなるし，施設費が高くなるのです。椅子なんか板 1 枚でいいのです。バイロイトはベンチ椅子だけです。座布団は，自分でもってこい，ということです。

もう一つあるとしたら，安くするためなら，本当にパイプ椅子でいいから，オペラ

チャイコフスキーホール

を学生，中学生，高校生に300円程度で見せるために，いわゆる桟敷席的なものを作るべきです。

ホールのインテリアは，シンプルでもいいけど美しいということが必要です。美しさとシンプルが求められます。美しいというのが豪華という意味ではなくて，機能的に美しいということの方が，大切なのではないかと思います。極力，音以外に金をかける必要はないというのが大切だと思います。

また，ホールをつくるうえで，運営するうえで，忘れていけないことは，ホールができることによって，まちが死ぬことがあるということです。田んぼのなかにつくれば別ですが，基本的には，まちのど真ん中につくるときは，演奏会のない日にも繁華街として生かす方法を考えないといけない。24時間とまでは言わないけれど，夜の12時，1時までやる飲み屋があったり，朝から散歩がてらにお茶を飲めるようなものがほしいと思います。

要するに，ホールは飲食と密接にならないといけないというのが私の信念です。サントリーホールは，周辺に食事するところが沢山ありますが，東京文化会館の周辺にはそういったものがない。女の人は音楽会に行くといえば，それは大きな娯楽なのです。男はけっこう外で食事をしますからね。中年の女性たちは，新婚時代，あるいは恋人時代だったとき，それをもう一回再現したいのです。

それと音楽会をやっていないときも，ホールを利用させなくてはならない。全体的に日本のホールはその一角だけは深閑としているのです。どのホールのどこに行っても，同じようです。

いまや音楽ホールというのは，音楽を聴くだけの場ではないということです。つまり，食と音楽というのは密接な関係があって，その日一日楽しみたいわけです。だからそれは，事前に行ってお茶を飲めるとか，終わったあとにそこで食事ができる，しかも「晴れ」のものもあって，それなりにちょっと高級感がほしいわけです。そのま

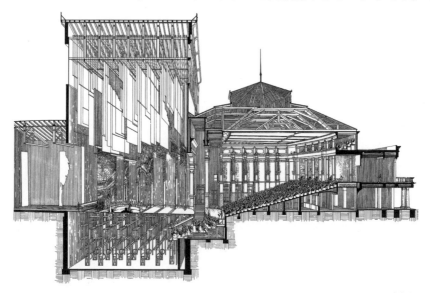

バイロイト歌劇場

ちのシンボルにもなるようなレストランを入れることなどが，ホールをつくることの秘訣だと思います。

　ホールは，良い音をして，良いものをやっているからいいだろう，ではなくて，そこがいつも生きていなくてはいけない。まちが生きてなくてはいけないということです。機能ばかり考えてはいけない。人間としての活力を取り入れる場所の中心にしなければいけないと思います。

　ホールづくりは，まちづくりでもあるということです。具体的には，まちの文化の中心となり，そこから沸きあがっていくような，まちづくりをすべきだというふうに私は思います。楽屋は楽屋でいいと思いますが，楽屋と練習場を兼ねるべきです。普段，オケの練習，合唱の練習に使っていいのです。そして楽屋にもなる多様性を持たせるべきです。そして，普段空いているのだったら，オケをやるのなら練習に使ってください，という一つの建物が多様性を持つことを，つくる時代が来たのではないかと僕は思います。

(4) これからのホールの形について

　新しいホールをつくるときは，機能だけでは駄目で，文化の中心になっていくように配慮しなくてはいけない，ということなのです。古い駅などを改造して，そういうものをつくることはいくらでもできるのです。今でも地方に行けば，駅舎を使って，その中にホールをつくるなんていうことは，いくらでもできるのです。フランスのオルセー美術館は，同じように駅舎のリニューアルです。

　これからのホールは，三つの機能に対応すべきだと思います。

　古くなった建物は，全部リニューアルして，音響だけを変えて，芝居のときにも使いたい，成人式のときにも使いたい，市長は皆にメッセージを送りたい，ということで，音楽ホールだけの機能しか持たないものは駄目かもしれません。

　そして，それには倹約です。良い音楽を安く聞いてもらうこと，演説に使うときの音響，コンサートをやるとき，オペラをやるとき，お芝居をやるとき，もう多目的で，なおかつ夜は楽しい，まちの文化の中心地です。

オルセー美術館

だから提案としては，演説もできます，成人式もやります，オペラもできます，すべて，ベストなコンディションでやりますと。つまり，残響だけは最大限の長さにしておいて，後で可変できるようにすべきだと思います。

　最後に，これからのホールの参考になると思うのですが，ブラジルのサンパウロ音楽堂です。これは天井が数メートル角のパネルに分かれていて，そのうち15枚の天井が動くのです。天井板が下がったり上がったりします。こういう装置はコスト的にはたいしたことないです。舞台を上げたり下げたりする多面舞台をつくるぐらいだったら，ずっとこっちのほうが安いはずです。動かして見せてもらいましたが，さまざまな形になることで，残響が1.7〜2.4秒まで変化します。

　残響を可変にして，椅子も取り外し式にして，一つの同じホールで，芝居，演説，コンサートをベストな状態でつくる合理的な考えです。サンパウロ音楽堂は非常に考えて作られています。

　これは駅の一部なのですが，鉄道が今でも走っているのです。ホールは駅の待合室だったところですから，こんな立派なスペースが取れたようです。古くなった建物をリニューアルによって，まちの文化の象徴を合理的に作る優れた事例だと思いました。

サンパウロ音楽堂

図版出典
オペラ『KAMIKAZE－神風－』写真／山本倫子
チャイコフスキーホール　　http://pds.exblog.jp/pds/1/201105/19/78/f0209878_1413347.jpg
東京文化会館　　http://www.t-bunka.jp/hall/index.html
バイロイト歌劇場　G. C. Izenour, Theater Design (Yale University Press, 1997) よりトレースして修正作図
オルセー美術館　　撮影：横手義洋
サンパウロ音楽堂　　http://commons.wikimedia.org/wiki/File:OSESP_Sala_Sao_Paulo_05042013.jpg

第1章　新旧音楽演奏空間の音響特性

1.1　コンサートホール

1.1.1　空間の響きに求められるもの

音楽演奏を行う空間の音響を考える場合，オーケストラの演奏会を催す大型ホールが最も重要な検討対象となる。その理由は，聴衆の聴取体験に及ぼす視覚的印象の影響が最も小さいからである。すなわち，オペラには舞台上の演技があり，室内楽の演奏では奏者との視覚的な親密感が存在する。また，教会での音楽会では空間固有の雰囲気が音楽聴取体験の総合的な印象に強い影響を与える。これに対して，オーケストラの演奏に関しては空間の響きの美しさが最も重要と考えて良い。ただし，聴衆とステージとの間の視覚的関係，そして当然ながら，建築空間としての意匠性が音の知覚に影響することを過小評価してはならない（Winkler, 1992; Opitz, 1993）。

残響時間は，コンサートホールの音響品質にとって重要な評価指標である。後述するように，残響はオーケストラ各楽器からの個々の音を融合してその響きを一体化させ，旋律の時間的進行に一律な流れを与える。非常に短い音が発せられた場合を除き，残響時間は発生した音のエネルギー密度，つまり音圧レベルに比例する。したがって，残響時間はラウドネス感覚にも影響する。むろん，過度に長い残響時間は望むべき効果とは逆の結果を招く。すなわち，短い休止符は不明瞭になり，フォルテの完結音に続く弱音のパッセージは残響音に埋もれてしまう。

聴衆がコンサートホールの響きに好ましい印象を感じるための第一の課題を，個々の楽器の音の融合とすると，複雑なリズム構造を持つパッセージや，多声部で構成されるフレーズが明瞭であることが第二の課題となる。ただし，音の明瞭性は（若干の初期反射音を含めた）直接音と後部残響音とのエネルギーの相対関係によって決まるので，ホール内のそれぞれの座席位置が同じ音響品質を持つことはない。

この際，音に対する嗜好と音楽会に行く動機に関して，聴衆は二つのグループにわけられることを忘れてはならない。端的に言って，第1のグループは（フォルテのパッセージで多少，音の透明感が低下したとしても）力強い空間の響きを好み，もう一方のグループは常に（ダイナミクスの不足によって音量感と空間性が低下したとしても）高い透明感を好んでいる。

このように聴衆が二分割されるという事実は，第1のグループが抱く響きへの期待は演奏会で経験してきた空間的印象によって形づくられたものであり，一方，第2のグループの嗜好はレコードなど音楽メディアの聴取経験に基づいていることで説明できよう。これとは別に，プログラムを目的として音楽会に出席するのか，「スター」を見に行くことが目的なのかという動機の問題も存在する。後者に関しては，ソリストや指揮者が主要な目的となることが多いが，さらに，音楽フェスティバルなどの観光ツアーで有名なホールを訪れる場合もこれに含まれる。また，これら多くの人々にとっては優れた音響よりも建築として傑出していることが重要なのである。

聴衆に満足のいく音の印象を与えるためには，初期反射音と残響音が一定の関係でバランスを保つことが，コンサートホールにとっての必要条件となる。ただし，これに加えて考慮すべき重要な

課題がある。

　すなわち，聴衆は音質という観点からオーケストラを鑑賞するのではなく，音楽の体験を通じて，空間の響きの中に身を置くことを望んでいるのである。（聴衆が求める）こうした聴取感覚に適度なラウドネスが必要なことは言うまでもないが，さらに，第1反射音の到来方向が適正であり，かつ，拡散した残響音があらゆる方向から均一に到来することも必要となる（Meyer, 1965）。

　これに対して，残響を付加した音楽をスピーカ再生で聞くときには，まったく異なった空間的印象を知覚する。この場合，付加した残響音によってその全体的音質は改善するが，リスナに空間の中で響きに包まれるという感覚を与えることは不可能である。

　最後に，（ステージ上を前後左右に広がって位置している）それぞれの楽器セクションの音量のバランスが，ホール内の客席すべてに渡ってできるだけ一様であり，それが指揮者位置での聴感的印象と大きく異ならないことが求められる。この条件は，音楽演奏に際する（聴衆と指揮者との）音響的な関係についての基本的な課題と言えよう。つまり，聴衆には出来る限り完全な響きが到達する必要があるにも関わらず，指揮者は自分の立つ位置の聴感的印象によってオーケストラの音を形作らざるをえないのである。指揮者がホールの音響効果を確認できるのはリハーサルの時だけである。従って，指揮者が達成しうる最良の芸術的成果を得るためには，指揮台の音響条件が最適である必要がある。

　個々の奏者は互いの音を聞き取れなければならない。これが満足できないときには，良好なアンサンブルを実現することは困難である。奏者がステージに求める音響条件には（音響以外の条件も含めて），演奏の質やオーケストラの響きの違いに関して三つの水準が存在すると考えられる。最も低い水準では，アンサンブルのイントネーション[1]が完全に表現できること，リズムを正確に刻めること，強弱の指示記号に対応した音が得られること，といった最低限の条件が求められる。しかし，この条件が満たされたとしても，次のような問題が生じる。

　すなわち，音楽家にとって自分自身の音が大きすぎて他の奏者の音がほとんど聞こえない場合であっても，互いのハーモニーは感じられるため，イントネーションを正しく保つことが可能である。しかし，このときには正確にリズムを合わせることができないので，フレーズの途中から正確なタイミングでアンサンブルに加わり，なおかつ，アーティキュレーション[2]を揃えることは非常に難しくなる。

　この状況とは反対に，オーケストラの音が大きすぎるため，奏者にとって自分自身の音の立ち上がりが充分に聞こえない場合には，イントネーションがあいまいになってしまう。ただし，自分の演じる楽器からの音の特徴が充分に聞き取れない程度であれば，（奏者が感覚でコントロールする）演奏技術によって演奏の時間的タイミングを保つことはできる。

　第二の水準では，一人一人の奏者は自分自身の音を形作るための最適条件を感じとることができて，安定した軽いアタックをつけることも可能である。このとき，奏者は「上手く演奏できている」と感じる。この条件が整えば，奏者は強弱の幅（ダイナミクス）と音色を技術的限界まで発揮することができる。また，この水準では低音を受け持つ奏者，なかでもコントラバス奏者が，（低音の打楽器などによって励振された）自分自身の楽器の共鳴や床の共振によって演奏を阻害されてはならない。こうした状況が生じると，自分自身のイントネーションを確保することがかなり難しくなってしまう。

1　正しい音程を見出し，必要に応じて音程を修正すること。
2　アーティキュレーションとは「音の開始部を正しく作ること」，これによって楽音のアタック，輪郭，メリハリを意図したように演出する。発声法では言葉を明瞭に音声化することを意味する。

最も高い水準では，すべての奏者が芸術的な達成感を共有することができる。この結果，各弦楽パートの音の細かな時間構造は高い均一性を持ち，弦楽器全体の響きには統一感がもたらされる。この状況に到達するには，それぞれの奏者が自分のパートの音との一体感を感じ取らなければならないが，これには，他の奏者の動作（反応）についての知識と，伝統あるオーケストラで培われた経験が必要である。

また，目視による連携（コンタクト）と息継ぎを揃えることは，音による意思の伝達（コミュニケーション）とともに等しく重要な役割を果たしている（Meyer, 1994a）。

このような奏者間のコミュニケーションに関する条件は，同じようにソリストにも該当する。ソリストは，（軽いアタックをつけた際に）初期反射音と適度な残響音によって生じるホールの「共鳴」を好ましく感じると同時に，その一方で，（音量の面で）オーケストラによって「支えられる」ことを期待している。特に，ソロの歌手については，客席空間からの音響フィードバック（手応え）が声帯の生理的機能を補うことが知られている（Husson, 1952）。

また，ソロの器楽奏者，なかでも弦楽器のソリストは，ステージから発した音が必要以上に強い反射音として（壁や天井から）客席に返る空間を，きわめて居心地が悪いと感じることに言及する必要があろう。すなわち，ステージへ戻る初期反射音が存在しないか弱すぎるときには，奏者は「ステージに立った」とたん，自分が作り出す響きを演奏によってコントロールできないように感じるのである。

一方，聴衆にはソロ奏者の音がよく聞こえなければならない。このため，ステージ上でのソロ奏者は音量的にオーケストラに劣る位置であってはならず，最も好ましい位置に来るべきである。

コンサートホールにおいて，奏者間の互いの音の聞き取りやすさはステージ周囲の反射面の配置方法によって決まり，ソロ奏者にとっての「共鳴感」はホール空間全体の音響条件で決まる。したがって，奏者によるホールの良否の評価が演奏する楽器によって著しく異なり，さらに聴衆の見解と大きく食い違うことがありえるのは驚くべきことでない。こうした（奏者と聴衆の）ホール評価の不一致は，多くの奏者は満席のホールにおいて客席で演奏を聞く機会が少ないことを考えれば，当然のことと言えよう。

1.1.2 残響時間とホールの規模

コンサートホールの音響品質にはさまざまな要因が影響するが，いかなる条件がオーケストラの演奏にとって最適であるかという疑問が生じるのは当然のことである。このためには，音響データの実測値からその必要条件を導き出す必要があり，いずれのホールが音楽家と聴衆の双方に最も優れていると判定されたかという知見がその重要な手がかりとなる。

1950 から 1955 年にかけて，フリッツ・ヴィンケルは，世界的な指揮者が演奏を行い，音響的に特に優れていると考えられる 25 のコンサートホールについて調査を行った。表 1.1 はその結果のうち，上位 5 つのホールの竣工年，室容積，座席数，中音（500〜1,000 Hz）と低音（125 Hz）の満席時での残響時間を示している。

この表から，この規模のホールに対する中音残響時間の最適値は 1.7 秒から 2 秒強の範囲にあることがわかる。楽友協会大ホール（図1.1）の室容積は 5 ホール中で下から 2 番目に小さいが，最も長い残響時間を有している。このホールはロマン派作品の演奏にとってきわめて優れていることで有名であり，古典派作品の演奏会場としても高く評価されている。これに対して，アムステルダム・コンセルトヘボウの残響時間は楽友協会大ホールと 0.05 秒しか異ならないにもかかわらず，敏感な音楽家達は同等な残響であるとは判定していない。また，ゴーテンブルグのコンサートホールはこれらのホールの中で最も残響時間が短く，室容積も最小である。

図 1.1 ウィーン楽友協会大ホール（Bärenreiter-Verlag Kassel（MGG））

ヨハネス・ブラームスとアントン・ブルックナーが楽友協会と関係を持っていたことが，ことあるごとに指摘されている。彼らはここで自分の作品を演奏したことから，このホールは彼らの音楽にもっとも相応しいと考えられている。

しかし，このホールは1911年に改修を行い，音響特性が変化したことに注意する必要がある。なかでも，木造であった上階バルコニーは，鉄骨梁と耐荷重の柱の役目を担う彫像に置き換えられたことは重要である。当初，この彫像はバルコニーの先端部に取り付けられていたが，側壁前面へと移動したのである。また，天井構造の重量を砂とレンガの層によって増加するとともに，ステージの面積を拡張して，座席数も増やされた。音響的観点から，これらの変更は，実質的な室容積の増加，低周波域での吸音の減少，ホール幅の拡大による初期反射音の時間パターンの変化を意味している。このホールは改修以前から高い評価を受けていたが，改修によってホールの音響がさらに向上したと想像できよう（Clements, 1999）。

20世紀前半から第二次大戦直後の期間に新たに建設されたコンサートホールでは，過去のホールでの経験が利用された。この間に，室内音響に関する一連の知識が著しく拡大したことは事実であるが，今日では（現在はもう歴史的ホールとみなされる）この時期に建設されたホールは，それ以前のホールと同じほど優れているとは評価されていない。表1.2は1950年から1960年代に建設された著名な5つのホールの例である。この表の順序は，建設年度に沿ったもので音響評価とは無関係である。

この表から，この時期には短めの残響時間が求められたことがわかる。なお，ロイヤルフェスティバルホールの残響時間については，極端に多い座席数が関係していると考えられる。ロマン派と古典派の音楽の解釈が異なっているように，音楽家や聴衆の嗜好も時代とともに変化すると言って良いだろう。

例えば，シュツットガルト・リーダーハレは，かつて音響的に秀れていると評価されたが（Beranek, 1962），現在は残響感が不足していると考えられている。今日，歴史的に重要と見なされているコンサートホールの空間の響きを顧みると，20世紀中期には高い透明性（Transparenz）が求められたのに対し，その後の数十年間ではより均一で豊かな音へ変化したことが言える。これを補足すると，1950年頃にはラジオ放送や録音再生の観点から，高い透明性を持つ響きが求められたと考えられよう。

表 1.1　1940年以前に建設されたコンサートホール

コンサートホール	竣工年	室容積(m^3)	座席数	残響時間(s) 中音	低音
1. ウィーン楽友協会大ホール	1870	14,600	1,680	2.05	2.4
2. ブエノスアイレス・コロン劇場	1908	20,550	2,487	1.8	—
3. アムステルダム・コンセルトヘボウ	1887	18,700	2,206	2.0	2.2
4. ボストン・シンフォニーホール	1900	18,740	2,631	1.8	2.2
5. ゴールデンブルグ・コンツェルトハウス	1935	11,900	1,371	1.7	1.9

しかしその後，生の演奏会で音楽芸術を体験するニーズが高まったことで，空間に期待する響きの質は録音に求められる音質と分離して考えられるようになったのである。コンサートホールは録音に求められる透明感を達成することは不可能であり，録音ではコンサートホールの空間的印象を再現することはできない。このように，コンサートホールの音響品質をいかに判断するかは，時代という文脈の中で理解するべき問題であって，細かな疑問に対する普遍的な答えが必ずしも存在するわけではない。

例えば，1920年代にベルリンフィルハーモニー管弦楽団の正指揮者を長く務めたアルトゥル・ニキシュは，モスクワ「人民の家」のSäulensaal（列柱のホール）をヨーロッパで音響的に最高のコンサートホールと考えていた。

このホールは席数 1,600，室容積 12,500 m³，満席時の残響時間は 1.75 秒であり（Lifschitz, 1925），後期バロック期の作品に見られる多旋律（ポリフォニック）構造を透明な響きで演奏するためにきわめて適している。同じく，音響的に有名であったライプツィヒの「新ゲヴァントハウス」（1886年）の平均残響時間はわずか 1.55 秒であった。（Kuhl, 1959）

長きにわたって（ベルリン・フィルハーモニー（図1.2）やニュルンベルク・マイスタージンガーハレが満たしている）満席時の残響時間は 2 秒であることが最適と考えられてきたという事実は，ウィーン楽友協会大ホールや大戦後に建設された大多数のコンサートホールの残響時間からも裏づけることができる。なお，これに関する広範な比較研究としてBarron（1993）とBeranek（1996）による報告がある。表1.3は1980～90年代に，東西ドイツに建設されたコンサートホールの5つの事例である。ベルリン・コンツェルトハウス（旧名：シャウシュピールハウス）とバンベルクのホールは楽友協会大ホールと同規模の容積を持っているが，最近では小さい範疇のホールに入っている。

一方，ミュンヘン・フィルハーモニーの室容積はオーケストラの演奏会にとって許容できる上限に近い値である。ライプツィヒ・ゲヴァントハウス（図1.4）の特徴は残響時間が低音から中音まで一定なことであり，これに対して，フランクフルト・アルテオパーでは低音の残響がかなり短くなっている。

いずれの時代においても，優れた音響性能を持

図1.2　ベルリン・新フィルハーモニー。後方には空間的な音の演出に用いる三つのタワー式ステージのうちの一つが見える。（撮影：Friedrich, Berlin）

表1.2　1950～60年代に建設されたコンサートホール

コンサートホール	竣工年	室容積(m³)	座席数	残響時間(s) 中音	低音
1. ロンドン・ロイヤルフェスティバルホール	1951	22,000	3,000	1.45	1.35
2. シュツットガルト・リーダーハレ	1956	16,000	2,000	1.65	1.8
3. ボン・ベートーベーンハレ	1959	15,700	1,407	1.7	2.0
4. ベルリン・フィルハーモニー	1963	26,000	2,218	2.0	2.4
5. ニュルンベルク・マイスタージンガーハレ	1963	23,000	2,002	2.05	2.2

出典：1. Parkin et al.（1952）；2. Cremer et al（1956）；Gade（1989b）；3. Meyer and Kuttruff（1959）；4. Cremer and Müller（1964）

図1.3 バンベルク「Sinfonie an der Regnitz」のヨセフ・カイルベルトホール (Sradthallen GmbH, Bamberg)

図1.4 ライプツィヒ・ゲヴァントハウス大ホール (Gert Mothes, Leipzig)

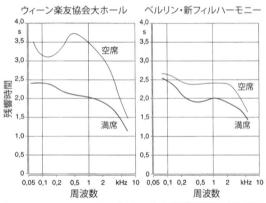

図1.5 二つのコンサートホールの残響時間周波数特性 (Beranek, 1962 と Cremer, 1964 による)

つと見なされて来たホールの大多数は，この二つを除く表1.3中の3ホールと同じように，低音の残響時間が若干長めの周波数特性となっている。この事実は残響音の知覚に関するヒトの聴覚特性を考えれば当然のことと言えよう。

例えば，図1.5に示す二つのホールの測定結果を見ると，満席時の残響時間は約250 Hz以下の周波数で長くなっており，両者とも125 Hzで2.4秒に達していることがわかる。このように低音の残響時間が伸びることは，音響エネルギーの面からオーケストラ作品の演奏にとって大きな利点がある。それは，低音を受け持つ大半の楽器の最も強い成分音は200 Hz以上の周波数に存在しており，200 Hz以下の放射エネルギーはかなり小さいためである。すなわち，ホールの音響効果によって低音声部の基音のエネルギーが増加するという効果が期待できるのである。ただし，オー

表1.3 1980年以降に建設されたコンサートホール

コンサートホール	竣工年	室容積(m³)	座席数	残響時間(s) 中音	低音
1. ライプツィヒ・ゲヴァントハウス	1981	21,560	1,905	2.0	2.0
2. フランクフルト・アルテオパー	1981	22,500	2,353	1.95	1.6
3. ベルリン・コンツェルトハウス	1984	15,000	1,674	2.0	2.2[a]
4. ミュンヘン・フィルハーモニー	1985	30,000	2,400	2.1	2.2
5. バンベルク・J.カイルベルトホール	1993	14,300	1,420	1.9	2.2

出典：1. Fasold et al. (1981, 1982); 2. Brückmann (1984); 3. Fasold et al. (1986, 1991); 4. Müller and Optiz (1986); 5. Optiz (1993), a：現在は2.6秒

ケストラ放射音の最も低い周波数成分は，高次の周波数成分によるマスキング作用を受けることを忘れてはならない（Nishihara and Hidaka, 2011, 5.2.2 節参照）。

一方，すべてのホールにおいて高音の残響時間は中音より短い値となるが，これには空気による吸収作用と，壁と天井の凹凸面が影響している。一般に，高音の残響時間は 1,000 Hz の値に対して 2,000 Hz で 5〜10％，4,000 Hz で約 15％ 短い値となる。

なお，最近は（気孔のない木材などの）表面処理対策を行うことにより，2,000 Hz の残響時間を中音の値と等しく保とうとする傾向がある（ミュンヘン・フィルハーモニーやバンベルク）。なお，この二つのホールでは，4,000 Hz の残響時間は中音に対して 10〜15％ 短い値となっている（Müller and Opitz, 1986; Opitz, 1993）。このように 2,000 Hz の残響時間を「上昇」させると，その音質の輝かしさを際立たせ，さらにシンガーズフォルマントを補強する効果がある（7.8.1 節参照）。

図 1.5 のデータによると，ウィーンとベルリンの二つのホールの残響時間の周波数特性には大きな違いが存在している。ウィーン楽友協会大ホールの残響時間は周波数が高くなると次第に短い値となるのに対し，ベルリン・フィルハーモニーの残響時間は中音域でほぼフラットな特性となっている。この場合，1,000 Hz 付近の周波数域，つまり，/a/フォルマント帯域[3]の残響が若干長くなることになり，その特徴である開放的な音色が強調される効果がある。

ベルリンでは室形の点から豊富な反射音が得られないことを考えれば，この周波数特性は空間の響きの明瞭性を向上させるという点で優れた効果を生み出している。これに対して，楽友協会大ホールの残響時間の周波数特性は，空間の響きにいっそう柔らかく，丸みを帯びた性格を与えている

と言えよう。

図 1.5 には満席時と空席時におけるホールの音響条件の違いがプロットされている。空席状態の椅子の吸音率が，聴衆が着席したときの椅子の吸音率と近い値でない場合，聴衆が着席することによってホールの吸音力は著しく増加する。楽友協会大ホールでは，座だけがモケットの木製椅子が用いられている。このため，空席時での 500 Hz の残響時間は 3.5 秒を超えており，リハーサルや録音時の残響時間は演奏会での値に比べて非常に長い値となっている。こうした理由から，録音セッションでは（椅子にウールの毛布をかけるなどの）追加的な吸音材料がホールに持ち込まれている。これに対して，ベルリン・フィルハーモニーの椅子は高い吸音性を持っており，聴衆とオーケストラによる残響時間の低下は約 0.4 秒にすぎない。なお，オーケストラだけがステージに存在する（聴衆のいない）スタジオセッティングでの残響時間の周波数特性は，満席時と空席時のほぼ中間の値である（Cremer, 1964）。満席状態では，ホールの吸音力の大半は聴衆によって決まるが，このとき，ヒトが着席した状態での椅子のモケットによる余分な音の吸収をできるだけ防ぐ必要がある。この配慮を怠ると，目標残響時間の 2 秒を達成できない可能性があることに注意されたい。この一つの解決方法は，椅子の背当たりのモケットは肩の高さまでとして，それより上部を木製の反射面とすることである。

ところで，最適残響時間はホールの規模だけで決まるわけではなく，ホールで演奏する音楽の性質にも依存するはずである。また，作曲家の空間の響きに対する感性は，自分自身の作品を指揮したり，聞いたりした空間の音響的性質に強い影響を受けている。この例外としてフランツ・シューベルトとピョートル・チャイコフスキーが挙げられ，彼らは作品中で音響的なアンビエンスを考えていなかったようである。

---

[3] 楽器音の音色とフォルマントの関係については 6.2.3 節と 7 章を参照。

また，ウォルフガング・アマデウス・モーツァルトは歌声がクリアーに分離することを求めていたが，響きの空間性は考慮していなかったと思われる（Meyer, 2012）。こうした状況を考え合わせれば，ホールの響きにガラスのような透明性が求められるのか，あるいは，空間の響きの中に身を沈めることを求められるのかは，作品のスタイルに（ある程度）依存すると言えるのではないだろうか？作曲様式が楽器の機能的な進化に影響されたことと同じように，作品のスタイルは空間の音響条件に影響を受けているのである。演奏の目的は作曲家が音に対して抱いた概念を表現することである。したがって，「本来」の音響条件に即した演奏を行うことが必要である。しかし，作品が作られた当時と同一の条件で演奏を行うことは通常は不可能であり，また，（その多くについては）大きな意味があるとは言えないだろう。これに加えて，傑作を作った作曲家達は，普段，自分たちが演奏を行う空間の音響条件が最適であると思っていたと考えることもおそらく正しくないであろう。

本節では，ロマン派期の大作曲家達がウィーン楽友協会大ホールに関係していたという事例を紹介したが，この時期に建設された他のホールも基本的に類似した（ロマン派の響きの理想にマッチした）音響特性を有している。これに関連して，焼失したベルリンの旧フィルハーモニーは，ウィーン楽友協会大ホールに類似した音響特性を持っていたことを言及しておくべきであろう。一方，ロベルト・シューマンの『第1, 2, 4交響曲』やJ.ブラームスの『ヴァイオリン協奏曲』の初演が行われた，ライプツィヒ・ゲヴァントハウスの旧ホールはかなり小型のホールである（図1.6）。

1780年の完成時，このホールの客席数は400であったが，その後，上階にバルコニーが設けられて570席となった。当時の建築図書から推定すると室容積は 2,100 m^3，満席状態の残響時間は約1.2秒である（Bagenal and Wood, 1931）。こうした小空間は，当然ながら19世紀後半以降に

図1.6 ライプツィヒの旧ゲヴァントハウス（1842年の改修後）。（Bärenreiter-Verlag Kassel（MGG））

建設された大型ホールに比べて，際だった臨場感（Präsent）を持っている。このため，このホールで演奏された当時の古典派作品は，今日よりもずっと透明感のある響きであったと考えられる。

ホールの規模は異なるが，この事情はヨーゼフ・ハイドンが交響曲を作曲して，それらを自分自身で指揮したコンサートホールにも該当する。幸いなことに，アイゼンシュタットとエステルハーザ（現在の名称は「Fertöd」）の2ホールはほぼ完全に原形が保存されており，（空席時の）残響時間の測定結果も報告されている（Meyer, 1978a）。表1.4には，この結果から換算した満席時の残響時間と，文献データ（Elkin, 1955; Robbins Landon, 1976）から換算したロンドンの2ホールとウィーン・アルテン大学祝祭ホールの満席時の残響時間が示されている。このウィーンのホールでは1908年，J.ハイドン出席のもと，彼の『天地創造』の伝説的演奏会が催されている。

まず，これらホールでは，いずれについても低音の残響時間はかなり長いことがわかる。アイゼンシュタットとウィーンのホールの中音の残響時間は1.7秒であるが，今日，この値は初期の古典派オーケストラ作品に最も相応しいと考えられている。また，ロンドンにかつて存在したキングス劇場もこれにほぼ近い値となっている。この話題に関して，レナード・バーンスタインは，ボンのベートーヴェンハレ（残響時間は約1.7秒）はJ.ハイドンの交響曲の演奏にはきわめて適してい

るが，ロマン派音楽には残響がかなり不足していると考えていたことは注目に値しよう。

一方，エステルハーザの宮廷ホールと（これよりわずかに大きい）ロンドンのハノーバースクウェアルームについては，室容積がかなり小さく，その音響条件は表中の他のホールとはかなり異なっている。したがって，残響時間も著しく短い値となっている。今日の用途分類に従えば，この二つのホールはウィーンのロブコヴィッツ宮殿・エロイカザールと同じく，大型の室内楽ホールに分類される。事実，表1.4のホールでは当時，オーケストラ作品と室内楽の両方の演奏会が催されている。

J. ハイドンは，残響時間が異なるこれらのホールの音響状態を考慮して交響曲を作曲した。したがって，彼のそれぞれの交響曲は（作曲時期に対応する）本来の環境で鑑賞することでその真価が理解できるのである。例えば，エステルハーザ滞在時に作られた交響曲群は，リズミカルで繊細な構造と，オーケストラ各声部のフォルテからピアノへの急転を特徴としている。しかし，ロンドンのキングス劇場やアイゼンシュタットの宮廷ホールでは，こうした箇所は残響音に完全に埋没するであろう。一方，キングス劇場のために作られた交響曲では，フォルテで音が中断するか，フォルテの後に休止符が来る場合にはフェルマータが常に用いられている。こうした作曲技法は，残響音による音の融合を期待しているためである（Meyer, 1978a）。

本節では若干の例についてだけ論じたが，コンサートホールの歴史的発展を顧みると，ロマン派の音楽作品と比較すれば，古典派の作品にとって残響時間はそれほど長くないほうが好ましいと結論できるだろう。古典期のオーケストラ演奏会は（当時のコンサートホールと比較してかなり残響時間が短かった）劇場で行われることが多かったことからも，この見解は正しいといえよう。また，最適残響時間に関する数々の研究報告もこの結論を裏付けている。この問題については録音スタジオを扱う1.5節でもう少し詳しく論じる（Kuhl, 1954a, b）

最近，ダラス（1989年），バーミンガム（1991年），ルツェルン（1998）など，いくつかのホールにおいて（限定的ではあるが）演目に応じて残響時間を変化させる新しい機構が導入された。この三つのホールには，（一般的に普及している）可動式吸音カーテンとともに，残響時間を延長するための残響用チャンバーが設けられており，ホールとはコンクリート製扉で仕切られている。このチャンバーは最上階バルコニーより上部の客席廻り3方（ダラス），あるいは，オルガンの周囲とその上部（バーミンガム）に設置されている（Forsyth, 1987; Graham, 1992）。

この残響可変機構は，上下に移動可能な重量40トンを超えるステージ上部の反射体（キャノピー）と組み合わせて使用することによって音響条件が変化するように設計されており，標準的な交響楽から，（大聖堂のような響きのホールを望んだ）エクトル・ベルリオーズからグスタフ・マーラーに至る作曲家による大規模合唱を伴ったオーケストラ作品にまで適合することを意図している。

表1.4

コンサートホール	室容積(m^3)	残響時間(s) 中音	低音
1. アイゼンシュタット宮廷ホール	6,800	1.7	2.8
2. エステルハーザ宮廷ホール	1,530	1.2	2.3
3. ロンドン・ハノーバースクウェアルーム	1,875	0.95	1.6
4. ロンドン・キングス劇場	4,550	1.55	2.4
5. ウィーン・アルテン大学祝祭ホール	5,250	1.7	2.6

大型のホールでは，残響時間が1.7秒を下回ると音量感が著しく不足するため，基本的にこれ以下の値は避けなければならない。こういった音響的に好ましくないコンサートホールで演奏会を行う場合には，電気音響装置の利用が一つの対処方法となる。とりわけ，室容積が大きく，遠方の席までオーケストラやソリストの音響エネルギーを十分な音量で伝えることが困難なホールでは，電気音響装置がしばしば利用されている。

残響時間を長くするだけが目的であれば，マイクロフォンで拡散音のみを受音して，客席部に配置したスピーカから放射すればよい。ただし，フィードバックによる発振の可能性があるため，システムの増幅度には限界がある。

ロンドン・ロイヤルフェスティバルホールでは1960〜1970年の間，この種の電気音響システムについての検討が行われた（Parkin, and Morgan, 1965 & 1970）。そのシステムは多数の超狭帯域マイクロフォンから構成されており，約800 Hz以下の残響時間を伸ばすことが可能である。ただし，（各マイクロフォンに対応する）それぞれのスピーカは非常に狭い帯域だけを受け持つため，この人工的な残響音の拡散性は十分とはいえない。

ここでの問題は，多数のマイクロフォンからそれぞれのスピーカへ供給する信号を広帯域にすれば解決する。これにより，より広い空間の残響時間がコントロールでき，なおかつ，周波数レンジも拡大する。また，システムの性能の音源位置による違いも改善する（Kleis, 1979）。このタイプのシステムは，ストックホルムのロイヤルコンサートホールに初めて導入され，満席状態の残響時間は1.6秒から2.3秒へと上昇した。

もちろん，システムの各チャンネルのバンド幅を狭帯域ではなく，中間的な幅に設定することも可能である。この場合，チャンネル数が充分であれば，周波数特性の揃った一様な放射音が得られる。このシステムは前述した二つのシステムの中間に位置づけられるものであり，国際会議センター「ICCベルリン」に設置されている（Keller and Widmann, 1979）。

最後に，電気音響システムを利用して直接音の強さを補強することも可能である。このとき，それぞれのスピーカに適切な時間遅延を持たせれば，（先行音効果により）すべての座席位置に対して，本来の音源から音が発生する印象が実現できる。

このとき，コンサートホールの「自然」な雰囲気を作り出すためには，複数の反射音と残響を付け加える必要がある。今日では，効率的な畳み込みアルゴリズムを用いたハードウェアが実用化されており，楽器からの放射音に対して既存のホールのインパルス応答，すなわち，反射特性をリアルタイムに付加することが可能である。また，その周波数範囲も十分である。例えば，アブダビのエミレーツ・パレスホテルにはこうした装置が設置されており，（こうした仮想のホールにおいて）ウィーンフィルやニューヨークフィルなどの著名オーケストラによるクラシックコンサートが催されている（Engel and Blome, 2009）。

1.1.3 音場とホールの形状

空間の音響条件が与えられたとき，直接音と残響音のエネルギーの相対比率は，奏者と聴衆までの距離と楽器の指向性によって決まる。例えば，音源の指向性が鋭ければ，直接音成分は狭い角度内に集中するので遠方の席まで到達する。したがって，（無指向性音源に対して定義される）拡散半径[4]が客席エリアに到達していない場合，音源の指向性はきわめて大きな影響を及ぼすことになる。

例えば，中音域での拡散半径はウィーン楽友協会大ホールでは4.75 mである。これに対して，規模の大きいベルリン・フィルハーモニーで6.5 m，残響時間の短いロイヤルフェスティバルホー

---

[4] 直接音と残響音の強さが等しくなる距離。9.4.3節参照。

ルで 7.0 m となり，規模の小さい旧ゲヴァントハウスでは 2.4 m という値となる。一般に周波数が高いほど残響時間は短いので，高音域の拡散半径は中音域の値より大きくなり，最も高い周波数成分では約 2 倍の距離となる。

直接音が到達する距離は，楽器の指向性に依存する。図 1.7 はトランペットの拡散距離[5]を上述の三つのホールの平面図に重ねて描いた結果であり，各曲線は異なった周波数に対応している。図から，残響時間が短くなる高い周波数ほど，指向性の影響が顕著になることが理解できる。

ウィーン楽友協会大ホールでは，トランペットの主軸方向の拡散距離は（ホールの規模だけによる計算値であるが）6,000 Hz で約 27 m に達し，さらに 10,000 Hz では 38 m，15,000 Hz では 64 m に及んでいる。このとき，周波数が高くなっても横方向の拡散距離はほとんど変化せず，6,300 Hz の 15 m に対して 2,000 Hz でも 20 m にすぎない。この点に注目すると，ウィーン楽友協会大ホールの形状はトランペットのパッセージの輪郭を際だたせるために，あたかもその豊かな倍音構造を客席へ伝えるために仕立てられたかのように思える。

これとは対照的に，旧ゲヴァントハウスは非常に規模が小さいにもかかわらず，左右の壁側の席ではトランペットの輝かしい響きを得ることはできないことがわかる。

オーケストラの周囲に客席を配置したコンサートホールでは，必然的にトランペットは非常に異なった音質を持っている。ベルリン・フィルハーモニーはその典型的な事例である。この場合，室容積がたとえウィーン楽友協会大ホールと同程度であっても，中心線から横方向で 20 m を超えるエリアでは，トランペットのスタッカートは本来の切れ味を欠くことになる。

オーケストラに対して正面，左右，後ろの聴衆に対する音響効果の違いはトランペットに限ったことではなく，もちろん程度の差はあるが，他の楽器パートについても生じる。また，この場所による音質の違いには楽器の指向性，なかでも前対後と前対横の音圧レベル差が大きく影響する。例えばオーボエについては，最も強いエネルギーを持つ 1,000 Hz 付近の成分音の前後の音圧レベル差は約 16 dB に及んでおり，ベルリン・フィルハーモニーやライプツィヒ・新ゲヴァントハウス (1981 年開場，Fasold et al., 1981) などのホールでは（あらゆる座席に対して）各楽器パートのバランスをとることがきわめて難しいことが理解できよう。

したがって，こうした新しいタイプのホールでは，オーケストラの音がステージ中央ではなく，しばしば客席に向いた壁面から聞こえることも驚くべきことではない。このため，例えば新ゲヴァントハウスでは，オーケストラの後ろの客席エリアはコーラス席としてのみ利用されている。

拡散距離の効果に加えて，直接音の音質は遅れ時間がごく短い反射音，つまり，音源付近の壁面からの反射音によって改善する。こうした反射面が効果的に作用するには，この面へ入射する楽器からの直接放射音が充分な大きさでなければならない。したがって，この反射面はそれぞれの楽器

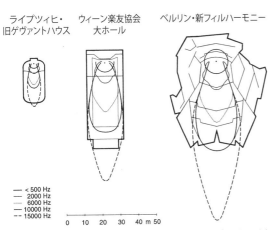

図 1.7 三つのコンサートホールにおける，いくつかの周波数に対するトランペットの拡散距離

---

[5] 拡散半径と同じ意味。指向性音源に対して用いる。9.4.3 節参照。

の指向性のメインローブ，つまり，主要放射方向[6]内に位置している必要がある。当然，オーケストラの近くに設置する吸音面の効果についても同様に考えればよい（Meyer, 1976, 1977）。

図1.8には，第1ヴァイオリンパートとチェロパートに対する主要放射方向が，ホールの縦断面図に示されている。ステージ上の太い実線は両楽器パートの位置を表しており，（下図では）チェロパートの位置を指揮者の前方に設定している。楽器パートから引いた直線は主要放射方向（0～−3 dB）を表し，（強い放射音が入射する）天井，後壁，床の各部分が帯状の長方形で対応する周波数とともに示されている。第1ヴァイオリンに関する上図では，5,000 Hzの主要放射方向に矢印が記されている。ヴァイオリンの音の輝かしさにきわめて重要であるこの成分の反射面エリアがステージより客席側の天井であること，これに対して，チェロの音の輝かしさに重要な反射面エリアはステージの直上に存在していることに注意されたい。

このように，それぞれの楽器パートに寄与する反射面の位置は多くのエリアに分かれている。このため，オーケストラ全体に寄与する反射面を包括的に表すには，もう少し単純化してこの問題を扱う必要がある。図1.9は，天井の全面またはその一部が，各種の楽器の主要放射方向に含まれる周波数範囲の要約である。図では天井は「ステージ直上」，ホールの「前方」（ステージ先端から10 m以内）と「後方」（10 m以降）に三つに分割して表現されている。

ただし，天井が図1.8より低い場合には反射面の位置関係が変化するので，天井の分割範囲，つまり，ホール前方と後方の境界はステージ側に移動する。また，天井がさらに高い場合には，両者の境界は客席の後部へと移動する。

図1.9より，ステージ直上と前方の天井面は，すべての楽器に対して広い帯域の反射音を発生し

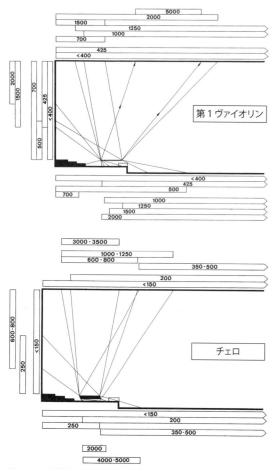

図1.8 2種類の弦楽器の主要放射方向（0～−3 dB）に対応する，コンサートホールの天井，後壁，床における反射面の位置。図中の数字は周波数（Hz）。

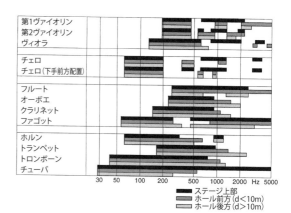

図1.9 オーケストラの各楽器に対して，天井から効果的な反射音を生じる周波数範囲。

---

[6] 放射音の指向性が最大値から−3 dBまたは−10 dB以内となる方向。8.2.1節参照。

ており，したがって，音量感（ラウドネス）と楽音の輝かしさに大きく影響することが理解できる。一方，後方の天井への入射音については，大半の楽器の高周波成分はこのエリアに到達した時点でそのエネルギーは弱くなっているため，主に低周波成分が反射音となると考えてよい。

同じく，図1.10はオーケストラの後ろの壁の寄与を要約した結果であり，ここでは，後壁を下部（高さ5m以下）と上部（5m以上）の二つのエリアに分けて表示してある。これより，低周波成分については，後壁全面がほぼすべての楽器パートに有効に作用することがわかる。ただし，弦楽セクションには後ろの奏者が後壁への音を遮蔽するため，後壁下部の効果はあまり期待できないことに注意されたい。一方，高周波成分については，後壁は管楽器に対してほとんど影響しないこと，弦楽器については後壁上部が一定の効果を持つことがわかる。

これに対して，客席部の側壁は弦楽器と大半の管楽器について，低・中周波領域の主要放射方向内に位置しており（図2.6, 2.18参照），楽音の輝かしさといようよりはむしろ音の豊かさに影響している。ただし，実際のホールでは必ずしも客席部の側壁がそうした効果を与えているわけではない。

例えば，この側壁が拡散反射するディテールを持っておらず，大きな平滑面から構成されている場合には，特に高周波成分が強く反射することに注意する必要がある。このときには，鏡面反射方向へ進む側壁からの反射音は高周波成分が突出した特性を持つことになり，ヴァイオリンの音色は鋭く耳障りとなる。さらに，オーケストラの全体の響きの空間的な拡がり感（Räumlichkeit）[7]も不自然なものとなり，イメージシフトに近い感覚が生じることもある。こうした場合には，側壁を山折りにする，彫像を設置するなどの対策を講じれば，高周波成分は拡散反射して不快な響きは消失する。

ホールの基本平面形，つまり，ステージと客席部の側壁の方向は空間の音響効果にきわめて重要な役割を持っている。例えば，これらの側壁が客席に向かって扇形に開いているホールでは，木管の正面への放射音が前方の奏者によって遮蔽されると，木管セクションの音のバランスが崩れてしまい，一部の客席エリアで側壁からの反射音によって特定の木管パートの音が強く突出しすぎる危険性がある。さらに側壁の開きが大きくなると，オーケストラ奏者は通常，矩形に近い形に配置されるので，オーケストラの両翼に「開口」がある状況に等しくなってしまう。

第1反射音の到来時間[8]と入射方向は，リスナから反射面（天井あるいは側壁）までの距離によって決まる。これに関して，表1.1に示した最適な音響条件を持つと評価される5つのホール中の三つが矩形であって，その天井高さが横幅の半分以上であること，したがって，これら3ホールでは，ほぼすべての客席において第1反射音は上方ではなく側方から到来することに注意されたい。表1.5にはいくつかの矩形ホールについて，天井高さ，（第1反射音の重要なパラメータである）メインフロアの横幅，ボックス席間あるいはバルコニー前壁間の距離が示してある。

1960～1970年代に建設されたホールの中で，

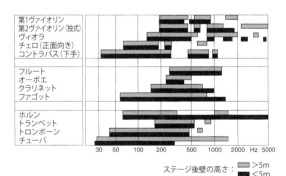

図1.10 オーケストラの各楽器に対して，ステージ後壁から効果的な反射音を生じる周波数範囲。

---

[7] 見かけ上，知覚する音源の幅の拡がり。9.5節参照。
[8] 初期時間遅れとも呼ぶ。

マイスタージンガーハレは高い評価のホールと同じように，大半の客席において，側壁からの反射音が天井反射音より先に到達する。しかし，この時期のホールの多くは天井が低く奥行きも長いため，優れた空間的印象（Raumeindruck）[9]を生じることはない。また，室容積も不十分であり，ロマン派音楽には不向きである。

バンベルクのヨセフ・カイルベルトホールの側壁は，ホールの中心線に対して10度の拡がりで，後壁までまっすぐに伸びている。このため，表中のホール横幅にはステージ先端部の値を用いている。それは，この周辺部が主要な側方反射面として機能しているためである。このコンサートホールは，すべての客席に良好な初期の側方反射音を供給するという設計コンセプトのホールとしての成功事例といえよう。

一方，ホールの横幅が非常に広い場合には，客席を側壁に囲まれた複数のブロックに分割することで，ほぼすべての客席に側方からの第1反射音を供給することができる。カルフォルニア・コスタメサのオレンジカウンティ・パーフォーミング・アートセンターはその代表的な設計例である（Forsyth, 1987）。

（ステージから15m離れた客席において）直接音の到達後，側壁からの第1反射音が30ms以内に到来するには，ホールの横幅は20m以下となる必要がある。この場合，15m以遠の客席はすべてこの条件を満たすことになる。一方，15mより前方の客席については，オーケストラに近いため直接音が大きく，この遅れ時間は多少長くても差し支えない。なお，興味深いことに，この20mという値は（指向性から導かれる）トランペットの鋭いスタッカート音に対するホールの横幅の最適値に一致している（図1.7参照）。

ホールの形状，すなわち（反射音の到来方向に影響する）壁や天井の向きは10〜80msの遅れ時間内に側方から到来する音響エネルギーの大きさ，つまり，音の「空間的印象」を決定する重大な要因である。ホールの形状としては，側壁から強い初期反射音を得ることのできる矩形が最も好ましく，開き角のごく小さい扇形も良い結果が期待できる。また，適度に傾斜させた反射面や，側壁とバルコニー下天井の作るコーナーによっても初期の側方反射音を得ることが可能である（Kuhl, 1978; Wilkens, 1975）。

ライプツィヒのゲヴァントハウスはその代表例であり，壁面に設けられた反射体の下面が聴衆に，上面が天井方向に反射音を返している（図1.4参照）。この結果，座席ブロックごとにその効果は異なるが，空間印象評価量（Raumeidruckmaß[10]）+3.1〜+5.5dBが達成されている（Fasold et al., 1981）。また，天井の形を上手く設計すると，天井へ放射した音を側壁でもう一度反射させた後，聴衆へ返すことができる（Schroeder, 1979）。

一方，音像の拡がり感（Räumlichkeit）をできるだけ大きくするには，電子的な残響付加装置を利用することができる。ただし，主に鉛直方向か

表1.5 コンサートホールの諸元

コンサートホール	天井高さ(m)	メインフロアの横幅(m)	内壁間の距離(m)
1. ウィーン楽友協会大ホール	18.5	20	14
2. アムステルダム・コンセルトヘボウ	17.5	28	29.5
3. ボストン・シンフォニーホール	21	23	17
4. ニュルンベルク・マイスタージンガーハレ	14	38	27
5. バンベルク・J. カイルベルトホール	14	33	22

9 空間的印象の定義は9.5節参照。
10 Raumeidruckmaß の定義は W. Reichardt and U. Lehmann（Applied acoustics, vol. 11, p. 99–127, 1978）。

ら聴衆に向けて音が到達するような楽器では，過度の音像の拡がり感を生じる危険性がある。特に，演奏会用グランドピアノについては，その放射音が著しく拡がってオーケストラから突出してしまうので，注意する必要がある。

図 1.11 は 6 つのホールの平面形とともに，その室容積と側方音圧レベル[11]を示している。この側方音圧レベルは，ホールの長手方向に対して後ろから 1/3 付近で，かつ，側壁から充分離れた客席での測定値である（Kuhl, 1978; Wilkens, 1975）。これより，矩形ホールの側方音圧レベルは，円形や横幅の広いホールに比べてかなり大きいことがわかる。ただし，ベルリン・フィルハーモニーの平面形は円形劇場に近いように見えるが，効果的な反射面によって，この測定点では大きな側方音圧レベルが達成されている。一方，ブラウンシュバイク・シュタットハレには適切な反射面が備わっておらず，さらに，側壁が扇型に開いていることから，音像の拡がり感は得られない。

こうした理由から，ニューヨーク・リンカーンセンターのコンサートホールの再設計では，バルコニー席を側壁に設けた矩形の案が採用されたのである（Kuttruff, 1978）。また，扇形のホールは音響について問題を生じることが多く，音響反射面を充分に確保しなければならないことに注意されたい。

これに加えて，側壁の開き角が大きなホールや横幅の広いホールでは，（程度の差はあるが）中心線から離れた客席の多くに直接音が充分な強さで到達しないという問題がある。なかでも，声楽のソリストがオーケストラの前に立って歌うときには，その視線方向に対して頂角が 40°の円錐より外側のエリアでは音色の変化が生じ，80°より外側では直接音はほとんど到達しないという事態を招いてしまう。また，開き角が「小さい」扇形ホールであっても安心してはならず，基本的に側壁が開いていれば，特定のエリアで歌声や楽器の指向性の影響を受けることがある。

こうした経験は，ここ 50 年間のコンサートホール設計のトレンドにはっきりと表れている。また，世界各国で新たに設計（！）されたホールの約 90% は次の 4 カテゴリーに分類できる。

シューボックスホール：側壁は互いに平行であり，指揮台は正面の壁を背にして位置している。

扇型ホール：側壁は後ろに行くほど拡がり（約 35～50°），指揮台は正面の壁を背にして位置している。

六角形ホール：ホールの横幅は中央付近で最大，指揮台は正面の壁を背にして位置している。

アリーナ（サラウンド）型ホール：指揮台はホールの中央付近にあり，その周囲に客席が配置されている。この客席が側壁によってブドウ畑状に分割されていることが多い。

図 1.12 はこれら約 160 ホール（1,000 席以上）の室形の年代ごとの集計結果であり，プロセニアム形式のホールはこのデータから除外してある。

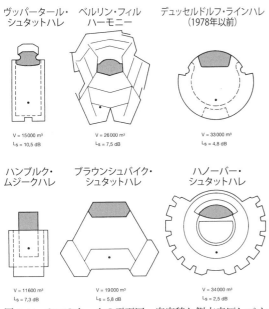

図 1.11　6 つのホールの平面図。室容積と側方音圧レベルを併せて示す。(Wilken, 1975; Kuhl, 1978)

---

[11] 初期に到達する側方からの反射音と直接音のレベル差。定義は 5.3 節参照。

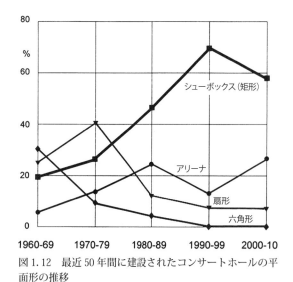

図 1.12 最近 50 年間に建設されたコンサートホールの平面形の推移

これより，1960 年代には六角形が，1970 年代には扇型が主流であったこと，その後，両者は急激に減少したことがわかる。これは，コンサートホールの音響品質として空間性が次第に重視されるようになったためである（Barron, 2012）。

1980 年以降，アリーナ型とシューボックス型の割合が大きくなっているが，なかでもシューボックス型の数が多いことに驚かされる。シューボックス型の数はアリーナ型の約 2 倍に及んでおり，その理由として，アリーナ型ホールの（ステージの横と後方の）サラウンド席では，オーケストラの演奏に対して充分な音量と音色のバランスを実現することがほとんど不可能であるためと考えられよう（Meyer, 2011）。

ロマン派の作品に求められる空間の響きには高い天井が相応しく，それに対して，古典派音楽の透明感には時間遅れの短い反射音，つまり，（扇型ではない）低い天井のホールが望ましい。こうした理由から，オーケストラの上部に反射パネルを吊り下げて，演目に応じてその高さを調節する方法が考えられる。このとき，後述する空間的印象に対するヒトの聴覚の弁別能力を考慮すると，最低で 2 m の移動距離を確保する必要がある。なお，パネルを下げると，反射音の低周波成分のエネルギーが増大するので（9.1.3 節参照），音色が変化することに注意されたい。

空間の響きの透明性と拡がり感に関する主観的感覚は，視覚的な印象に影響を受ける。装飾のないホールと祝祭的な雰囲気のホールでは，後者の方が聴衆の心理的な期待感を高めると思われるが，その違いはさほど大きくない。これに対して，光と色彩の使い方が視覚的印象にとって重要なファクターとなる。光が当たったエリアには，その方向への聴衆の視覚的な注意力が刺激されて，集中力が向上する。したがって，ホール全体を明るくするよりも，全体の照明を落としてステージ上の特定エリアに舞台照明を当てたほうが聴衆は集中できるのである。特に，客席エリアの明るいホールでは多数の聴衆の動きが視界に入るため，集中して音楽を聴くことは容易ではない。

これに関連して，ライプツィヒ・ゲヴァントハウスとバンベルク・カイルベルトホールについて興味深い対比点を論じることができる。ライプツィヒ（図 1.4）では，ステージを囲う明るいバルコニー手摺壁に目が引き付けられるが，ステージの側壁と後壁は暗い色に塗装されて，この部位は視覚的に遠くにあるような印象を与えている。この組み合わせは（特に遠い席の聴衆に対して）透明感の知覚を強める効果を持っている。

一方，バンベルク（図 1.3）では，ステージの木造のフレームが客席まで伸びており，その上階の白い壁がきわめて印象的である。この白い反射面は視覚的印象に強いインパクトを与えるが，対照的に，天井の青は際立った効果を持っていない。この色遣いは（上方よりも側方に対して鋭敏である）耳の感度の指向特性に対応しているといえる（Opitz, 1993）。ホールの音響的性質と調和した，こうした色と光の関係は響きの空間性の知覚を高める効果を持っている。

1.1.4 ステージの音響条件

オーケストラに対して周辺の壁面から到来する反射音は，奏者が互いの演奏音を聞きあうために重要な役割を担っている。ホールによっては，奏

者は自分自身の音が大きく聞こえても，他の奏者の音の大きさが不十分であるか，「まったく」聞こえないことがある．こうした事実から，互いの音が聞きとれるためには，直接音だけでは必要なエネルギーが不足すること，つまり，反射音によって補強されなければならないことがわかる．室内楽アンサンブルの場合，リズミカルな合奏の正確さを保つには35 ms 以内のタイミングで同期して演奏することが求められる（Rasch, 1979）．したがって，この値から有用な反射音の遅れ時間の上限値が決まる．

図1.13は複数の研究報告に基づいて要約した，奏者の互いの聞き取りやすさにとって好ましい反射音と，聞き取りやすさを阻害する反射音の発生条件を示している．図の横軸は奏者間の距離とそれに対応する直接音の伝搬時間，縦軸はステージ天井の高さと側壁までの距離である．天井までの距離と側壁までの距離が異なっているのは，奏者の耳の位置をステージ床面から約1 m にとっているからである．図中の破線は，それぞれの位置関係に対応する反射音の遅れ時間であり，斜線と縦線でハッチした部分が，好ましい効果と好ましくない効果に対応している．なお，アルファベットは引用した研究者名を表している（Meyer, 1982b）．

図より，約10 ms の遅れ時間で到来する反射音は互いの聞き取りやすさを阻害することがわかる．これは，反射音の音圧レベルが大きすぎて，自分自身の発生音がはっきりと聞こえないことが原因である．これに対して，オーケストラ周辺から来る反射音が有用となるのは，直接音に対する遅れ時間が17～35 ms の場合であり（Marshall et al., 1978），これは反射音の迂回距離に換算すれば6～12 m になる．これより，オーケストラ上方の天吊り反射板の高さは約8 m が最適であり，高さ12 m が「許容限界」と考えることができる（Winkler, 1979）．

ただし，数m 以内の距離に座る奏者にとっては，天井の高さが最適値の8 m であっても反射音の遅れ時間は過剰であって，不快な反射音として知覚される可能性がある．この場合，天井面を屏風折りにして，上向きの放射音が直ちに（相手の）奏者に返らないようにすれば，こうした有害な反射音を抑えることができる．一方，互いの距離が充分離れた奏者については，天井が高いために遅れ時間の大きな反射音が発生したとしても，互いの聞き取りやすさは影響を受けない．ただし，天井からの反射音の効果を期待するには，天井高さは上限の10 m 以内に抑えて，充分な反射エネルギーを確保する必要がある．

奏者間の距離が短い場合，好ましい天井高さの下限は4～5 m である．これより低い天井では反射音が強すぎるため，天井の一部を吸音性にするか屏風折りして是正する必要がある．後者の場合，上方への放射音が遠方の奏者にとって有用な反射音となる．ただし，こうした低い天井は小型のホールに限った問題と言えよう．

天井高さに関する考え方は，後壁あるいは側壁までの距離についても同様に扱って良く，室内楽アンサンブルの場合，壁までの距離は3～6 m で好ましい効果が得られる．一方，オーケストラについてはステージを取り囲むように壁面を設けて，

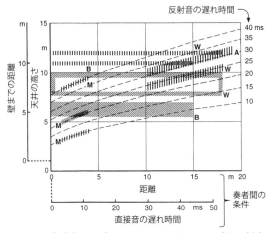

図1.13 奏者相互の音の聞き取りやすさに及ぼす反射音の影響（Allen, 1980; Barron, 1978; Marshall and Meyer, 1978, Winkler, 1979の要約）．斜線と縦線でハッチした領域は，それぞれ好ましい反射音と好ましくない反射音であることを示している．

すべての奏者から壁面までの距離をなるべく短くすべきである。また，必要以上に大きなオーケストラ用ステージでは，周囲の反射面までの距離が長くなりすぎるため，前方の弦楽セクションと指揮者の位置で好ましい音響条件を得ることができない。それは，これらの位置では弦楽器の後列プルトの音が非常に弱くなり，管楽セクションの音も正確に聞こえないからである。

これに対して，ステージに「後壁」がなく，左右の壁だけが存在するときには，弦楽セクションの後列プルトで他のセクションの音が聞きとれなくなる。様々な研究報告によれば，ステージ周囲の壁は少なくとも1.8～3 mの高さが必要であり，3 mの高さがあれば（リズミカルなフレーズにはさほど重要ではないが）低周波数成分までを含んだ強い反射音を返すことができる。なお，側方からの反射音を補強する方法として，適度に傾斜させたバルコニー前壁からの反射音や，バルコニー下天井とその下部の側壁を経由する2回反射音を利用することも有効である。

室内楽のアンサンブルを良好に保つには，奏者の耳の位置における音圧レベルに関して，他の奏者からの総音響エネルギーが奏者自身からの直接音の-15 dB以上，$+5$ dB以下であるべきとの報告がある。（Naylor, 1987）。ただし，この条件が満たされても，（特に大きなホールでは）オーケストラに強い反射音が返ると，奏者は客席エリアの音量が大きすぎると感じる傾向がある。この結果，聴衆の受ける空間の響きを誤って意識して，ホールの音響条件に応じた強さのフォルテで演奏しない可能性があることを忘れてはならない。

合唱団員の互いの歌声の聞き取りやすさは，基本的にオーケストラ奏者の場合と同じように考えて良いが，器楽の場合とは異なって残響音も大きく影響する（Marshall and Meyer, 1985）。合唱団員にとって最も好ましい反射音の遅れ時間は15～35 ms，（団員の耳の位置で）反射音のエネルギーは自身からの直接音に対して-15～$+5$ dBの範囲であることが求められる（Ternström and Sundberg, 1983）。つまり，充分な強さを持つ反射音が必要であり，反射音の遅れ時間は（この範囲の中で）短いほど好ましい。

また，声の指向性の点から，反射音の到来方向は真上や後方に比べて側方が効果的である。ただし，第1反射音の遅れ時間が約40 msになるとアンサンブルに支障をきたすことが知られているが，その理由については今のところ明らかになっていない。これに対して，60 ms以降に到達する第1反射音は再び，好ましいと判断される。また，こうした遅れ時間の長い反射音が，側方から複数，到来すればさらに良い効果が期待できる。

声楽ソリストがアンサンブルを行うときの声質のコントロールと「発声のしやすさ」に関して，残響音は合唱団員の場合よりもさらに大きな影響を与える。このとき，歌手の正面方向から（25 ms以下の）初期反射音が到来し，同じ方向から強い残響音が続くと，より一層歌いやすいと判断される。なお，真上や背後からの反射音はその後にのみ到達すべきである（Marshall and Meyer, 1985）。同様に，器楽奏者も遅れ時間のかなり長い，20～100 msの反射音を有用と知覚しており，その上限は200 msに及ぶこともある（Gade, 1989a）。

図1.14は，奏者間の互いの音の聞こえ方がホールによって異なることを示すために，いくつかのコンサートホールの平面図を比較したものであり，オーケストラの占める位置がそれぞれ異なっていることがわかる。表1.6は，これらのホールとさらに二つのホール（図1.11参照）に関する，ステージ上の音響条件に影響する建築諸元の要約である。すなわち，ステージ先端の横幅，ステージの奥行き，ステージ先端の天井高さ，あるいはその位置での天吊り反射板の高さ，ホールの長手方向に対するステージ側壁の開き角，ステージ先端部と接する位置のホール横幅が与えられている。

この表を参照すると，「奏者にとって好ましい」反射音を返す条件に比較して，総じてステージの天井は高すぎることがわかる。高い天井は聴衆に

1.1 コンサートホール　27

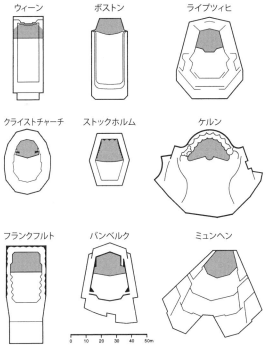

図 1.14　各種コンサートホールの平面形。陰影をつけた部分はステージ。

ージの後壁と側壁から遅れ時間の短い反射音と，これに加えて，ステージを囲むバルコニーと壁を経由する2回反射音が到達する。

　ボストン・シンフォニーホールのステージは，後壁に向かって少し絞った平面形となっており，その面積は大きくない。メインフロアの天井は深い格子を持っており，この効果によってオーケストラには一連の高周波領域の反射音が返り，後続する残響音との時間的空白を埋めている。

　ベルリン・フィルハーモニーにはオーケストラの背後には閉じた後壁は存在しておらず，ステージは前方に向かって緩やかに拡がる高さ3mの壁に囲まれている。また，ステージの直上には天吊り反射板が設けられており，部分的ではあるがオーケストラに反射音を返している。

　ブラウンシュバイク・シュタットハレでは，オーケストラの後ろの壁と天井から初期反射音が到達するが，側壁からの寄与はない。なお，天井面は山折り状になっており，その位置は低い。

　クライストチャーチ・タウンホールには，オーケストラ用ステージの背後に平滑な4面の反射壁（高さ3m）が設けられている。また，ステージ前方のバルコニー前壁は奏者に反射音を返すようにステージ側へ傾斜している。オーケストラの直上には天吊り反射板があり，聴衆に向けて音を返

とって音響的に好ましいことをこれまで幾度か論じたが，さらに，指揮者位置での音の主観的印象についてさらなる考察も必要である（1.1.5節）。以下は，それぞれのホールのステージの特徴についての要約である。

　ウィーン楽友協会大ホールでは，奏者にはステ

表 1.6　各種コンサートホールのオーケストラ用ステージの諸元

コンサートホール	竣工年	ステージ 横幅 (m)	ステージ 奥行き (m)	ステージ 天井高さ (m)	側壁の開き角 (°)	ステージ先端でのホール横幅 (m)
ウィーン	1870	15	9	16	0	20
ボストン	1900	17	10	13	18	22.5
ベルリン	1963	17	12.5	11**	4.5	45/20*
ブラウンシュバイク	1965	17	14	10	30	38
クライストチャーチ	1972	15	11	15	−	30
ストックホルム	1980	17	13	14.5	17.5	27
フランクフルト	1881	21	13	14	0	25
ライプツィヒ	1981	18	13	15	15	37/21**
ミュンヘン	1985	21	16	14	35	35/25**
ケルン	1986	21	10.5	11.5*	20	49/31**
バンベルク	1993	20	17	13	10	31/20**

*：天吊り反射板の高さ，**：上階／下階（本文参照）

している。

ストックホルム・ベルワルドホールのステージの後壁と側壁は，低音を吸収して中高音は拡散反射するよう設計されており，これは奏者へクリアー（klar）な反射音を返すことを意図している。客席に向かって緩やかに開く両側の壁には屏風状の折り目がつけられ，ホールの中心線に対して平行になっている面が客席に反射音を返している。

フランクフルト・アルテオパーでは，オーケストラの両側の壁は平行になっており，その上部はステージ側へ膨らんだバルコニー前壁へと続いている。このバルコニー下の天井とステージ側壁を経由する2回反射音が生じ，高周波領域の音がステージに返っている。

ライプツィヒ・ゲヴァントハウスでは，オーケストラの後ろと左右は高さ約2mの壁に囲まれている。さらにその上部には高さ1mの手摺壁があり，ステージ側に傾斜している。また，バルコニーより上部の壁面には拡散モジュールが設けられており，この部分からも高周波領域の反射音が生じている。天井は高いが，オーケストラ直上の天吊り反射板はあえて設置されていない。

ミュンヘン・フィルハーモニーについては，ステージを囲む壁が客席方向に向かって開いた形になっており，側壁に近い奏者から客席へ進む放射音のエネルギーを補強している。両側の壁の上部には湾曲した反射モジュールが数段に渡って取り付けられており，ステージ全体へ音を返している。ただし，ステージ中央の奏者までの遅れ時間はかなり長いため，最近，反射性の天井の下にアクリル製の天吊り反射板が追加された。

ケルン・フィルハーモニーの場合には，オーケストラの後ろの円弧状の壁をステージ側に凸なシリンダーで構成することで，ステージのほぼ全面に音を返している。この反射面とオーケストラ背後のバルコニー手摺壁の効果によって，オーケストラにはかなり強いエネルギーの音が返っている。また，ステージの真上には（照明の基地を兼ねた）大きな反射体がほぼ水平に設けられている。

バンベルク・J・カイルベルトホールは，オーケストラの後ろと左右が壁で囲まれている。この左右の壁はステージの後部で平行であるが，前方で少し客席方向にわずかに開いており，この面からの反射音はステージから遠い客席エリアに届いている。また，水平な天井面と左右のバルコニー上部の傾斜した壁面が，奏者の互いのコミュニケーションに効果的な反射音を発生している。

互いの音の聞き取りやすさに寄与する反射音について考える際，イントネーションにはとりわけ中音の周波数成分が重要であること，場合により低周波数までが求められることを理解しておく必要がある。一方，リズミカルなアンサンブルを行うためには2,000～3,000 Hz付近の高周波成分が大きな意味をもっている。このとき，周囲の反射面から奏者に到達する個々の反射音がどの程度強く知覚されるかは，その音の強さのみならず，他の奏者からの音によるマスキングによって決まる。マスキング効果は反射音の到来方向によって異なるが，その詳細については5.2.6節を参照されたい。反射音の到来方向に関しては，真上から到達する音が一般に奏者にとって最も有効である。これに対して，斜め上から到来するとその効果は減少し，前後から到来する反射音の効果が最も弱い。また，この現象は高周波数ほど著しい。ただし，ほとんどの管楽器奏者は側方からの反射音を手掛かりにしてアンサンブルをとっているため，ステージの側壁は重要な役割を担っている。一方，弦楽器奏者には側方からの反射音はさほど有用でなく，真上と客席前方の天井，そしてステージ後壁からの反射音がより重要となる。

これに関連して，最近行われた，ステージ寸法に関するオーケストラ奏者へのアンケート調査によると，ステージ横幅は18 m以上，天井高は10 m以上（22 m以下！）が好ましく，天井高と横幅の比率は1：2以上，できれば3：4が望ましいという結果が得られている。すなわち，この調査結果は，奏者は高い天井を好ましく感じることを示している（Dammerud and Barron, 2010）。

多くのコンサートホールで個々の奏者の音質がバランスしない原因として，楽器による指向性の違い，奏者が互いに聞き取れる音の大きさの閾値が楽器によって異なること，そして，管楽器の放射エネルギーは弦楽器より大きいという3点があげられる。なかでも，大音量のフレーズでは，金管奏者は自分自身も周辺の奏者も大音量であることが多い。このため，金管奏者に聞こえる弦楽器の音は非常に弱くなり，ときには，まったく聞こえないという状況に陥る。

これに対して，弦楽器奏者は管楽器の主要放射方向内に位置しているため，管楽器の音は非常に大きく聞こえるが，自分自身の音がかなり聞こえづらくなってしまう。また，同じパートの音はさらに弱く，聞きとるのが困難になる。なかでも，金管楽器によるマスキング作用が生じた場合，ヴァイオリン奏者には（そのスペクトル構造から）自分自身の発する高周波成分しか聞こえなくなり，ボーイングの圧力を強めて必要以上に強奏することがしばしば生じる。

こうした状況において，弦楽セクションのそれぞれの奏者が互いの音を聞く場合には，高周波成分が重要な手掛かりとなっている。したがって，弦楽セクション直上の天井には凹凸を設けるなどその形状に配慮して，その発生音を拡散反射させて再び弦楽セクションに戻す必要がある。

このとき，天井からの拡散反射音は主にステージに対して横幅方向に返すことが好ましいので，天井面は奥行き方向にほぼ水平とすべきである。図1.15はこの関係を図示したものであり，天井反射面を弦楽器の放射音が最大となる方向に設置して，弦楽器奏者の耳の感度が最も高い方向に音を返せば，弦楽器奏者の互いの音の聞き易さは向上することがわかる。一方，管楽器の放射音はこの天井面に入射した後，客席方向に進むことになる。

管楽セクションについては，その直上の天井を図のように傾斜させれば管楽器の音は弦楽セクションに進み，弦楽器の音もこの面で逆向きに反射

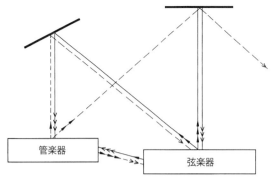

図1.15　管楽セクションと弦楽セクション間の直接音と天井反射音の関係。太い矢印と細い矢印の数はそれぞれ，放射音の強さと外部到来音に対する耳の感度に対応している。

して管楽器奏者に返ることになる。このとき，管楽器奏者にとって耳の感度が最も高い方向に弦楽器の音が入射するので，管楽器奏者にとって音の聞こえは良好となる。

一方，この逆の経路については，管楽器から直上への放射音は弱く，なおかつ，（斜め上方向からの入射する音に対して）弦楽器奏者の耳の感度が低いことから，この反射面から到達する管楽器の音量が弦楽器奏者にとって大きくなりすぎることはない。例えば，バーデン・バーデンのハンス・ロスバウト（Hans Rosbaud）スタジオには，こうした方針に基づいた天井反射面が設置されており，非常に良い結果が得られている。

大型のオーケストラでは，大音量の音を発生した場合に，遠方の奏者の音が聞こえにくくなり，ときには，まったく聞き取れない状況が生じることがある。この場合，音量が大きすぎるだけではなく，ホルンやトロンボーン，さらにはチェレスタの音色が「濃密」に（dicht）浮き出て，オーケストラの音の輪郭が不鮮明になってしまう（Schultz, 1981）。こうした現象は，横幅が狭く，天井面の低いオーケストラ囲いを用いた場合や，あるいは，天井が高すぎるために反射板を低い位置に狭い範囲で吊り下げたときに生じることが多い。この原因については文献中でも明らかにされていないが，ヒトの聴覚の非線形作用の影響が排

除できないと思われる。

一方，壁や天井から短い時間遅れの反射音が数多く到来すると，（カクテルパーティー効果によって知覚されるはずの）音源の定位の劣化，つまり，それぞれの楽器からの音を分離して聞くことが困難になる。後述するように（5.2.2節）弱音楽器の発生音圧レベルが相互マスキング閾値以下である場合，すなわち，（耳の位置において）外部到来音に対して10〜15 dB以下であれば，弱音楽器は分離して聞き取れなくなる。また，この限界値に近い場合であっても，音量の大きな楽器によって弱音楽器の音の方向感は確実に阻害される。

こうした問題が生じた場合，金管奏者の後ろの壁に（耳の高さまで）吸音面を設置すると，他の奏者が受ける（自分自身の音に対する）音量感を低下させることなく，良好なアンサンブルを保つことができる（Schultz, 1981）。この方法によれば過剰な反射音が抑えられるので，直接音の聞こえが改善し，その結果，管楽器の空間的な定位が明確になり，アンサンブル全体の音の透明感が向上する。

奏者間の互いの音の聞こえ方は直接音と第1反射音によってほぼ決まり，このとき，奏者は客席の着席率の違いに応じた拡散距離の変化を感じ取っている。それは，奏者間の距離は拡散距離とほぼ同じオーダーであるため，直接音と統計的な性質を持つ残響音のエネルギーの相対的関係のわずかな違いが知覚されるからである（図9.9参照）。すなわち，奏者は，満席のホールでは他の楽器に対する拡散距離の内側に自分自身がいると感じ，空席状態のリハーサルでは（拡散距離が短くなるため）その外側にいると感じることが多い。ステージ上の奏者は聴衆の吸音作用が残響時間（すなわち拡散距離）に及ぼす影響を，客席エリアに着席している聴衆より敏感に感じ取っているのである。

1.1.5 指揮台の音響条件

指揮者の立場は，音楽に対する役割や自分の立ち位置の音響的環境という点で，オーケストラ奏者とは異なっている。指揮者は，聴衆が受け取る音楽の全体像に対してすべての責任を負っているが，そのとき，客席位置によって音の違いが存在することを忘れてはならない。演奏技術に関して言えば，指揮者はテンポとリズムの統一性に目を配り，さらに，オーケストラ全体のダイナミクスを形作り，各楽器パートをバランスさせなければならない。ただし，実際問題として，指揮者は演奏中のイントネーションに影響を与えることはできない。

指揮者の立つ位置は聴衆よりも高い。したがって，聴衆の頭上に沿って音が伝わるときに生じる付加的な減衰（図9.10参照）を受けることはない。また，指揮台では（コンサートマスターなど着席して演奏する奏者に比べて），遠方の奏者の音の方がはっきりと聞こえ，（奏者の耳の位置で問題になる）自分自身の音によるマスキングも存在しない。さらに，奏者とのコミュニケーションに関して，指揮者は奏者から音として情報を受けるのに対して，（少なくとも演奏中は）奏者へ意思を伝達するには視覚情報に頼らなければならないという事実がある。これにより，指揮者はすべての奏者へ瞬時に指示を伝えることができるのである。

器楽奏者や歌手は，自分自身の演奏や声と他の奏者とのバランスを図ることによって演奏を行う。これに対し，指揮者はオーケストラ（とソリスト）からの直接音とホールの響きのバランスを判断しながら音楽を形作っていくが，このとき，オーケストラの技術水準に応じて直接音とホールの響きの相対関係の最適値は一定範囲内で変化すると考えてよい。

いずれにせよ，アンサンブルのリズミカルな表現（そして，優れたイントネーション）に高い精度を求めるためには，空間の響きが充分に指揮者に伝わることが必要である。さらに，異なった性格のホールにおいてアンサンブルを修正する際，指揮者にとって空間の響き，すなわち，その応答

はまさに拠り所となっており，演奏を最適化するためにきわめて重要なのである。

9章で詳述するように，ホールの空間的な音響効果とはリスナより前方の空間が（程度の差はあるが）響きに満たされたように感じる現象である。まれに，後方からも弱い空間的な響きを感じることがあるが，それはリスナより後ろの空間が前方に比べてかなり大きい場合である（Kuhl, 1978）。これに対して，指揮者はホールの空間の大部分に背を向けている。このため，前方と上部に充分大きい（遮蔽物のない自由な）空間が存在する場合を除けば，さほど空間的な響きを感じることはない。

これに関連して，1960年代，ヘルベルト・フォン・カラヤンが，ステージの天井高さが約30 mであったトロント・マッセイホールを，空間的な響きの観点から世界的に傑出したホールと見なしていたことに言及しておく必要があろう（Winckel, 1962b）。オーケストラ奏者のアンサンブルに関する前述の議論に基づけば，このホールでは奏者がリズムの連携を保つことはかなり困難であると判断される。事実，カール・ベームは，このホールでの初めてのリハーサルでは正確なアンサンブルに到達するまでに10分程度を要したと語っている（Winckel, 1974）。ただし，彼も後日，このホールが音響的に最も優れたホールの一つであると判断している。表1.5を参照すれば明らかなように，音響的に高く評価されるホールの天井は，奏者のアンサンブル（互いの聞き取りやすさ）に有用な反射音という視点から好ましいとされる値よりもかなり高いのである。

こうした指揮者の評価はおそらく，高いステージ天井が形成する上部空間が，指揮者に空間的な響きをもたらしているためと考えられよう。一方，指揮者に対して正面の方向（ステージ後壁）からは強い直接音が到来するだけであって，この方向に空間的な響きは成長しない。この上部空間からの響きは，指揮者が音の全体像を把握して，解釈を加えるために非常に役立っている。すなわち，指揮者は空間的な音の成長を音量感の変化として感じとり，これにもとづいて，音の開始を指示し，ダイナミクスをコントロールするのである。

こうした視点に立てば，H. von カラヤンが演奏会で（移動式の）天吊り反射板をいつも最も高い位置まで上げさせていたことに，ベルリンフィルの定期会員達が気づいていたことは驚くべきことではない。指揮者が上部からの空間的な響きを求めると考えれば，指揮者がオーケストラの背後と（部分的に）横に客席を設けることに比較的寛大である理由も理解できるのである。

このように，ホールの応答は指揮者が各楽器セクションのバランスを取るために重要な手掛かりを与えているが，直接音の効果も欠かすことができない。この場合，個々の奏者と指揮者との距離がそれぞれ異なっていることで，いくつかの問題が存在する。また，指揮者と各奏者の位置関係は，大半の聴衆にとってのそれと異なっており（弦楽セクションの中央から指揮者までの距離と金管奏者から指揮者までの距離の比は約1：2から1：3であるが，聴衆までのこの距離比は約1：1.2から1：1.5である），このため，指揮者には近くの弦楽器の音が大きく聞こえるので，部分マスキング，つまり遠方の奏者の音の弱音化が生じることになる。

この現象は管楽器に限ったことではなく，残響が短いときにも遠方の楽器の音が著しく弱音化するため，例えば（TVカメラ撮影用の広いスペースを持つ）テレビスタジオでは，指揮者にとって正しいバランスを見出すことはかなり困難になる。この場合には，弦楽セクションの後ろのプルトにも同様の問題が生じて，指揮者には主に前方のプルトだけが聞こえることになる。音圧レベルで表せば，（各奏者の発生パワーが等しいと仮定すれば）指揮者の耳の位置に到達する第3プルトの音は第1プルトより7 dB小さく，第5プルトは10〜11 dB小さくなってしまう。このとき，弦楽セクションのすぐ後ろに壁を設けることができれば，少なくとも二つの反射音が指揮者に返るので，第

5プルトの音は（壁のないときから約7dB上昇して）指揮者の位置でもっと明瞭に聞こえるようになる（Meyer, 1994a）。

この問題に関して次のことにも言及しておく必要がある。すなわち，（後ろの壁に加えて）ステージ周囲に下向きに傾斜させた反射面を設置すると，この面から到達する第2の反射音が奏者間のアンサンブル（相互の音の聞き取りやすさ）を改善する。この反射音はオーケストラの奏者，特に木管楽器にとって有用である（Winkler and Tennhardt, 1994）。

ただし，この後壁がプルトの最後尾からさらに4m後ろへ移動しただけで，指揮者の位置で各プルトの音量を均一化する効果は失われてしまう。さらに，天井からの反射音の効果もほとんど期待できなくなる。こうした場合，効果は限定的であるが，ひな壇（ライザー）を用いて後ろの弦楽器プルトを階段状に並べれば，弦楽セクションからの音を指揮者に返すことができる。ただし，この方法は客席エリアの音にとって大きなメリットはない（Meyer, 2008）。

以上の議論から，指揮台において指揮者が好ましく感じる音響条件と，オーケストラ奏者が求めるステージの音響条件は異なっていることがわかる。つまり，双方に対して最適な条件を満たすコンサートホールは存在しないと言えよう。むしろ，音響的に優れたホールであっても，それは指揮者にとってより好ましいか，オーケストラ奏者にとってより好ましいかのいずれかであると考えるべきなのである。こうした事情から，聴衆が感じる音響的印象を最良のものにするには，指揮者や奏者の演じやすさ（互いの音の聞き取りやすさ）に関わるステージ上の音響条件の許容値に関連して，次のような問題を考える必要がある。すなわち，指揮台の音響がホールにおいて最良であるべきなのか？それとも，指揮者は演奏上の解釈が妨げられたとしても，聴衆の立場では主観的にどのような響きになるかを予想できるのだろうか？さらに次の疑問がこれに加わる。ステージの音響条件が指揮者の位置で良好に整っているとき，指揮者はオーケストラ奏者にさらにどういった要求をするのだろうか？この点に関しては，オーケストラの技量が決定的な役割を果たすことはもちろんのことである。

1.2 オペラハウス

1.2.1 残響時間と空間の規模

オペラ，すなわち，音楽を伴う舞台芸術を上演する空間に求められる音響条件は，コンサートホールに対する条件よりもさらに複雑である。この場合，オーケストラの響きを損なうことなく，舞台上の歌手の音響効果についても考慮しなければならない。例えば，ベルカント唱法のパッセージでは十分な残響とある程度の音像の拡がり感が必要であり，このとき，歌声は輝かしく豊かなものとなり，そのメロディーラインは響きの連続性を保つことができる。また，歌手はホールから一定の「共鳴」を感じることを必要としており，これによって自分の声の成長を確信し，アンサンブルに正確に適応している。

一方，聴衆が台詞を良く理解するには高い明瞭性が必要であり，それによって，舞台上の演技に正しく追従できるのである。したがって，オペラハウスの残響時間はコンサートホールより短くなくてはならない。

しかし，これらの音響条件を，空間の規模に対する最適値としてただ一つに定義することはできない。この状況は，コンサートホールとオーケストラ作品の関係よりもさらに複雑であり，オペラハウスの音響条件には作曲様式，すなわち，歌唱のテンポやオーケストラの演奏スタイルが強い影響を与えている。例えば，パルランド（*Parlando*）[12]のパッセージや台詞を読みあげる場面では，残響時間が長すぎると言葉が聞き取りにくくなる恐れがある。また，（演技中の状況説明などの場面に用いられる）早口のレチタティーヴ

オ（recitativo）[13]に関しても言葉の聞き取りやすさが重要である。

一方，アリアは人の感情や思考を反映していることが多く，その歌声の（複数のアンサンブルの場合を含めて）すべての部分が音楽的に重要な意味を持っている。したがって，歌手には空間から返る良好な反射音（サポート）が必要である。こうした理由から，ウォルフガング・アマデウス・モーツァルトやジョキアーノ・ロッシーニのオペラには，ジョゼッペ・ヴェルディ，リヒァルト・ワーグナー，リヒァルト・シュトラウスなどの多くの作品に比べて短い残響時間が求められる。

一方，G. ヴェルディらの「大規模」なオペラ（グランドオペラ）については歌詞の了解性，すなわち，歌声が大音量のオーケストラに埋没してはならないという課題が存在する。この場合，残響時間が短いだけではこれを解決することは不可能であり，歌声のエネルギーを聴衆に効率的に返す適正な反射面と，オーケストラの適正なダイナミクス（音量）の確保がその達成条件となる。なお，コミックオペラ（喜歌劇）は規模が小さく，歌声の音響エネルギーがやや小さいため若干長めの残響が好ましい。

表1.7は現存するいくつかのオペラハウスの残響時間の調査結果を，各時代の代表的なオペラハウスについて要約したものである。なお，一部については最終の修復を行った年度を「竣工年」と表示しており，室容積は客席部分に対する値を意味している。この表には中音と4,000 Hzのオクターブ帯域に対する（満席状態の）残響時間が与えられているが，それは，歌声にとって重要なシンガーズフォルマントが4,000 Hz帯域に存在するためである。また，中音と4,000 Hzオクターブ帯域での（無指向性音源に対する）拡散距離の値が示されている。

この表によると，古いオペラハウスの中では，バイロイト祝祭劇場は際だって長い残響時間を持っているが，それは，一連のワーグナー楽劇を対象に設計された専用歌劇場であるためである。図9.8の残響時間の周波数特性を参照すると，このオペラハウスは低音が持ち上がった特性となっていることがわかる。この特性は丸みを帯び（rund）朗々と響く（sonor）このオペラハウスに特有な音色に寄与しており，さらに，天蓋に覆われたピットからのオーケストラサウンドを一層，個性的なものとしている。

ザルツブルクの新祝祭劇場はバイロイト祝祭劇場とほぼ等しい残響時間を有しているが，その客

表1.7　主なオペラハウスの音響データ

オペラハウス	竣工年	室容積 (m^3)	座席数／立見席数	T_m (s)	T_4 (s)	r_{Hm} (m)	r_{H4} (m)
1. パリ・ガルニエオペラ座	1875	9,960	2,131/200	1.1	0.9	5.4	6
2. バイロイト祝祭劇場	1976	10,300	1,800	1.55	1.3	4.6	5.1
3. ミラノ・スカラ座	1946	11,250	2,289/400	1.2	1.0	5.5	6
4. ウィーン国立歌劇場	1955	10,660	1,658/580	1.3	1.1	5.6	6.3
5. ザルツブルク祝祭劇場	1960	14,000	2,158	1.5	1.3	5.5	5.9
6. ニューヨーク・メトロポリタン歌劇場	1966	30,500	3,816	1.8	1.3*	7.4	8.7
7. ドレスデン・ゼンパー歌劇場	1985	12,500	1,290	1.85	1.3	4.7	5.6
8. パリ・バスチーユオペラ座	1989	21,000	2,700	1.55	1.25	6.6	7.4

出典：1.〜5. Beranek (1962); 6. Tamoóczy (1991); 7. Schmidt (1985); 8. Müller and Vian (1989)，
＊：計算値

---

12 「語るように」，「ほとんど話すように」の意。
13 音程やリズムのない非音楽的な朗読や台詞。

席規模はバイロイトよりも大きい。この劇場は音響的にグランドオペラに適していると言えるが、ワーグナー楽劇の上演にも使用されている。ザルツブルクにはオーケストラピットの上部には天蓋がないという大きな違いはあるが、バイロイトに比肩するワーグナー楽劇の優れた上演空間となっている。

パリ・ガルニエオペラ座、ミラノ・スカラ座、ウィーン国立歌劇場は19世紀の代表的様式で建設されたオペラハウスである。その残響時間は1秒よりわずかに長い値であり、響きの豊かさを追求したバイロイト祝祭劇場とは少し異なり、言葉の了解性へのニーズを折衷した性格を持っている。しかしながら、これらのオペラハウスは、透明な響きを求めるロココ的作品よりもグランドオペラに適しているとされている。こうした事例から、最適残響時間に対する感覚は時代の経過とともに、より残響感を持つ空間に少しずつシフトして行くことが読み取れる。

ニューヨーク・メトロポリタン歌劇場の長い残響時間は、空間の規模が非常に大きいことがその原因である。これに対して、ドレスデン・ゼンパー歌劇場の残響時間は同じ規模のコンサートホールに匹敵する長さを持っており、その音響特性が（少なくとも現時点の音響的印象に関して）非常に高く評価されているということは注目に値する（Schmidt, 1985）。

しかし、このオペラハウスでは低音の残響時間がかなり長いため、大型オーケストラの全楽器が同時に演奏する場面では、その音響は声楽ソリストや合唱にとって過剰に「巨大」（massiv）で「重厚」（dick）なものになりがちである。表には記されていないが、ゴーテンブルグのオペラハウス（1994年開場）の残響時間も同様に長い値となっている。一方、図1.16に示すパリ・バスチーユオペラ座（パリ国立歌劇場）は伝統的なオペラハウスに近い周波数特性を有している。

大型オペラハウスの多くは「グランドオペラ」の作曲が始まったほぼ同じ時期に建設されている。

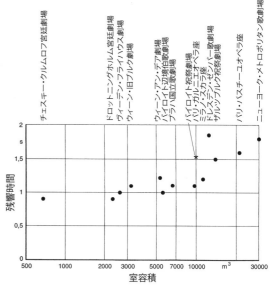

図1.16 オペラハウスの残響時間の例（中音、満席状態）

同じように考えると、W. A. モーツァルトの時代に舞台音楽芸術が演じられた空間はどのような性質であったのかという疑問が生じる。幸い、当時の多数の劇場が今日も存在しており、また、残された建築図面に基づいて現存しない建物の音響特性を推測することも可能である。例えば（この劇場のために）W. A. モーツァルトが『後宮からの逃走』や『コシ・ファン・トゥッテ』を書いた、ウィーン・旧ブルグ劇場の残響時間の計算値は客席の着席率に応じて1.0〜1.3秒となる（Singer, 1959）。『魔笛』の初演が行われたヴィーデン・フライハウス劇場の残響時間は1.0秒と計算される（Meyer, 1986）。

表1.8はこの時代のオペラハウスに関する、こうした残響時間の計算値、あるいは当時の状態で現存しているいくつかの劇場での実測結果を比較したものである。『ドン・ジョヴァンニ』の初演が行われたプラハ国立歌劇場と、ルートヴィヒ・ヴァン・ベートーヴェンにとって重要な演奏会場であったウィーン・アン・デア劇場の残響時間の値は劇場再建後の測定値であるが、当時の状況にほぼ近いと考えてよいであろう。

なお、表1.8に示したオペラハウスの建築諸元

と音響データを参照すると，当時上演に用いられた一部のオペラハウスの規模は，最近の100年間に各都市で建設された平均的なオペラハウスと比較しても，決して小さくないということに言及しておく必要があろう．さらに，1742年にマンハイムに建設されたオペラハウスは室容積が7,700 m^3，エステルハーザのオペラハウス（1769年）の室容積は9,500 m^{3}であり，パリ・ガルニエオペラ座とほぼ同じ規模である．

図1.17は，異なった時代に建設された5つのオペラハウスについて，空席時の残響時間周波数特性を比較したものである．これらの周波数特性に注目すると，次のことが言える．まず，プラハ国立歌劇場は低音域が強調された特性であるため，オペラにとって望ましいオーケストラの音の輝かしさはさほど際立っていない．

対照的に，バイロイト辺境伯歌劇場は中音域の残響時間が最も長いことから，その響きは非常に軽快な雰囲気を有しており，W. A. モーツァルトのオペラ上演にとってほぼ理想的な特性となっている．つまり，オーケストラの演奏を抑制しなくとも，声楽ソリストの歌声に影響を与えずに十分な輝かしさを作り出せるのである．コンサートホールと比較して，オペラハウスでは低音の残響時間が中音よりも短いことが効果的であり，少なくとも低音域までフラットな周波数特性が望ましい．

ステージ開口部と舞台の状況は残響時間に大きな影響を与える．舞台上に背景やセット類がほとんど存在しない場合には，舞台上の空間内にモード共鳴が生じて残響時間を必要以上に長くすることがある．また，反射性の（例えば木造の）小道具が用いられたときにも残響時間は長くなる．一方，幕類や布製の小道具は高吸音性と見なす必要がある．

図1.18は，ミュンヘン・バイエルン州立歌劇場（1963年開場）での残響時間の測定結果であり，舞台背景が高反射性と高吸音性である場合，オペラカーテンを閉鎖した場合の周波数特性が示されている．なお，カーテン閉鎖時の値は，序曲や間奏曲の演奏時の空間の響きに対応している．このデータは，舞台デザイナーの音響的意図に応じて残響時間が変化することを意味しており，適正な舞台セットを用いれば，W. A. モーツァルトのオペラから大規模なオペラまで異なったニーズに対応できることが言えよう．

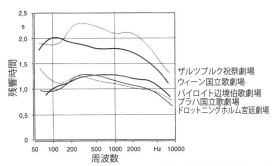

図1.17 オペラハウスの空席時の残響時間周波数特性の例．ザルツブルクとウィーンは Beranek (1962)，プラハは Januschka (1969)，ドロットニングホルムは Stensson (1968) による．

表1.8 歴史的オペラハウスの音響データ（表1.7参照）

オペラハウス	竣工年	室容積 (m^3)	座席数	T_m (s)	T_4 (s)	r_{Hm} (m)	r_{H4} (m)
1. チェスキー・クルムロフ宮廷劇場	1591	670	270	1.0	0.8	1.5	1.6
2. バイロイト辺境伯歌劇場	1748	5,500	550	1.0	0.8	4.2	4.7
3. ドロットニングホルム宮廷劇場	1766	2,300	400	0.9	0.8	2.9	3.1
4. ウィーン・旧ブルグ劇場	1779	3,100	1,100	1.1	0.9	3.0	3.4
5. プラハ国立歌劇場	1783	6,600	1,100	1.1	0.9	4.4	4.9
6. ウィーン・ヴィーデン・フライハウス劇場	1788	2,600	800	1.0	0.8	2.9	3.3
7. ウィーン・アン・デア劇場	－	5,200	1,060	1.15	0.9	3.8	4.3

出典：1. & 5. Januska (1969); 3. Stensson (1968); 4. Singer (1958)

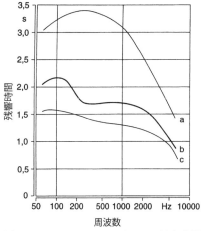

図1.18 ミュンヘン・バイエルン州立歌劇場の残響時間周波数特性（Müller, 1969による）。(a) 舞台背景が高反射性の場合, (b) オペラカーテン降下, (c) 舞台背景が高吸音性の場合。

1.2.2 直接音と初期反射音

オペラハウスでは，オーケストラが発生する音響エネルギーと舞台上の歌手が発生する音響エネルギーが適切な相対関係を満たすことがきわめて重要であり（これについては4.3節でも詳しく考察する。），この問題にはオーケストラピットの性質が重要な役割を果たしている。

ちなみに，初期のオペラハウスの大半では，オーケストラピットの床面は客席最前列と同じ高さであり，かなり強い直接音が客席に到達していた。このため，オーケストラの音色は高音域までほぼ減衰を受けることはなく，輝かしく透明であった。この事例として，バイロイト辺境伯歌劇場をあげることができる。この歌劇場では，オーケストラと客席を隔てる仕切り壁は多数の柱から成り立っており，オーケストラの音はこの柱列を通過した後，客席に到達する。

これに対して，小型のバロック式劇場であるチェスキー・クルムロフ宮廷劇場は数少ない例外であり，オーケストラピットは客席の床面より2.7 m低い位置に設けられていた（Januska, 1969）。ただし，オーケストラピットがこれより低くなると，オーケストラの直接音が最前列の聴衆用の手摺壁で遮られるため，客席には弱音化した回折音が到達することになる。

図1.19はオーケストラピットの深さと直接音の関係を表している。図中のプロットは，図9.3の曲線に基づく計算結果であり，距離減衰を超過する音圧レベル低下量（回折減音量）の周波数特性を示している（Meyer, 1986）。上段の図は客席床に勾配がある場合，下段の図は客席床が水平な場合であり，左側の4つの図はオーケストラピットから3 m離れた座席，右側の4つの図は10 m離れた座席に対応している。また，実線と破線は客席床面に対するピットの深さが2 mと1 mの条件に対応している。さらに，それぞれの図中には二本の曲線がプロットされており，上の曲線がピット先端から4 m離れた地点の奏者，下の曲線が1 m離れた地点の奏者に対応する。

図からわかるように，ピットが沈み込むことによる遮蔽作用は周波数が高いほど大きく，ピットの深さが2 mの場合，遮蔽による回折減衰量は20 dB以上に達している。一方，ピットの深さが1 mまで上昇するとこの減音量は5〜10 dB減少し，その効果は高音域ほど著しい。ピットが浅いことによって得られるオーケストラの音の透明感は，明瞭な響きが求められる古典派オペラや現代作品に非常に重要であり，また，大規模オペラに

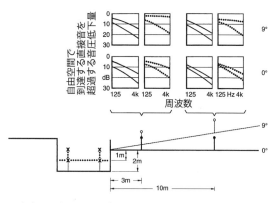

図1.19 オーケストラピットから客席への直接音の遮蔽作用。それぞれのプロットで，上の曲線は舞台側の奏者，下の曲線は客席側の奏者に対応する。破線はオーケストラピットが浅い場合，実線は深い場合を示す。

対しては，深いピットでは得られない輝かしさをもたらすことができる．こうした理由から，例えばウィーン国立歌劇場のオーケストラピットの床レベルはかなり高く設定されている．ただし，最後列のコントラバスは一段低い位置に下げて，舞台先端への視線を妨害しないように配慮されている．

オーケストラピットが深くなるとオーケストラ全体の音量，なかでも，管楽器の音量が低下するが，メインフロアの客席では弦楽器の周波数特性が損なわれる．これに加えて，オーケストラピットが深い場合には，客席方向へ伝わる音響エネルギーの大半は時間遅れの長い反射音によって決まるため，オーケストラのアタックが不明瞭になるという問題が生じる．これは，音量のバランスが改善したとしても深刻な問題となりうる．実際，この反射音が1/10秒以上の時間遅れとなることがあり（Reichardt et al., 1972），このときには，歌声のアーティキュレーションがオーケストラのアーティキュレーションと著しく異なってしまう．また，ピット全体あるいはその一部を閉じると，オーケストラの音は大きく減衰する．

バイロイト祝祭劇場の有名な天蓋は（図4.4参照）各楽器セクションの響きを融合し，均質化するが，一方で，オーケストラの微妙な響きを損なう作用を持っている．したがって，この天蓋は『リング』や『パルシファル』などR.ワーグナーの「古典的」な響きには非常に適しているが，この音響のもとで，例えば『マイスタージンガー』の繊細な響きを上演することは容易ではない．

図7.30で述べるように，声楽ソリストにとって，シンガーズフォルマントの音量がオーケストラの音よりも卓越することがきわめて重要である．つまり，歌声の適度な明瞭性を確保し，かつ，舞台上の歌手の位置をはっきりと伝えるには，直接音が十分な強さで聴衆に到達することが基本的な課題となる．この場合，拡散距離の3倍，すなわ

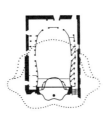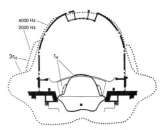

図1.20 シンガーズフォルマントに対する拡散距離r_Hとその3倍の距離$3r_H$のプロット．

ち直接音の音圧が拡散音に対して10 dB低下する距離がその評価量となる．

図1.20は，二つのオペラハウスの平面図上に，シンガーズフォルマントを含む周波数帯域に対する拡散距離とその3倍の距離をプロットした結果であり，ここでは，歌手の位置はステージ先端から2.5 m後方の点に設定されている．この拡散距離のパターンは歌声の統計指向係数[14]に基づいており，その値が1.6となる角度範囲は歌手の視線に対して4,000 Hzで±20°，2,000 Hzではさらに拡がって±40°となる．図から，歌声がこの範囲に集中的に放射される状況が理解できよう．図1.20によると，驚くべきことに，ゼンパー歌劇場では拡散距離の3倍のプロットがその平面形にほぼ一致していること，一方，旧ブルグ劇場の平面は長方形であるため，後列の座席はこのパターンの外側に位置していることがわかる．

表1.7を参照すると，現代の規模の劇場では（無指向性音源に対する）4,000 Hzの拡散距離は約6 mであることがわかる．また，統計指向係数を1.65として拡散距離の3倍との積をとれば30 mとなり，この値が安全側から見た最遠聴取距離となる．しかし，遅れ時間の短い複数の反射音によって直接音を補強できる場合には，この値にことさらこだわる必要はない．

なかでも，歌手に対して前方2〜5 mの舞台床面は，歌声の最大放射方向内に位置しているため，

---

[14] 音源の指向性の鋭さの指標．あらゆる方向の放射音の強さの平均に対する，特定方向の放射音の強さの比を表す．この値が1より大きいほど，その方向の放射音が相対的に強いことを意味する．8.1.2節参照．

直接音を補強する重要な反射面となっており，この反射音はほぼ床面に沿って，45°よりやや大きな反射角で客席空間に進むことになる。舞台床面からの反射音は歌声を補強するので，歌手がステージの奥へ移動した場合にも，舞台先端からの（拡散音場距離の3倍で定義される）「聴衆までの適正最遠距離」（vertretbare Zuhörerentfernung）はこの場合も同一と考えて良い。

歌手から舞台前方の両側の壁までの距離はほぼ拡散距離と等しいため，この壁面は非常に有効な反射面として機能する。したがって，この部分は音響反射のために利用すべきであり，舞台照明用の開口やボックス席などを設けてはならない。客席エリアの壁面からの反射音も十分に短い遅れ時間を持つことが期待でき，なかでもバルコニー下の壁面は特に効果的である。これは，ヒトの聴覚は遅れ時間が 10 ms 以下でその音圧が直接音に対して 12〜20 dB 低い反射音に対して最も敏感であることと緊密に関係している（Kihlman and Kleiner, 1980）。

これに対して，オーケストラ直上の天井からの反射音は少し遅れて客席に到達するが，歌声とオーケストラのバランスを保つために重要な役割を担っている。すなわち，この天井面の傾斜角が大切であり，その一例としてベルリン国立歌劇場（図 1.21）をあげることができる。1955〜1983 年の間，この歌劇場の天井面は水平に対して 30°傾斜しており，舞台からの歌音の大半をバルコニー上階に返していたが，このエリアには客席部の大天井からも十分な反射音が到達していた。

一方，この面で反射したオーケストラの音はメインフロアの客席に返っていたため，メインフロアでは歌声に対してオーケストラの音量が勝っていた。しかし，1986 年に，オーケストラ直上のこの天井面の傾斜角が 8°に変更され，舞台上の歌音はメインフロアへ，オーケストラの音は主にピットへ返るようになった。この結果，メインフロアとバルコニーの客席の両方において，舞台からの歌声の音量がほぼ同じ大きさとなり，また，メインフロアでの歌声とオーケストラとのバランスも改善されたのである（Marx and Tennhardt, 1991）。

客席部の形状と配置条件も歌声とオーケストラのバランスに影響を与える。ボックス席を持つ劇場では，舞台からの音がボックス席内の壁や天井で反射して，他の客席や舞台に戻ることがある。この現象はボックス席の位置がかなり高い位置にあって，かつ，その奥行きがあまり深くなく，歌手からボックス席の後壁の一部が見える場合に生じる。さらに，ボックス席が完全に側壁で仕切られている場合には，この影響で舞台へ反射音が返ることになる。それは，ボックス席の側壁と天井（あるいは後壁）が約 90°のコーナーとなる場合であり，これらを経由する 2 回反射音が生じるためである。このときには，歌手は自分の声に協和する空間の心地よい「共鳴」を知覚する。

図 1.22 はナポリ・サンカルロ歌劇場を例にとって，舞台へ戻る反射音を発生するボックス席内の反射面と，舞台上への到達エリアを（右半面について）示している（カラー図版参照）。同様な現象は各階のボックス席について生じるので，これら一連の反射音が重なり合うことによって，舞台上の広いエリアに音が到達することになる（Weisse and Gelies, 1979）。舞台に返るこれら多数の反射音は，歌手が歌声をコントロールするための手掛かりとなる。ただし，遅れ時間の短い反射音は歌手自身の声でマスクされるため，効果的な反射音の遅れ時間は 80〜140 ms と考えられている（Nakamura, 1992）。

影響はやや小さいが，こうした反射音はドレス

図 1.21 ベルリン国立歌劇場のオーケストラ直上の天井（Marx and Tennhardt, 1991 による）

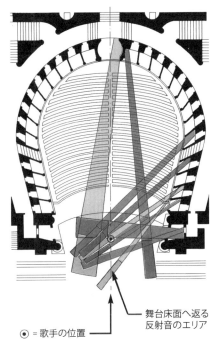

図1.22 ナポリ・サンカルロ歌劇場において歌手から発生して舞台に戻る反射音（Weiss and Gelies, 1979による）。

デン・ゼンパー歌劇場にも存在しており，さらに，ボックス席を支える（やや縦長の）片持ち梁も同様な効果を生み出している。この場合，音色の変化を判断するために低音はさほど重要でない。

したがって，こうした反射面は中・高音に対して有効なサイズであれば良い（Fry, 1978）。これに対して，ボックス席に向かってオーケストラの放射音は上向きの角度で入射するので，そのエネルギーの大半はボックス席の手摺壁で反射して天井方向へ向かう。つまり，客席に戻る音をごくわずかに抑え，歌声とオーケストラのバランスをとるために，この手摺壁は非常に有効である。

低い壁で仕切られた開放したバルコニー席では，このエリアに入射した音の大半は客席の後方へ進む。最近の劇場建築ではこの効果を利用して，後ろの客席の音圧レベルを上げるようにバルコニーの形状や床勾配が調整されている（Cremer and Müller, 1978; Fasold et al., 1987）。一方，低い位置に設けられたバルコニー席は，舞台からバルコニー席に到達した音が手摺壁の裏面の空間に閉じ込められるため，吸音面として作用する。

最後に，バルコニー席の聴衆には，舞台床からの反射音も大きな効果を担っている。これは，豊かな歌声を求める場合，オーケストラピット直近の最前列の席が必ずしも音響的に最良ではないことを意味している。声の指向性を考慮すると，歌手の前方2〜5 mのエリアが特に重要な反射面である。もちろん，（例えばソロ楽器の伴奏を伴う）重要なパッセージではオーケストラに近い席が好ましいし，また，舞台との距離が近いほど歌声のアーティキュレーションも明瞭になる。

オーケストラピットの深さと（オーケストラと聴衆を仕切る）仕切り壁[15]の傾斜角の関係は，歌手とオーケストラとの音のコミュニケーションにとって非常に重要である。図1.23と図1.24はいくつかの代表的な事例に関して，オーケストラから歌手へ到達する反射音の経路を示している（Meyer, 1988b）。オーケストラピットが浅く，仕切り壁が鉛直である場合には（図1.23），舞台側の楽器と仕切り壁側の楽器からの双方の音は，舞台先端から約10 mまでの範囲に到達している。このとき，仕切り壁をピット側に傾ければ，仕切

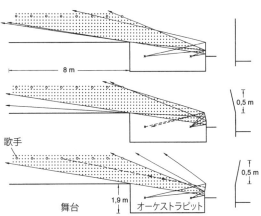

図1.23 仕切り壁の傾きと反射音の関係。オーケストラピットが浅い場合。

---

15 ピットフェンスとも呼ぶ。

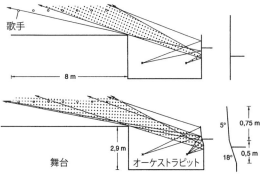

図 1.24 仕切り壁の傾きと反射音の関係。オーケストラピットが深い場合。

り壁に近い楽器音は舞台上のさらに広いエリアに到達するが，舞台側の楽器の音は仕切り壁で反射した後に奏者自身に戻り，自分自身の音を強く感じてしまう。

一方，仕切り壁を客席側に傾けても，仕切り壁側の楽器の音は良好に舞台に伝達するが，舞台付近の楽器の音は歌手の頭上方向に反射されてしまう。ただし，歌手は（この傾斜面から）自分自身の声を短い時間遅れの反射音として受けとることができるので，客席空間から反射音があまり得られない場合には，この仕切り壁の反射音は有効に作用する。

一方，オーケストラピットが深く沈み込んで，仕切り壁が鉛直の場合には（図 1.24），反射音はさらに急な角度で上方に向かうため，ピットからの音は舞台前方の歌手だけに到達する。また，舞台から遠い楽器ほど舞台上に到達しにくくなる。この場合，仕切り壁を図のように 2 段に折り曲げれば状況は改善するが，舞台奥には充分な反射音が返らないエリアが残るため，浅いピットに比べれば劣ると言えよう。オーケストラの音が充分な強さで舞台へ返らない際に，歌手をサポートするもう一つの選択肢として，舞台内にはね返りスピーカを設置する方法がある。ただし，不自然な方向から音が聞こえることになるため，歌手にとって耳障りになることがある

1.3 教会

一般的に，教会の音響条件は長い残響時間によって特徴づけられることが多い。これには二つの理由がある。それは壁や天井が高反射性であることが多いことと，多くの場合に 1 人当たりの室容積が非常に大きいことであり，こうした理由から室内での吸音はほとんど期待できない。一方，その室容積は 2,000 m³ 程度の小さな会衆派教会から 100,000 m³ の規模の大聖堂に渡っており，その範囲はコンサートホールやオペラハウスに比べてはるかに大きく，残響時間の巾は非常に広い。

また，残響時間の周波数特性は教会の建築様式，すなわち使用された建築材料に密接に関係している（Lottermoser, 1952; Venzke, 1959; Thienhaus, 1962; Meyer, 1977）。すなわち，教会の音響的性質は建築様式によって特徴づけられ，それは残響時間だけでなく，初期反射音の時間構造や方向分布に及んでいる（Meyer, 2003）。

図 1.25 は三つの代表的な事例として，ゴシック様式のミュンスター・ウルム大聖堂，バロック様式のハンブルク・聖ミカエル教会，ルネッサンス様式小教会のダルムシュタット宮廷教会の空席状態における残響時間の周波数特性を示している。ミュンスター・ウルム大聖堂の残響時間は 75 Hz で最も長く，12 秒に達している。表 1.9 からも

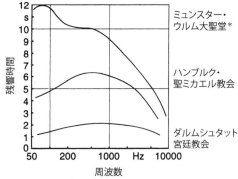

図 1.25 各種教会の残響時間周波数特性
＊ ケルン大聖堂に次いでドイツで 2 番目に大きいゴシック教会。高さ 161 m の西塔は世界一高い教会塔。

わかるように，ゴシック教会では低音の残響時間が最も長いという特徴がある。この原因は石材が反射性であるためで，表面の凹凸が高音を若干吸収することはあっても，低周波数ではほとんど吸音を生じることはない。

なお，ステンドグラスの窓はこの例外であり，低周波数である程度の吸音性を有している。したがって，床・壁・天井の総面積に対する窓の面積の割合が小さいほど，低音の残響時間は中音に比べて長くなる。例えば，窓の割合が10%では低音の残響時間は中音の約1.1倍にすぎないが，これが2%まで減少すると低音の残響時間は中音の約1.3倍となる。ゴシック教会の中音の残響時間は基本的に室容積によって決まり，室容積5,000 m^3 で4秒，10,000 m^3 で5秒，30,000 m^3 で7秒が（空室時の）代表的な値である。教会の規模がこれ以上になっても残響時間は著しく長くはならず，11秒を超えることはない。

なお，例外的にゴシック教会の残響時間が図1.25の代表事例よりも1.5倍程度長い値になることがある。この現象は「清め」（purifizieren）の修復工事が幾度も行われ，漆喰やペンキの厚い塗装面が壁や天井の表面の気泡を塞いでしまった場合に起こる。一方，レンガ造のゴシック教会では，レンガの表面の一部が露出する場合には多孔性の材料でこれを覆うことが多いので，その残響時間は通常の石造教会の典型的な値の2/3程度まで短くなる（Meyer, 2002）。例えば，リューベックのマリエン教会の室容積は100,000 m^3 に及ぶが，残響時間は「わずか」約6秒にすぎない。なお，ロマネスク教会も，石造のアーチ天井で建造された場合にはゴシック教会と近い残響特性を示す。これに対して，天井が木造の場合には低音域のエネルギー吸収が生じるため，低音の残響時間のピークは中音域に移動する。

ロマネスク教会とゴシック教会では，石やレンガ造の柱体や木製の柱が重要な役目を果たしている。これらの柱列は，中央の身廊（会衆席）内の音源に対して，両側の身廊への音の侵入を遮断するので，身廊内の信徒にとって効果的な反射面として作用する。ただし，その寸法の点から反射体としての効果には限界があり，一定の周波数以上にのみ機能する（9.1.3節参照）。この下限周波数は柱の太さで決まり，その値は約1,000〜2,000 Hzである。一方，柱に入射する200〜300 Hzより低い音は，回折してすべて柱の後ろ側に回り込む。したがって，こうした柱列はオルガンの音に大きく影響することになる。

また，アーティキュレーションに関係するノイズ成分を含めて，高周波成分は音の明瞭性にきわめて重要であるが，こうした音場では，柱列の存在によって高周波成分は拡散反射音として，側壁や天井で反射して戻る低周波成分よりも先に信徒席に到達することになる。この結果，身廊内の席では，直接音の高周波成分が強調されるが，初期トランジェント[16]はゆっくりと立ち上がるため，

表1.9

教会	様式	室容積 (m^3)	残響時間の最大値(s)	測定周波数(Hz)
1. ケルン大聖堂	ゴシック	230,000	13	100
2. ミュンスター・ウルム大聖堂	ゴシック	105,000	12	75
3. ミュンスター・フライブルク教会	ゴシック	45,000	7.5	90
4. ワインガルデン大修道院	バロック	53,600	8.5	270
5. ハンブルク・聖ミカエル教会	バロック	32,000	6.3	500
6. エッタール大修道院	バロック	15,000	7.5	750

出典：Winckel (1963)；3.–6. Lottermoser and Meyer (1965)

---

[16] 定常状態に到達するまでの音の開始部分。6.1節参照。

低周波成分の音の大きさは（その音響エネルギーに対応する値よりも）弱く聞こえることになる (Meyer, 2000)。

原則として，ゴシック教会では中低音の残響時間が長い。しかし，低音で高い吸音作用を示す柱廊，信徒席の置き床，側面の祭壇など多数の木製構造物が用いられたバロック教会では，中音域に残響時間のピークを持つこともある。こうした傾向は天井やアーチに木材が使用されているときに特に著しく，図1.25に示す聖ミカエル教会の例では，残響時間の周波数特性は500 Hzを中心として左右対称形になっている。

また，バロック教会では壁や付加構造物の表面には凹凸がほとんど存在しないので，高音の残響時間は同規模のゴシック教会に比べて長くなっている。一方，石造のアーチを持つ巨大なバロック教会では250〜400 Hzに残響時間のピークが存在しており (Lottermoser, 1983)，その値はゴシック様式やロマネスク様式の大聖堂と同じ程度である。ただし，大規模なバロック教会は残響時間の周波数特性に第2のピークを持つことがあり，例えば（音楽フェスティバルで有名な）オットーボイレン大修道院の残響時間は275 Hzと1,000 Hzにピークを有している (Lottermoser, 1952)。こうした建築様式のバロック教会の中音の残響時間は，室容積が15,000 m³で約4秒，50,000 m³で約7秒程度の値である。したがって，10,000 m³以上の規模のバロック教会の残響時間は漆喰造とレンガ造のゴシック教会の中間に位置している。

バロック教会において残響時間が最も長い周波数は，ゴシックやロマネスク教会よりも高く，母音/o/と/a/フォルマント域の音質を強調する帯域に存在している。つまり，バロック教会の持つ鮮明で輝かしい響きは，高音の残響成分の減衰が少ないことがその要因であり，この音質は教会内観の明るい視覚的印象とも良くマッチしている。この晴れやかな (hell) 音質は，中音と低音のバランスが残響過程においても一定に保たれるということを意味しており，残響音が加わってもリスナの主観的なピッチ感覚は変化しないという利点がある。これに対して，低音の残響時間が長い場合には，残響過程を経ることによってその響きは鈍く，くすんだ (dunkel) 音色に変化する。さらに，この場合には残響音が付加することで，ピッチが低下したように知覚する可能性がある。つまり，バロック教会では残響音の低周波成分が抑制されるため，ポリフォニック音楽を演奏した際にも，低音声部によるマスキング作用が生じにくく，優れた透明感と明瞭性が期待できるのである。

当然ではあるが，教会の空間の響きの透明性は作曲様式に影響を与えている。例えば，ゴシック大聖堂の音響条件では，ヨハン・セバスティアン・バッハのオルガン作品にみられるポリフォニックな構造が成立すると考えることは不可能である (Bagenal and Bursar, 1930)。ゴシック教会では低音の残響が非常に長いため，非常にくすんだ音質になりがちであり，そうした性質は教会内の薄暗い雰囲気に影響を受けた音楽作品の表現の中にも見出すことができる。

また，ゴシック教会のように（低音の）残響音の継続時間が長い場合には，急激に旋律を変化させることは困難であり，（柱列や柱型からの反射音が存在していても）速いフレーズを聞きとることには限界がある。こうした理由から，ゴシック教会の音響条件は緩やかな旋律の典礼賛歌やグレゴリオ聖歌に適していると言える。

一方，（当初，ゴシック様式であった）ライプツィヒのトーマス教会がJ. S. バッハの音楽表現に適しているという事実は，当時，度重なる木構造の追加工事を行った結果，バロック教会に近い音響特性になったことがその原因である。なお，この教会の満席状態の残響時間は2秒よりやや短い値である (Keibs and Kuhl, 1959)。J. S. バッハはアルンシュタットのいわゆるバッハ教会の在職期間中に，複雑な和声構造を持つオルガン作品を作曲しているが，その当時から，この教会の残響時間は1,000 Hz付近が最も長く，中音の満席残響時間は約2秒である。

（音楽会を催す場合など）満席状態では，ゴシック教会とバロック教会の残響特性にはさらにはっきりとした違いが存在する。信徒による吸音は主に中高音に限られるため，バロック教会では残響時間の周波数特性のピークは中音から低音側にシフトする。この結果，残響の周波数特性は低音から次第に短くなるパターンとなり，特定の周波数で長い値となることはない。

この例として，図1.26に示すドレスデン・フラウエン教会の残響時間を参照されたい。この教会は大戦で破壊されたが，修復工事が行われ2005年に再建が完了した。なお，図中の空室状態の残響時間は1934から44年に行われた歴史的録音のテープから求めた値であり，着席状態の値は，空室状態からの計算結果である。また，ローマの聖ピエトロ大聖堂については満席状態の残響時間の実測値が存在しており，その値は3.5秒と短い（Shankland and Shankland, 1971）。

これに対して，ゴシック教会では着席状態であっても残響時間が最も長い周波数と，その残響時間の値は変化せず，高音の残響時間だけが著しく短縮する。したがって，低音域の残響音による音色変化はさらに強調されることになる。一方，柱列や柱型からの反射音は信徒の有無によって変化しないため，音の輪郭はほとんど変化しない。

このように，バロック教会は良好な室内音響特性を持っており，これに近い響きを実現することが，今後，建設する教会の目標であると言えよう。

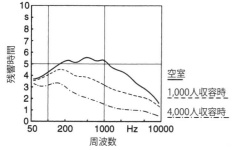

図1.26　ドレスデン・フラウエン教会の残響時間周波数特性（Lottermoser, 1960による）。空室：歴史的な録音テープより分析。満席状態：空室の残響時間からの計算値。

しかし，新しい教会の建築計画では（バロック教会に比べて規模は小さいにも関わらず），低音の強調された長い残響を指向しているものが見受けられる。なかでも，コンクリート造を採用すると上述の問題点がさらに大きくなり，音楽演奏には適さない空間となる懸念がある。

1968年に改装が行われたダルムシュタットの宮廷教会は，音楽演奏にも適合した小規模な教会の例である。図1.25に示すように，室容積1,800 m^{3}のこの教会の残響時間は中音で2秒をわずかに超える程度であり，低音の残響時間はかなり短くなっている。この音響効果により，この教会の響きは透明で鮮明な音質である。近年，建設された小規模教会はこれに近い音響特性を持っていることが多く，信徒の歌唱や，小規模な音楽アンサンブルや合唱に対する目的にかなっていると言える（Meyer, 2003）。

残響の長い大規模教会では，初期トランジェントの推移も緩やかである。定常音で空間を駆動した場合，（拡散音場では）残響時間の1/20の時間が経過すると最終の音圧レベルの−3 dBに到達する。したがって，残響時間が10秒の空間では，（音場の）初期トランジェントの継続時間は1/2秒と考えることができる。これは，継続時間の短い音は本来「到達」すべき定常状態の音の強さに到達できないこと，すなわち，空間の響きには一種の「慣性力」が存在していることを意味している。つまり，同じ強さで演奏した持続音に比べて，短音の音量感は小さくなるのである。

こうした持続音と短音の音量感の違いは，信徒に到達する直接音が弱い場合には，さらに顕著になる。それは，教会では室容積が大きくても，残響時間が相当長いために，拡散距離がコンサートホールやオペラハウスほどの大きさにならないことがその理由である。

例えば，ケルン大聖堂のような大空間であっても（無指向性音源に対する）中低音の拡散距離は8 mにすぎない。こうした大聖堂には多数の柱列や柱型の効果によって遅れ時間の短い初期反射音

が存在しているが，残響音のエネルギー密度が非常に高いため，音源の位置の定位が困難になることが多い。この現象は，柱列などによって遮られて，直接音の高周波数成分が到達しない場合，いっそう著しくなる。こうした音響条件のもとでは音に包み込まれた神秘的な音響効果が生じ，その効果は空間的な雰囲気の視覚的印象によってさらに強調される。ただし，こうした空間では連続した音符のディテールを聞きとることは不可能である。

1.4 室内楽ホール

現在，室内楽とは小規模なアンサンブルの音楽演奏を意味している。音の響きの観点からは，それぞれの楽器の声部がすべて明瞭に聞きとれる透明感のある演奏が期待される。この場合，聴衆と奏者の距離が近いことが親密な雰囲気にとって重要である。こうした音響的要求を満たすには，部屋の規模は大きすぎず，短めの残響が好ましい。

また，このような空間では直接音と第1反射音の時間差が非常に短いため，親密で臨場感の際立った響きを得ることができる。さらに，「室内楽」に求められる響きには，個々の楽器が空間的に分離されること，その結果（切れ目のないアンサンブルを均一に融合するのではなく）ステレオ的な音響効果が知覚できることが求められる。

今日，レパートリーとなっている室内楽作品の歴史的変遷を（それらが作曲された時代と関連づけて）考えてみると，作品の性格はもとより，その演奏機会についても大きく変化したことがわかる（Wirth, 1958）。バロック期には，教会音楽以外の音楽ジャンルは室内楽だけであった。このため，この時期の作品の楽器編成はソロあるいは数台の楽器のためのソナタから，室内オーケストラ向けの作品におよんでいる。

当時の室内楽は主にアマチュア奏者が演奏していたが，1800年ごろ，初めて職業音楽家による室内アンサンブルが組織され，より多くの聴衆に対して公開の演奏会が催された。例えば，ライプツィヒのゲヴァントハウス弦楽四重奏団は1803年に結成されて以来，今日までその伝統が続いている（Borris, 1969）。

その後，演奏技術が進歩するにつれて，より高度な内容の作品が求められるようになった。L. V. ベートーヴェンの弦楽四重奏曲の時代的進化は，この二つのニーズの表出に対応する代表的な事例と言えよう。これと時を同じくして，家庭用の音楽作品も独自の形態で発展した。ただし，アマチュア奏者の演奏能力には限界があったため，これらの音楽は「演奏会用」の室内楽作品とは次第に切り離されていった。

バロック期と古典派初期の室内楽は主に貴族階級の宮殿で演奏された。この場合，何組かの奏者たちが大広間や小型のホールで少数の聴衆に対して演奏を披露したが，ときにはただ一人の聴衆のために演奏することもあった。当時の絵画を見ると，こうした空間の天井高は4～8mで，室容積は200～1,000 m³程度であることがうかがえる。図1.27は18世紀中ごろのパリの演奏会場の一例である。こうした空間は室容積が小さかったため，着席時の残響時間は高々1秒程度であったと考えられる。したがって，一つ一つの声部が分離して，

図1.27 1763年，パリのコンティ公邸でピアノ演奏するW. A. モーツァルト
（M. B. オリビエの油絵，ザルツブルク・モーツァルテウム所蔵）

なおかつ然るべき音の輝かしさを達成していたと考えられる。また，直接音に対する反射音の到来時間が十分小さく，直接音の響きを効果的に補っていた。

ウィーン・ロブコヴィツ宮殿のエロイカホールは音楽史において特別の役割を演じたホールである。このホールではL. V. ベートーヴェンの『交響曲第3, 4番』だけでなく，彼や同時代の作曲家による多数の室内楽作品が初演された。このホールは直方体で，高さは8.25 m，室容積は950 m³，室内楽演奏用のステージと約160人を収容する客席を有している。図1.28は空席と満席状態の残響時間である。満席時の中音残響時間は1.45秒であり，（室内には大理石が用いられていたため）低音が大きく持ち上がった特性となっている。

なお，当時の文献によれば，L. V. ベートーヴェンがこのホールで行った演奏会の大半は常に満席状態であったようである。空席の残響時間は非常に長いため，聴衆の数によって演奏時の音響条件は大きく変化することがわかる。250 Hzでの残響時間の落ち込みは，現在使用している木造ステージ床と関係していると思われ，L. V. ベートーヴェンが演奏した当時の状態とは異なっている可能性がある。

これに関連して，C. ディッタース・フォン・ディッタースドルフ[17]（1801年）は自伝の中で，ブロツアフ近郊のヨハネスブルク城内にある楕円形のホールに言及し，（通常，楕円は音の焦点を生じるという問題があるのだが）その音響がきわめて優れていると賞賛している。このホールの寸法は長さ13.5 m，横幅の最大値が10 mである。当然，このホールでも音の集中現象は起こっていたはずであるが，「エコー」となるべき反射音と直接音との到来時間差が15 msと短いことがプラスの効果を生じていたと考えられる。つまり，直接音とこの反射音が聴覚的に融合して知覚されることで，メリハリのある響きとなっていたと思われるのである。彼は，このホールの平面形は「耳障りなエコーは発生することなく，音楽を増幅する」と強調して述べている。

家庭用の室内楽が発達すると，一般家庭の小さな部屋が利用されるようになった。こうした室内では，当時の流行で用いられたフラシ天（ビロードの一種）を施した家具とカーテンが中高音を吸収した。このため，その音色は輝かしさを失っていたが，残響時間が非常に短いことで直接音が主体的な響きとなり，（奏者の近くに座っていた）聴衆には十分な親密感をもたらしていた。また，部屋の高さは3 m以上あったため，この部屋の響きはある程度の空間性を伴っていた。

当然ながら，小さな空間に特有のこうした親密感を，公共の室内楽演奏を行うホールで再現することは容易ではない。プロの弦楽四重奏団は，多数の聴衆の前での演奏を目的としたため旧ゲヴァントハウスのようなコンサートホールを利用したのである。前述したように，このホールの規模は約400席であり，弦楽四重奏の演奏にとっての限

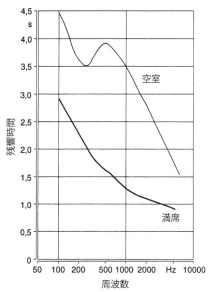

図1.28　ウィーン・ロブコヴィツ宮殿のエロイカホールの残響時間周波数特性

---

[17] J. ハイドンやW. A. モーツァルトと同時代の作曲家でヴァイオリン演奏家

界といえよう。ホールの規模がさらに大きい場合，例えばウィーン楽友協会建物内にあるブラームスザール（679席＋立見席95）では，演奏者は大きな音量を発生する必要がある。この場合，その演奏様式は室内楽よりは，むしろ交響曲的なスタイルに近づくことになる。室内楽には充分な音量感が求められ，それによって，奏者までの距離感の不足を聴衆に感じさせないことが求められる。したがって，この規模のホールには大きめのアンサンブルや室内オーケストラが適している。

こうした理由から，現代の室内楽ホールの客席数は通常は500～600で計画され，その音響条件は室内楽の音楽ジャンルに良好に適合している。例えば，ニュルンベルクのマイスタージンガーハレに併設された小ホール（500席）の室容積は4,000 m³である。この規模は旧ゲヴァントハウスのほぼ2倍であり，満席状態での中音の残響時間は1.1秒である（Cremer and Müller, 1964）。ベルリン・コンツェルトハウス（旧名：シャウシュピールハウス）内の小ホールは席数440，室容積2,150 m³で，残響時間は1.3秒である。また，ライプツィヒ・新ゲヴァントハウスの小ホール（室容積4,300 m³，450席）の満席時の残響時間は1.7秒であり，低音がかなり持ち上がった特性となっている。このため，その残響は少なくとも小型のアンサンブルには長すぎると判断されている（Fasold et al., 1981；Fasold et al., 1986）。これらの三つのホールでは，ステージの中心から最も遠い座席列までの距離は20～25 mである。

透明感因子（C_{80}値，クラリティ）の値はコンツェルトハウスでは＋1.3～3.5 dB，ゲヴァントハウスでは＋0.5～1.3 dBの範囲にある（9.3節参照）。後者については，C_{80}値は許容限界に近い値と評価される。また，音量と透明感は概ね適正であるにもかかわらず，奏者との一体感が得られるのは前方の客席に限られる。その理由は，音の輝かしさは申し分ないとしても，客席最後列までの距離が20 mに及んでいることによって，奏者と聴衆とが空間的に切り離されたような感覚を生じるからである。また，この程度の規模であれば，ステージ上の奏者は空間の響きを優れていると感じて，自分たちにとって適正な演奏条件を見出すことができると考えて良い。

聴衆とステージを近づけることは，ベルリン・フィルハーモニーの室内楽ホールの最も重要な設計コンセプトでもある。このホールではステージから23 m以内に，ステージを取り囲むように1,064の客席が配置されている。室容積は12,500 m³，中音の残響時間は1.8秒である。このように長い残響時間は透明感にも影響を与えており，C_{80}値はステージ近くの席で－1.3 dB，遠方の席で－1.6 dBとなっている。

ホール内には，それぞれの楽器の音をバランスさせるために多数の反射板が設けられており，このうち，ステージに向けて傾斜した反射板は奏者に反射音を返している。ただし，これらの反射板は各楽器の指向性の違いをバランスさせたり，ステージ近傍の聴衆に対して奏者による音の遮蔽を補うためには役立っていない（Flüterer, 1988）。

上述した例よりもさらに親密な性質を持つ室内楽ホールとして，ブラウンシュバイクにあるシンメルピアノ社のプレゼンテーションルームについて言及する必要がある。その室容積は800 m³，座席数は80～100であり，数台のアップライトとグランドピアノが置かれている。また，残響時間（中音，満席状態）は0.9秒で，低音域が若干短い値となっており，この条件はピアノや弦楽器の作品の演奏には演奏者，聴衆の双方にとって非常に適していると評価されている。これには，三つのホールで連続して行った，同一の聴衆に対して同じ曲目を演奏する比較試奏会の試験結果が根拠となっている。すなわち，他の2ホールの中音残響時間は0.7秒と2.7秒であり，共に低音が持ち上がった特性を有していたからである。なお，この2ホールの室容積はそれぞれ1,750 m³と2,750 m³である（Meyer, 1988a）。

1.5 録音スタジオ

当然ながら，リビングルームでは，ラジオ放送やCD録音によって実際の公演での響きの感覚を再現することはできない。管弦楽やオペラについてはもちろんのこと，室内楽作品についてもそれは不可能であり，空間の音響効果の大きな違いに気づかされる。この具体的な要因の一つは，録音には基本的に直接音と残響音だけが含まれているのに対して，音を再生するリビングルームでは非常に弱い反射音だけが加わるという事実である。また，部屋の狭さも大きな要因であり，オーケストラ全体の空間性を表現することを非常に困難にしている。最後に，一般住居ではラジオ放送を受聴する場合に，周囲への影響を意識して音量を落とすことが多い。したがって，スタジオでの録音では，こうした聴取環境下での（修正した）響きへの美的要求を考慮することが求められるのである。

（スタジオ録音では）各楽器セクションの音量を選択して増幅することができ，さらに，全体の音量をコントロールできる。したがって，リスナにとって最適な室容積と残響時間の関係を満たす音楽を，音量に起因する影響を受けずに聴取することができる。つまり，響きの美的側面という単一の評価軸に対する残響時間の適正値（好ましい値）を求めることが可能となる。Kuhl（1954a）が行った，20の異なった特性のスタジオでの一連のオーケストラ録音による聴取実験によると，（少なくともモノラル録音については）オーケストラ録音用スタジオの最適残響時間はその室容積とは無関係であり，音楽の種類にだけに依存するという結果が判明している。

この実験では100名を越す回答者が参加し，好ましい残響時間についての主観評価判定が行われた。そのデータは，当然，個人的な音の嗜好によってある程度のばらつきを含んでいるが，平均値はかなり安定した値となっている。この結果によると，古典派の作品である『ジュピター交響曲』の第1楽章については1.5秒，一方，J.ブラームスの『交響曲第4番』の第1楽章については2.1秒が残響時間の最適値と報告されている。

特に，ロマン派の音楽はかなり長い残響が好ましいと評価され，残響時間が1.5秒のスタジオ録音は，ほぼ例外なく，残響の不足が指摘された。Kuhlは，ステレオ再生の場合や実際のコンサートホールでは，個々の声部の定位が改善し，その結果，透明感が向上したと報告している。つまり，この場合には，残響時間がさらに長くなっても透明感が極端に損なわれることはないと言える（Kuhl, 1954b）。

一方，興味深いことに，『春の祭典』からの抜粋に対する残響時間の最適値は1.5秒と評価されている。この曲では，そのリズミカルな構造の透明感を知覚できることが優先したと考えられるが，モノラル録音ではそれぞれの声部が分離して聞きとれないため（この実験はモノラル録音だけでのみ行われた），不協和音が著しく硬質な響きとなったことがその評価に影響した可能性もある。これに対して，イーゴリ・ストラヴィンスキーの大規模な管弦楽作品に対して長い残響を要求する指揮者が存在しており，例えば，レオポルド・ストコフスキーは『春の祭典』の演奏に約4秒の値を主張している（Blaukopf, 1957）。

通常，管弦楽作品の録音はホールで行うが，標準的なコンサートホールより若干小さいホールが用いられることが多い。すなわち，座席数が800から1,200の公開演奏会用のホールがこれに該当する。また，こうした録音用ホールの音響条件は（少なくともオーケストラ奏者にとって）正規のコンサートホールとほぼ同一と考えて良い。その代表例としては，今日，歴史的録音会場として著名なフランクフルト・マインとハノーバーの大型録音用ホールをあげることができる。

当初，この二つのホールはともに座席数が1,200席で，室容積はそれぞれ12,000 m³と15,700 m³であった。平均の残響時間はフランクフルト（オルガン設置前）が1.85秒，ハノーバ

ーは 2.0 秒である。また，フランクフルトのホールの残響特性は低音で持ち上がっており，65 Hz で 2.2 秒となっていた（Schreiber, 1958; Kuhl and Kath, 1963）。ハノーバーの放送ホールについてはこれまで大きな変更は行われていないが，フランクフルトのホールでは 1980 年に新しい方針のもとに改修工事が実施されている。その目的は室容積を 9,000 m³ に縮小し，さらに客席数を減らすことによって，その空席残響時間をフランクフルト放送交響楽団の公開演奏会場であるアルテオパー・コンサートホールの満席残響時間と同一にすることであった（Lamparter and Brückmann, 1989）。

小型スタジオでオーケストラ録音を行う場合，過剰な残響は演奏者によって好ましくない。そのため，必要に応じて録音後に残響を付加する方法が有効である。残響が非常に短いニューヨークのスタジオを録音会場として利用したアルトゥーロ・トスカニーニの一連の演奏は，この手法を利用した究極の例と言えよう。この録音は，リズム感に富んだきわめて緻密な演奏による鋭い切れ味を特徴とし，他の演奏とは一線を画している。ただし，この音質を維持するため，オーケストラ奏者にはきわめて高度な演奏技術が必要であった。

オーケストラ用録音スタジオの残響時間の推奨値は，室容積が 1,000 m³ の場合 1 秒と考えられており，室容積が 2 倍になる度に 0.2 秒ずつ上昇する（Gilford, 1972）。また，この値はオーケストラのリハーサル室にも該当すると考えてよい。その周波数特性は低音まで完全にフラットであることが好ましく，少なくとも低音の残響時間は大型コンサートホールの値より十分に短い必要がある。それは，この条件を満たさない場合には低音の楽器が他を圧倒して，大ホールで演奏する時とは異なった音響条件になるからである。

小規模なオーケストラ用スタジオでは，弱音の楽器セクションが大音量の楽器セクションに埋もれてしまう危険がある。これに対する一つの解決策は，通常の手法に準じてステージの後壁と天井を反射性とはせず，強音楽器セクションの音量を下げるためその一部に吸音処理を行うことである。ただし，その際にはオーケストラ奏者の配置と楽器それぞれの放射指向性について十分な検討が必要である。なかでも，金管楽器とティンパニの後壁面を，適切な周波数特性を持つ吸音材料で被覆する方法が特に推奨できる。

ポピュラー音楽や室内楽などを目的とする小アンサンブル用のスタジオでは，公開演奏の形で録音を行う場合と，聴衆を入れないで録音専用として使用する場合とがある。聴衆の数は音質に及ぼす影響を考慮して少なく抑えられており，300 席を超えるものはごくわずかである。この種のスタジオで室容積が 1,000〜3,000 m³ のものについては，聴衆が着席した際の残響時間は 1.25〜1.5 秒である（Reichardt et al., 1955）。したがって，その音響条件は，室内オーケストラから管楽器や弦楽器の小アンサンブルに理想的である。四重奏，トリオ，ソナタについては，スタジオの室容積は 400〜1,000 m³ で，残響時間が 0.8〜1.0 秒のときに（聴衆がいない条件で），親密感の高い音質が得られる。この場合，音の輝かしさは「高忠実度」を望む一部マニアの期待する水準には達しないが，その響きは本来の家庭用室内楽が醸し出す本来の雰囲気に近いのである。

1.6　特殊用途の部屋

聴衆のための音楽作品の演奏会場や様々な用途の録音スタジオとは異なり，（音楽そのものではなく）奏者自身や楽器そのものを主な対象とする空間がある。これには，演奏指導，器楽練習用の部屋，ピアノ工場の調音ブースや調律室，また，楽器の品質判定や音質の比較評価用の試奏室などが含まれる。これらのすべての部屋にとって第一の音響的な要件は，外部騒音に対する高い遮音性能である。

また，音楽指導や練習用の部屋は一般に非常に

狭いため，平行な壁面による室の共鳴が大きな音響障害になる。したがって，壁の仕様には充分な注意が必要である。また，こうした部屋では残響を短くすべきであり，特に低音の抑制が重要である。ブダペスト音楽アカデミーの指導用スタジオを例にとると，最も大きい部屋の室容積は182 m³，残響時間は中音で0.9秒であり，125 Hzで0.5秒に抑えられている。また，最も小さい部屋の室容積は105 m³，中音と125 Hzの残響時間は0.8秒と0.4秒である（Karsai, 1974）。

日本にはもう少し短い残響時間を推奨している事例があり（Nagata, 1989），その場合，図1.29に示すように低音での若干の上昇は許容されている。この理由として，学生には部屋の影響による音質変化に対して充分な感覚が備わっていないこと，また，残響が短いほうが演奏テクニックの不正確さをはっきりと認識できるということが考えられる。

個人用の練習室については，通常その室容積は30～40 m³にすぎない。こうした部屋では，大ホールと同じような空間的な音の成長を得ることは不可能であり，もっぱら，音のディテールに特化した音を知覚することが目的となっている。したがって，残響時間は0.3～0.4秒が適当であり，（図1.29の日本の推奨値では低音が上昇しているが）低音の残響は抑えるべきである。なお，弦楽器奏者に比べると管楽器奏者は若干長い残響を好ましいと感じる傾向がある（Cohen, 1982）。また，打楽器奏者用の練習室は高吸音性とすべきである。これに対して，英国での実験によれば，残響時間が0.5秒以下の部屋では練習時にストレスを感じ，およそ0.75秒以上であれば広範な音楽の練習に適しているとの報告がある（Creighton, 1978; Lamberty, 1978）。

ピアノの調音ブースでは0.3～0.4秒の残響時間が採用されている。調律室の残響時間の最適値はこれより若干長く，室容積が100 m³以下のアップライト用の部屋では0.4～0.5秒，演奏会用グランドピアノ用の部屋については，室容積は同じであっても0.5～0.6秒が望ましいとされている。演奏会用グランドピアノの音を正確に評価するには400～600 m³の大きな部屋が必要である。ただし，この場合には残響時間が0.6秒では短すぎ，0.8～0.9秒が最適で，1秒を超えると判定が困難になる。また，これらの部屋では低音の残響は中音域の値以下に抑えなければならない。

オーケストラのリハーサル室には特有の問題が存在する。室容積が小さすぎる場合には，通常に演奏すると我慢できない大音量が発生する。しかし，そのために過剰な吸音を施すと，アーティキュレーションや鋭いスタッカートのバランスが損なわれることになる。つまり，「響きとして相応しい」残響時間を達成することは一般に不可能なのである。例えば，室容積が1,200 m³，中音の残響時間が1.2秒で，低音の残響特性が若干持ち上がっているとすると，この部屋の残響は90名のオーケストラには長すぎると感じられる。この部屋において，奏者同士の確実な音のコミュニケーションを実現する唯一の方法は，管楽器の後壁に高吸音処理を行い，低音の残響時間を中音より短く設定することである。こうした理由から，Völker（1988）は奏者1人当たりの室容積を50 m³（！），残響時間を1.3～1.5秒とすることを推奨している。これは合唱練習室に対する日本の推奨例に近い値である（図1.29参照）。

一方，TennhardtとWinkler（1994）は奏者1人当たりの室容積として25～30 m³を推奨してお

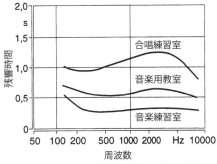

図1.29 リハーサル室と練習室の推奨残響時間（Nagata, 1989）

り，このとき，通常規模のオーケストラについては，室容積を 2,000 m³ 以下にすべきでないとしている。この報告によれば，オーケストラ用リハーサル室を録音セッションのリハーサルにも使用する場合には着席時の残響時間は 0.5～0.7 秒とし，通常のリハーサルでは 0.8～1.1 秒とする必要がある。低音の残響時間は 1.3 秒程度まで上昇しても許容されるが，4,000 Hz 周辺の残響時間は 0.6～1.0 秒より短くすべきでないとのことである。

一方，小編成のオーケストラや楽器のパート練習を目的とする場合には，壁から 20～30 cm の空気層をとったカーテンなどの可変式の吸音体を用いて，部屋の残響時間を満席時の値に合わせることが推奨できる。この際，側壁の高さ 3 m までの範囲には低音の吸音体を設置して，オーケストラの後壁は中高音の吸音面とすることが好ましい。また，天井の吸音面は 30% 以下に抑える必要があり，吸音面をこれ以上にすると，弱音のパッセージで音の立ち上がりが不明瞭になり，奏者はこれを補うため「必要以上」に音量を上げてしまう傾向がある。

1.7 屋外ステージ

屋外での演奏会では，音響条件の大半は直接音によって決まる。直接音に続いて反射音も到来するが，その寄与は一般にわずかである。閉空間とは異なり，音のエネルギーはほぼすべての方向に広がって散逸するので，拡散音場は形成されず，通常の意味での残響は存在しない。その一方で，遠方の反射面からの反射音は時間的に孤立したエコーになりやすく，響きの明瞭性を著しく損ねることがある。

現在，ギリシアにはいくつかの屋外劇場が良好な状態で保存されており，最後列の席でも明瞭にスピーチが聞こえるという音響効果から広く知られている。（円形に配置した数千の座席を持つ）これらの劇場は山の中に建設されることが多く，当初は舞台の後ろに壁面が設けられていた。舞台と客席の間のエリアは「オーケストラ」と呼ばれ，このフラットな床面は強いエネルギーの地面反射音を発生する作用を持っている。また，座席列はすり鉢状の傾斜面に配置されており，すべての聴衆はオーケストラを見渡すことができた。つまり，オーケストラからの反射音は座席列による遮蔽を受けることなく，それぞれの席に到達したのである。さらに，舞台後壁からの反射音や，舞台後壁と舞台床を経由する 2 回反射音が短い時間差で「一群」の反射音を形成していたと考えられる（Canac, 1967）。

エピドーラス野外劇場は 14,000 もの座席を持っているが，この劇場の測定データを参照すると，こうした反射音が直接音の到来後 30 ms 以内にすべての座席に到来していることがわかる。これが非常に優れた音の明瞭性に寄与しているのである。また，このような巨大劇場において，一人の演者の声が十分に伝わるもう一つの要因として，（交通機関から遠く離れた立地条件によって）環境騒音が非常に小さいため，非常に弱い音までが聞きとれることが挙げられる（Cremer et al., 1968）。

しかし，こうした音響特性は，音楽の演奏には必ずしも最良であるとは言えない。確かに，オーケストラの音が遠方まで明瞭に聞きとれるということは聴衆にとって珍しい経験であり，その立地を含めた特別な雰囲気がそれを助長するかもしれない。しかし，この劇場の演奏会にたびたび足を運べば，この有名な音響効果は次第に失望へと変化することになるだろう。

これに対して，例えばオペラフェスティバルで著名なヴェローナ劇場のような，ローマ時代のアリーナ劇場では，オペラ公演に対する音響条件が大きく異なっている。これらの建造物は屋根のない円形のアリーナであることから類推できるように。本来，劇場として建設されたものではない。しかし，この円形の側壁面からは多数の反射音が

発生しており，これによって一定の残響感が得られるのである。残響曲線の初期の 160 ms のレベル減衰量から換算すると，その残響時間は中音で 0.85 秒，低音で 1.25 秒である（Kurtovic and Gurganov, 1979）。

さらに，歌声もきわめて明瞭に伝わることから，こうしたアリーナ劇場の音響条件はオペラにとって非常に適しているといえる。ただし，ヴェローナのこの劇場では（その規模による）音量の不足という本質的な問題が存在しており，これに対処するためには，超一流の歌手と大規模なオーケストラを必要とすることを忘れてはならない。ちなみに，このアリーナの上階席に到達する歌声の音圧は，残響時間が約 0.8 秒である通常のオペラハウスに比べて 15 dB 低い値である（Pravica, 1979）。

もうひとつの音楽の屋外公演の形態として，屋外に着席した聴衆を対象とする（左右と後壁の閉じた）ステージ囲い[18]を用いたオーケストラの演奏会がある。こうした音楽施設では，ステージ囲いの壁と天井は，奏者間のコミュニケーションにとって十分な音量を確保すると同時に，各楽器からの放射音のエネルギーを聴衆の方向に集中させる効果がある（Furrer, 1972）。リゾート施設には，様々な形を持つ音楽用のオーケストラシェルが存在している。

オーケストラシェルの音響効果に関して，その平面もしくは断面が放物面に近い形であることは好ましくない。それは，9.2.1 節で述べるように各楽器セクションの音がそれぞれ異なった方向に集中して，客席エリアでの音のバランスが損なわれるからである。このような形状の例として，ズイルト島ヴェスターランドの海浜リゾート施設のステージオーケストラシェルがある（図 1.30）。

一方，ステージ囲いの平面形が客席側に拡がった台形状で，かつ，天井が前方に若干上向きに傾いていれば，良好な音響条件を実現することができる。このとき，壁面を幾つかの小さなエレメントに分割して音を拡散させれば，奏者と聴衆の双方にとって好ましい音響効果が得られる。例えばノルダーナイ島の音楽用屋外ステージはこのタイプに該当している（図 1.31）。

図 1.30　ズイルト島ヴェスターランドの屋外ホールのステージ囲い

野外公演で，聴衆が着席もしくは移動するエリアが広い場合，遠方まで十分な音量を確保するために，拡声スピーカを専用の架台やステージ囲いの屋根の上に設置することが多い。この際，中央に一群のスピーカを設けてすべての楽器の音をまとめて放射する方法と，ステージの幅方向に複数のスピーカを配置してオーケストラの楽器セクションに対応した音を立体的に放射する方法がある。

ただし，スピーカの指向性の鋭いときには，近隣の建屋の外壁から有害なエコーの発生に注意す

図 1.31　ノルダーナイ島のリゾート施設にある屋外ホール（ノルダーナイ新聞誌，撮影：Kühnemann）

18　オーケストラシェルとも呼ぶ。

る必要がある．なかでも，エコーの返ってくる時間が音楽のテンポに一致すると，非常に不快な響きの音を感じることになる．また，近隣の建屋にバルコニーなどの突出部が存在するときにも，直角に交わる二つの外壁面によって2回反射音が生じて音源方向へ音が戻り，不要な反射音となることがある（図9.1b）．

建屋の外壁からの有害エコーは中庭で催すセレナーデコンサートや，それと類似した状況でも生じることがある．通常，反射面までの距離が遠い（20 m以上）と，この反射音は残響音にはマスクされず，孤立した反射音として知覚される．この問題のひとつの解決策として，客席の床勾配を大きくする方法がある．このときには，聴衆の頭上を伝搬した音は客席の後壁に入射した後，上空に向かって反射するので耳につく心配はない．

数千人規模の聴衆に対するオペラやコンサートでは，音の到来方向と音源の視覚上の方向を一致させることを意図した電気音響装置を用いるケースが増えている．この場合，遅延回路を介した多数のマイクロフォン－スピーカを用いて，（分割した）それぞれの客席エリアをカバーするスピーカからの音響信号が，すべての客席について他のスピーカからの音響信号よりも先に到達し，なおかつ，直接音の後に到達するようにシステム全体を設定する．このとき，各客席エリアを受け持つスピーカとしては，多数のスピーカのうちで，対象とするエリアと本来の音源から見て最も近い位置にあるものを利用すれば，本来の指向性と距離感が保たれることになる．

こうした装置を導入した事例として，ベルゲンツの50×60 m規模の湖上ステージでのオペラ公演や（Ahnert et al., 1986），ベルリン・ヴァルトビューネの野外ステージでの演奏会（Schlosser and Krieger, 1993）が挙げられる．これらの公演では，一部のマイクロフォンを固定位置にセットするとともに，ハンディな携帯型マイクロフォンを歌手に装着する方法がとられている．また，弦楽器については，胴体の駒に近い位置にマイクロフォンが装着されている（Winkler and Kaetel, 1990）．

第2章 オーケストラの楽器配置

2.1 一般的な楽器配置

　オーケストラの楽器配置について規則は存在しない。したがって，ステージ上の各楽器セクションの配置方法は様々である。この場合，楽器の配置方法は，オーケストラの響きや演奏技術上の課題，そして，使用できるステージ床の形と面積によって決まっている。なかでも，オペラハウスのオーケストラピットの床面積は大きな制約となっている。一方，コンサートホールでは，アンサンブルは一般にステージの規模に応じて前後・左右に拡がればよいので，普遍的に最適と言える楽器配置は存在しない。

　この場合の問題は，ホールごとに音響条件が異なっていることであり，与えられた空間の音響的環境にオーケストラの配置を適合させる努力が日常的に行われている。もちろん，これは主に各都市のオーケストラが定期的に利用するコンサートホールに言えることであるが，演奏ツアーにおいてもオーケストラの配置の問題が顧みられないわけではない。

　例えば，ヴィルヘルム・フルトヴェングラーがベルリンフィルとの演奏ツアーのリハーサル中に，ホールの状況に応じてオーケストラの座席配置の修正を積極的に指示したことは広く知られている（Furtwängler, 1965）。

　一方，指揮者によっては常に同じ楽器配置を採用して，オーケストラが他の配置に慣れていたとしても，オーケストラの響きの美しさを追求するためには，それが最も適していると考える場合もある（Boult, 1963）。当然ではあるが，指揮者が好む楽器配置は，音楽作品に対する個人的解釈と空間の響きに対する指揮者の感覚に依拠している。

　歴史上，作曲家や当時の音楽家にとって，オーケストラの楽器編成と配置方法が重要であったことは当時の公演記録にも残されている（Schreiber, 1938; Hoffmann, 1949; Becke, 1962; Paumgarter, 1966）。例えば，ヨハン・マッテゾンは著書「Der vollkommene Capellmeister（完全なる指揮者）」（Mattheson, 1739）でこの問題について言及している。また，ヨハン・ヨアヒム・クヴァンツ（Quantz, 1752年）は「Anführer der Musik（音楽の指導者）」は「楽器の編成，位置，配置に関する方法論を理解する」ことを要求しており，さらに奏者の座る位置について厳密に指示している。もちろん，彼の要求は，指揮者がステージ中央のチェンバロで通奏低音を受け持った最後の時代でのものであるため，彼がこうした要求をするのは無理からぬことと言えよう。

　R. ワーグナーはL. V. ベートーヴェンの『交響曲第9番』をパリで指揮する際，彼独自の演奏スタイルに合わせてオーケストラを急勾配の段床に配置するため，新しいステージの製作を命じている（Wagner, 1911）。彼は指揮者に関する著作の中で，H. ベルリオーズが急勾配のステージと音響反射面の有効性を考慮していたこと，対話的な音のやりとりを行う楽器セクションの距離は短くすべきと主張したことなどについて詳しく記している（Berlioz, 1864）。

　アロイス・メリヒェル（Melichar, 1981）は弦楽器の配置，なかでも第2ヴァイオリンの位置について詳細に論じており，その中で，A. トスカニーニが第1ヴァイオリンと第2ヴァイオリン

を右肩と左肩に例えて,「双肩に背負うように, 二つのヴァイオリンパートは同じ強さで対等でなければならない」と述べた言葉を引用している。

現代のコンサートホールで採用されているオーケストラの楽器配置では, 弦楽セクションは指揮者の前方と両側に, ステージの横幅全体に拡がって並べられる。木管楽器とホルンは弦楽器のすぐ後ろに置き, その床レベルはひな壇で一段高くなっていることが多い。そして, ステージ後壁を背にしてトランペット, トロンボーン, チューバの金管楽器と打楽器が最後列に並んでいる。なお, 弦楽器と木管楽器の各パートの配置については, さまざまな組み合わせが存在する。

図2.1は, 現在, 一般的に用いられている弦楽器の配置方法の概略である。理解を簡単にするため, 各パートの楽器はすべて平行にして表現しているが, もちろん実際には, すべてのプルトに対して指揮者が正面に来るように並べられる。図の上段の配置方法はドイツ方式あるいはヨーロッパ方式と呼ばれ, 長い伝統を持っている。この方法では, 二つのヴァイオリンパートはステージの両側に対向して配置され, チェロは指揮者の正面から下手側に置かれ, 第1ヴァイオリンの隣に来る。また, ヴィオラはチェロと第2ヴァイオリンの中間を埋めて, チェロの後ろ, 下手側の位置にコントラバスが続く。歴史上, この配置方法が初めて用いられたのは, アベ・フォークラー（1777年頃）が指揮したマンハイム教会オーケストラと考えられている。彼は両ヴァイオリンパートを左右に配置したが, このとき, 通奏低音パートは中央に置かれていた。その後, 指揮者の両側にヴァイオリンを配置する方法が他のオーケストラにも浸透していった。ただし, 図2.1に示される「ヨーロッパ」方式が一般に用いられるようになったのは19世紀半ばのことである。

演奏技術上の問題だけに着目すれば, ヨーロッパ式配置ではコンサートマスターとチェロの首席奏者が接近しているため, 両者のアンサンブルにとって極めて好ましい位置関係が得られるという

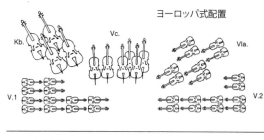

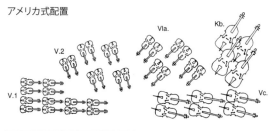

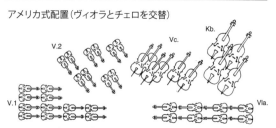

図2.1 現在、管弦楽を演奏するオーケストラで使用されている弦楽器の配置方法。理解を簡単にするため, それぞれのパートの楽器を平行にして表現した。

利点がある。チェロとコンバスの関係も非常に良好であり, 作品中の重要な箇所においてこれらの弦奏者がアインザッツでフレーズを開始する場面で優れた効果を発揮する（例えばR.シューマンの『交響曲第4番』第4楽章, 第211小節からの最後のプレスト）。

また, 二つのヴァイオリンパートが互いに対向して（パートナーのように）配置されるので, 両者の声部の違いが一種の「ステレオ効果」として感じられることになり, 例えば, 両パートがモチーフを交互に奏でる箇所では, 響きの透明感がいっそう向上する。この配置のもう一つの利点に関して, J.ブラームスの『交響曲第1番』最終楽章（譜例1参照）においてヴァイオリンとチェロがユニゾンを演奏するパッセージを挙げることができる。この配置では, 両パートが隣り合って演奏することになるため, 二つの声部が融合し, 両者

譜例 1　J. ブラームス『交響曲第 1 番』第 4 楽章 185 小節より。管楽器と打楽器は除く。

が離れて演奏するときに比べて全体の響きは一層美しいものとなる。

　正確なアンサンブルに対する要求が増すにつれて，離れて配置された二つのヴァイオリンパート間の互いの関係を強めたいというニーズが生じた。前述したように，この問題は，音響的にはほぼ水平に設置した反射面の下に両ヴァイオリンパートを置けば改善する（図 1.15 参照）。また，視覚的には後ろのプルトの床面を若干上昇すれば良い。

　奏者のアイコンタクト（視線を交わすこと）の重要性については，Gade（1989a）の実験を挙げることができる。彼は，二人の奏者を別々の無響室で演奏させた。このとき，（アイコンタクトを遮断するため）互いの音はマイクロフォンとスピーカを介して聞けるようにし，電気的な方法で（相手方の）再生音の時間遅れを様々に変化させて，アンサンブルを試みる実験を行った。図 2.2 はその結果を示している。このとき，縦軸は（奏者が判断した）主観的なアンサンブルのとりやすさ，横軸は遅れ時間に相当する両者間の距離，つまり，同じ部屋で演奏した場合に奏者が受聴する直接音の伝搬時間を示している。

　この結果は，遅れ時間がおよそ 20 ms 以上になると，アンサンブルが次第に難しくなることを示している。この 20 ms の遅れ時間は奏者間の距離に換算すると約 7 m である。この結果から，通常のオーケストラのサイズは幅 17 m，奥行き 12 m であることを考えると，両端に位置してい

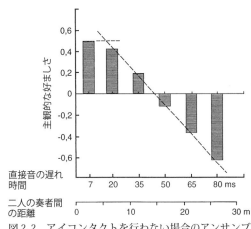

図 2.2　アイコンタクトを行わない場合のアンサンブルのとりやすさ。パラメータは奏者間の距離（Gade, 1989a）。

る奏者間はもとより，遠くの奏者とコンサートマスターとのアンサンブルにとって，アイコンタクトは欠かせないファクターであることがはっきりと理解できる。

　この問題に関連して，ピエール・ブーレーズがオーケストラの楽器配置に関する議論の中で，アンサンブルの難しさが問題になるのは，現代の一般化した大型オーケストラの場合に限られるとの見解を表明していることは注目すべきことといえよう。実際，一つの楽器セクションが 8 人以下であれば，アンサンブルの問題は容易に解決する（Meyer, 1987）。

　20 世紀後半，いわゆるアメリカ方式の配置が主流となった。この方法はラジオ放送やレコード

の録音技術が初期の段階にあった頃，それを補う手段として1920年代に初めて試験的に導入されたものであり，その後，L. ストコフスキーによって広められ，直ちに世界中のコンサートホールで導入された（Melichar, 1981）。アメリカ方式では，チェロはステージの上手側に配置する。一方，第2ヴァイオリンを第1ヴァイオリンの上手横からステージ中央に置き，ヴィオラとコントラバスは第2ヴァイオリンとチェロの中間のエリアに配置する。このとき，コントラバスはステージの最前方，つまりチェロの最後列プルトの後ろまで拡がることが多い。

アメリカ方式は1950年代にドイツで急速に主流な方法となった。この方法では（音域の順に楽器が並ぶ）弦楽四重奏の楽器配置と同じ順番がとられているが，オーケストラと弦楽四重奏の間には，本質的な相違があることに注意する必要がある。すなわち，弦楽四重奏の場合には，第1と第2ヴァイオリン奏者はそれぞれの楽器自体の音質と（とりわけビブラートを中心とした）演奏方法を通じてそれぞれの音の特徴を形作っているのに対し，オーケストラではパート毎に一体となって演奏するため，そうした効果は期待できないことを考慮しなければならない。

当然ではあるが，アメリカ方式のもう一つの利点は二つのヴァイオリンパートの一体感であり，これが重要な意味を持つパッセージやフレーズの開始部で，良好なアンサンブルを作り出すことができる。また，音の上昇や下降を含んだモチーフが4つの弦楽器の声部によって反復される場合には，音域順に弦楽器パートが並んだこの配置方法は論理的に思える。それは，音の時間的な反復進行が楽器の空間配置，つまり音域の空間配置に一致するからである。

このパッセージの代表例として，譜例2にL. V. ベートーヴェンの『交響曲第7番』のスケルツォからの抜粋を示す。なお，ここではヴィオラとチェロのフレーズが同時に進行しており，この作品では最終楽章にも類似した箇所が存在する。一方，アメリカ方式ではコンサートマスターとチェロの首席奏者間で十分な一体感を得ることが難しいという欠点がある。チェロとコントラバスとの関係も良好ではなく，なかでも，コントラバスパートがステージ最前方まで拡がっていない場合，両者の一体感はいっそう不足する。

これらのアメリカ方式の欠点は，W. フルトヴ

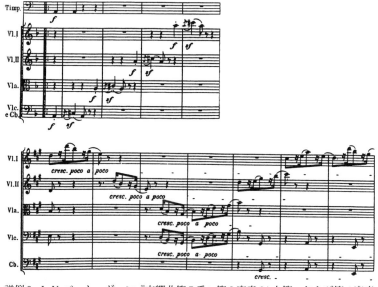

譜例2　L. V. ベートーヴェン『交響曲第7番』第3楽章24小節，および第4楽章307小節より。管楽器と打楽器は除く。

ェングラーが行った楽器配置の変更，すなわち，チェロとヴィオラの位置を入れ替えることによって大きく改善した．この方法は，以降，多数のオーケストラに採用され，チェロとコントラバスはより親密な一体感を獲得した．首席チェロとコンサートマスターの関係も改善し，二つのヴァイオリンパートが近いという演奏上の利点も保つことができた．

ただし，この楽器配置には欠点がある．それは，第 2 ヴァイオリンとヴィオラがステージの横幅方向に離れているため，この二つのパートが一体化した旋律を奏でて，第 1 ヴァイオリンの伴奏を受け持つ場合に不都合となることである（例えばシューベルト『交響曲第 7 番』第 2 楽章の 267 小節）（Creuzburg 1953）．この場合，指揮者には，空間的に離れた二つの声部について，それぞれの音量をいかにして重ね合わせるかというやっかいな作業が生じる．なお，これは非常に深刻な問題とまでは言えないであろう．

一方，木管楽器は通常，弦楽器の後ろに 2 列に配置され，フルートとオーボエが前列，クラリネットとファゴットが後列にくる．この場合，各パートの第 1 奏者が（隣りあって）中央側の席に座るので，木管の 4 人のソロ奏者は親密な距離感の中で，良好なコンタクトの四重奏を実現できる．なお，フルートは指揮者から見て左，オーボエは右に置かれることが一般的であるが，クラリネットとファゴットの位置はその限りではない．

管楽器の数が少ない編成では奏者全員を 1 列に並べることが多く，最も高音域の楽器を一番下手側にして，上手に向かって音域の順にファゴットまでを並べるのが通例である．このとき，ホルンはさらにその右側に置くのが通常である．もちろん，作品のオーケストレーションによっては，こうした音の高低順の楽器配列を使用しない方が好ましいこともある．その代表的な例としてヨハン・クリストフ・フリードリッヒ・バッハの『変ロ長調交響曲』がある．この曲では，すべての楽章を通じて，フルートとファゴットが一緒になって 2 本のクラリネットと交互に演奏を行い，それに 2 本のホルンを加えて管楽セクションが構成されている（譜例 3）．この場合，フルートとファゴットは並んで座るべきであり，その中間にクラリネットが来ることは好ましくない．ただし，この 1 対の木管楽器による「ステレオ効果」を強調するために，両者の間にホルンを置くべきかどうかは，解釈上の残された課題と言えよう．

ファゴットとチェロパートが良好なアンサンブルを築くことは非常に重要である．ただし，ファゴットにはヴァイオリンとの途切れることのない併奏が求められることがあり，例えば，多数の古典派の交響曲では，ヴァイオリンとファゴットがオクターブ平行の関係を保つ，いわゆるウィーン式ユニゾン（Vienna unisono）が用いられる（譜例 4）．したがって，この二つの楽器が遠く離れていると，互いの音が聞き取りにくくなるだけでなく，二つの音が空間的に分離して不自然な響きになることがある．また，J. ハイドンや W. A. モーツァルトの初期の交響曲のように管楽器の台数が少ない曲については，すべての管楽器を一列に並べ，かつ，ファゴットと弦楽器の距離を十分短く押さえることでこの問題は解決できる．

一般に，ホルンは木管の右または左側に配置する．通常，ホルンと木管楽器は弦楽器の後ろのステージ中央の 2 列にまとまって並ぶため，ホルンの位置に応じて木管楽器の位置が左右どちらかに移動する．さらに，ホルンと他の金管楽器とのバランスとアンサンブルについても考える必要がある．したがって，ホルンの配置に関して演奏上の優劣を評価することは簡単ではない．また，トロンボーンの前にホルンを置くと，この二つのパートの奏者には自分より相手の楽器の音が大きく聞こえるという技術上の問題が生じてしまい，その結果，音量を上げすぎてしまう危険が常に存在する．

最後に，ホルンパート，あるいは少なくともソロのホルンはチェロと良好なアンサンブルが形成できる必要がある．それは，この二つのパートが

58　第2章　オーケストラの楽器配置

譜例3　J. C. Fr. バッハ『交響曲第20番変ロ長調』（1794年）第1楽章73小節より（弦楽器は除く）。

たびたびユニゾンを組み，美しい旋律のなかでユニゾンのパッセージが多用されるからである。また，（J. ブラームスの『交響曲第1番』緩徐楽章の終結部でことに重要な）ホルンとコンサートマスターとのコンタクトは目視によってのみ可能である。これについては，言うまでもなく上手にホルンを配置したほうが有効である。

　2台または4台のホルンを用いる場合，ホルン以外の金管楽器は木管楽器の2列目と同じ段に配置する。ホルンが8台の場合には，トランペット，トロンボーン，チューバを後ろに1列移動して，ティンパニや他の打楽器類と同じ最後列に並べる。ティンパニは，音の対称性の点からオーケストラの中心線上に配置することが多いが，コントラバスがステージ後壁を背にして最後列に並べるときには，ステージの後方のコーナーに置くこともある。

　打楽器の配置に関しては，その直接音が最も遠いオーケストラ奏者に到達するまでの時間がおよそ30 ms以内となるように配慮する必要がある。それは，この値を超えると，（聴覚だけに基づいて）必要な精度のアンサンブルが実現できなくなるためであり，このときには，互いのアイコンタクトと指揮者の棒の目視確認だけに頼らなければならない。こうした理由から，各奏者にとってアンサンブルの難しいパッセージでは，奏者間の距離を近づけて視覚的な距離を短縮し，アイコンタクトの行いやすい楽器配置を選択することが非常に大事である。これに関連して，高周波成分を欠くことのできない特徴とする打楽器，例えば，小太鼓や木琴，木製ハンマーなどの位置にも配慮が必要である。

　例えば，これらの直接音はオーケストラ奏者の間を通過する際に高周波成分が減衰するが，このとき，直接音の高周波成分が天井からの反射音に比べて著しく小さければ，打楽器パートの音は天井から到来するように聞こえてしまう。もちろん，天井反射音の聞こえ方はその伝搬距離，すなわち遅れ時間に依存する。こうした現象は（例えばカール・ニールセンの『クラリネット協奏曲』の）ソリストやコンサートマスターが打楽器と同期して進行するフレーズを演奏する際に障害となる。

　こうした問題を生じやすい代表的なパッセージとして，ドミトリ・ショスタコーヴィチの『交響曲第15番』からの抜粋を譜例5に示す。このよ

譜例 4　J. ハイドン『交響曲第 94 番』メヌエットのトリオから最初の部分。

うな場合には，打楽器パートをオーケストラの中の前方に配置することが有効である。また，モーリス・ラヴェルの『ボレロ』の最初の部分についても，オーケストラの前方に小太鼓を置く方法が，正確なリズムを刻み，ダイナミクス（強弱）を形作るために効果を発揮する。

　オーケストラの各楽器パートは（楽器の向きに応じて）客席方向へ放射する音の強さと音色が異なっている。したがって，楽器の配列方法は空間の響きに対して重要な意味を持っている。なかでも，直接音と初期反射音と拡散場，それぞれの音響エネルギーの相対関係は響きの明瞭性の基本的な要因であり，その値は各楽器の指向性に関係することから，オーケストラの楽器配置に影響を受ける。つまり，音楽作品のコンセプトを演奏によって具体化するためには，オーケストラの響きそのものを空間の音響条件に適合させる必要があり，楽器配置を考慮することが重要な意味を持っている。

　ただし，指揮者の位置では，楽器配置による音の違いはほとんど区別できない。それは，すべての楽器は指揮者の方向を向いているためであり，いかなる楽器配置であっても，指揮者に向けて音を放射するからである。一方，聴衆には楽器配置の違いを明確に聞きとることができる。

　各楽器パートの放射音の指向性の評価尺度として，三つの周波数に対する統計指向係数の値が図 2.3 に示されている。この結果（図で黒く塗った部分）はすべての放射方向に対応しているが，指向性が鋭いほど大きな値となる。この図では，弦楽器の指向性は高周波域で木管楽器より鋭いことに注意する必要がある。また，当然ながら，金管楽器は弦楽器よりもかなり鋭い指向性を有している。こうした放射音の指向性がホールの音響効果に及ぼす影響については次節で詳しく扱い，また，実際の演奏方法との関係について言及する。

2.2　ホールの音響効果

2.2.1　弦楽器
2.2.1.1　ヴァイオリン

　図 8.17〜8.19 は，それぞれの周波数に対するヴァイオリン発生音の主要放射方向を示している。一方，図 2.4 と図 2.5 は，その指向性の基本的特徴を表現し直したものであり，奏者の姿を中心にして，放射音の音圧レベルが －3 dB 放射域（最大値から －3 dB 以内となる角度範囲）が水平面

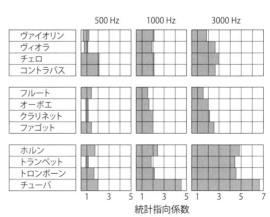

図 2.3　三つの周波数における，オーケストラを構成する各楽器の統計指向係数の比較。

譜例 5 　D. ショスタコーヴィチ『交響曲第 15 番』第 1 楽章の 337 小節より

と鉛直面について描かれている。この二つの図は，オーケストラのさまざまな楽器配置に対する二つのヴァイオリンパートの音響効果を比較するための基本データとなることを意図している。

図 8.18（カラー図版）では，ドイツ方式の配置での第 1 と第 2 ヴァイオリンパートの響きの違いを明確にするため，聴衆エリアに対応する（指揮者の下手側に位置している）第 1 ヴァイオリンの直接音の放射角の範囲が赤色で表示されている。同様に，図 8.17 では，第 1 ヴァイオリンの発生音が直接あるいは天井で反射した後，聴衆に到達する放射音の範囲が赤色で示されている。一方，青色の部分はドイツ方式での第 2 ヴァイオリンの直接音と天井からの 1 回反射音が，聴衆エリアに進む放射角の範囲を示している。この赤と青が示す方向を比較すると，二つのヴァイオリンパートの響きの違いを明確に説明することができる。

この二つの図を参照すると，1,000～1,250 Hz の周波数域で二つのヴァイオリンパートに大きな違いが存在していることがわかる。なお，この帯域は /a/ フォルマントに属しており，その音質に力強さと明るさを与える役割を担っている。ドイツ方式では，第 1 ヴァイオリンはこの周波数域で非常に強いエネルギー持っているが，第 2 ヴァイオリンではその放射音は弱い。また，2,500 Hz より高い周波数域でも，第 1 ヴァイオリンがかなり優勢であり，その音質は輝かしく光沢（Glanz）を帯びたものとなっている。さらに，高周波成分は速いパッセージの明瞭性と音の輪郭（Prägnanz）に寄与している。

一方，第 2 ヴァイオリンの放射音は /o/ と /å/ のフォルマントで卓越しており，これに加えて，聴衆にとって鼻音的な音色を与える（1,500 Hz 周辺の）成分を含んでいる。このため，第 2 ヴァイオリンの響きは第 1 ヴァイオリンとは対照的に，鈍く，くすんだ（gedeckter）音色となり，その音質はヴィオラに近い。L. V. ベートーヴェンの『交響曲第 6 番』第 1 楽章のパッセージ（155 小節と 201 小節）では，二つのヴァイオリンパートが 4 小節ずつ同じ音程の継続音を交互に演奏するので，この音色の違いをとりわけはっきりと観察できる。このような継続音の繰り返しは，二つの

2.2 ホールの音響効果　61

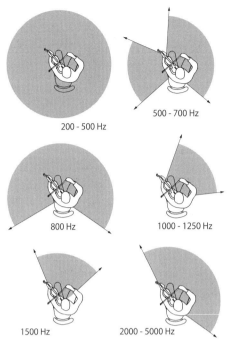

図 2.4　水平面におけるヴァイオリンの主要放射方向（0〜−3 dB）。

パートの周波数構造の違いを聴感的に区別するために有効である。

　以上の議論は直接音と天井反射音に関するものであるが，図 2.6 を参照すると，第 1 側方反射音についても考察できる。この図は，図 1.9 と類似した表現であり，それぞれの弦楽器について，長方形ホールの（「下手」と「上手」の）側壁が主要放射方向と一致する周波数範囲を示している。これより，ドイツ方式では，第 2 ヴァイオリンの強い反射音が下手側の壁から到達することがわかる。つまり，この反射音が，二つのヴァイオリンパートの音を客席側で一つのセクションのように融合させているのである。ただし，この効果は客席に比べると指揮者の位置ではさほど明確ではない。また，この図は第 1 ヴァイオリンにとっての側壁，なかでも，上手の側壁の重要性を示している。すなわち，両側壁が必要以上に客席側に（扇型に）拡がっていなければ，オーケストラの響きの拡がり感に寄与する適度な側方反射音を得られるのである。

　図 8.17〜8.19 と図 2.4〜2.5 からわかるように，アメリカ方式では二つのヴァイオリンパートの音質の差は比較的小さい。この配置はヴァイオリンにとって（音の伝搬を遮るものが存在しなければ）4,000 Hz 周辺の高周波域まで，かなり良好な放射条件が期待できる。この予想は，ボン・ベートーヴェンハレ（1967 年の改修後）での測定から確認することができる。この測定ではホール内のさまざまな位置で，ヴァイオリン発生音の（指揮者位置の音圧を基準とする）相対音圧レベルが調査された。

　図 2.7 はその結果を示している。この結果によれば，大半の測定点では，第 2 ヴァイオリンの音

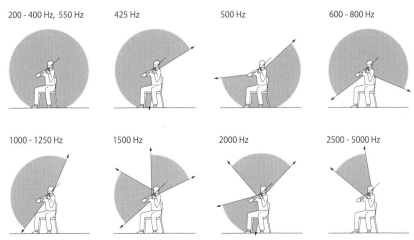

図 2.5　駒を含む鉛直面におけるヴァイオリンの主要放射方向（0〜−3 dB）。

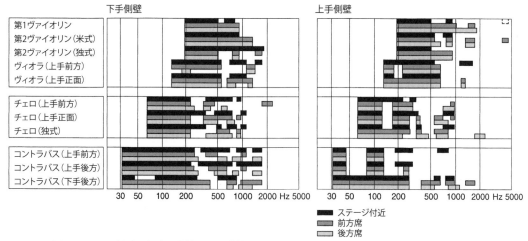

図2.6 弦楽器について側壁反射音が卓越する周波数範囲

圧レベルは第1ヴァイオリンに比べて，著しくは小さくないことがわかる。ただし，メインフロアの前方下手側の位置では，第2ヴァイオリンの放射音は前方の第1ヴァイオリン奏者によって遮蔽されるため，両者の値に違いが生じている。また，第1ヴァイオリンの周波数特性はほとんどの測定位置でほぼ平坦であるが，メインフロアの前方下手では，この方向に低音の指向性が強いために低音が持ち上がった特性となっている。一方，高周波成分は主として上向きに放射するので，前方の聴衆には天井から適切な反射音は返っていない。天井反射音に関しては，後方の座席に大きなエネルギーが返っていると考えられよう。こうした理由から，最前列の聴衆に対してもヴァイオリンの高音までが到達するよう，コンサートホールのステージ床面は過度に高くしてはならない。

図2.7の物理的な測定結果は，（独立したヴァイオリンパートとして考えるならば）第2ヴァイ

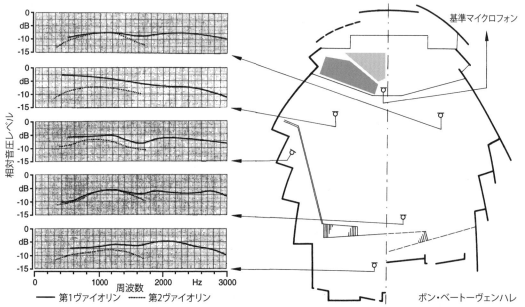

図2.7 指揮者の位置の値で基準化した，ホール内のさまざまな座席位置におけるヴァイオリン放射音の相対音圧レベル。

オリンの音響効果は，ドイツ方式に比べて，第1ヴァイオリンに隣接しているほうが優っていることを示唆している。ただし，この調査では音響心理学上の重要な観点，すなわち，二つのヴァイオリンパートの相対的な関係を考えておらず，そのためには，弦楽セクション全体の一体化した響きとの関係について考える必要がある。

一方，二つのヴァイオリンパートに響きの違いが存在することは，多くの場合に音の主観的印象にプラスの効果をもたらし，重なり合った二つの声部の対比を明瞭にする。なかでも，両ヴァイオリンパートが二つの声部を担って，同じモチーフを交互に相前後して繰り返すフレーズでは，この響きの違いが顕著な効果を発揮する。譜例6はJ. ハイドンとL. V. ベートーヴェンの交響曲からの抜粋であり，ここではヴァイオリンパート譜だけが示してある。上段の譜例では，二つのモチーフが同時進行して，二つの声部がそれを交互に演奏する。したがって，ヴァイオリンパートが隣り合って配置されていれば，聴衆は，一方の声部が8分音符のモチーフだけを繰り返し，もう一方の声部は4分音符と2分音符からなるもう一つのモチーフを何度も繰り返しているような印象を受けることになる。

しかし，このような響きは作曲家の意図には合致していないと言えよう。同様に，下段の譜例に示される音型の効果も，アメリカ方式では不明瞭になってしまうだろう。これに対して，指揮者の両側にヴァイオリンを配置して，この二つの声部が独立して個々のフレーズを演奏すれば，同時進行する二つの旋律のコンビネーションの不自然さをほぼ解消できる。

これに対応する例としては，W. A. モーツァルトの『ジュピター交響曲』第1楽章（220小節）を挙げることができる。また，J. ブラームス『交響曲第1番』最終楽章導入部のヴァイオリン声部の（32分休符の）切れ目も重要な個所である。この部分が聞き取れなければ，（フォルテからピアノへとディミニエンドしつつ交互に演奏される32分音符の）二つの声部の音型の違いがもたらす劇的な効果は損なわれてしまうことになる（譜例7）。

譜例6　上：J. ハイドン『交響曲第103番』第4楽章368小節より。下：L. V. ベートーヴェン『交響曲第4番』第4楽章293小節より。ヴァイオリンパート。

譜例7　J. ブラームス『交響曲第1番』第4楽章23小節より，ヴァイオリンパート。

二つのヴァイオリンパートの響きの違いはコンサートホールの音響条件に応じて異なっており，これには，直接音と客席部天井からの反射音だけではなく，ステージ後壁とステージ天井部からの反射音も関与している。第1ヴァイオリンにとって，ステージ後壁からの反射音は，主として500〜700 Hzおよび1,500〜2,000 Hzの帯域に強いエネルギーを持っている。このとき，前者の周波数成分は背後の奏者によって一部吸音されるが，残りの成分は後者（1,500〜2,000 Hz）の周波数成分とともにステージ後壁と天井を経由する2回反射音として客席部に返るのである。

第2ヴァイオリンについては1,000 Hz周辺が重要な成分であるが，ドイツ方式ではステージの後壁上部に放射されるさらに高い周波数成分の寄与も大きい。実際のホール内で，これらの周波数成分がどの程度，有効に客席に返るのかは，天井高さ（と奏者からステージ後壁までの距離との相対関係）によって決まる。それは，この二つの周波数成分は比較的狭い範囲（斜め上約45度の方向）にビーム状に放射されるので，天井高さに応じて反射音の効果が大きく変化するからである。図2.8を参照すると，天井が十分な高さであれば，このビーム状の放射音は後壁に衝突した後，天井で反射して客席へ返ることがわかる。このとき，この天井を若干傾斜させると，さらに効果的に客席へ反射音が返ることが言える。

一方，奏者から後壁までの距離が天井高さより大きいときには，ここで考えている周波数成分はオーケストラの方向に戻るので，この場合には天井を傾斜しても効果はない。したがって，このような状況でドイツ方式を用いる場合には，二つのヴァイオリンパートの音量のバランスについて格別な注意を払わなければならない。これに対して，天井の高いホールでは，ヴァイオリンセクションから後壁までへの距離を短く保つことが効果的であり，とりわけ，ヴァイオリンを指揮者に対して対称に置くドイツ方式では，後壁までの距離は少なくとも天井高さより短くする必要がある。

当然ながら，オーケストラの後ろ側の客席（サラウンド席）での音響効果については，両ヴァイオリンパートの音質の違いが不自然なものとなるため，本節で述べたドイツ方式の良さを得ることはできない。それは，第2ヴァイオリンが第1ヴァイオリンよりも輝かしい音色となり，本来の意図とは異なって主旋律のように響くからである。この場合には，第2ヴァイオリンの高周波成分を第1ヴァイオリンと同じ程度まで抑えると，この客席エリアの響きの全体的印象は向上するが，それによって，通常の席と同等になるというわけではない。この問題については，天井から適度に傾斜した反射板を吊るすのが最善の方法であり，音場は確実に改善する。このとき，ヴァイオリンの高音域の主要放射方向を考慮して，この反射板をヴァイオリンの直上ではなく，オーケストラの少し前方（すなわち，ヴァイオリンの駒を含む平面の0°方向に）に設置すべきである。これに加えて，弦楽セクション全体の響きに関して2.2.1.5節で論じるポイントに配慮すれば，オーケストラの後ろに客席が設けられたホールであっても，ドイツ方式はかなり良好に機能する。

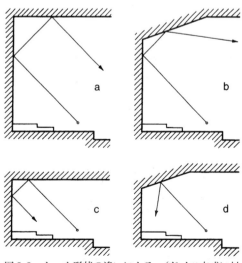

図2.8 ホール形状の違いによる，（ドイツ方式に対する）第2ヴァイオリンの高域放射音の反射経路。このとき，ヴァイオリンの放射音の高周波成分は鋭い指向性を持ち，ビーム状に伝搬する。

2.2.1.2 ヴィオラ

ヴィオラのステージ上の位置について選択肢は少ない。ヴィオラを指揮者の上手側に配置した場合，聴衆の方向には主として（すべての方向に放射する）500 Hz 以下の成分と，600～700 Hz の成分が放射される。この二つの成分はこの楽器の鳴り（Sonorität）を支配する成分であり，後舌母音 /å/ の周波数域にほぼ対応している。また，輝かしく華やかな音色（Aufhellung），すなわち，/a/ の周波数域に対応する 1,000 Hz 周辺の成分は主に奏者の右側へ放射される。これに続く 4,000 Hz 周辺の部分音もこれと同じ指向性を持っている。したがって，これら二つの成分の大半の放射エネルギーは，ホールの正面の壁（ステージ後壁）とステージ天井とで反射して客席に到達する。この 2 回反射音が効果的に客席に到達するか否かは，図 2.8 での第 2 ヴァイオリンに関する議論と同じように，ステージ天井の高さと奏者からステージ後壁までの距離で決まる。

オーケストラの背後の聴衆に対しては，指向性の影響によってヴィオラの音質には（ドイツ方式における）第 1 ヴァイオリンと対照的な変化を生じる。すなわち，ヴィオラの音色は相対的に明るく，ヴァイオリンは相対的に暗い音色となり，その一方で，ヴィオラと低弦のチェロとコントラバスとのコントラストは鮮明になる。ただし，ヴィオラパートがソロイスティックなフレーズを演奏する時に，オーケストラの背後の座席でその音色はきわめて透明で美しいものとなることは紛れのない事実であり，例えばベルリン・フィルハーモニーの一部の席ではこれが実感できる。

ヴァイオリンを含まない特殊なオーケストラ配置では，ヴィオラの主要放射方向が客席に向けられる場合がある。例えば，J. S. バッハの『ブランデンブルク協奏曲第 6 番』では，ヴィオラは指揮者のステージ左側に配置される。また，J. ブラームスの『セレナーデ第 2 番イ長調』（作品 16）でもヴィオラが通常のヴァイオリンの位置に配置されることが多い。なお，この作品では管楽器がこの位置に来ることもある。同じ理由から，ヴィオラ協奏曲のソリストは客席に向けて明瞭な音を放射するため下手側に立つことが自然である。

これとは対照的に，オーケストラのヴィオラ首席奏者は大半の場合，ステージの上手側に座るのが通例である。ただし，ヴィオラソロを含む交響的作品（例えば J. ハイドンの『交響曲第 15 番』や R. シュトラウスの『ドン・キホーテ』）では，必要に応じてソリストが下手側に来るように弦楽セクションを配置しても問題はない。これらの場合には（ドイツ方式とは異なり）第 1 ヴァイオリンの隣にヴィオラを置いて，二つのヴァイオリンパートをステージの両側に配置する方法をとることも多い。

2.2.1.3 チェロ

図 2.9 と図 2.10 はチェロの水平面と鉛直面に対する主要放射方向を表示したものである。この鉛直面についてのデータから，すべての周波数領域でホールの天井方向に強いエネルギーが放射されることがわかり，これはチェロパートの音響効

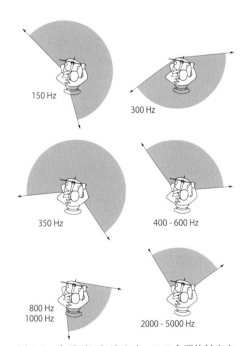

図 2.9 水平面におけるチェロの主要放射方向（0～-3 dB）。

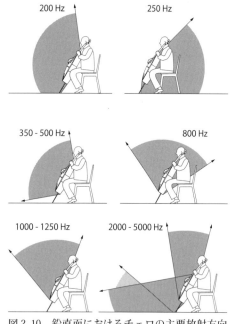

図 2.10　鉛直面におけるチェロの主要放射方向 (0〜−3 dB)。

果にとって天井反射が重要であることの明確な論拠と言える。この天井反射音の問題は，ニューヨーク・フィルハーモニーホールのオープニング演奏会において，オーケストラのチェロの響きが損なわれた原因の一つであり，その際には天井が著しく低音を吸収したことが指摘されている（E. Meyer and Kuttruff, 1963；Beranek et al., 1964）。

これらの図を詳しく観察すると，200 Hz と 350〜500 Hz では主に前方へ放射音が生じること，したがって，この成分はステージ床と天井からの反射音として寄与することがわかる。800 Hz を超えると，主要放射方向はかなり狭くなり，聴衆の方向へは放射されない。このとき，放射方向は上向きの円錐形となり，その幅は周波数の上昇とともに次第に狭まる。したがって，天井を客席に向けて傾斜させるか，オーケストラの上方に天吊りの反射板を設ければ，この成分に対して大きな効果が得られる。この事実は，ヴァイオリンにとって最も重要な反射面がステージ後壁に近い天井面であるのに対して，チェロの場合には，（チェロパートの）直上の天井が反射面として重要であることを意味している。最後に，最も高い周波数成分（2,000〜5,000 Hz）は前方のステージ床の方向にも浅い角度で放射される。したがって，他の奏者による遮蔽が生じなければ，床で反射した後，客席に進むことになる。

チェロパートを指揮者の正面，あるいはステージ上手側のどちらに配置するかは，ホールにおけるチェロの響きを左右する重要な問題である。この違いを理解するため，図 8.23（カラー図版）にはドイツ方式とアメリカ方式での客席方向に対応する主要放射方向が，それぞれ黄色と青色で示されている。両者を比較すると，ドイツ方式では，速いパッセージの明瞭性にとって重要となる高周波成分が，主に客席方向に放射されることがわかる。また，/o/フォルマント成分，すなわち，チェロの音の鳴り（Sonorität）に寄与する 350〜600 Hz の周波数成分は側方に比べて前方への放射音が卓越している。なお，カンタービレのパッセージの基音としてよく使われる A 線のハイポジションの音が，この周波数領域に存在することにも注意する必要がある。

指揮者の前方にチェロを配置する場合のもう一つの利点は，200 Hz 以下の低音と（チェロの鳴りにとって重要な）400〜500 Hz の成分にとって，両側の側壁からの強い反射音が期待できることである。この効果によって，客席位置の違いによるチェロの響きの差が均等化し，さらに，フォルテの音の空間的な拡がり感がいっそう促進されると期待できる。図 2.11 は，主要放射方向に対応する反射面の位置を示している。これより，ドイツ方式では両側壁から反射音が得られるが，これに対して，アメリカ方式はチェロをステージ前方に配置した場合には反射音の分布は非対称となり，「豊か」（voll）で「力強い」（voluminös）響きは期待できないことが理解できる。

指揮者の横（上手前方）にチェロを配置すると，図 8.23 からわかるように，250〜300 Hz と 700〜900 Hz の周波数域の寄与が（側壁からの反射に

2.2 ホールの音響効果　67

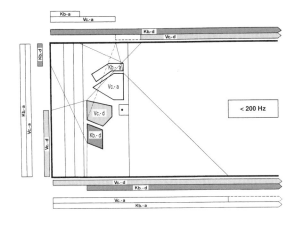

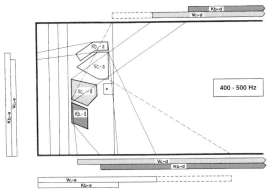

図 2.11　200 Hz 以下の低音と 400〜500 Hz の帯域について，チェロとコントラバスの主要放射方向に対して反射音が発生する壁面。放射音は無指向性でないことに注意されたい。（Vc：チェロ，Kb：コントラバス，a：アメリカ方式，d：ドイツ方式）

より）大きくなるので，この結果，チェロは鈍い音色となる。さらに，ステージの下手前方にチェロを配置すると，客席部のチェロの音量は上昇しないことを強調しておく必要がある。これについては Winkler と Tennhardt（1993）の最近の研究によっても裏付けられている。

これに関連して，Prince と Talaske（1994）は最近，非常に興味深い結果を報告している。彼らは 1200 席のホールにおいて，様々な指向性を持つ音源をステージ上のいろいろな点に設置してインパルス応答を測定した。この結果，チェロを指揮者の上手側に配置すると，指揮者の前にチェロを置いた場合に比べて，直接音に含まれる中音域成分が（指向性の影響により）平均で 6 dB 小さ

いことが明らかにされた。このとき，どちらの配置を用いても，ステージから（客席エリアへ）の最大反射音の大きさは同じであったが，前方配置（ドイツ方式）の遅れ時間の方が若干長かった。もちろん，この反射音は直接音より弱く，（直接音に対して）「右側」で約 3 dB，「前方」で約 9 dB 小さかった。

この結果はチェロのエネルギー的な面だけでなく，音の輪郭と言う観点からも正面配置が優れていることを示している。これに対して，第 2 ヴァイオリンを指揮者の上手側に配置したときには，正面に配置した場合に比べて直接音の低下量は 4 dB と小さくなり，さらに，ステージ囲いから到来する（直接音よりも）約 2 dB 強い反射音（遅れ時間は約 25 ms）が直接音を補強すると報告されている。

チェロを指揮者の上手側に配置するとき，横幅の広いホールでは別の問題が生じる。それは，チェロから強い直接音が客席エリアの下手側壁に向かって放射されるためであり，オーケストラの下手側のセクション（第 1 ヴァイオリン）から直接音が到来しないフレーズで，下手側壁から耳障りなエコーが聞こえることである。その代表例として譜例 8 が挙げられる。ここでは，チェロとコントラバスだけによるフォルテの開始部に注目されたい。

図 2.12 は，アメリカ方式に対するホール内の各座席位置での音質の違い，すなわち（前述の図 2.7 と同じく）指揮者位置と座席との音圧レベルの差を示している。この結果から，メインフロア上手のステージに近い席では，チェロにとって重要な 400 Hz 周辺の周波数域が特に著しく減衰していること，つまり，チェロの鳴りがかなり損なわれていることがわかる。対照的に，メインフロア下手側の席では，高周波成分がかなり強調された特性となっている。なかでも，チェロの正面に対応する下手バルコニー席で，バランスした周波数特性が得られていることがわかる。一方，メインフロア後方の席では /o/ フォルマントの周波数

譜例 8　L. V. ベートーヴェン『交響曲第 8 番』第 4 楽章 277 小節より。

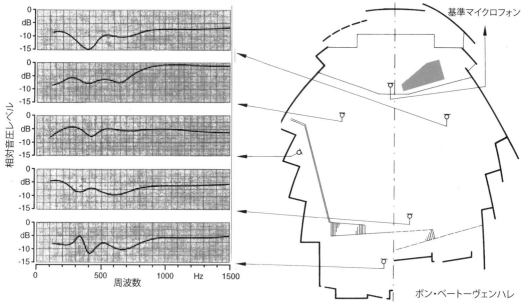

図 2.12　指揮者の位置の値で基準化した，ホール内のさまざまな座席位置におけるチェロの放射音の相対音圧レベル。

域でレベル低下を生じており，この客席エリアは音質的に不利と判断できる。

　この測定データは，チェロを指揮者の上手側ではなく，正面に配置するほうが優れていることを裏付けていると言えよう。図 2.7 でのヴァイオリンの音質の均一性に関する議論とは異なり，この場合にはチェロの放射音の指向性が主な要因であって，空間の音響特性が直接の原因ではないことに注意されたい。

　正面に配置するドイツ方式が，チェロの鳴りと音の豊かさに影響する周波数成分がホール内へ効果的に放射されるという事実は，チェロが単独のパートとして演奏する場合だけでなく，ヴァイオリンとのオクターブ平行のフレーズやユニゾンを演奏する場合にも当てはまる。J. ブラームス『交響曲第 1 番』最終楽章の主題（譜例 1）では，最初，ヴァイオリンだけの主題導入があり（61 小節），これに続いて第 1 ヴァイオリンとチェロのユニゾンが現れる。この個所では，指揮者の上手にチェロを置くときに比べて，ドイツ方式の場合に，より一体感のある響きが実現する。このとき，チェロの持つ /o/ フォルマント帯域のエネルギー

成分が，ヴァイオリンの放射音では不足しがちなこの成分を補うことがその要因である。この効果によって，アンサンブル全体の響きは豊かで表現力に富んだ印象を持つのである。

ただし，低周波成分が過剰であれば，音色は鈍くなり，こうした効果は損なわれる。なお，すでに言及したように，アメリカ方式では第1ヴァイオリンとチェロパートは融合した響きとはならず，どちらかと言うと「ステレオ的な効果」が得られる。

チェロを正面に配置すると，高周波成分を効果的に放射するので，速いパッセージの明瞭性と粒立ちが向上するという利点がある。また，ゆっくりしたパッセージについても，初期トランジェントがより鮮明に知覚され，さらに，旋律の表現力（Plastik）も豊かになる。もちろん，高周波成分は同一の音符を速く繰り返す場合にも不可欠な要素である。それは，オーケストラ奏者がこのリズム構造を聞き取る際に，各音符のアーティキュレーションだけが手掛かりとなるからある。

この例として，L. V. ベートーヴェン『交響曲第5番』第2楽章のパッセージを譜例9に示す（後日，彼はメトロノーム表記の箇所に，1/6秒の休止符の後に毎回の32分音符が始まると付け加えている）。この楽章では，同じ楽章の38小節で同型のパッセージを高弦が演奏して，チェロがEの連続音（4部音符）を演奏する個所についても注意する必要がある。それは，大きなホールではこの二つの響きの違いを聞き取ることが難しいことが多いからである。

W. フルトヴェングラーが修正したアメリカ方式の配置は，チェロの首席奏者と第2奏者が指揮者のほぼ正面に来るので，チェロに関してはドイツ式配置と同様な効果を持っている。ただし，後ろのチェロプルトの高周波成分の音はどちらの配置方法を用いても，前方の奏者によって吸収される。この場合，1プルトごとに段差の付いたひな壇を用いることが有効であるが，コンサートホールのステージにこうした機能が備えられていることは多くない。

2.2.1.4 コントラバス

コントラバスを左右どちらのコーナーに配置するかに応じて，客席に対する主要放射方向は約90°変化する。これは放射音の指向性によって決まるため，配置方法による音響効果の違いは図2.13に示した主要放射方向から検討できる。また，この図から，特に200～250 Hzと500～800 Hzの帯域では，ステージ後壁からの反射音がコントラバスの響きを補強していることがわかる。

コントラバスは，後壁から1波長以内の距離に位置しているとき，最も低い周波数域で付加的な音量の上昇を生じる。それは，この位置では反射音と楽器本体との相互作用が起こるためであり，その結果，特定の周波数で放射エネルギーの増加，あるいは減少が生じる（Skudrzyk, 1954）。図2.14は，この現象を音響パワーレベルの増減に換算して表示したものであり，横軸は周波数を表

譜例9　L. V. ベートーヴェン『交響曲第5番』第2楽章87小節より，ホルンとファゴットを除く抜粋。

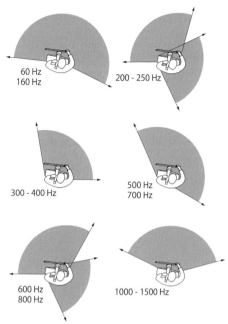

図 2.13　水平面におけるコントラバスの主要放射方向（0～−3 dB）。

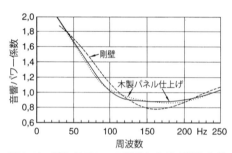

図 2.14　壁から 75 cm の距離にある音源から放射される音響パワーの違い。破線：剛壁，点線：木製パネル（125 Hz で $\alpha = 0.7$），実線：木製パネル（160 Hz で $\alpha = 0.7$）。

している。図中のそれぞれの曲線は異なった種類の壁に対応しており，このとき，楽器から壁までの距離は 75 cm である。破線のプロットに注目すると，「剛な」石造の壁は 100 Hz 以下の周波数で音量を上昇させる効果を持つが，150 Hz 付近では放射音のパワーが低下することがわかる。

また，後ろの壁が木製パネルの場合にも，150 Hz 付近で若干の吸音効果が見られるが，この付近での周波数特性はより平坦であり，さらに，最も低い周波数まで放射パワーは一定の勾配で上昇している。一方，剛な壁では最も低い周波数に近

づくと，勾配が緩くなっている。こうした理由から，コントラバスにとって木製パネルのほうが明らかに剛な壁よりも好ましいと判断できる。

後壁による低音の影響は，コントラバスが壁から離れると弱くなり，放射パワーのディップの位置は次第に低周波数へシフトする。後壁からの距離が 1.5 m の場合には，このディップの周波数が楽器の胴体共鳴周波数に近づくので，放射エネルギーの低下現象は相殺する。後壁からの距離が 3 m になると，ディップの周波数は 40 Hz まで移動し，（本来は音量が上昇するべき）この帯域の放射音が弱められてしまう。

ここで述べた後壁による音の補強現象を機能させるためには，もちろん，後壁には充分な高さを持たせ，低周波数までを十分に反射する必要がある。例えば，250 Hz 以上の周波数に対して有効な反射面として作用するには，少なくとも 3 m の高さが必要であり，この値はコントラバスと後壁との距離にも依存する。また，30 Hz までの周波数を対象とする場合には，4～5 m の高さが必要である（Meyer, 1975）。以上の議論が示すように，後壁が存在しない場所にコントラバスを配置することは，その音質の観点から明らかに好ましくない。

この話題に関連して，チェロとコントラバスの載るステージの床の振動，すなわち，床材や支持方法はいかにあるべきかという問題がある。E. Meyer と Cremer（1933）による初期の研究では，ステージ床の放射音のエネルギーはきわめて小さいため，残念ながらステージの床振動はホールの音圧レベルには影響を与えないと考えられている。一方，最近の研究によれば（Askenfelt, 1986），ステージの床振動が放射音をある程度，補強することが明らかにされている。ただし，この実験は，通常よりかなり薄い床材（厚さ 12.6 mm の合板）を用いて行われたことに注意する必要がある。

図 2.15 はその結果であり，硬い床面に比較して，木製の床材では（ホール内の）音圧は 50 Hz 付近で約 3 dB，さらに高い周波数では約 5 dB の

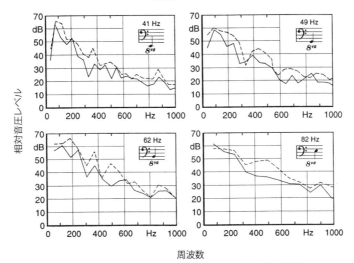

図 2.15 コントラバスの放射音に及ぼすステージ床振動の影響（Askenfelt, 1986 より）。図中の 8 VA は楽譜の 1 オクターブ下を演奏することを示す。

上昇がみられる。ヒトの聴覚は低音域での音圧レベルの変化に特に敏感であるため（図 5.1 参照），こうした低弦の響きの違いは明確に聞き取れると考えてよい。

これに加えて，床振動による奏者への心理的なフィードバック作用も見逃すことはできない。それは，ステージ床の振動が放射音にほぼ影響しない大きさであっても，奏者は床の振動を「空間の共鳴」のように感じるからである。

こうした理由から，最近，建設されたダラス・メイヤーソンホールでは，ステージの下に専用の空洞を設け，その上にチェロとコントラバス用のステージ床材が張られている。もちろん，この工法の音響効果は特定のオーケストラ配置だけに対応するものであり，他の配置方法では床の柔らかさの効果は期待できない。

この問題を別の観点から論じると，ホール内の音圧が 3〜5 dB 上昇するということは，空気中に音として放射される以上のエネルギーがエンドピンを介して床に伝えられていることを意味している。この際，（床の振動エネルギーとなって）余分に失われるエネルギーはボーイングの圧力を高めて補えばよいが，ピッチカートで演奏する場合には（このエネルギー損失の分だけ）放射音は速やかに減衰してしまい，余韻の不足した音となってしまう。この現象は柔らかなステージ床の欠点であり，聴感としてはっきりと知覚できる。

図 8.24（カラー図版）では，オーケストラ配置の違いによるコントラバスの音響効果を対比させるために，聴衆の向きに対応する放射角が赤と青に着色して表示されている。大半の周波数域では着色した範囲の広さはほぼ同程度であり，特に，高周波領域において両者の放射方向はほぼ左右対称となっている。一方，300〜500 Hz と 700 Hz，1,000 Hz の周辺では赤色の範囲が勝っており，これらの周波数域の直接音の放射方向は，下手側に配置したほうが若干広くなると言える。なお，300〜500 Hz は /u/ と /o/ フォルマントの一部の帯域に該当しており，この成分はコントラバスの音色に鈍く，力強い性質をもたらしている。

さらに，コントラバスを下手に配置する利点は，図 2.11 に示した主要放射方向に対応する反射面を考えると非常に明快になる。この配置では，チェロの場合と同じように低周波成分に対して両側

の壁面から反射音が発生することから，拡がり感（raumlich）に満ちた響きが得られることがわかる。

　コントラバスはチェロやファゴットと重奏することが多い。この場合，コントラバスの響きに含まれる高周波成分はさほど重要ではない。それは，チェロやファゴットの豊かな高周波成分がその響きを補うからであり，また，チェロやファゴットが1オクターブ上を演奏することも多い。ただし，他の楽器による高周波成分の補強が期待できないパッセージでは，すべての周波数に渡って効果的に直接音を放射することが重要である。同じことは，コントラバスが独立した声部を受け持つとき，例えばF. シューベルト『交響曲第7番』第1楽章の導入部（17小節より，ここではチェロとヴィオラは主旋律を受け持つ），あるいは，主題の変奏を行うとき，例えば『ジュピター交響曲』第4楽章のフーガの一部にも言える。

　後者の例では，他の4つの弦声部に対向してコントラバスの開始部（50小節より）を際立たせるためには，高周波成分が重要な役目を担っている。もちろん，コントラバスを下手側に配置すると，こうしたパッセージで低周波成分の音量が若干上昇するという利点もある。また，J. ハイドンの幾つかの交響曲（6, 7, 8, 31, 72番）には，コントラバスのソロのパッセージや，ソロの長大な変奏が含まれており，この場合にも，コントラバスのパートを下手側に配置すると，ソロ奏者が引き立つことに言及しておく必要があろう。

　最後に，G. マーラー『交響曲第1番』第3楽章のソロの場面についても，コントラバスのソロ奏者は（アメリカ方式の）オーケストラの上手最前方の位置では，ティンパニとのアンサンブルが難しくなるため，ステージの中央付近で演奏することが好ましい。

　以上とは異なり，ウィーンフィルハーモニー管弦楽団はすべてのコントラバスを，ステージ後壁を背にして並べる方法を採用している（図1.1参照）。これは，すべての周波数成分を客席方向に放射するために，後壁からの反射を利用できるという点で非常に有効な方法である。ただしチェロと離れているため，両パート間の連携を取るには若干の難しさが存在する。特に，ステージの両側に「後壁」が存在しない場合，コントラバス奏者が音響的な問題を克服してホールに適応するには充分な練習が必要である。

　一方，コントラバスをヴィオラ（またはチェロ）の上手後方からステージの先端までに配置した場合，図8.24と図2.13からわかるように，直接音に含まれる高周波成分が減衰する。このとき，低音域の一部でも放射音の若干の低下が見られるが，客席に沿って音が伝搬する場合には低周波成分の付加減衰が起こることを考え合わせれば，この周波数域も大きな影響を受けることになる。

　また，（等ラウドネス曲線の間隔が低音で狭くなるという）ヒトの聴覚の性質から，この低音の音量低下は聴感上もはっきりと聞き取ることができる。さらに，この配置では，（第1プルトは特に顕著であるが）必然的に奏者の視線方向，つまり，（客席方向ではなく）オーケストラの内側に楽器が向けられるので，奥行きのない（flach）響きとなることは避けられない。

2.2.1.5　弦楽セクションの合奏

　前節までは，主として弦楽パート個別の音響効果を扱ったが，もちろん，弦楽セクション全体の響きには各声部のステージ上の位置関係も重要な役割を持っている。（ヴァイオリンを両翼に均等に配し，チェロが中央に来る）ドイツ方式は対称な配置に近く，下手側にコントラバスを置けば，アメリカ方式よりも指揮者に近づけることができるという利点がある。当然，この楽器配置の対称性は，各弦楽パートから聴衆に向かう直接音の性質に大きな影響を与える。また，直接音は壁面からの初期反射音によって補強され，響きの空間的な拡がり感に作用している。このことは，音響品質の劣る（空間的な拡がり感の不足した）ホールは，響きのバランスに関して楽器配置に著しい影

なかでも，ロマン派期には弦楽器の対称な配置方法に関して様々な試みが行われた。例えばハンス・リヒターは 8 台のコントラバスを 4 台ずつ二分割して左右のコーナー後部に配置した（Friesenhagen, 1993）。また，ボストン交響楽団ではチェロとコントラバスは二つのグループに分割され，左右のヴァイオリンの後側に置かれていた（Becker, 1962）。このように低音の声部を分割する方法は，古典派初期のオーケストラについても多く見ることができる。今日でも，スイスの幾つかのオーケストラやウィーンフィルハーモニーではコントラバスを，ステージ後壁を背にしてオーケストラの横幅全体に渡って並べる方法が採用されている。

二つのヴァイオリンパートをオーケストラの両翼に分割配置する方法は，両者が 1 オクターブ離れたフレーズを重奏する際の演奏効果を高め，また，ユニゾンについても特有の性格を与える。これは，少なくとも低周波成分について，多数の反射音の系列が持続的に側壁から発生するためであり，これが直接音を補強して，拡がり感のある響きをもたらすからである（図 3.2 参照）。

G. マーラーは，おそらくこの「空間的な音の強調効果」を意図していたと考えられる。彼は「第 1 ヴァイオリンとユニゾンで演奏するとき，第 2 ヴァイオリンのパッセージに輝きと主体性を与えることは，その音色に著しい改善をもたらし，ヴァイオリンセクションの華麗な響きを確実なものにする。ヴァイオリンの台数を増やしても，その輝かしい音色を確実なものへと導くこの音響効果は説明不能であり，間違いなく両翼から到達する二つの音波に基づく音響原理によって，生き生きとした音と輝かしさの効果が創りだされている。」と述べている（Paumgartner, 1966）。

この例として，G. マーラーの『交響曲第 6 番』には，二つのヴァイオリンパートがユニゾンで同一のパッセージを演奏する箇所があるが，そこでは一方がクレッシェンド，もう一方がデクレッシェンドと互いに逆向きの強弱をつけることが注記されており，これによって空間的な移動感がもたらされている（第 3 楽章最終部より少し手前の部分に「常に移動感を持って，音を大きく，そして小さく」と記されている，譜例 10）。

M. ラヴェル『ボレロ』の第 14 変奏（譜例 11）の楽器編成は，空間的に拡がりを持ち，かつ，一様な響きを得るための一例である。ここでは，ヴァイオリンはオクターブの長三和音で構成される四声の平行パッセージのテーマを演奏している。ここで特に注意すべきことは，第 1 ヴァイオリンと第 2 ヴァイオリンがそれぞれ 2 声ずつ受け持つディヴィジ（*divisi*）ではなく，両パートがそれぞれ 4 声に分かれていることである。両ヴァイオリンパートが隣り合って配置されている場合，このディヴィジはその意味を失ってしまう。しかし，ステージ両翼に拡がって配置されている場合には，大きな拡がり感を持つ一体感のある音響効果が実現する。同様な楽器編成は H. ベルリオーズの『幻想交響曲』第 1 楽章にも存在する（410〜428 小節）。

これに対して，アメリカ方式は音域順に弦楽器が並び，上手側で低音が強く，高音の声部は下手側に集中している。これは，聴衆が各弦楽パートを区別できるという意味での明瞭性には優れているが，弦楽セクション全体の響きについては，空間的な音のバランスは均等とならず，融合した完全な響きは達成されない。このように高弦と低弦を分離する配置方法は，譜例 12 に示す P. チャイコフスキー『交響曲第 5 番』最終楽章の開始部のような場面で，特に重大な影響を与える。このパッセージでは弦楽セクションの全奏に続く 2 小節目の E 音は，モチーフにとって不可欠の要素である。だが，この配置方法ではこの E 音が突然，上手方向だけから聞こえるのである。

また，放送用の録音技術の観点から，音域順に弦楽器を並べるこの配置方法を否定する人々が存在する。その理由の多くは録音上の芸術表現に関するもので，この楽器配置では本来のステレオ効

譜例10　G. マーラー『交響曲第6番』第3楽章 164 小節より，弦楽器パートの抜粋。

譜例11　M. ラヴェル『ボレロ』219 小節より，弦楽器パートの抜粋。

果は実現せず，どちらかといえば，周波数の違いに基づいた擬似ステレオに近い音響効果となることがその問題とされている（Briner–Aimo, 1966）。

さらに，コントラバスパートをステージの右翼に配置すると，上手前方の一部の客席で低音が鳴りすぎるという音質上の問題が生じる。ドイツ方式についても，同じエリアの客席では，色々な作品で第2ヴァイオリンの伴奏音が必要以上に大きくなる可能性がある。しかし，低音が過剰に強調される場合に比べればその影響は一般に小さい。

こうした楽器配置の違いにおいて，楽音の放射特性の違いは物理的な測定によって明らかにできるが，これに加えて，聴衆が知覚する音響的印象には，二つの弦楽パートの相互作用に起因する音響心理的な効果が大きな影響を与えている。なか

譜例 12　P. チャイコフスキー『交響曲第 5 番』第 4 楽章の開始部（管楽器を除く）。

でも，第 1 ヴァイオリンの音色の輝かしさは，隣接する他の弦楽パートから強い影響を受ける。いま，第 1 ヴァイオリンがチェロとコントラバスの前方に配置された場合と，第 2 ヴァイオリンの前方に置かれた場合を比べると，その音は二つの条件で物理的には何も変わらないはずであるが，前者の場合に，より鮮明で輝かしいものとなる。

この心理的作用の原因は，第 1 ヴァイオリンの直接音の高周波成分が，他のパートの音によって（程度の違いはあるが）強いマスキングを受けるためである（Meyer, 1987）。この現象は，図 2.16 に示すフォルテ音の音響パワースペクトルを参照すれば理解できる。なお，弦楽器のパワースペクトルは基本的に音量に応じて変化せず，相対的に上下するだけである。したがって，以下の考察は音量が異なる場合にもそのまま適用できる。

例えば，中音域の音階（実線）に対する 3,000 Hz 周辺の倍音に注目すると（図 2.16 の矢印を参照），チェロのパワーレベルはヴァイオリンより約 20 dB 低いことがわかる。また，ヴァイオリンの 3,000 Hz より低い周波数域のパワーレベルは基音の周波数が 1 オクターブ高くなると 5 dB 増加することが知られている。これに対して，チェロは（基音が）低音域から中音域のとき 3,000 Hz 周辺のパワーレベルはほとんど変化しないが，高音域では約 10 dB 大きくなる（図の破線と実線の差）という性質がある。この周波数域でのコントラバスのパワーレベルは，図（B の点線）が示

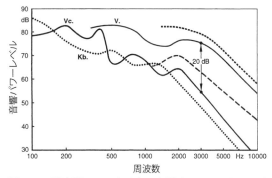

図 2.16　弦楽器のフォルテ音の音響パワーレベルのスペクトル包絡線。実線：中音域（V と Vc），破線：高音域（V と Vc）

すようにチェロよりもさらに小さな値である。これより，ヴァイオリンの台数がチェロとコントラバスの台数を足した値に等しいと仮定すれば，オーケストラが発生する直接音に占める高周波成分（およそ 3,000 Hz 以上）のエネルギーは第 1 ヴァイオリンのほうが低弦より約 15〜20 dB 大きいことがわかる。

第 1 ヴァイオリンが第 2 ヴァイオリンの前方（客席側）に来て，両パートが約 1 オクターブ離れた二つの旋律を受け持つとすると，第 1 ヴァイオリンの 3,000 Hz の成分音は第 2 ヴァイオリンの 3,000 Hz の成分音より 5 dB 大きいだけであり，二つの旋律の音域が近づくと，そのレベル差はさらに縮まる。このとき，ヒトの聴覚には，直接音の高周波成分において部分的な相互マスキング（「弱音化」）が生じる。すなわち，第 1 ヴァイオ

リンの音は，（第2ヴァイオリンの高周波成分によるマスキング作用によって）単独で演奏した場合より弱く知覚されることになる。この結果，第1ヴァイオリンの響きは輝かしさを失ってしまう。

これに対して，第1ヴァイオリンが低弦の前方に来ると，ヴァイオリンの音はマスキングされない。それは，ヴァイオリンとチェロには（3,000 Hzで）15〜20 dBの大きなレベル差が存在するためであり，このときには，第1ヴァイオリンの輝かしさは「維持」される。一方，第2ヴァイオリンの高周波成分についても，二つのヴァイオリンパートが並んで配置されているときには，第1ヴァイオリンによるマスキングによって，その聴感的な印象が変化する。ただし，第2ヴァイオリンにとってアメリカ方式はドイツ方式よりも有利であり，少なくとも一部の直接音が客席に到達することは事実である。

しかし，これら二つの配置方法を聴衆エリアで実際に聞き比べてみると，ドイツ方式の第2ヴァイオリンが予想以上にクリアーに聞こえることに驚かされる。これに関して，ヘルベルト・ブロムシュテットは「第2ヴァイオリンは第1ヴァイオリンからもっと独立させ，さらに自主性を発揮させるべき」という注目すべきコメントを残している（Blomstedt, 2000）。

最後に，どちらの楽器配置が好ましく感じるかは，もちろん個人的嗜好の問題である。これ関しては，50年代のアメリカ方式への変更後に登場した新世代の指揮者（や音楽評論家）は，この配置方法しか知らなかったという事実も一定の影響を与えている。一方，近年，世界的な著名指揮者によるオーケストラの演奏を聞く機会が増大したが，彼らはステージ両翼に二つのヴァイオリンパートを配置することが多いことに気づかされる。つまり，21世紀初頭は，ドイツ式方式に代表される空間的な響きのバランスに向かって，明確な変化が生じつつある時期と位置づけられ，2020年代には，大半のオーケストラがほぼ間違いなくドイツ方式を採用することであろう。

2.2.2　木管楽器
2.2.2.1　フルート

フルートの音響放射特性は基音の周波数だけでは決まらず，部分音の次数によっても異なる。したがって，オーケストラの他の楽器と同じく，主要放射方向を簡潔に表示することはできない。このため，図2.17は（オーバーブロー奏法しない）c^1〜d^2の音階（運指）に対する第1から第4部分音までの主要放射方向と，3,000 Hzと8,000 Hzに対する主要放射方向を表示している。また，図の上段と中段の右側の図は，es^2〜d^3音をオーバーブロー奏法したときの第1，第2部分音にも対応している。

フルートの指向性は基本的に管を中心軸とした回転対象であるため，奏者の頭部による遮蔽の影響を含めても，各周波数の断面方向の放射パターンは図2.17に示した水平面上の放射方向と同一である。なお，図からわかるように，奏者の影響

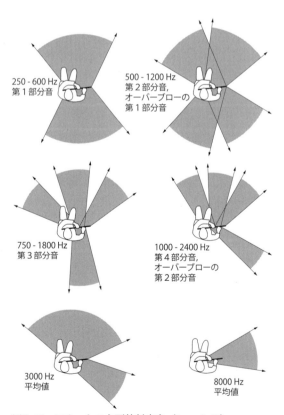

図2.17　フルートの主要放射方向（0〜−3 dB）

は水平面ではほぼ1,000 Hz以上の周波数で生じており，奏者の背後と左側が影響を受けている。したがって，この帯域では，斜め後ろから背後への放射音のレベルは前方よりも小さくなっているが，直上方向への放射音はほとんど遮蔽の影響を受けていない。

図2.17を概観すると，フルートは前方の（また上方にも）かなり広い方向に強い音を放射することがわかる。このとき，基音は大きな振幅でほぼ一様な方向に放射されるが，倍音の放射パターンには複数のディップが存在している。ただし，大きなホールではホール自体の音響効果によって，このパターンの違いがはっきりと耳につくことはない。

一方，最も高い周波数（8,000 Hz）に含まれる倍音成分は主に右方向に放射されるのに対し，これより低次の倍音成分は正面（奏者の視線）方向に放射されて，右側への放射音は弱いことがわかる。このため，フォルテで演奏した際に，奏者の右側で8,000 Hz成分のラウドネスが強調されて，この方向でフルートの音色はある程度の鋭さ（Schärfe）を持つ傾向がある。これとは別に，（歌口で発生する）非常に高い周波数のノイズは正面（視線）方向に強く放射される。この効果により，正面方向でのアーティキュレーションは側方よりも明瞭である（図8.9参照）。

こうした理由から，フルートは，聴衆に正対させて従来のステージ中央に置くことが音響的に好ましいと考えてよい。なお，ステージの床レベルが高く木管用のひな壇の段差が小さいときや，フルートが弦楽セクションと同じ床レベルに来るときには，フルートの正面方向への放射音は前方に座る弦楽器奏者によって多少なりとも遮蔽される。ただし，このような場合にも，フルートの主要放射方向に天井が存在していれば，通常，この面からの反射音が有効に作用する。一方，ヴァイオリンを伴わない作品（J. ブラームスの『セレナーデ』作品番号16など）や管楽器だけの編成では，フルートを指揮者の左側に置くことが多いが，その場合にはフルートは存在感を失うため，効果的な配置方法とは言えない。

フルートが正面に来る標準的な配置方法では，ステージ後壁からの反射音が，特に低周波数領域において重要な役割を果たしている。この後壁からの反射音は，低い音域では基音と第1倍音を，高い音域のパッセージでは基本的に基音を補強する。したがって，後壁からの反射音はラウドネスを上昇させるだけでなく，フルートの音色に円やかさを付け加えるのである。なお，このためには，背後の管楽器奏者による遮蔽が起こらず，後壁から充分な反射音が返ることが条件となる。

次に，図2.18の主要放射方向の要約を見ると，フルートが発生する側壁反射音は，すべての木管楽器の中で最も高い周波数成分を含んでいることがわかる。このとき，（客席から見て右）下手側壁から，聴感的に好ましくない非常に高い周波数成分の強い反射音が生じることが懸念される。ただし，この反射音が問題となるのは，ステージの幅が非常に広く，ステージ側壁が客席方向に開いており，さらに，前方と横に座る奏者による音の吸収が生じない場合に限られる。

フルートのソリストが弦楽セクションの前方に立つ場合，ステージ後壁からの反射音は重要ではなく，ソリストは主に直接音を手掛かりにして演奏する。このとき，フルートの指向性の面から，オーケストラと指揮者が許せば，ソリストは聴衆に対して正面を向いて立つことが望ましい。これによって，管の開口端を聴衆に向けた場合に比べて，力強く充実した音質が得られる。さらに，ソリストの前方に2 m以上のステージが存在していれば，この床面からの反射音によってフルートの響きはさらに豊かになる。

2.2.2.2 オーボエ

図2.19はいくつかの周波数に対するオーボエの主要放射方向を示している。このパターンは，図8.10に示したオーボエの指向性に基づいており，さらに，奏者による音の遮蔽効果（図8.11）

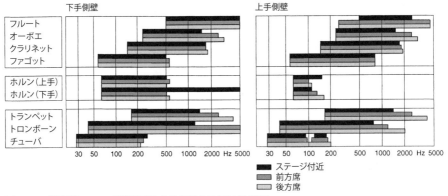

図 2.18　管楽器について側壁反射音が卓越する周波数範囲

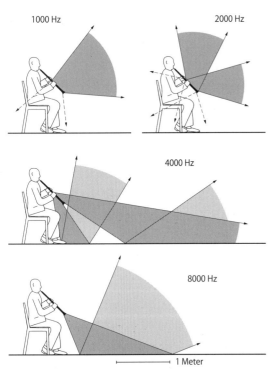

図 2.19　オーボエの主要放射方向（0〜−3 dB）

が考慮されている。この図からわかるように，1,000 Hz 周辺に存在する第1フォルマントの周波数成分は客席方向へ向かって効果的に放射されている。その主要放射方向はほぼ水平から仰角50 度の範囲に拡がっており，聴衆には直接音のみならず，天井からの反射音として到達する。

2,000 Hz についても，直接音は水平方向，つまり，聴衆の方向に進むが，その放射範囲は若干狭くなっている。一方，上向きの放射音の効果は天井面の傾きによって大きく異なっており，天井面が水平の場合には，この反射音の大半はオーケストラの方向に返るが，適度に傾斜した反射面となっていれば，天井から有効な反射音が期待できる。

さらに周波数が高くなると，次第に床の方向への放射音が支配的になる。したがって，聴衆に到達する音のエネルギーはほぼステージの床からの反射音で決まっている。ただし，オーケストラでは，床からの反射音のエネルギーは，オーボエの前方に座る奏者によってその大半が吸収されるため，その寄与はさほど大きくない。ただし，この高周波成分はオーボエの音色を甲高く，鋭いものにすることから，この作用は音の美しさの面からは好ましい結果をもたらしている。なかでも，4,000 Hz 付近の成分については，奏者前方の反射面の有無に関して特に注意する必要がある。それは，放射角の範囲が非常に狭く，ビーム状に音が放射されるためであり，仮に，天井が客席方向に傾斜していれば，聴衆に到達する天井反射音がすでに生じていると考えられるからである。

オーボエ奏者の後に向かって放射される音は，奏者自身の体によって著しい遮蔽を受ける。このため，オーケストラの後ろ側の客席では，オーボエの音はかなり小さい。主な周波数領域では，仰角 30 度での前後の音圧レベル差は約 15 dB である。したがって，オーボエ奏者の背後に反射面が存在してもさしたる効果は望めないと言える。オ

ーボエの音を良好に響かせるには，前方と上方へ拡っていく放射音を遮蔽しないことが基本的に重要なのである。

奏者の後方へのオーボエの放射音は弱く，特に高周波成分の減衰が著しい。この特徴を利用すると，オーボエにオーケストラから遠く離れた位置で演奏することを指示する「ロンターノ」(lontano)[19]のパッセージ，例えば H. ベルリオーズの『幻想交響曲』第 3 楽章冒頭で，適切な場所が確保できない場合に，ステージ上の正規の奏者がこの個所を受け持つことができる。つまり，オーボエ奏者は指揮者と反対方向を向いて演奏し，聴衆にはステージの後壁と天井からの反射音を到達させるのである。（ただし，オーボエが自由に向きを変えることで，このデュエットのパッセージとオーケストラとのアンサンブルに支障が生じてはならない。）このときには，オーボエの響きには作曲者が意図した距離感が得られ，その音がオーケストラ内に定位することもない。

ただし，この方法はオーボエの後方への放射音が前方に比べて非常に弱いために可能なのであって，例えばフルートには適用できない。また，オーケストラの後方に客席が存在すれば，このエリアには逆の効果が生じることになる。

横方向へのオーボエの放射音は正面方向に比べて約 5 dB 小さい。このため，オーケストラの周囲の側壁からの反射音はそれほど重要ではないが，縦長のプロポーションのホールでは，客席エリア後部の壁面からの反射音が響きを補強する効果を持っている。例えば，アントニン・ドヴォルザークの『管楽器，チェロ，コントラバスのためのセレナード』のように，指揮者の横にオーボエが来る指示のあるときには，本来は減衰するはずの横方向に向かう放射音が聞こえることになる。この場合には，（この作品で最も高い音域を受け持つ）オーボエをステージの前方に置くことは好ましいことであり，特に大きなホールでは大きな効果を

もたらす。もちろん，これに準じた考え方は管楽器だけのアンサンブルについても言えることである。

2.2.2.3 クラリネット

図 2.20 に示すように，クラリネットの放射音が最大となる方向はオーボエとかなり類似している。ただし，2,000 Hz 付近の帯域では上向きの放射音は発生しない。また，クラリネットの楽器の構え方は鉛直に近いことから，前方に放射される音は（オーボエよりも）やや浅い角度で客席に入射する。オーケストラのクラリネット奏者が客席に正面を向いて座るとき，その音色に最も大きく影響する 1,000 Hz 以下の周波数成分が客席に伝わるためには，オーボエと同じく，直接音と天井からの反射音が重要な役割を担っている。それは，この周波数帯域には /o/ と /a/ のフォルマント成分が含まれており，この二つの方向からの音が大ホールで我々が耳にする豊かで丸みを帯びた

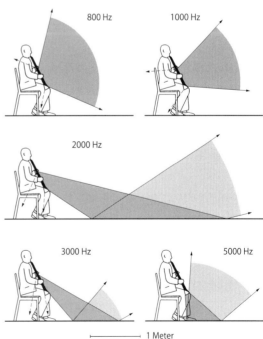

図 2.20 クラリネットの主要放射方向（0〜−3 dB）

---

[19] 遠くで響いているように弱く。遠く離れたところから響いているように。

クラリネットの音色を形作るからである。したがって，クラリネットの発生音は前方の奏者によって過剰に遮蔽されず，客席方向に放射される必要がある。

これに対して，（何らかの原因で）直接音と天井反射音とのバランスが崩れて，天井反射音の方が大きくなると，クラリネットは（本来の）奏者の位置に定位しにくくなる。また，オーボエと同じく，（奏者自身による）後方への遮蔽作用を効果的に利用できる場合があり，例えば，H. ベルリオーズの『幻想交響曲』第3楽章でクラリネットがエコーのようにフレーズを反復する箇所がこれに該当する。ただし，ここでは単に *pppp* との記載があるだけで，離れた場所にもう一人の奏者を配置せよとは指示されていない。

総じて，クラリネットの響きにとってステージ後壁からの反射音はさほど重要ではない。後壁からの反射音は，オーボエに比べてわずかに大きいが，基本的に低音域の基音に影響するだけである。一方，ステージ周辺の側壁からの反射音は，オーボエの場合よりも有効に作用し，クラリネットの音の全体像に影響する。ただし，オーケストラの後ろの席の聴衆にとっては，いずれの楽器についても良好な響きを得ることは困難である。

図2.21に示す二つのスペクトルは，クラリネットの音質に及ぼす床からの反射音の影響を比較したものである。このデータは無響室において，奏者正面からの距離1.7 m，床からの高さ1 mの位置にセットしたマイクロフォンで録音したクラリネット放射音の分析結果である。また，上の図は床面が存在しない場合，下の図は反射性の床がある場合のスペクトルを示している。

マイクロフォンの位置と波長の関係から，第3部分音は床からの反射音が逆位相となるため音圧の低下が生じているが，この点を除外すれば，おおよそ1,500 Hzより高い周波数では床からの反射音によってエネルギーが大きく増加していることがわかる。また，アタックに伴なって発生する（2,000 Hzを中心とする）ノイズ成分も増加して

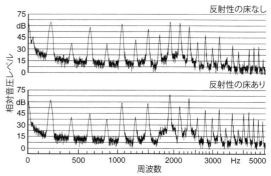

図2.21　クラリネットの音響スペクトルに及ぼす床からの反射音の影響（a 音を演奏した場合）。これは無響室での録音結果であり，マイクロフォンまでの距離は1.7 m，マイクロフォンの床からの高さは1 mである。

いる。この効果によって，クラリネットの音は輝きと切れ味（Schärfe）を増し，さらに，オーバーオールの音量を変化させずに，歯切れの良い（spitz）音色を獲得するのである。

コンサートホールでは高周波数領域で吸音が生じる。したがって，この床からの反射音の効果がすべての聴衆に対して等しく生じることはない。しかし，オーボエとクラリネットをマイクロフォンで録音するときには，両者の高周波成分の放射方向の違いによって，マイクロフォンの位置がごくわずかに変化しても，その音色が著しく変化することを了解しておく必要がある。これに関連して，この二つの楽器には，管の主軸（延長）方向およびこれと垂直な方向で，1,500～2,000 Hzの帯域に10 dBを越える指向性のディップが存在するということにも注意すべきである（図8.12参照）。

2.2.2.4　ファゴット

ファゴットは斜め前方に先端を向けて楽器を構えることと，その寸法が大きいことから，その放射特性は他の木管楽器とは異なっている。図8.12に示すように，250 Hz以下では放射音の強さはあらゆる方向に均一である。図2.22はこれより高い周波数についての主要放射方向を示している。この図によると，300 Hz付近の周波数では水平面内のすべての方向に強い放射音が生じて

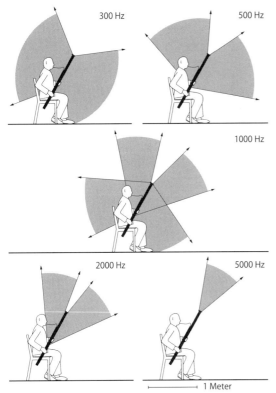

図 2.22 ファゴットの主要放射方向（0～−3 dB）

いる．したがって，奏者の背面の壁，客席部の側壁（図 1.10 と図 2.18 参照），そしてステージ床からの反射音による，直接音の補強作用が期待できる．次に，（ファゴットの放射音の中で最も大きなエネルギーを持つ）500 Hz 付近の周波数成分は，直接音と，ホールの側壁からの反射音が客席方向に到達することがわかる．

　一方，この周波数では奏者の背後の壁からの寄与は小さい．ただし，天井が適度に傾斜していれば，奏者の直上と斜め後ろのステージ天井から効果的な反射音が発生し，さらに，客席最後部の天井面からの反射音もある程度の効果が期待できる．すなわち，適正な天井面が存在していれば，第 1 フォルマント域に対応する周波数成分はホール内に良好に放射されるのである．

　これに続く 1 kHz の周波数域では，主要放射方向が 4 つに分かれており，天井と後壁から強い反射音が生じることになる．したがって，ステージひな段の勾配が適切であれば，斜め前方に放射される成分も客席エリアに到達することが期待できる．一方，ステージ床がフラット（ひな壇を用いない）であれば，この斜め前方への放射音は床面で反射した後に聴衆に到達するので，そのエネルギーは少し低下して，ファゴットの響きは力強さと明るさを幾分失うことになる．しかし，現代，使用されているファゴットの音色を考えると，こうした方向に音色が変化することはバロック音楽にとっては好ましいと言えよう．

　これに対して，古典派の音楽については明るい音色が望まれることが多いため（Meyer, 1968），後方に放射する 1,000 Hz 周辺の周波数成分を，（可能であれば）客席方向に反射することが推奨できる．このときには，後壁からの反射音が耳障りな響きとならないよう，300 Hz 周辺の低周波成分を後壁で吸収する必要がある．なお，この周波数成分のエネルギーが低下すると，ファゴットの第 1 フォルマントは若干高い周波数に移動する．この結果，その音質はやや古楽器的な性質を帯びることになる．

　（強奏した場合に生じる）高周波成分は，主として上向きの比較的狭い範囲に放射される．また，2,000 Hz 帯域の主要放射方向に関しては，管の主軸の延長方向に 10 dB を超えるディップを生じることがわかる（図 8.12）．

　倍音の次数がさらに高くなると，円錐状の放射パターンは次第に鋭くなり，5,000 Hz でその頂角[20]は約 ±20° まで狭まる．この最も高い周波数成分は主に天井からの反射音として聴衆へ到達するが，音の美しさの観点からは，過度に強い振幅であってはならない．それは，この成分の主要放射方向が，客席方向に集中的に反射音を返す特定の反射面に「向いた」場合には，耳障りな響きを生じる可能性があるからである．すなわち，このときには低音と高音の響きのバランスが崩れて，

---

[20] 主軸からの拡がり角

硬質（Härte）で，鋭さを感じさせる不快な音色になってしまう。

この楽器の指向性を考えれば，主軸の延長線上にマイクロフォンを設置することはきわめて不都合である。マイクロフォンは奏者から充分に離して設置し，そのとき，500 Hz の主要放射方向の描く円錐内に（つまり仰角 45°より低く）収める必要がある。このような録音上の煩わしさを避けるため，管の下端部に湾曲したベル（朝顔）の付いた楽器をファゴット協奏曲のソロパートに用いることがある。この場合には，高周波数のノイズ成分が突出する危険性はない。

2.2.2.5 木管セクションの合奏

木管楽器の放射音が卓越する方向はそれぞれ異なっている。したがって，壁や天井からの反射音の効果にも違いが存在する。さらに，ホールの音響条件は複雑であるため，すべての客席で木管楽器の各声部を良好にバランスさせることは容易ではない。図 2.23 は，弦楽器の後ろに（同じ高さに）配置された 2 台のオーボエと 2 台のファゴットの音響効果を比較するため，ホール内の 2 か所の客席で記録した音圧のオクターブ分析波形である。

（図 2.42 で論じるように）このホールの「メインフロア上段」には両側壁と天井の 3 方向から（途中で障害物の影響を受けることなく）反射音が到達するが，「ギャラリー」（バルコニー席）には十分な反射音は到達せず，その響きは主に直接音によって決まっている。図 2.23 の各オクターブの音圧波形を比較すると，このパッセージを構成する一つ一つの和音に対応する音圧レベルは，500 Hz と 4,000 Hz 帯域ではメインフロア上段のほうが大きく，1,000 Hz と 2,000 Hz 帯域ではギャラリーの方が大きいことがわかる。（ファゴットとオーボエの放射音の指向性を考えれば容易に推測することができることであるが）つまり，このデータはメインフロア上段ではファゴットが，ギャラリーではオーボエが大きく聞こえることを

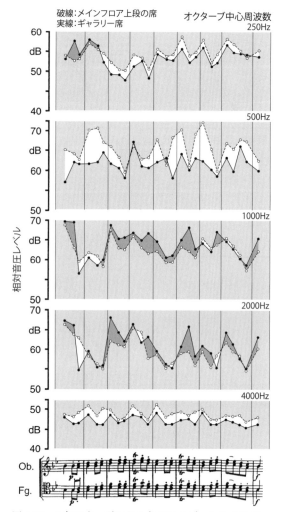

図 2.23　2 台のオーボエと 2 台のファゴットによるパッセージのオクターブ音圧レベルの分析結果（W. A. モーツァルト『交響曲第 33 番変ロ長調』（K 319）第 4 楽章，336〜344 小節）。測定位置はブラウンシュバイク・シュタットハレ内の二つの客席。

意味している。

こうした場所による音の大小関係の違いは，両楽器の指向性によって生じている。ファゴットの音は空間の音響効果，つまり，壁と天井からの反射音が到達することによって際立つのであり，ときには，他の楽器より突出することもありうる。反対に，オーボエの音は直接音が障害物の影響を受けずに聴衆に到達して，途中で減衰しないときにひときわ美しい響きとなる。したがって，このような状況のホールではオーボエを一段高い場所に配置して，その発生音をメインフロアに向かっ

て（奏者による遮蔽を受けないように）放射させれば，より良いバランスが実現できることになる。

この分析例から，木管の4種類の楽器パートの配置方法に関して次のことが言える。すなわち，木管セクション全体の響きをバランスさせるには，ファゴットの放射音が側壁から強い反射音となることを防ぐ必要があり，そのため，ファゴットは壁際ではなく，クラリネットとホルン，できればトランペットと並べて配置するのが効果的である。また，この方法は，オーケストラのサイズに比べてステージの幅が広く，奏者と側壁との間にスペースが生じる場合には特に有効である。この対策を怠ると，ファゴットの放射音は弦楽器奏者による遮蔽作用を受けないため，側壁で強い反射音となってホール内に到達し，一部のエリアでファゴットの音量が突出する可能性がある。

一方，クラリネットについては，直接音を途中で遮蔽させずに客席方向へ伝える必要がある。このため，木管奏者全員を（1列ではなく）2列に分けて，上段にクラリネットを配置することが音響的に優れている。この場合，クラリネットとファゴットが左右どちらに来ても，木管セクションの響きには大きな違いはないので，クラリネットの位置は基本的にホルンとの位置関係から決めれば良い。ほとんどのホールでは，オーボエとフルートが前列に配置されるが，これに関して，ホールへの音響効果という点で特に意味はない。ただし，ピッコロをフルートの最も下手側に配置するときには，その甲高い音によって木管全体の響きの対象性が損なわれることがある。この問題は，フルートとオーボエのパートの位置を入れ替えることで解決するが，あくまで作品の性格を考慮することが最も大切である。

2.2.3 金管楽器

2.2.3.1 フレンチホルン

図2.24と図2.25は，水平面と鉛直面に対する簡略化したホルンの放射特性である。なお，100 Hz以下の周波数では，放射音の強さはすべての

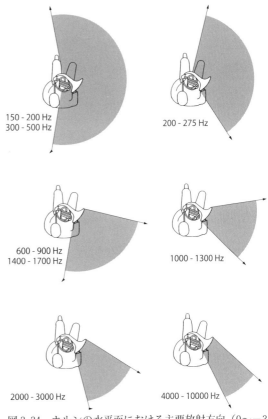

図2.24 ホルンの水平面における主要放射方向（0〜−3 dB）

方向について等しい（無指向性とみなせる）ことに注意されたい。図2.24を見ると，150〜250 Hzと300〜500 Hzの成分はともに水平面内ではほぼ半円方向に放射されるが，その中間の200〜275 Hzの成分の主要放射方向は，やや狭くなっている。600 Hzを超えると，強い放射音の生じる方向は（程度の差はあるが）奏者の右手から後方に限られており，したがって，この成分は主として斜め後ろの壁で反射した後，聴衆に到達することになる。

次に，鉛直面については（図2.25），奏者の右側と後方に放射音が卓越することがわかる。また，周波数によっては前方と上方にも強い放射音が生じており，この成分は天井で反射したのち聴衆に到達することになる。特に，600 Hz以下の帯域の主要放射方向はほぼ水平方向まで拡がっており，（ホルンの第1フォルマントを含む）この周波数

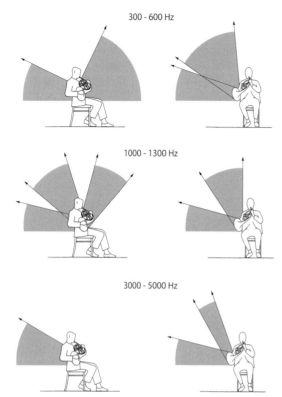

図 2.25 ホルンの鉛直面における主要放射方向（0〜−3 dB）

成分は直接音として聴衆方向に放射されることがわかる。1,000〜1,300 Hz の帯域では真後ろに加えて，後方斜め上にも強い放射音が生じており，この成分は天井と後壁とで2回反射した後にホール内に戻ることに注意する必要がある。また，この帯域は /a/ フォルマントの周波数領域と重複しているため，ホルンの音質の力強さを向上する効果がある。

（右側の図に示すように）周波数が高くなるにしたがい，奏者の右側に生じる主要放射方向は二つに分かれ，その幅は次第に狭くなっていく。つまり，この方向への放射音には側壁とともに，天井からの反射音が重要な役割を担っている。したがって，（高周波成分について）充分なホルンの音量感を得るために，ステージの天井に適度な傾斜を持たせて，客席の方向に天井から反射音が効果的に返すことが好ましい。

3,000〜5,000 Hz の最も高い周波数成分は強奏時にだけ生じるが，この成分が聴衆に上手く返ると演奏のダイナミックレンジは著しく拡大する。一方，この成分が不足すると，フォルテで演奏しても（mf 以下と同じく）その音色は鈍いままである。なお，ホールの音響効果が十分でないときには，呼気を強めてこの周波数成分を意識的に発生させることで，空間の響きをある程度，補うことができる。

図 2.26 のソナグラムは，ホルンの放射方向による音響効果の著しい違いを説明している。図の上段は奏者の正面，下段は奏者の右側での分析結果である。図の縦軸は周波数に対応しており，下から上に順次，倍音の振幅が濃淡で表現されている。また，濃淡の1ステップの変化が 6 dB のレベル差を意味している。この二つの分析結果を比較すると，奏者から右側への放射音は，正面に比べてきわめて豊かな倍音を含んでいることがわかる。さらに，8分音符の（タンギングによる）スタッカートの立ち上がりに注目すると，（下段のパターンは）より濃淡がはっきりしており，音の立ち上がりが非常に速いことがわかる。

この図を検討すると，1,000 Hz 以下の成分は，約 20 ms 以内で最大振幅に到達することが言える。さらに，いくつかの音符では，高次の倍音のほうが低次の倍音より少し遅れて立ち上がっており，この傾向は，一部の8部音符のスタッカート（4小節目の f^2 と fis^2），特に継続時間の長い音符で顕著である。ただし，1,500 Hz 以下の倍音成分は直ちに立ち上がるため，一部の音符に生じるこの（高次倍音の）クレッシェンドを奏者が強く知覚することはない。

また，スラーでつなげられた e^2 音には，放射方向による倍音構造の違いが生じている。すなわち，奏者の右側が力強い音色であるのに対し，正面方向では（このケースはバルブ操作によるスラー）柔らかな音色となっている。さらに，フレーズ最後の三つの音符では，金属的な音色になるほどのラウドネス上昇が生じている。このとき，奏者の右側の倍音成分は 8,000 Hz に及んでいるが，

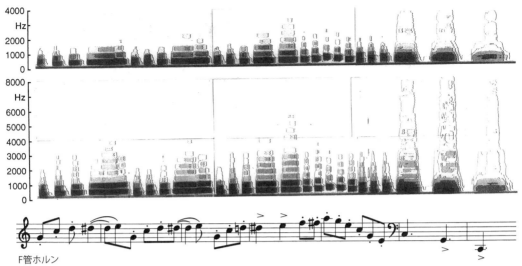

図 2.26 R. シュトラウス『ティル・オイレンシュピーゲルの愉快ないたずら』のホルンの主題のソナグラム。このデータは無響室での録音であり、マイクロフォンまでの距離は 3.5 m である。上図は奏者前方、下図は奏者の右側の波形。

正面では 4,000 Hz 以下となっている。

なお、(8 分音符のスタッカートの倍音構造が奏者のアタックで決まるように)、この 3 音では、急激なアタックをかけたことで倍音構造が変化して、突然、金属的な音色に変化していることに注意されたい。このとき、どちらの方向についても音量は増加しているが、正面の方が穏やかな変化であることは明らかである。最後に、(5 小節目の c^2 と g^1 の途中で) バルブ操作に伴うノイズが生じていることに注意されたい。このノイズは、奏者の右側については複数の周波数域で発生することがわかるが、奏者の正面には表れていない。

当然のことであるが、ホルンの響きには後壁からの反射音が大きな役割を担っている。その影響を明らかにするため、図 2.27 に、ホルンの放射音の前後音圧比と、背後の反射壁面による (奏者正面での) 音圧レベル増加量が示されている。下段の図を参照すると、低周波数域では (直接放射音と反射音の) 干渉によるレベル変動が見られるが、これを除外すれば、後壁からの反射音によって音圧は明らかに上昇することが理解できる。このレベル上昇量は低周波領域で約 6 dB、1,500〜2,000 Hz で最大 (約 15 dB) となり、これより高

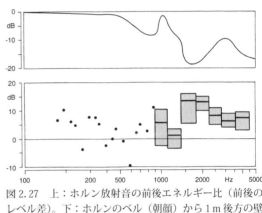

図 2.27 上：ホルン放射音の前後エネルギー比 (前後のレベル差)。下：ホルンのベル (朝顔) から 1 m 後方の壁からの反射音による奏者前方の音圧レベル上昇量。

い周波数で再び小さくなっている。このデータから、ホルンの音は後壁からの反射音によってほぼ全帯域に渡ってエネルギーが上昇しているが、鼻音 (nasal) 成分の低周波部分 (1,100〜1,400 Hz) のエネルギー上昇は最も小さいことがわかる。一方、音色に輝かしさを与える母音 /e/ のフォルマント成分は突出して上昇している。なお、(High-F 管を除く) 通常、使用されるホルンにとって、この /e/ 成分は重要な補助フォルマントであることに注意されたい。

後壁反射音によるスペクトル範囲の拡大は、図

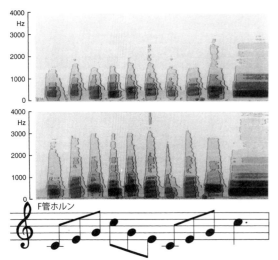

図2.28 無響室内，奏者の前方3.5mで録音したスタッカート音列のソナグラム。上図：反射性の後壁なし，下図：反射性の後壁あり。

2.28のソナグラムからも明らかである。図より，後壁からの反射音が加わることで，このスタッカートのフレーズはより高次の倍音までを含むようになり，さらに，下段のスペクトルの方が濃い色の範囲が広いことから，低い周波数では各倍音の振幅も大きくなることがわかる。また，いくつかの音符では2,000Hz付近のエネルギーが著しく上昇していることが読み取れる。すなわち，この分析例と図2.26のソナグラムから，アタックをつけた音符の明瞭性は，音の時間的な成長過程ではなく，周波数帯域の拡大によってその大半が決まっていると言えるのである。

以上の理由から，ホルンにとって後壁は大きな影響を与え，大型のオーケストラでは特に重要であることは疑いない。これに対して，（後壁反射音が不十分なため）スペクトル成分が限定されたときには，ホルンの音は著しく脆弱となってしまい，さらに，他の楽器によってマスクされて全体の響きの中に埋没する可能性がある。

なお，W. A. モーツァルトの時代に用いられたバルブを持たないホルン（ドイツ名はインヴェンションホルン）の演奏様式では，より明るい音色，すなわち豊富な倍音を持つことが好ましいとされた。したがって，この時期の古典派交響曲を現代のホルンで演奏する際には，後壁からの反射音によって客席方向に倍音を返すことが好ましいと考えられる。このとき，ホルン奏者はアタックを抑え気味にして，他のセクションとの音量のバランスに配慮すれば，効果的なアンサンブルが実現する。

通常，ホルンは木管の右または左側に配置し，6台や8台のホルンを用いるときには，クラリネットとファゴットの後ろの木管の3段目として一列に並べることが多い。このとき，ホルンが弦楽器より高い位置にあって，ステージ後壁までの距離が短ければ，ホルンの音色はより鮮明（hell）で歯切れのよいアタックが実現する。これに対して，ホルンをオーボエやファゴットの横に配置すると，他の奏者による遮蔽によって高周波成分がかなり弱められるため，この位置は柔らかい音を表現したい場合に適している。

こうした理由から，例えばJ. ブラームスやA. ブルックナーの交響曲では，「円やか」（rund）で朗々とした（sonore）ホルンの響きを実現させるために，ホルンのパートを他の楽器で囲むように配置する方法が推奨できる。一方，古典派の交響曲にみられる小編成のオーケストラでは，ホルンの放射音が周囲の演奏者に遮蔽されないように配慮して，鮮明な響きを得ることが好ましい。

ホルンをオーケストラの左右どちら側に置くことが良いのかという問題は，少なくともステージの空間的な制約条件に関係する。矩形のホール，あるいはステージの側壁がほぼ平行であれば，（いずれの場合にも）側壁からの反射音の一部はオーケストラに返り，一部は（ホルンの前方に座る）弦セクションの奏者に吸収されるので，左右のどちら側に配置しても良い。ただし，ホルンを下手に配置するときには，ホルンのソロ奏者を最も下手側にして，ホルンパートの中で最も輝かしい響きを発生させることが重要である。この方法は，いくつかの配置パターンの中で，最も輝かしいホルンパートの響きを実現することから，古典

派の作品では標準的に採用されている。なお，フランスではこの配置方法を用いることが多いが，（フランス式の）楽器自体も同じように輝かしい音色を持っていることは興味深いことである。

ホルンを上手側に配置するときには，第1ホルンはプルトのどちら側に来ても良い。内側に来る場合には，他の管楽器セクションの第1奏者との距離が短くなるので，互いのコミュニケーションが向上し，さらに，チェロとのユニゾンにも適している。一方，外側の場合には，ホルンパートにとって他のセクションの音が聞きとりやすくなるので，特に低音の声部とのアンサンブルにおいて，イントネーションを整え，均一なクレッシェンドを形成できるという点に優れている。

奏者の立場からは，ホルンを上手に置くと，例えばJ.ブラームス『交響曲第1番』緩徐楽章のようにヴァイオリンソロをホルンが伴奏する場合に，（下手にホルンが座る場合に比べて）アイコンタクトがとりやすいという利点がある。

ステージの側壁が客席方向に扇状に拡がっているときには，ホルンをオーケストラの下手に置くことは好ましくない。このときには，ファゴットの場合と同じように，下手の側壁から強い反射音が発生する。その結果，一部の客席では（他の客席エリアに比べて）ホルンの音が著しく大きく，耳障りになってしまう。さらに，（ホルンの指向性から）側壁からの反射音は直接音よりも強い高周波数成分を含んでいることから，奏者の位置ではなく側壁の方向に音源の定位を知覚することが起こりうる。つまり，音量の上昇に伴って，他の楽器からホルンの音が空間的に分離してしまうのである。このようなステージではホルンは上手に配置すべきであり，この場合，オーケストラの上手側はホルンの放射音が最小となるため，空間的な違和感（側壁への音源のシフト）を生じることはきわめて少ない。

オーケストラ最前列に立つホルンのソリストにとっては，後方への放射音の大部分が弦楽奏者に吸収されるため，直接音が主たる役割を担うことになる。このため，奏者によっては速いパッセージや楽章では，その響きに躍動感とリズミカルな強いアクセントを与えるよう朝顔を客席へ向け，一方，カンタービレの箇所では円やかで柔らかな音色に変化させるべく朝顔の向きを元に戻して演奏することがある。

ただし，4台のホルンが独奏を受け持つR.シューマンの『4つのホルンと管弦楽のためのコンツェルトシュテュック』のような作品では，このテクニックは適していない。この場合には音量のバランスという点から，4台のホルンはオーケストラの後方，やや側方の少し高い場所に配置することが好ましい。このとき，背後の壁からの反射音によって，ホルンの響きはいっそう輝かしいものとなる。

2.2.3.2 トランペット

トランペットの音響放射パターンは，図2.29と図2.30の鉛直面と水平面への主要放射方向が示すようにホルンほど複雑ではない。トランペットの放射音は500 Hz以下の周波数では球面波状に一様に拡がるが，次の630 Hz帯域では，前方のほぼ半球の範囲内に強いエネルギーが集中して

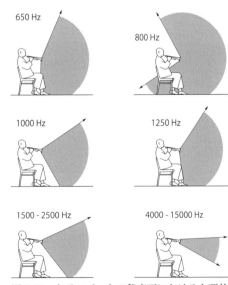

図2.29　トランペットの鉛直面における主要放射方向（0〜−3 dB）

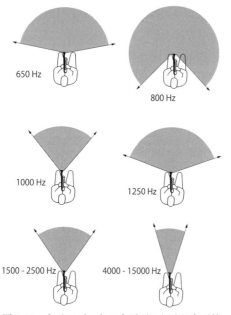

図 2.30　トランペットの水平面における主要放射方向（0〜−3 dB）

いる。つまり，この帯域では直接音に加えて，天井および側壁の広範囲の部分から反射音が聴衆に到達することになる。ただし，側壁が客席方向に大きく扇状に拡がっている場合にはこの限りではない。ステージの床からの反射音も期待できるが，大型のオーケストラでは前方の奏者による吸収が生じる。対照的に，この帯域ではステージの後壁とトランペット直上の天井面からの寄与はごくわずかである。

　一方，800 Hz 帯域の放射パターンは異なっており，平・断面のいずれからも明らかなように，ステージの後壁上部と天井面全体が大きく寄与することがわかる。次の 1,000 Hz 帯域では，トランペットの放射音は前方に集中して，客席には主に直接音だけが到達する。しかし，（縦長のホールでは）ステージから遠いエリアの天井と側壁の一部も寄与することが言える。トランペットの音はこの周波数帯域で最大のエネルギーを持っている。したがって，この客席後方からの反射音には十分な注意が必要である。

　また，この周波数成分はトランペット固有の音色，なかでも，響きの力強さを与えていることに

も注意されたい。なお，弱音（p）であってもこの周波数成分はスペクトル上で卓越する。つまり，トランペットの放射音は音量が小さくても（他の楽器と比べて）かなり鋭い指向性を持っているのである。

　1,500 Hz では放射音の集中はさらに鋭くなり，壁や天井からの反射音の影響はごくわずかとなり，4,000 Hz を超えるとエネルギーの大半はメインフロアの聴衆の方向だけに進むことになる。ただし，この狭い放射方向にはトランペットにとって重要な部分音が存在するため，トランペットは前方のオーケストラ奏者よりも十分高い位置に置いて，フォルテの音の輝かしさが影響を受けないようにすることがきわめて重要である。このとき，譜面台の影響やベルを上に向けて演奏するテクニックも関係するが，これについては後述する（3.3.3 節参照）。

　一般に，ステージの後壁と側壁が効果的な反射音を返すのは，オーケストラの低い周波数成分に限られる。この事実は，オーケストラが大規模な合唱付きの作品を演奏するときに，はっきりと確認することができる。このとき，客席エリアの響きは他の楽器からの大部分の放射音については合唱団員に吸収されるため力強さと輝かしさを失うが，トランペットの音だけはほぼ完全に保たれることを感じ取れるのである。

　トランペットの指向性は非常に鋭いため，横幅の広いホールやオーケストラの後方に座席を持つホールでは，側方，あるいはオーケストラ後ろの席で（正面の座席と相等しい）輝かしく明瞭な響きを得ることができない。この状況は，トランペットがリズム感のあるフレーズを演奏して，オーケストラ全体の響きの中で際立つパッセージではっきりと知覚できるが，完全なソロのパッセージで気付くことは少ない。この例として，A. ブルックナー『交響曲第 9 番』から抜粋した演奏音の分析結果を図 2.31 と図 2.32 に示す。

　図 2.31 は同曲の第 1 楽章 51〜71 小節のオクターブ音圧レベルの時間−周波数特性を三次元的に

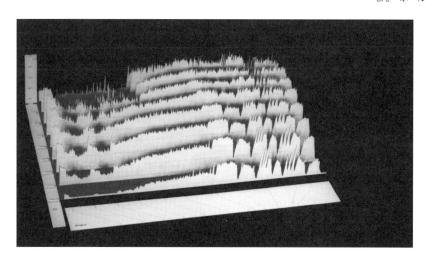

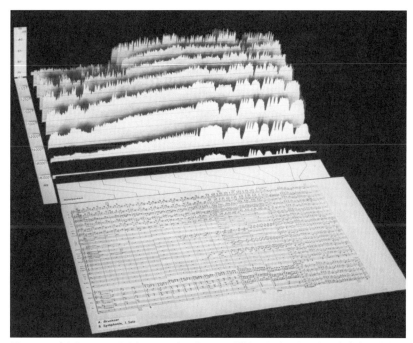

図 2.31　ブラウンシュバイク・シュタットハレで測定したオーケストラ発生音のオクターブ音圧レベルの時間－周波数表示（A.ブルックナー『交響曲第 9 番』第 1 楽章の 51〜71 小節）。上：指揮者の位置，下：メインフロア 5 列目。

表現した結果である。この図では，経過時間がスコア上の対応する位置に記されている。左側の数字はオクターブバンド中心周波数で，奥から手前に向かって周波数は順に高くなっている。また，縦軸は各周波数帯域の音の強さを示している。下段の図は前から 5 列目の座席（ホールのほぼ中央），上段の図は指揮者位置での分析結果である。

この二つの分析結果は，p と pp の（2 回の）繰り返しから始まり，低音楽器による長いクレッシェンドを経て，最後（図の右端）にリズム感の際立った主題へ到達するという，同一のプロセスに対応している。しかし，二つの結果には明確な違いが存在しており，なかでも，指揮者の位置では倍音構造が著しく豊富なことがわかる。

前述の議論を思い起こすと，トランペットが 8 分音符のスタッカートを刻むクレッシェンドの最

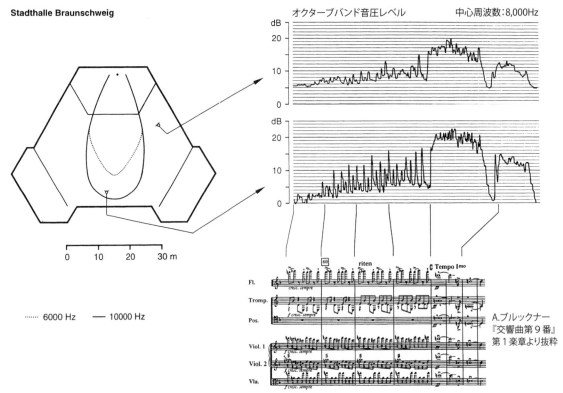

図2.32 ブラウンシュバイク・シュタットハレの二つの位置におけるトランペットの音響効果。実線と破線は拡散距離を示す。

　後の4小節には特に注目する必要がある。すなわち，図2.32の上段の分析結果では，指揮者周辺の弦楽器が演奏するトレモロに含まれる強い高周波成分によるマスキングが生じており，この8分音符はいずれの周波数帯域においても（等間隔の鋭いピークとして）さほど明確には観察されない。
　一方，メインフロアの客席に対する下段の分析結果では，トランペットが部分的に前方奏者の陰になるにもかかわらず，8,000 Hz帯域でトランペットの8分音符が規則的なピークとして明確に表れている。それは（別のホールでのデータであるが）図2.7で示したように，前列の座席ではヴァイオリンの高周波数成分が弱いためである。
　トランペットの響きは，拡散距離の範囲内にある正面の席と（拡散距離の外側にある）側方の座席とで大きな違いがある（図2.32参照）。このとき，8,000 Hz帯域の音圧レベルが座席位置の違いを表す有効な指標となるが，それは，この周波数域ではトランペットがオーケストラ全体の音の中で際立って大きなエネルギーを持つからである。図2.32に示した譜面からの抜粋は，8,000 Hz帯域でトランペットが特に強い音を放射する箇所である。図には，楽譜の小節区切り線に対応する波形の時刻が実線で示されており，これより，下段のレベル波形では，一つ一つの音圧のピークがアタックのつけられた8分音符とはっきりと対応していることがわかる。
　このホールは，メインフロア後壁の手前のエリアで床面が急勾配に上昇しているため，この正面の席からは管楽器セクションを良好に見渡すことができる。もちろん，トランペットも他の楽器の陰にはならないので，オーケストラ全体の響きの中で輪郭のある際立った音となっている。この特徴は，記号Cの前の8分音符のスタッカートだけではなく，記号Cの後ろ2小節目のアウフタクト（16分音符）にも表れている。一方，（拡散

距離の外側にある）側方の座席では，トランペットまでの直線距離が半分であるにも関わらず，8分音符の一音一音を確認することができない。なお，この結果には，第1，第2ヴァイオリンとフルートのパートがステージ下手側に配置されていることによって，（トランペットに比べて倍音成分は弱いが）これら高音声部の音が到来することも影響している。

最後に，次の点について強調しておく必要がある。すなわち，トランペットの最高周波数成分がオーケストラ全体の響きの中で最も大きいことが，必ずしも常に好ましいわけではない。ラウドネスの周波数依存性を考えればわかるように，この条件は大音量の時にだけ望ましいのであって，もちろん，小編成のオーケストラでは柔らかなトランペットの音を全体の響きに融合させる必要がある。オーケストラ全体の空間的な響きの中で，トランペットの音の持つ意味はあくまでその一部であり，（鋭い指向性によって）トランペットの空間的定位が全体の響きの中で際立つときにその意味を持つのである。

2.2.3.3　トロンボーン

トロンボーンにとって（トランペットよりも）均質な高周波成分を持つことが非常に重要である。それは，トロンボーンのパートがゆっくりとしたパッセージを演奏するとき，ざらついた（hart）音色になって，望ましい朗々とした響きが失われやすいからである。

図2.33と図2.34に示すように，トロンボーンの放射音の高周波成分は一定方向に集中するという特徴がある。また，トランペットと同じように，1,100 Hz以下の成分は前方から天井方向に放射するので，（少なくとも遠方の座席では）後者の成分は天井反射音となって音のエネルギー増加に寄与することになる。また，床方向にも放射音は進むが，前方の奏者によってその大半が吸収されるため，ホール内のトロンボーンの響きは主に直接音で決まる。

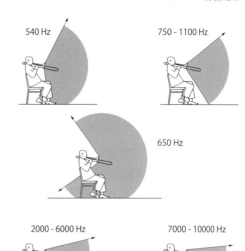

図2.33　トロンボーンの鉛直面における主要放射方向（0〜−3 dB）

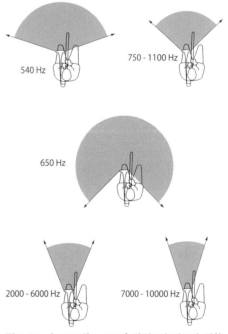

図2.34　トロンボーンの水平面における主要放射方向（0〜−3 dB）

また，水平面の放射特性を参照すると，2,000〜6,000 Hz帯域の主要放射方向は客席方向に対して45°の範囲にすぎず，7,000 Hz以上ではさらに30°まで狭まっている。なお，後者の成分はフォルテッシモで強奏した場合にのみ大きなエネ

ギーを持っている。一方，1,100 Hz 以下，なかでも 650 Hz 以下の周波数では側壁からの反射音が大きく影響することがわかる。つまり，トランペットは（周波数軸上で）最も強い成分が鋭い指向性を持つのに対し，トロンボーンでは，第1フォルマントが含まれるこの周波数領域のエネルギーは横方向にも放射されるのである。このとき，側方への放射音のエネルギーは正面への放射音よりも高々3 dB 小さいにすぎない。したがって，この重要な周波数成分はホール内のかなり広いエリアに放射されることになる。

　図が示すように，側方への放射音には高周波成分がほとんど含まれておらず，正面に進む放射音に比べていくぶん柔らかい音色を持っている。また，側方へ進む成分がトロンボーンの朗々として荘重な（majestätisch）響きに重要な役割を果たしている。

　これに関連して，エードリアン・ボールト（1963年）が，トロンボーンをオーケストラ全体の響きに「融合」させやすいという点で，「ベルの方向を正面ではなく，客席に対して真横に向けて演奏する方法」を提案していることを思い出す必要があろう。ここで彼が言及した，トロンボーンパートを全体の響きに融合させるということの意味は，トロンボーンの突出した音の立ち上がりを抑えるということではなく，むしろ，音量を落とすことなく柔らかいアタックを持つことによって，押し付けがましくない程度に和音の一要素を構成することなのである。

　トロンボーンは，第1フォルマント[21]が含まれるこの周波数成分をかなり広い方向へ放射する。そのため，ステージの横幅がオーケストラの占める範囲よりも大きい際には充分な注意が必要である。この問題については他の管楽器についても言及したが，この場合，側壁からの反射音が途中で減衰することなく客席へ到達するので，一部の座席位置で必要以上に，この反射音が強く聞こえる懸念がある。もちろん，それ以外の席では良好なラウドネスが成り立っている。

　この現象は，ステージ付近の側壁が（平行ではなく）客席方向に拡がっている場合に生じやすく，その指向性から判断できるように，（他の楽器に比べて）トロンボーンが最も問題になりやすい。したがって，こうした形状のホールでは，トロンボーンをステージ最上段の端部ではなく，中央に置くことが推奨できる。なお，ホールが直方形であるかステージ側壁が平行の場合には，こうした問題は生じない。

　また，トロンボーンはオーケストラの最後列に来ることが多いので，ステージ後壁からの反射音がオーケストラの音質に影響を及ぼすことがある。このため，吸音性のカーテンを用いて後壁からの反射音を抑える方法がしばしば用いられる。

　ただし，指向性から判断すると（図 8.4 参照），後壁から反射音がトロンボーンの音質に影響するのはおよそ 400 Hz 以下の周波数に限られている。図 2.35 は反射性の後壁によるトロンボーン放射音の音圧上昇量の測定結果である。この図を，ホルンに対する同様なデータ（図 2.27）と比較すると，両者に対する後壁の影響には明らかな違いが存在している。すなわち，トロンボーンについては，後壁反射音が抑えられると低域の周波数成分だけが減少するので，その音色は少し明るい方向へと変化する。一方，後壁反射音が加わると，基音がやや表出しがちになる。ただし，第1フォルマントの周波数成分は後壁の有無と関係しないため，その音量感はほとんど変化しない。

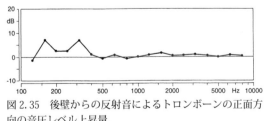

図 2.35　後壁からの反射音によるトロンボーンの正面方向の音圧レベル上昇量。

---

[21]　450～700 Hz

なお，後壁の効果による客席や指揮者の位置での音質変化は，奏者自身の受ける聴感的印象と必ずしも同一ではない。この楽器の指向性を考えると，奏者に到達する後壁からの反射音中の高周波成分はかなり弱いと考えられるが，それでも，奏者はこの成分をはっきりと聞き取ることができる。このため，トロンボーン奏者が呼気を抑えてしまい，ホール内の音質が光沢を失ってしまうことがある。

2.2.3.4 チューバ

図 2.36 はチューバの放射音が卓越する領域を三つの周波数，二つの鉛直断面について表している。このとき，ベル（朝顔）の向きが少し鉛直軸に対して傾いているため，この両断面で半値幅のパターン（主要放射方向）は少し異なっている。なお，75 Hz 以下では，チューバの放射音はすべての方向について一様である。図を参照すると，最も低い周波数領域（90〜180 Hz）では，前方の奏者による遮蔽もほとんど生じないため，客席エリアの響きには直接音が大きく寄与することがわかる。

また，この周波数領域には第1フォルマントが含まれており，水平方向への放射音の音圧は上方に対して約 3 dB 小さい。周波数が高くなるにつれて放射音は次第に一方向に集中し，800 Hz を超えると天井方向の音圧は水平方向よりも 20 dB 以上大きくなる。

チューバは低い音域でふくよかで丸みを帯びた音色を持っているが，その一方で，非常に高い周波数の倍音を含んでいることを理解しておく必要がある。それは，これら高次の倍音はチューバに豊かな響きをもたらすばかりでなく，しばしば，好ましくない影響を及ぼすからである。

例えば，不適切な傾斜角を持つ反射面が存在して，この高周波成分を客席の一部に必要以上に反射したとすると，そのエリアで耳障りな響きを生じることになる。それは，この帯域に含まれるノイズ成分が不快な感覚をもたらすためであり，チ

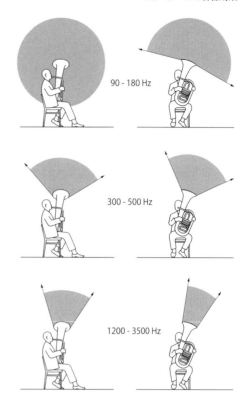

図 2.36 二つの鉛直面に対するチューバの主要放射方向（0〜−3 dB）

ューバの音色は粗く，いびつな（verfremdet）性格を帯びたものとなる。さらに，定位感覚の低下，すなわち，楽器の位置が正しく知覚されない可能性をはらんでおり，聴衆はチューバがこの反射面の裏側の天井付近に存在しているような印象を受けることがある。それは，直接音には強い低周数成分を含んでいるが，この成分は方向知覚にあまり寄与しないからである。

オーケストラの直上に位置する反射面は，オーケストラの大半の楽器にとって重要な役割を持っている。しかし，以上の論議から，チューバの演奏時には反射面について充分に配慮すべきことがわかる。また，豊かで安定した響きを得るためには，チューバ奏者は mf 以上のダイナミックで強奏すべきでないことも明らかである。これに加えて，チューバの高周波領域の放射音は鋭い指向性を持っているが，（チューバの横に座ることの多い）トロンボーンにとって天井反射音はさほど重

要でないことから，チューバの放射方向に対応するステージ天井の一部を吸音処理できるかについて検討することも必要である。

2.2.3.5 金管セクションの合奏

ステージ上の金管セクションの配置には二つの基本的課題がある。一つはホルンとそれ以外の金管パートとの響きのバランスであり，もう一つは金管セクション間でモチーフを受け渡す際の空間的効果である。

第一の課題として，ホルンの後ろにトロンボーンが来るとき，音量のバランスが崩れる現象があげられる。これは，両者の指向性から明らかなように，両パートの奏者には自分自身よりも他方のパートの音が強く感じられるためであり，（特にフォルテ以上の場合に）自分の音を強奏しすぎることがその原因である。ホルン奏者の多くは，この配置を許容するには（特にフォルテシモのパッセージに関して）ホルンの各声部の人数を2倍にしたいと考えている。この場合には，相手パートの音量が大きすぎると判断せず（良好な音量バランスにあると考えて），また，音量を下げよという指揮者の指示にも過剰に反応せず，本来の音量で演奏しなければならない。

こうした問題を避けるには，トロンボーンはホルンの後ろではなく木管の後ろに置くほうが好ましいと言え，そのとき，トランペットとトロンボーンの第1奏者と木管セクションの第1奏者を近づければ，パート間のコンタクトはさらに良好となる。例えば，ウィーンフィルハーモニーは楽友協会大ホールでの演奏会で（指揮者から見て左から右に）チューバ，トロンボーン（3-2-1），トランペット（1-2-3），ホルン（1-2-3-4）と並べる方法を数十年間，伝統的に採用している。

ホルンを他の金管から少し離して横一列に並べると，ホルン，トランペット，トロンボーンがモチーフを交互に演奏した際に，音像の位置が左右に移動して豊かな立体感を得ることができる。実際，ステージから30 m 離れた位置の客席であっても，こうした空間効果ははっきりと知覚できる。

例えば，A.ブルックナー『交響曲第4番』のスケルツォで，こうした楽器配置の効果を確認できる（譜例13参照）。なお，このフレーズが再び現れる箇所[22]では第3トランペットとホルンは同じ音符を演奏する。したがって，この二つのパートを大きく離すことは好ましくないことに注意されたい。

また，ベンジャミン・ブリテンの『シンフォニア・ダ・レクイエム』では，ホルンを他の金管楽器と対極する位置に置いて，トランペットとトロンボーンとの三者で主題を交互に演奏する。この場合には，ステージの両端にこれらの金管楽器を並べたときだけに，作者の意図した音のコントラストが実現するのである。

譜例13　A.ブルックナー『交響曲第4番』第3楽章9小節より抜粋，弦と木管を除く。

2.2.4 ティンパニ

ティンパニは，ピッチは低いにも関わらず（聴衆から見て）定位は良好である。これには音の時間構造が影響しており，打撃の強さとは無関係である。オーケストラにおいてティンパニが他の楽器と協調した響きを作ることは重要な課題である。このため，ティンパニはステージ後方の中央に配置して，対称に音を発生させることが多い。バロック期および古典期の音楽作品ではトランペットと連携した演奏が求められるため，この配置は自然な帰結と言えよう。コントラバスとの連携は特に重要であり，両者が対比的な声部を受け持つときに限らず（2.2.1.4節参照），ユニゾンでゆっくりとした序奏部を演奏する場合にも，これに該当する箇所が存在する。

この例として，カール・マリア・フォン・ウェーバーの『魔弾の射手』序曲（譜例14）の導入部を挙げることができる。ただし，この曲において，両パートを近づけて一体感のある響きを優先させるか，それとも同一音程の響きが空間的に拡がって存在することを好むのかは解釈上の問題と言えよう。それは，このパッセージの持つ不気味な雰囲気をより適切に表現するには，後者の方法が優っているという考え方が存在するからである。

また，H.ベルリオーズの『幻想交響曲』第3楽章終結部に現れる雷鳴のとどろきの空間的な響きを表現する箇所では，ホールの横幅全体に渡って4台のティンパニを均等に配置すれば，いっそうドラマチックな効果を得ることができる。

C.ニールセンが彼の『交響曲第4番』で指定している，ティンパニの配置方法も問題を含んでいる。それは2台のティンパニをオーケストラ最前列の左右に配置するというものであり，ティンパニパートには「終結部まで，途中弱音になることがあっても，威嚇の表情を保つこと」と記されている。これによって印象的な響きが得られることは疑いないが，大音量のパッセージではティンパニは弦楽器，なかでもヴァイオリンと共存することが非常に難しいという技術的な問題が生じてしまう。これに関しては（余分な負担を必要とするが），ティンパニを2台増やして，大音量のパッセージではオーケストラの後方に置いた2台のティンパニが演奏し，弱音の場合には前方2台のティンパニが演奏するという解決策が考えられる。

ティンパニが独奏楽器として用いられる場合，音量のバランスの点から，オーケストラの前方ではなく後方に置くことが好ましい。それは，ステージの後壁がティンパニ放射音に含まれる倍音成

譜例14　C.M.V.ウェーバー『魔弾の射手』序曲25小節より。

分に対して効果的に作用するからである。例えばジークフリート・マトゥスの『トランペットとティンパニのための協奏曲』のような作品では、こうした配置によって好ましい結果が得られる。

　後壁の効果について理解するために、図2.37には特に重要な周波数成分に対するティンパニの主要放射方向が示してある。図より、最低音域の（不協和な）同心円モードはすべての方向に一様に放射されること、協和的な部分音は水平面内では特定の方向に集中することがわかる。また、動径モードの振動による断面方向の放射音は、次数が高いほど、その放射エリアは平たくなる。つまり、最低次の同心円モード（不協和成分）に比べて、協和的な成分は水平面内に集中的に放射されるため、ティンパニ奏者の後壁から反射音が返ることによって、協和的な成分の音圧が上昇する。この結果、ティンパニの音質は「純音」に近づき、音程も明確に知覚されることになる。当然ながら、合唱がティンパニの後ろに来るときには、こうした効果は損なわれる。

　一方、側壁は（1次ではなく）2次の動径モードを反射することから、基音より5度上の成分音を際立たせる効果を持っている。ただし、この反射音に1次の同心円モードの放射音が含まれると、ティンパニの音は鈍く、「非純音性」の音質になることがある。こうした理由から、天井面は150Hzまでの周波数に対して反射性であることが重要である。したがって、しばしば見受けられる、複数の反射パネルで分割された天井や、照明用の大きな開口が設けられた天井はこうした点から好ましくない。

　ステージ床が振動すると、固体伝搬音が発生するのでティンパニの放射音の音圧は上昇する。この放射音の成分は主に（最低音域の）同心円モードを含んでいる。それは、ヘッド（膜）が同心円モードで共鳴するときには、同位相の力がケトル全周に加わり、（その振動が）脚を介して効率的に床に伝達するからである。また、ヘッドへの打撃が弱いときには、立ち上がりに強いノイズ成分

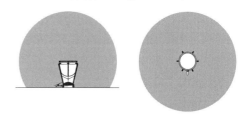

同心円モード（約100～150Hz）

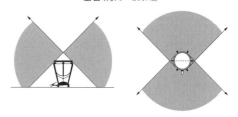

基音（約90～200Hz）

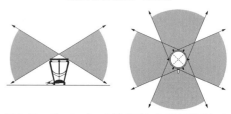

5度の倍音（約135～300Hz）

図2.37　ティンパニの鉛直面および水平面内での主要放射方向（0～−3 dB）

が発生するが、その後、膜振動は急速に減衰する。（このとき、ケトルと脚を介して生じた床振動は膜の非協和な低次モードの放射音を補強するとともに、膜の振動を抑制する方向に作用する。）ヘッドとティンパニ本体には大きな質量差が存在するため、この固体音の効果はさほど大きくはない。しかし、このとき生じる床振動は、程度の差はあっても（奏者はこれを知覚するため）奏者にとって好ましくない影響を及ぼす。したがって、ティンパニ周辺のステージ床の工法は重要な問題と言えよう。

2.2.5　グランドピアノ

　ピアノの音の特徴は歯切れの良い（Prägnanz）アタックと長い減衰音にある。このため、ホールの残響が長すぎると、この二つの特徴が損なわれ

る．したがって，客席エリアで美しい響きを確実に実現するためには，直接音のみならず，（アタックの切れ味に影響する）強い部分音や高次倍音は欠かすことができない要素である．また，程度の差はあるが，打鍵時に発生してアーティキュレーションに影響するノイズ成分も重要である．図2.38に示す鉛直面内の主要放射方向を参照すると，グランドピアノの屋根が開いている場合，こうした条件に関して，演奏者の右側が最も好ましい席であることがわかる．また，高音のキーについては，客席部の床に少し勾配がついていることがより効果的である．対照的に，奏者の左側の席はキーが高いほど不利であることが言える．

一方，天井からの反射音は低周波成分を補強するので，ピアノの響きにふくよかさ（Fülle）を付与している．なお，ステージの天井面は，打鍵時に鍵盤から発生するノイズ成分についても強い反射音を発生する．この反射音は，聴衆と奏者の双方にとって耳障りとなることがあり，特に，その遅れ時間が長いときにはその影響は顕著である．なお，打鍵に伴うノイズ（アタックノイズ）と協和性部分音の方向ごとのバランスについては，5.1節（図8.27）で言及する．

次に，水平面内については正面に対して±約30°以内に主要放射方向が存在する．したがって，この外側の席では，全体的な音量感はほぼ同一であっても，速いパッセージの（複雑な声部の識別性と音色に関する）透明感が低下することになる．さらに，低音の強さはすべての方向に対して一定であるため，座席の位置が正面から外れるほどピアノが他の楽器の音をマスクして，そのパッセージは明瞭性を失ってしまう可能性がある．こうした理由から，輝かしさに満ちたピアノの最良の響きは，ごく一部のエリアだけで聞くことができることが言え，それはホールの中心軸に対しておよそ±5°の範囲にすぎない．

グランドピアノの指向性は直接音と（響板からの放射音の）床からの反射音の重ね合わせで決まっている．このため，ピアノ近傍の音はピアニストの位置や（ピアノ協奏曲の）指揮者の位置で異なっている（Grützmacher and Lottermoser, 1936）．特に指揮者の位置では，屋根によって高周波成分が著しく遮蔽されるので，指揮者に聞こえるピアノの音は，音量は充分であっても鈍い音色となっている．この問題は，指揮者の位置をピアノの真後ろではなく，（一部の指揮者が好むように）鍵盤の延長線上に移動すると若干改善するが，ピアニストと視線を合わすことは難しくなる．

2台のピアノのための作品では，ピアノをどのように配置するかが大きな問題となる．通常，ピアニストは演奏技術上の理由から，2台の鍵盤が一列に並んだ配置を好むが，このときには，ステージ側（前方）のピアノの屋根を全開すると，後ろ側のピアノの放射音がブロック（遮蔽）されてしまうという問題がある．この場合，前方のピアノの屋根を半開きにすると，後方のピアノがブロ

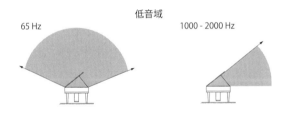

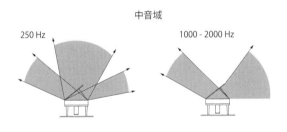

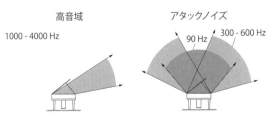

図2.38 グランドピアノの特に重要な部分音と打鍵に伴うノイズ（アタックノイズ）に対する，鉛直面内の主要放射方向（0〜−3 dB）．

ックされる問題はある程度，改善する。また，前方のピアノの高周波成分が少し弱音化するものの，聴衆の位置では後方のピアノと概ねバランスした音質になる。

一方，前方のピアノの屋根を取り払ってしまうと，高周波成分が必要以上に減衰するため，聴衆の位置では後ろのピアノが前方のピアノよりも明るい音色で聞こえるという問題が生じる。この場合，ピアノの音質は楽器付近と客席とでまったく異なったものになってしまうのである。

天井の反射面が充分に大きく，適度な傾斜を持っていれば，2台のピアノの屋根を取り払うことに一考の価値がある。ただし，天井または天吊り反射板の位置が高すぎると，良好な音響効果を得ることは困難である。すなわち，天井の高さが10 mを超えると，前方の座席では天井から遅れて到達する反射音によって，音の立ち上がりの輪郭が損なわれてしまう。さらに，この遅れ時間が約20 ms以下と短いときには（この短い遅れ時間を持つ）アタックノイズの反射音によって，ピアノの音質が耳障りな硬質感（Härte）を持つことがある。

この現象は天井反射音にノイズの高周波成分だけが含まれるとき，いっそう耳障りになる。それは，響板の共鳴による持続時間の長い低周波ノイズ（約90 Hz，持続時間は約100 ms）が充分強ければ，アタックノイズの高周波成分（継続時間は40 ms）はある程度の部分マスキングを受けるが，高周波成分だけが存在するときにはマスキングが期待できないからである（図7.21参照）。

ピアノの放射特性を考慮すると，2台のピアノを対向して配置することも可能である。この方法は，後ろのピアノ発生音の床からの反射を前方の楽器が妨げないという点で優れているが，2台の正確なアンサンブルには適していないため，奏者にとって好ましいとは言い切れない。

現代音楽では，ピアノはオーケストラの1パートとして用いられることがある。このとき，ピアノはステージの壁際に置くのが一般的であるが，ピアニストから指揮者が見えるように楽器を向ける必要がある。このとき，ピアノの位置は作品の要求，つまり，曲の構成に応じて，ピアノがどの楽器とのアンサンブルを行うのかということと密接に関係する。その相手は打楽器，あるいはチェレスタやハープであることが多く，このとき，ピアノとの融合した響きが求められる。

ピアノの音の輝かしさという点に関しては，ピアノは屋根を取り外して，オーケストラ下手に置くことが効果的であるのは当然のことである。一方，ピアノを上手に置くときにも，屋根を外すことが推奨できる。ただし，この位置では輪郭のある，鮮明な響きは得ることができず，楽器によっては高音域の響きが不足することもある。B. ブリテンの『シンフォニア・ダ・レクイエム』のように，あるフレーズではピアノとハープ，別の箇所ではピアノと金管の緻密なアンサンブルが求められる作品では，ピアノをステージの下手側に置くことが音質の観点から有効である。ただし，このときにはヨーロッパ方式の弦楽器配置を採用するか，コントラバスをステージ後壁を背にして最後列に配置する必要がある。

2.2.6　ハープ

ハープはオーケストラの下手側，ヴァイオリンの後ろに置くのが伝統である。この位置はヴァイオリン，あるいは（ヨーロッパ方式の配置であれば）チェロと響きを調和させるため適していることがその一つの理由である。もちろん，聴衆に与える視覚的印象も大切であることから，奏者の頭部と譜面台を楽器の後ろに隠して，ハープの全体の姿を見せるようにした結果ともいえる。これに対して，奏者がハープの前に来るとその姿はさほど魅力的ではないであろう。

図2.39の主要放射方向を参照すると，ハープの水平面内の放射パターンは基本的に対称であり，中音域で奏者の左側の放射音がわずかに強くなっていることがわかる。ハープの音色と音量感に特に大きく影響するこの周波数成分は，側方よりも

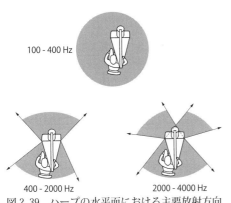

図 2.39 ハープの水平面における主要放射方向（0〜−3 dB）。

前方への放射音が優勢であることに注意されたい。また，正面からやや斜め前方への放射音が最も広帯域のスペクトルを持っていることから，ソロのハープ奏者の場合には，ステージ正面に対して 45 度方向に座ることが最も適していると言える。また，奏者の正面方向では 2,000 Hz 以上の放射音が弱いため，アタックの鋭さが不足することになる。つまり，ハープの音色は少し丸みを帯びるため，録音を行う際などにはこの違いに注意する必要がある。

オーケストラの 1 パートとしてハープを用いる場合には，奏者が背にする壁，つまり通常は下手側の壁が最も重要な反射面となる。これに対して，ハープ奏者から見て側方の壁の影響はさほど大きくはない。また，天井からの反射音は中音域成分（400〜1,000 Hz）を補うので，ハープの音質をさらに豊かにする効果がある。ただし，本節で述べた事柄はハープの響きを形成するための必要条件であって，チェレスタ，ピアノ，コントラバスなど他の楽器と協調して全体の響きを造ることをあくまで優先すべきことは言うまでもない。

2.2.7 オーケストラ全体の響き
2.2.7.1 楽器セクションのバランス

オーケストラやアンサンブルの「奏者の集合体としての響き」（Klangkörper）は，音域，音色，指向性がそれぞれ異なる楽器の多様性が一つに統合されることによって形作られる。したがって，オーケストラは音響学的にきわめて複雑な音源である。これに加えて，ある声部を受け持つ楽器がたった 2 台であり，その一方で，他の声部の楽器は多くの奏者やパートから構成されているという状況がしばしば起きる。さらに，オーケストラの各楽器はステージ上に拡がって分布していることも大きな意味を持っている。なかでも，それぞれの楽器から指揮者までの距離が異なっていることによって，指揮者の位置と客席エリアの各点で響きが異なっていることは重要な課題である。

こうした問題が存在する一方で，聴衆はバランスの取れたオーケストラの響き，つまり指揮者の作品に対する解釈ができる限り正確に伝えられることを期待している。このバランスは基本的に音の大きさと音色と明瞭性に関係しており，この三つの要素がそれぞれの楽器パート同士で「適正」にバランスする必要がある。また，このバランスはホールのいずれの席においても大きく異なるべきでなく，これが妨げられれば本来の響きとは違ったものになってしまう。

本書の後半では，各楽器の放射音のスペクトルと指向性について論じ，客席エリアで最良の明瞭性が期待できる放射方向を明らかにする。だが，この議論に沿って，すべての楽器パートが最良の明瞭性を達成すれば，最も好ましい響きが導かれると短絡的に結論してはならない。そうではなく，各声部の明瞭性に対する要求は音楽作品の様式によって異なるのである。

響きの明瞭性は，コンサートホールの規模が大きいほど低下する。したがって，大型（ただし適度な座席数の）ホールでは，適正な楽器配置を採用してオーケストラのバランスを確保することが第一の課題である。このためには，各楽器の放射音が卓越する方向を考慮するとともに，ひな壇の段差を大きくして奏者による互いの音の遮蔽作用を低減することが有効である。

図 2.40 はウィーン楽友協会大ホールのステージの状況であり，弦楽器のひな壇にも大きな段差

がついていることがわかる。通常，ステージの床から最も高いひな壇までの高低差は1.8 mであるが，（大戦で焼失した）旧ベルリン・フィルハーモニーではこの値は2.8 mに及んでいた（Winkler and Tennhardt, 1993）。

こうした理由から，大型のホールで演奏する際には，各声部の明瞭性を向上させるために様々な可能性を検討することが重要である。なかでも，（本来，比較的小さなホールでの演奏を想定して作曲された）古典派の作品では響きの透明感に対する充分な配慮が必要である。これに対して，ロマン派の作品については，初期のトランジェントが若干不明瞭になったとしても，（古典派に比べれば）より融合したオーケストラの響きが望ましいと言える。

当然ながら，ステージのひな壇の勾配が急になると，それにつれて各パートの音量も変化する。金管楽器が高い位置に来ると，平土間に座る聴衆に対して直接音の届く範囲が広がるので，弦楽器との音量バランスが変化する。したがって，弦楽器の数が少ないアンサンブルでは，金管の音が突出する危険性が生じる。この場合には音量のバランスを保つには，ひな壇の勾配を緩やかにすることが好ましい。反対に，弦楽器の数が多ければ，金管の乗るひな壇は高い方が音量のバランスはとりやすくなる。

これに対して，（通常は中通路から後ろ側の）床面が急勾配になっているメインフロアやバルコニーの席では状況は少し異なっている。（ホールの中心から離れた脇の席や，後方の席を除外すると）高い位置に座る聴衆には，管楽器の直接音が途中で遮蔽されず到達するという利点があり，ステージひな壇の勾配の持つ意味は小さい。しかしながら，メインフロアの前方と後方の席で響きが大きく異なっていることは好ましいとは言えない。こうしたホールでは平土間席の聴衆にも良好な直接音を供給することが極めて大切であり，管楽器のひな壇は急勾配とすべきである。このとき，管楽器が弦楽器奏者にブロックされないように，段差の異なるひな壇を用いることも有効である。もちろん，弦楽器の台数が少ないときには，弦楽器とバランスするように管楽器奏者は自らの発生音を調整しなくてはならない。

オーケストラの後ろ側に多数の客席がある場合には，管楽器のひな壇が急傾斜であれば（この客席エリアに対して）弦楽器の音を遮蔽することになる。ただし，音量のバランスに関して，これが不利に作用すると考える必要はない。それは，大部分の管楽器の放射音は前方に進むので，オーケストラの後ろ側での音量はさほど大きくないからである。したがって，この客席エリアの床面が急勾配ならば，ホルンをオーケストラの中央付近に置いて他の奏者で取り囲むことで，（この客席エリアにおいても）比較的良好なバランスを保つことができる。なお，ホルンの音量については慎重な配慮が必要であり，ホルンの背面の吸音処理は最後の手段と考えるべきである。

1960年代，ブラウンシュバイク・シュタットハレでは，楽器の配置方法とひな壇の段差が各楽器パートのバランスにどの程度の影響を及ぼすかに関して詳細な研究が行われた。この研究の意図するところは，このホールにとって最適のステージ設定条件を見出すことであり，当時，こうした研究は新しい試みであった。図2.41は，各パートのステージ上の平面配置と，断面方向の位置関

図2.40 ウィーン楽友協会大ホールのオーケストラ用ステージ。ステージ中央の1段目のひな壇はピアノのために撤去されている。

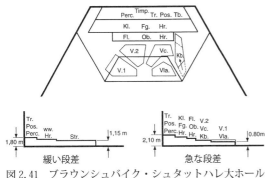

図 2.41 ブラウンシュバイク・シュタットハレ大ホールのステージの楽器配置

な楽器に対する指揮者の位置とそれぞれの客席の音圧レベル差が求められた。図 2.42 の右側には，ヴァイオリン（第 1+第 2），チェロ＋コントラバス，木管セクション，ホルンに対するこの測定結果が図示されている。なお，ベートーヴェンハレで行った調査結果（図 2.7 と図 2.12）では，ヴァイオリンとチェロの発生音の周波数特性を比較したのに対し，ここでは，指揮者位置と各測定点の音圧レベル差（dB）が棒グラフで与えられている。

係を示しており，下段の二つの断面図はホール開場時の配置方法と，第 1 回の音響調査後に変更した配置方法である。当初，弦楽器奏者は全員が同一平面上（客席床面から高さ 1.15 m）に座り，フルトヴェングラー式の配置が採用された。また，木管セクションとホルンは 1 段目，打楽器と金管が 2 段目のひな壇に置かれていた。

図 2.42 はこの二つのオーケストラの配置方法の違いによる音響効果の調査結果であり，4 ヶ所の客席の音圧レベルが（指揮者の位置の音圧レベルとの相対値として）示されている。なお，図中のマイクロフォンの記号が各測定点の位置を表している。

まず，指揮者の位置の音質は基本的に各パートからの直接音の音量に対応すると仮定して，主要

この結果は，「メインフロア後部」とバルコニーの席で弦楽器の音が弱いことを示しており，なかでもバルコニー席での低弦セクションの音圧は，指揮者の位置に対して約 −15 dB 小さいことに注目されたい。一方，この二つの位置で，管楽器は弦楽器ほど大きく減衰していない。管楽器の音圧は上手「メインフロア側方」の席で最も大きい値となっているが，それはホールの側壁が客席側に拡がった形状であるために，このエリアに側壁からの反射音が返っているからである。

図の右側の数値はそれぞれのパートについて求めた相対音圧の最大値と最小値の差を表している。これは各パートの音圧には無関係な量であり，各座席位置での楽器パートのバランスに関する一つの評価量と言える。なお，その定義から指揮者の位置でのこの評価量の値は 0 dB である。例えば，

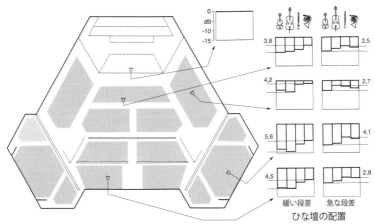

図 2.42 4 つの楽器セクションと 2 種類の楽器配置に対する，指揮者位置と数点の客席間の音圧レベル差。（ブラウンシュバイク・シュタットハレ）

「メインフロア中央」前方の席での音量バランスは，指揮者の位置に比べて 3.8 dB 異なっており，この状況はヴァイオリンの音量が最も弱く，ホルンの音量が最も強いことによって決まっている。このバランス指標はバルコニー席で最も大きく，5.6 dB となっている。

この音響上の問題は，楽器配置の変更とひな壇の段差を調整することで著しく改善する。図 2.41 の右下の図は，音響調整後に採用された楽器配置とひな壇の概要である。ここでは，弦楽器は 2 段に分かれて座り，最も低いステージ床面はメインフロアから 0.8 m の高さまで下げられている。木管とホルンは 3，4 段目，それ以外の金管と打楽器は 5 段目に配置されるが，ホルンが 2 台または 4 台のときには，トランペットとトロンボーンを前列に移動してファゴットの横に配置される。

「平面的」な楽器配置には大きな変更はなく，コントラバスを極力後方に移動する程度である。これはコントラバス自身への効果だけでなく，上手方向の壁に進むホルンの放射音をブロックすることを意図している。つまり，コントラバス奏者が上手の壁からの反射音を少し減衰させることによって，ホルンの音量が適度に抑えられるのである。また，ひな壇の段差が急勾配になったことで，弦楽器はより広い範囲に音を放射することが可能になり，木管楽器の音質も好ましい方向に変化している。

図 2.42 の右側の棒グラフは，（建築的な対策を伴わない）この配置変更による音量バランスの改善結果を表している。メインフロア後部とバルコニー席では，ヴァイオリンと低弦の音量が数 dB 上昇しており，木管の音量も同様に上昇している。つまり，最初の配置方法の欠点であった，この二つの位置の音量バランスは著しく改善したことがわかる。一方，メインフロア上手の側方の席では金管が少し弱くなって，他のセクションに対して過剰であった音量が抑えられている。

ただし，低弦の音量が上昇したことは音質の点で好ましくないと言える。これは（4 つの測定点で 4 つの楽器パートについて求めた 16 データに関する）配置方法の変更に伴う唯一の欠点である。バルコニーを除けば，この音量バランスの評価量の値は 3 dB 以内に収まっており，セクション間の音のバランスが著しく改善したことがわかる。

次に，これら 4 つの位置について，それぞれの楽器セクションの音量の変化に着目してみると，ここで行った配置変更は好ましい影響を与えていることがわかる。特に，当初 7 dB の違いがあった座席間の木管の音圧レベルは 3.5 dB に減少している。また，弦楽器についても同様な効果が得られている。

ここまでは音圧レベルについての考察であったが，スペクトルへの影響についても考慮する必要がある。さらに，ヴァイオリンや木管の発生音が（遮蔽を受けず）広い範囲に放射されると，客席エリアでは音圧レベルが上昇するだけでなく，倍音成分が豊富となってその音は輝かしさを増す。例えば，ヴァイオリンについては，メインフロア後部とバルコニーでオーバーオールの音圧は 3 dB 上昇するのに対し，1,000 Hz 以上の周波数成分は 5 dB 上昇する。また，オーボエの放射音が遮蔽されなければ，メインフロア最前列で高周波成分が 2～3 dB 上昇する。

楽器配置の変更による音圧レベルの周波数特性の変化の一例として，上述した 4 点におけるチェロとコントラバスの音量の違いを図 2.43 に示す。この場合も，指揮者の位置を基準（0 dB のライン）として，各点の相対音圧レベルが表示されている。この結果から，オーケストラの楽器配置の変更による音の変化は次のように説明できる。

メインフロア中央：コントラバスがステージ前方から後方へ移動したことによって，この座席エリアまでの距離が長くなり，最も低い周波数成分のエネルギーが低下している。一方，ひな壇が急勾配であるため，チェロの音はより自由に放射されるので，高周波成分が増加しており，低弦全体の音色には少し明るくな

2.2 ホールの音響効果 103

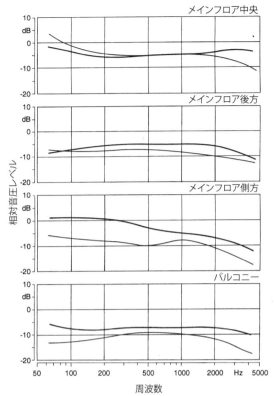

図 2.43 四つ座席位置における低弦セクション（チェロとコントラバス）の相対音圧レベル。指揮者の位置の音圧を基準値 0 dB とする（ブラウンシュバイク・シュタットハレ）。細線：緩い段差の配置，太線：急な段差の配置。

っている。

- **メインフロア後方**：新しい配置方法によってコントラバスの向きが変わったため，このエリアへ低周波成分が効果的に到達している。また，チェロの乗るひな壇が急勾配になったことで，中・高周波成分の音圧が上昇している。
- **メインフロア側方**：コントラバスの移動によって低音成分は上昇しているが，上述したように，これは欠点と見なすべきであろう。コントラバスを後ろに移動したことで，チェロによる遮蔽作用が減少したこともその一因である。なお，この位置ではチェロの高周波数成分のエネルギーも上昇している。
- **バルコニー**：コントラバスの移動とチェロの位置が高くなったことで，（メインフロア後方と同じく）すべての周波数で音圧レベルが上昇している。

オーケストラをフラットな床面に配置すると，それぞれ楽器パート間の音量バランスに問題を生じるだけではなく，アインザッツ（演奏の開始部）の応答性（Prägnanz）の妨げとなる。図 2.44 には，これに関する音の構造を比較するため，図 2.42 の 5 点で記録した W. A. モーツァルトの交響曲の開始部和音（譜例 15）のソナグラムが示されている。図の縦軸は倍音の次数に対応しており，（やや周波数分解能は粗いが）帯域毎の音の強さが濃淡で表されている。時間軸の右端に記した 8 分音符の時間長からわかるように，このソナグラムは，第 1 小節の最初の 4 分音符の長さにほぼ対応する部分音の構造を表現している。

このデータによると，指揮者の位置ではすべての周波数成分，つまり，あらゆる楽器パートは同時に立ち上がって，楽譜通りの正確な音の響きとなっているのに対して，客席エリアの 4 つの測定点のソナグラムの開始部は，周波数ごとに異なった遅れ時間で立ち上がっていることがわかる。まず，メインフロア中央では b^2，基音の周波数は約 950 Hz）が低音の声部より遅れて開始している。この原因としては，弦楽器がこの曲をアルペジオで開始するために最も高いこの音符が少し遅れて生じること，また，1,000 Hz 周辺の成分は主に天井方向に放射されることが挙げられる。このように（指揮者の位置に比べると）アルペジオによる時間遅れが強調されることに加えて，この b^2 を共に演奏する第 1 オーボエがこの席では前方の奏者の陰になっているため，その放射音が主に天井反射音として遅れて到達することも影響している。

この現象はメインフロア側方ではさらに際だっている。この位置では（ホルンを含む）低弦が強い音で速やかに立ち上がった後，b^2 の音は約 1/16 秒遅れて到達しており，このときにも前方奏者による音のブロックと天井を迂回する反射音がその原因となっている。

メインフロア後方では，この和音の立ち上がり

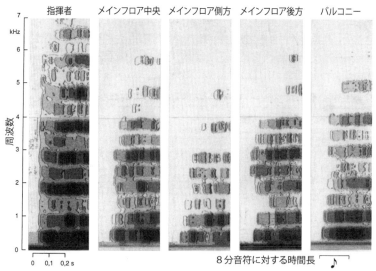

図 2.44　ホール内の 5 つの位置で記録された W. A. モーツァルト『交響曲第 33 番』(K 319) 第 1 楽章の開始部和音 (譜例 25 参照) のソナグラム。

譜例 15　W. A. モーツァルト『交響曲第 33 番変ロ長調』(K 319) 第 1 楽章の開始部

はかなり正確である。この位置では，オーボエの指向性とそのフォルマント周波数の効果で，2〜3 kHz の帯域で強い直接音が到達しているが，ヴァイオリンのエネルギーの大半は天井からの反射音として到来する。この位置では低弦からの放射音の立ち上がりも速やかであり，この和音の開始部 (アインザッツ) はまとまりのある響きとなっている。

これに対して，バルコニーでは低弦までの距離が短いため，低弦セクションの音が先に開始している。このとき，高音の声部の遅れ時間は約 1/30 秒とごくわずかであるため，有害な現象は生じていない。さらに，ヴァイオリンと木管はともにバルコニーの方向に強い直接音を放射するため，正確なアインザッツが実現している。

以上の検討結果から，総じて，ステージの高さは (メインフロアの床面から) 約 1 m の場合に比べて 80 cm の方が前方の弦楽器セクションにとって音響的に有効であること，また，ひな壇を複数に分割することで音のバランスが改善し，客

席エリアの音質がより明瞭になることが言える。

この知見は，ベルリン・シャウシュピールハウスで行われた最近の一連の研究からも追認することができる（Winkler and Tennhardt, 1993）。その研究では，ひな壇前方の段差を拡げ，かつ，ステージ最前列の（メインフロアの床面からの）高さを 80 cm に下げると，客席エリアの音のバランスと透明性がはっきりと改善すること，また，ステージの上部に反射パネルを傾斜させて設置するとさらに（わずかではあるが）改善が得られることを，十分な聴取経験を持つ複数の被験者が証言している。

こうした急傾斜のひな壇はオーケストラ奏者間の音のコミュニケーションにとっても有効であり，特に木管奏者にとって弦楽器の聞き取りやすさが改善する。なお，アメリカ方式の座席配置を用いた場合には，チェロと第 1 ヴァイオリンは互いの音の聞こえは良好であるが，第 2 ヴァイオリンとヴィオラの関係は改善しない（Winkler and Tennhardt, 1993）。

2.2.7.2 楽器配置の新たな試み

前節までのすべての考察は伝統的な楽器配置に基づくものであり，ひな壇の上に並んだ管楽器の前方に弦楽器が位置していた。もちろん，この編成方法を完全あるいは部分的に中止して，新たな方式を考えることも可能である。その最も重要な試みは L. ストコフスキーによるもので，彼はオーケストラの全楽器の客席方向への放射条件を最適化することを指向した。これは，すべての音域について良好な直接音が得られることを意味しており，すなわち，放射音の全帯域のスペクトル成分，なかでも，高周波成分が前方の奏者にブロックされないことを意図している。もちろん，この場合にはパート毎に音の強さがそれぞれ異なっているため，音量のバランスに問題が生じることになる。

L. ストコフスキーの意図を実現するに当たって，P. S. ヴェネクラーセン（Veneklasen, 1986）は当時最新の各楽器の音響パワーと指向性のデータのデータに基づいて，様々なオーケストラの楽器配置を提案し，部分的な実験検討を行っている。この演奏実験の中で，特に興味深いものとして，一般的なアメリカ方式の楽器配置と，各弦楽器パートの第 1 プルトだけを指揮者の周囲（通常の位置）に配して，残りの弦楽器を管楽器とともにひな壇に置いた場合との比較がある。このとき，指揮者の左側，コンサートマスターの後ろには木管を（トップ奏者を客席側にして）置き，右側のチェロの後ろにはホルン，それに続いて他の金管が並べられた。

通常のアメリカ方式の楽器配置に対して，この新しい方法による（シアトル・オペラハウスでの）聴衆エリアの音量バランスは，次のような結果となった。（金管で最も音量の大きい）ホルンパートは後壁からの反射音が得られないため 3 dB 低下した。また金管楽器が客席に対して 90°（指揮者の方向に）横を向いて演奏したため，金管セクション全体で 5 dB 減少した。これに対して，弦楽器の音量は変化しなかったため，（弦楽器と管楽器の）バランスが改善したと感じられた。なお，この実験では奏者間の互いの音の聞き取りやすさついては考察されなかった。

L. ストコフスキーはこのホールにおいて，あるシーズンの開幕演奏会でもう一つの実験を行っている。このとき，彼は，上述の弦楽セクションの配置を採用したが，その全体をほぼ中央から下手側に移動し，チェロの正面を客席エリアに向けた。さらに，木管の 4 パートを指揮者の右側のひな壇に並べ，その後ろにホルンと金管楽器をステージ上手の壁を背にして階段状のひな壇上に配置した。

この演奏会に出席した聴衆は，最強音のトゥッティであっても金管楽器に埋もれることのない，弦楽器全体が醸し出す合唱に似た響きに感銘を受けた。残念ながら，この実験では音の測定は行われていない。また，奏者の同意が得られなかったため，この楽器編成は初日の演奏会以降は実施さ

れなかったが，その詳しい理由はわかっていない．

これとは別に，L. ストコフスキーは指揮者をステージ中央ではなく上手の壁際に置くという，それまで前例のない楽器配置を試みている．この方法では，指揮者の前には順に（ステージの上手側を向いた）4 列の木管，ホルン，他の金管，ティンパニが並び，その最後尾はステージ下手の壁際に達していた．これらの管楽器群の後ろにはひな壇が置かれ，その 1 段目には（この段の右側に指揮者が立っていた）8 プルトの第 1 ヴァイオリンが（上手から下手側に）座った．2 段目から 4 段目には，第 2 ヴァイオリン，ヴィオラ，チェロがその人数に応じた間隔で座り，下手の最後部にコントラバスが並べられた．

本節で紹介した，楽器配置の試みはすべて，オーケストラの音量をバランスさせ，さらに，弦楽器の持つ合唱のような響きを強調することを目的としている．すなわち，これらの方法は，古典派やロマン派のレパートリーに求められるオーケストラの響きの空間的なバランスを実現する楽器配置とは大きく異なっている．こうした試みが，どのような新しい展望や発展をもたらすかは今後の課題と言えよう．

2.2.7.3 空間的効果

前節までの楽器編成の議論では，それぞれの声部を空間的に離して配置すれば，モチーフを受け渡す際に（各声部の）透明感が向上する事例について説明した．このとき，異なる楽器セクション間であたかも対話するかのようにモチーフを受け渡すことができれば，それに伴って空間的な音響効果はいっそう好ましいものになる．あるモチーフが高音から低音の楽器へ（あるいはその逆向きに）一度だけ移動したとしても，その効果は音色の変化にとどまらない．すなわち，オーケストラの中を音源の位置が空間的に移動し，ときには不意に急変することによって，音楽は確実にその魅力を増すのである．こうした理由から，最近は電子楽器を再生する場合にもこうした空間的効果が意図的に用いられている．なお，我々の聴覚は（同種の楽器に対して）約 3°の入射方向の角度差を知覚しうることから（5.2.4 節参照），こうした効果を得るには，必ずしもステージ上の奏者間の距離を大きくとる必要はない．

こうしたパッセージの代表的な事例として，パウル・ヒンデミットの『管弦楽のための協奏曲』（作品 38）からの抜粋を譜例 16 に示す．このパッセージの音響効果を実現するためには，（ひな壇に段差があったとしても）フルートとクラリネットとトランペットは横一列に配置すべきであり，これらの位置が前後に重なることは好ましくない．それは（後者の場合には）聴衆にとって，それぞれの声部の音色的な違いが聞きとれても，3 連符による声部の移動が識別できなくなってしまうからである．同じ様に，アロン・コープランドの『交響曲第 3 番』のフルートとトロンボーンの掛け合いの箇所では，この二人の奏者を前後ではなく横に並べることによって十分な効果が期待できる．

これに対して，複数の楽器を組み合わせて，融合した効果を持つ新しい音色を作るという手法がある．これに該当する異種楽器の組み合わせの代表的な事例として，M. ラヴェルの『ボレロ』に見られる主題旋律の 6 回目の反復でのトランペット（弱音器付き）とフルートの 1 オクターブ離れたユニゾン，あるいは譜例 29 に示すホルンとピッコロとチェレスタの組み合わせが挙げられる．こういった場合には，これらの楽器を接近して配置することが音色の点から望ましいのは当然であるが，さらに，そのリズムとイントネーションの正確性を保つためにも有効である．

低音の声部を組み合わせる場合，なかでも，これらの楽器が豊かで柔らかな音色を持つときには，楽器の配置方法はさほど重要ではない．また，弦楽セクションと管楽器の一つの声部の組み合わせについても（聴衆エリアがステージ正面だけであれば）さほど大きな問題は存在しない．それは，弦楽器はステージ上に拡がって知覚され，鋭く定

2.2 ホールの音響効果　107

その例として，L. V. ベートーヴェンの『交響曲第 8 番』第 1 楽章の終結部から少し手前の長いフェルマータで現れる 3 番目のアタック（第 332 小節）がある。

　2 組のオーケストラやアンサンブルを対象にして作曲された作品では，（通常，それは作曲家の意図であるが）特別な空間的効果を得ることができる。例えば，ヨハン・クリスティアン・バッハの『2 組のオーケストラのための交響曲』やマイケル・ティペットの『2 組の弦楽合奏のための協奏曲』がこのカテゴリーに該当する。この二人の作曲家は，二つのアンサンブルには優越をつけず，対等な役割を求めている。つまり，ステージを左右に分割して，奏者を対称に配置することが作者の意図に沿っているのである。このように，ホールの中心線に対して奏者を左右に分離する際には，ヴァイオリンを指揮者から両側に 1〜2 m 離して配置すると，その空間的効果は一層明確になる。この方法は，ホールの規模が大きい場合に，特に効果的である。

　この場合，2 組のオーケストラの弦楽セクションがドイツ方式の配置であれば，下手側の第 1 オーケストラの高弦は，上手側の第 2 オーケストラの高弦よりも輝かしい音色となる。この現象は，二つのオーケストラの響きの違いとなって現れる。したがって，低弦と管楽器の奏者はこの音質の違いに応じた演奏を求められることを了解しておく必要がある。このとき，コントラバスがそれぞれステージ両側，奥のコーナーに来ると，下手側のコントラバスの音はより広い範囲に放射されることになる。一方，二つのチェロパートは共に正面を向いているため，音色的な違いが区別されにくい。このため，チェロパートの音量には充分な配慮が必要である。また，上述した J. C. バッハの交響曲（Op. 18）を演奏する場合，『第 1 番』と『第 3 番』では，第 1 オーケストラのフルートは第 2 オーケストラのフルートに比べて，より自由に音を放射させることが好ましい。一方，『第 5 番』ではオーボエとフルートの音色の違いによっ

譜例 16　P. ヒンデミット『管弦楽のための協奏曲』第 4 楽章の開始部からの抜粋，ティンパニを除く。

位しないためである。

　ただし，多くの古典派の作品では演奏技術上の理由から，トランペットとティンパニを近づけて配置する必要がある。とりわけ，オーケストラが作り出す和音に両楽器がリズミカルなアクセントを重ねる場合，この位置関係は非常に大切である。

て生じる，二つのオーケストラのアンバランスに注意する必要がある。

　弦楽セクションの分割に関する同様の問題はフランク・マルタンの『（ハープ，チェンバロ，ピアノ，二つの弦楽合奏のための）小協奏曲』，あるいはベーラ・バルトークの『弦楽器，打楽器とチェレスタのための音楽』についても存在する。これらの作品では，ステージのほぼ中央に鍵盤楽器と打楽器，そしてハープが配置されるため，左右に分かれて座る二つの弦楽セクションの空間的効果はひときわ強調されることになる。F.マルタンの作品では，音量の点からピアノよりもチェンバロの位置を優先する必要がある。B.バルトークの作品では，中央のソロ楽器はなるべく狭い範囲に集中させて，ステージの最下段に置く必要がある。それは，この曲では二つの弦楽器声部が必ずしも対位法的には扱われず（例えば，第2楽章の開始部），ユニゾンで演奏することも多いからである。

　これとは対照的に，W. A. モーツァルトの『セレナーデ・ノットゥルナ』(K 239)（副題は2組の弦楽アンサンブルのためのセレナーデ）では，2組のオーケストラを左右に並べることは不適当である。この作品では「第1オーケストラ」はソロの役割を担う4名の弦楽器だけで構成されている。したがって，この場合にはバロックの弦楽協奏曲と同じようにとらえて，4名の奏者は空間的に拡がった全体の響きの核となるよう（中心に据えるよう）配慮すべきである。ただし，この作品を大人数の弦楽セクションからなる第2オーケストラで演奏するときには，4名のソリストを指揮者の左側に置くことが有効であり，特にこの方法はソロのヴィオラと（チェロによるサポートのない）コントラバス奏者にとって効果的である。

　メインのオーケストラに対してエコーの役割を担う楽器セクションが用いられる作品では，両者の距離を十分にとる必要がある。例えば，J. ハイドンの『2組の弦楽トリオのためのディヴェルティメント』では，一方のセクションが演奏した旋律を，もう一方のセクションが時間的に遅れて繰り返して演奏する。この作曲技法はさらに拡大し，W. A. モーツァルトの『セレナーデ』(K 286)では弦楽セクションと2台のホルンから構成される4組のアンサンブルが用いられている。

　理想的な場合，コンサートホールはステージから遠い別の位置にこうした作品用の演奏ギャラリーを備えており，エコーを受け持つアンサンブルを配置することができる。ベルリン・フィルハーモニーはその一例である。しかし，「エコー」を分担するアンサンブルをメインのオーケストラの近くに置かざるをえない場合には，移動式の壁を仮設するか，アンサンブルを客席と「反対側」に向けることによって，客席方向に進む直接音を弱める必要がある。このとき，「エコー」を担うアンサンブルでは残響音が卓越するので，メインのアンサンブルの音とはっきりと区別することができる。なお，この場合にはエコーを受け持つアンサンブル奏者の数をメインのアンサンブルの数より少なくすべきではない。それは，奏者の数が少ない場合にはエコーの声部が透明感を持ってしまい，エコーの持つべき不明瞭な音質と距離感が得られないからである。

　エコーを受け持つアンサンブルが階段やロビーで演奏して，その音（これらの部屋の残響を含めて）が扉や窓など開口部を介してコンサートホールに到達するとき，その音質はいっそう余韻を持ったものになる。この方法は，遠方から到来する音を作曲家が意図している場合に非常に効果的である。その著名な例はL. V. ベートーヴェン『レオノーレ序曲第2番』と『第3番』のトランペットの合図（バンダのファンファーレ）である。G. マーラー『交響曲第3番』のポストホルンのソロ，また，すでに言及したH. ベルリオーズ『幻想交響曲』での「彼方からの」オーボエは，この方法によってきわめて表情豊かに演奏することができる。

　また，この極端な例としてヨハン・シュターミッツ『エコー交響曲変ホ長調』を挙げることがで

きる。この曲では2台の第1ホルンに対して、エコーの役目を受け持つ2台の第2ホルンはなるべく遠方に配置する必要がある。それは、第1ホルンには（後壁の方向に強い指向性を持っているため）ホールの残響が付加されるためであり、第2ホルンの直接音をできる限り抑えてエコーらしさを演出することが重要である。

この際、（エコーを担当する）奏者から指揮者を目視確認することが難しければ、TVモニターを設置すれば解決するが、エコーを受け持つ奏者がイントネーションを感じ取ることができるように、メインのアンサンブルが十分な音量、かつ、倍音成分まで含めて聞こえることが絶対条件となる。また、TVモニターの使用が困難なときには、スピーカやヘッドフォンを用いても良い（舞台裏の歌手と奏者に関する4.4.2節を比較参照されたい）。一方、「エコー」の距離感は、エコー奏者が直接音成分の放射方向をホールとの開口部に向けて演奏すると強調される。したがって、例えば『レオノーレ序曲第3番』でトランペットの合図を繰り返すときには、この方法を用いるといっそうの効果が得られる。

一方、（エコー奏者用の部屋とステージ裏をつなぐ）複数の扉を開放すると、エコー音源の実際の位置はさらに不鮮明になる。さらに、エコー奏者用の部屋に適宜、カーテンやカーペットを設置すれば、適宜、望ましい音質に対応することができる。最後に、エコーの距離感はホールとの開口部にカーテンを設ければ高周波成分が弱まるため、強調されることを付け加えておく。

2.2.8 歌声

2.2.8.1 合唱

オラトリオや合唱を伴う管弦楽作品ではオーケストラに加えて合唱の配置方法という二つの課題があり、一般に、後者を優先して考えることが多い。このとき、一人一人の歌声を聴衆に向けて明瞭に伝え、なおかつ、（少なくとも大きなホールでは）音響エネルギーを良好に伝達して十分な音量を確保する必要がある。さらに、合唱の響きには、その明瞭性と音色が空間的に均一であることが求められる。

合唱はインコヒーレント[23]な音源の重ね合わせである。また、合唱の響きは空間的に一体化したものであって、一人一人の歌声を個別に分離することはできない。さらに、合唱の各声部を離して配置しても、遠くの客席ではその定位は曖昧になる。合唱の全体の響きは空間を満たすような印象を持っているが、これには側壁からの反射音が主に寄与している。ただし、各声部の配置方法に応じて、空間的な音のバランスには異なった感覚が生じる。例えば、女声を前方、男声を後方に置くと、左から右へ順にソプラノ、アルト、テノール、バスを並べた場合に比べてより均整のとれた響きが得られる。ただし、アメリカ方式のオーケストラ配置においては、後者の配列のほうが適していると言えよう。

通常、合唱はオーケストラの後ろに配置されるので、歌声にとって床からの反射はほとんど期待できない。一方、天井とことに側壁からの反射音は、歌声の主要放射方向が示すように（図8.33参照）、高周波成分を補強すると期待できる。この場合、歌手の正面方向に対しておよそ±60°以内に存在する壁面が特に大きな効果を持っている。天吊りの反射板を使用する場合にはその高さを十分にとり、歌手の視野に入らないようにする必要がある。それは、低い位置にある反射板は客席エリアに有効な反射板を返すのであるが、合唱の歌手には、反射板の上に音が抜けて客席空間の中に消えていくような感覚が生じるためであり、著しいマイナスの影響を生じてしまう（Burd and Haslam, 1994）。

前方への音の自由な放射を確実なものにして、さらに、合唱団員が互いの歌音をブロック（遮

---

[23]「互いの位相関係がランダム」という意味

蔽）することを避けるためには，団員が乗るひな壇の平均勾配を（状況が許せば）約45°とする，つまり，各段の奥行きと段差を同じ寸法にする必要がある。このとき，直接音は途中で遮蔽されず，側壁の反射面に到達することになる。

　合唱が段差の低いひな壇に並ぶときには，その指向性から明らかなように（下方に向かう）最も強い放射音成分が弱められる。一方，天井からの反射音は途中でエネルギー減衰を受けないため，直接音よりも強い振幅で客席エリアに到達する。したがって，合唱の歌声の（音色的な）透明感と明瞭性，そしてアーティキュレーションが著しく低下することになる。この場合，合唱団員が発声した音響エネルギーの大半は空間内の残響音となってしまうのである。ただし，残響の短いホールでは，直接音のエネルギーが著しく弱いときには，この後部残響音はプラスの影響を及ぼすと考えられる。

　天井の高いホールでは，（ひな壇を用いず）フラットな床面に合唱を配置することは決定的に不利な状況に陥ってしまう。それは，前方の合唱団員による直接音の遮蔽作用が起こり，（このとき，客席エリアに強い振幅で到達する）時間遅れの大きな天井反射音がアーティキュレーションを損ねるからである。ホールの天井高さの限界は（歌手が立つひな壇から）8〜10 m程度であり，この値は客席の配列方法に応じて決められる。

　聴衆にとって，合唱の背面の壁は主として中・低周波成分を補強する効果を持っている。このため，合唱の後ろの開いた空間を閉じる移動式の仕切り壁は，最後列の歌手の頭部より少なくとも0.5 mの高さとすべきである。合唱団員の互いの声の聞こえに関して，周囲の壁や天井から反射音が得られないときには，背後の壁が非常に重要となる。後述するように，歌手のコミュニケーションに最も寄与するのは，歌手から2.5〜6 mの距離にある反射面である。

　合唱団員が狭い間隔で並んだとしても，それぞれの団員にとって，合唱全体の響きから突出して聞こえるのは近くの団員の直接音に限られる。すなわち，互いの声の聞こえに及ぼす団員間の距離の影響は限定的である（Ternström, 1991b）。団員各人にとっての「個別的な拡散距離（individuelle Hallabstand）」，つまり，一人の合唱団員の直接音と合唱全体の拡散音のエネルギーが等しい値となる距離は，合唱の規模にもよるが，通常の拡散距離の約1/3から1/5であり，コンサートホールでは1.7から1.0 mとなる。すなわち，団員の並ぶ間隔を狭めても，他のメンバーから聞こえる直接音の数がさほど増えるわけではないことが言える。また，これによって客席空間での合唱の響きの均一性が影響を受けるのも，ごく一部のエリアに限られる。

2.2.8.2　声楽ソリスト

　声楽ソリストの立つ位置には状況に応じて次の三つ，すなわち，オーケストラ前方の指揮者の横近く，オーケストラの後ろ側で後壁を背にする壇上，合唱用ギャラリーの中央が考えられる。これらの立ち位置の長所と欠点は音の放射特性に関する観点（音量，歌声の音色，明瞭性），さらには合唱との一体感あるいは合唱からの距離感（空間的な分離感）の観点から評価する必要がある。

　指揮者の横にソリストが来るときには，指揮者との連携がとりやすいことに加えて，聴衆との距離が短くなり，さらにはステージ床からの反射音の作用も期待できる。ただし，ステージ床の効果を得るためにはソリストはステージ先端から2 m以上離れて立つ必要がある。このとき，オーケストラが近くで「支えるように」伴奏することで，ソリストは安心感を得ることもできる。

　ただし，ホールの響きによってソリストがどの程度，自分の声をコントロールできるかどうかは，客席エリアからの反射音の性質によって決まり，ステージ周辺の音場（反射音）では評価できない。この場合，反射面は6 m以内にあることが望ましいが，声楽ソリストにとって絶対に必要ということではない。これに対して，空間の残響音，つ

まり後部の反射音成分は重要な役割を担っている。

　幅の広いホールではオーケストラの正面から外れた左右のエリアに多数の客席が設けられているが，このエリアの聴衆にとって，指揮者の横にソリストが来ることは好ましくない。それは歌声の指向性から明らかなように，充分な直接音が到達するのは歌手の視線方向に対して，頂角±45°の円錐内に限られるからである。この（円錐状に拡がった）主要放射方向は，ホールの横幅が 20 m ではステージの先端（間口）から 11 m で側壁と交差する。しかし，横幅が 40 m であれば側壁と交差するまでの距離は 22 m となり，多数の客席が主要放射方向の外側に位置することになる。これに加えて，こうした左右の客席ではソリストと合唱の声が空間的に分離して聞こえるため，二つの歌声が一体となった響きが求められる曲では耳障りとなってしまう。例えば，J.ブラームスによるアルトと男声合唱とオーケストラのための『アルト・ラプソディ』はこれに該当する作品である（譜例 17 参照）。

　声楽ソリストが反射性の後壁を背にして立つ場合，（聴感上は知覚されない後壁反射音によって）直接音のエネルギーが低・中周波数で 4〜5 dB 上昇する。この結果，このソリストにとっての拡散距離は実質的に約 2 倍になる。つまり，直接音として「到達」するエネルギーが増えることで，（ステージ前方にソリストが立つ場合に比べて）遠方の客席の音響条件が改善する。特に横幅の広いホールでは，この位置にソリストが来ると歌声に問題のある客席数が減少し，なかでも，オーケストラの正面から外れた左右の客席でその響きが著しく改善する。当然ながら，聴衆には，ソリストへの視覚的な親密感も非常に重要である。したがって，遠方のソリストに対しては，特別なステージ照明やステージ囲いの色調を調整して，視覚的に際立たせる配慮が必要である。

　声楽ソリストにとって，オーケストラの後ろに立つということは，自身の声に対する空間からの音の返りとオーケストラの楽器からの直接音が同一方向から到達するという点で，（前方に立つ場合との）違いがある。このとき，上述したステージ後壁からの反射音と，（とりわけ）天井から十分な強さの反射音が得られなければ，声を発する手がかりを得ることができなくなり，歌声のコントロールが非常に難しくなってしまう。音響的な見方を別にすれば，主催者は傑出したソリストをわざわざ遠方に立たせることを望むはずはなく，一般的には，指揮者の横に立つことを主張すると

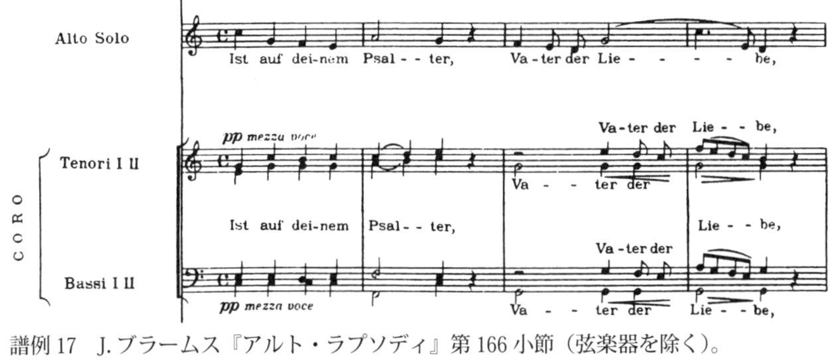

譜例 17　J. ブラームス『アルト・ラプソディ』第 166 小節（弦楽器を除く）。

考えられよう。

　合唱用ギャラリーの中央に声楽ソリストを置くことは，側方に座る聴衆に直接音を伝えるために効果的であり，さらに，合唱とソリストの歌声を一体化するためにも適している。このとき，ソロの歌声が合唱に対してどの程度，際だつべきか否かは，それぞれの作品の楽曲構造によって決まる。ソリストにとって，この位置は背後に反射面を持つという長所があり，オルガン本体や移動式の壁がこの作用を担っている。また，声楽家本人にとっては天井までの距離が縮まることで，オーケストラの真後ろに立つ場合に比べて，上部空間からのホールの響きが聞こえるという利点がある。したがって，ソロの歌声にとってオーケストラの音によるマスキングは軽減される。

第3章 楽器編成と奏法に関する音響学的考察

3.1 アンサンブルの規模

3.1.1 歴史的変遷

作曲家が，自分達の作品の演奏に使用できたオーケストラの規模は，そのオーケストレーションに決定的な影響を与えている。なかでも，作品中の管楽器の数が，そのとき何人の奏者が確保できるかで決まったことから，実現可能な管楽器の規模に応じて弦楽器の響きが設定された。しかし紛れもなく，優れた作品を創った作曲家達の音に対する感性は，その際に用いることのできたオーケストラの規模を超越していたと考えるべきであろう。オーケストラの規模を歴史的に概観すると(Schreiber, 1938; Becker, 1962)，「作品の意図に忠実」な演奏を行うための基準が明確になる。ただし，今日の演奏会場の空間的性質は当時と大きく異なっているので，演奏を行うにあたって作品のオリジナル譜に記された指示を必ずしも絶対視する必要はない。

バロック期の代表的なオーケストラは室内アンサンブルを拡大したものであった。例えば1730年，ライプツィヒ時代のJ. S. バッハは，彼の教会音楽にはできる限り小規模な楽器編成を用いることを市当局から要求されている。その規模は，第1と第2ヴァイオリンはそれぞれ2または3名，ヴィオラ4名，チェロ2名，コントラバス1名に加え，木管6名，トランペット3名，ティンパニ1名であった。1746年，ライプツィヒの音楽協会は弦楽器奏者を増員し，第1と第2ヴァイオリンは各5名，ヴィオラとチェロとコントラバスは各2名の規模となった。通常，管楽器パートは各1名であり，通奏低音用のファゴットだけが2ないし3名であった。アルカンジェロ・コレッリやアントニオ・ヴィヴァルディのコンチェルトグロッソについても，通常はこれと同規模の編成であったと想定されるが，一部には，非常に多数の弦楽セクションが用いられたとの記録もある。これとは対照的に，イタリアのオペラハウスでは30名以上のヴァイオリンを含むオーケストラも例外ではなかった。

J. シュターミッツが楽長（Kapellmaister）を務めたマンハイムの宮廷は，オーケストラの新しい楽器編成法の出発点の役割を果たし，古典期の響きの基礎を形作った。1756年には，彼はすでに10+10+4+4+2の弦楽セクションに加え，オーボエとファゴットを各2台，フルートとホルンを各4名，トランペット12名とティンパニを用いていた。低音の声部の規模は小さかったが，（旋律を担う）高音の声部が大人数であることが特徴的であり，この編成は低音を強調したバロック期とは対比的である。このオーケストラは当時，ヨーロッパで最高の評価を得ていたが，他の音楽団体の大半はその規模の大きさの点ですら追随できなかった。

J. ハイドンは1761～1765年の間，アイゼンシュタット宮殿とエステルハーザ宮殿に在任した。このとき，彼が率いたオーケストラは11名の弦楽器と5名の管楽器と補助のトランペットとティンパニ，軍楽隊から2名のホルンだけで構成されていた。表3.1に年代別に整理して示すように，この後，彼の楽器編成は2倍に拡大している。なお，1780年以降の一時期については，弦楽セクションの各パートの構成はよくわかっていない。一方，J. ハイドンが『後期交響曲（第93～104番，

いわゆるロンドンセット）』の演奏で用いた楽器編成はさらに大きくなっており，なかでも木管の数が2倍となっていることは特筆されよう（Robbins Landon, 1976）。

W. A. モーツァルトやL. V. ベートーヴェンについても，自らの交響曲を演奏する際に用いることができたオーケストラの規模は，通常，エステルハーザ伯爵のものと同程度であった。例えば，当時，『交響曲第3番（エロイカ）』の（非公式の）初演が行われたロブコヴィッツ伯爵の専属オーケストラは各4名のヴァイオリンパート，各2名のヴィオラ，チェロ，コントラバスで構成されていた。特別な機会には，さらに多くの奏者を動員することもあったが，その場合，弦楽セクションはアマチュア奏者によって補われた。これに関して，W. A. モーツァルト（1781年）はウィーンでの（おそらくK-338の）『ハ長調交響曲』の演奏会に際して，ヴァイオリン40名，ヴィオラ10名，チェロ8名，コントラバス10名の構成であったことを興奮気味に記している。ただし，ファゴット（6名）を除く他の管楽器パートは1名ずつであった。

1814年，ウィーン会議に伴って催されたレドゥーテンザールでの演奏会で，L. V. ベートーヴェンが『交響曲第7番』を初演したことは広く知られている。このときも管楽器奏者は各1名であり，弦楽セクションはヴァイオリン2×18名，ヴィオラ14名，チェロ12名，コントラバス7名であった。ケルントナー・トーア劇場で行われた『交響曲第9番』の初演では，弦楽セクションはヴァイオリン計12名，ヴィオラ10名，チェロとコントラバス各6名から構成されていたが，これは当時としては破格の規模であった（Becker, 1962）。

このように弦楽器の音量が次第に増加したことによって，好むと好まざるに関わらず（その数が一定であった）管楽器とのバランスは必然的に変化していった。管楽器奏者の数が2倍になることは極めて珍しかったが，これは（弦楽器奏者とは異なり）必要な奏者がアマチュア奏者から簡単に見つからなかったということと関係していると思われる。なお，この弦楽器を強調した響きが作曲家の感性に適合していたのだろうかという疑問が生じるが，入手できた資料によれば，この大きな楽器編成に対する否定的な見解は見当たらない。ちなみに，L. V. ベートーヴェンは『交響曲第9番（合唱）』のスケッチに「最終楽章のヴァイオリンは10倍にすること」と記している（Kobald, 1964）。

19世紀，オーケストラはさらに発展した。これは管楽器の台数の増大によって特徴づけられ，これに伴って弦楽器の数もさらに増加した。ライプツィヒ・ゲヴァントハウス管弦楽団は当時の演奏会の代表的な規模を有していたことから，表3.2に，いくつかの年度の管楽器と弦楽器の総数を示しておく（Becker, 1962）。

この表のすべてのデータは「旧」ゲヴァントハウスの時代のものであり，いわゆる新ゲヴァント

表3.1 J. ハイドンの用いたオーケストラの楽器編成

ホール	時期	奏者数									
		Vn.	Vla.	Vc.	Kb.	Fl.	Ob.	Kl.	Fg.	Hr.	Tr.
アイゼンシュタット宮廷ホール	1760-1765	6	1	2	2	-	2	-	1	2	-
エステルハーザ宮廷ホール	1766-1774	7	2	2	2	-	2	-	1	2	-
	1775-1780	11	2	1	2	1	2	-	1	2	-
	1780以降	…23…				1	2	-	1	2	-
ロンドン	1791-1792	14	4	3	4	2	2	-	2	2	2
ハノーバースクウェアルーム	1793-1794	14	4	3	4	2	2	2	2	2	2
ロンドン・キングス劇場	1794	24	6	4	5	4	4	-	4	2	2
	1795	24	6	4	5	4	4	4	4	2	2

ハウスが開場したのは 1886 年のことである。管楽器の増員の内訳はホルン（最大で 4 名）とトロンボーンであり，両楽器がロマン派の多くの交響曲で要求されたことがその理由である。ただし，これには 3 管あるいは 4 管編成，あるいは 8 名のホルンなどは含まれていない。これらが導入されるのは 19 世紀後半である。この表に見られる弦楽セクションの増員は，明らかに当時の作曲家の音に対する感性に対応しており，これについては，作曲家が様々な機会に述べた楽器編成に関する要求から裏付けることができる。例えば，H. ベルリオーズは『幻想交響曲』（1830 年）のスコアに，少なくとも 15+15+10+11+9 名の弦楽セクションが必要であると記している。

今日，標準的な交響的作品に対して，オーケストラは 19 世紀後半と同じ音量を持っている。ロマン派の作品や L. V. ベートーヴェンの交響曲は 14～16 名の第 1 ヴァイオリンで演奏されており，（奏者が確保できる時には）18～20 名であることも多い。他の弦楽セクションは低弦になるほど人数が少なくなり，第 2 ヴァイオリンは第 1 ヴァイオリンより 2 名少なく，最も数の少ないコントラバスパートでは 6～10 名であることが一般的である。ただし，エキストラ奏者による増員ができない場合に，この人数以下の小編成のオーケストラとなることもある。

これに対して，J. ハイドンや W. A. モーツァルトの交響曲（後期の 3 大交響曲を除く）では，大人数の弦楽器の演奏が可能であっても弦楽器奏者の台数を減らして演奏することが一般に好まれている。この場合，第 1 ヴァイオリンは 8～10 名であり，各弦楽パートは次第に数を縮小して，コントラバスの代表的な人数は 3～4 名となる。この理由のひとつは，できる限り透明な響きを得ることが目的であり，さらに，初期の古典派の作品では管楽器の編成は 4～6 声部であることから，弦楽器と管楽器のバランスを考慮しているためである。

3.1.2 演奏空間に適合した楽器編成

今日のコンサートホールの音響条件の下で，古典派のオーケストラの響きを再現するには，オーケストレーションと空間の響きの相互関係を考慮する必要がある。例えば，J. ハイドンがエステルハーザで彼の交響曲を演奏したときのアンサンブルを採用したとすると，横巾の広い現代のホールでは（ある程度の透明感は得られるとしても）満足すべき空間の響きを実現することはできないであろう。単純に考えても，必要となるラウドネス（音量）が不足して，聴衆は十分なフォルテを感じられないことは明白である（Vogel, 1968）。

室内音響学の基礎に関する第 9 章で説明するように，ラウドネスの知覚は音のエネルギー密度，すなわち，ホールの室容積と残響時間，そして音源のパワーによって決まる。この結果，ラウドネスに関わるホールの音響的特徴は単一量「空間減衰指数」（Raumdämpfungsmaß）で表現することが可能となる。このパラメータは（全楽器総計の）パワーレベルと（拡散音場とみなされる）ホール内の音圧レベルとの差によって定義される。

図 3.1 は空間減衰指数とホールの室容積との関係を示しており，同一の残響時間に対して空間減衰指数は直線関係を持つことがわかる。ホールの規模と残響時間が既知であれば，この図を参照することで，同じパワーを持つ音源からの発生音が（他のホールに比べて）どの程度，大きいか，あ

表 3.2 ゲバントハウスのオーケストラの楽器編成

年	管楽器	1.Vn	2.Vn	Vla.	Vc.	Kb.
1781	11	6	6	3	2	2
1839	12	9	8	5	5	4
1865	17	16	14	8	9	5

るいは小さいかを読み取ることができる。図には著名なコンサートホールや教会について，中音残響時間に対する空間減衰指数の値がプロットされている。いくつかのホールについては満席と空席状態の両方がプロットされており，例えばウィーン楽友協会大ホールでは両者の差は約 2 dB，ベルリン・フィルハーモニーでは 1 dB となっている。

図 3.1 より，この二つのホールの（満席状態での）空間減衰指数の値を比較すると，ウィーン楽友協会大ホールの方が約 3 dB 大きい。すなわち，ウィーンのホールはオーケストラの音が非常に豊かに成長するカテゴリーに属しており，一方，ベルリン・フィルハーモニーは音の成長がやや乏しいカテゴリーに属していると言える。この結果から，両者の差を埋めるためには，オーケストラのパワーを約 2 倍にする必要があることがわかる（表 5.1 参照）。つまり，奏者それぞれが発生する音の強さが等しいと仮定すれば，ウィーン楽友協会大ホールと同じラウドネスを達成するためには，楽器編成を約 2 倍にすることが必要なのである。

一方，旧ゲヴァントハウスの空間減衰指数はウィーン楽友協会大ホールより約 6 dB 大きい。つまり，当時のオーケストラの編成は小さかったが，その音量はかなり大きかったと理解できよう。L. V. ベートーヴェンは彼の交響曲の演奏に際して 2×4 のヴァイオリンセクション（他のパートはこれに準じた人数）を最小の値として要求したが，この規模のオーケストラがゲヴァントハウスで発生する音響エネルギー密度を，ウィーン楽友協会大ホールで実現するには 16 名の第 1 ヴァイオリン奏者が必要になる。また，ロブコヴィッツ宮殿での演奏と同一の音量を再現するためには，さらに多くの台数が必要となる。

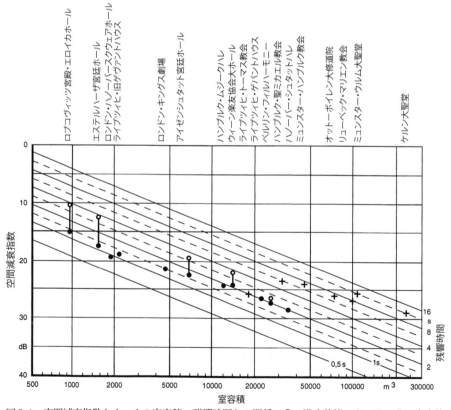

図 3.1　空間減衰指数とホールの室容積，残響時間との関係。●：満席状態のホール，○：空席状態のホール，＋：空席状態の教会

しかし，残響時間と室容積から定義される音響エネルギー密度を過剰に評価してはならない．なぜなら，この値はホールの音場が定常状態であるときにだけ成り立つ指標であり，短い音符には適用できないからである．短い音符の音量感は，主に直接音と第1反射音によって決まる．このため，楽器の指向特性，さらにはオーケストラの楽器配置が大きな役割を担っている．この問題に加えて，ホール内の音圧分布の測定事例（図 2.7，2.12，2.41，2.43）が示すように，ホール内の聴取位置が異なると音圧レベルは大きく変化する．つまり，図 3.1 は各ホールでの平均値，すなわちホールごとのおよその音圧差を示しているのである．

楽器奏者の数が2倍になると，室内の音響エネルギー密度が 3 dB 増加してホールの音量の差を埋めることができるが，これに加えて，わずかなイントネーションの違いやビブラートが原因となってコーラス効果[24]を生じる．その結果，演奏音の周波数帯域が拡がるとともに，帯域内のスペクトルが均一化する．したがって，音圧レベルは同じであっても，より厚く充実した響きが知覚されることになる．なかでも，各弦楽器パートの奏者はステージ上の広い範囲に位置しており，かつ，それぞれがインコヒーレントな音源であるため，この効果は特に著しい．

いま，図 3.2 に示すように，第1ヴァイオリンの第1プルトと最終プルトの奏者に注目すると，（それぞれのヴァイオリン奏者から聴衆へ到達する音の「時間構造」を考えれば）この二人の奏者から客席エリアの聴衆へ到達する直接音の伝搬時間はほぼ等しく，天井反射音の到達時間についても大きな違いはないことがわかる．これに対して，側壁反射音には大きな違いが存在する．すなわち，両者に対する側壁からの反射音には 10 ms 以上の時間差があり，例えば，響きのない部屋で録音したオーケストラの演奏をスピーカで再生した場合とは，まったく異なった（時間構造を持つ）響きが得られることになる．

もう一つの観点として，客席位置における音量感の効果について考察すると，オーケストラのフォルテに対する音の主観的印象はラウドネスレベルだけではなく，「音源の拡がり感（Räumlichkeit）」を介した空間的感覚とも関係することに注意する必要がある．このとき，後述するように（9.5 節参照）音源の拡がり感の大きさは空間の音響的性質に加えて，聴取位置のラウドネスレベルとオーケストラの放射する音響パワーによって定まる．

音響パワーは演奏方法と楽器の台数によって決まる．また，音源の拡がり感に強く関連するトゥッティの演奏箇所では，すべての奏者は同じようにフォルテの指示に従うと考えられるが，それぞれの楽器からの放射音のエネルギーには大きな違いがある．表 3.3 は，オーケストラの各楽器に関する音響パワーレベルの平均値と，それに対応する「パワー係数（Leistungsfaktoren）」（PWL＝90 dB，すなわち音響パワー 1 mW に対する相対値）を示している．なお，この表の値は「フォルテで演奏」した場合に該当している（6.2.8 節参照）．このパワー係数を利用すると，放射パワーの合計を求めるために対数計算を行う必要がなく，アンサンブル全体の音響パワーが容易に求められるという利点がある．

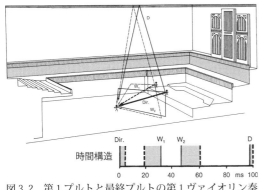

図 3.2　第1プルトと最終プルトの第1ヴァイオリン奏者から到達する直接音と1回反射音．

---

[24] 一台での演奏に比べて，同じ旋律を複数の楽器で演奏するときに，より輝かしく豊かな音を知覚すること．主にオーケストラの弦楽器群の演奏が該当する．この効果は聴覚システムの持つ積分作用によって生じる．

オーケストラ全体のパワー係数の総和は，各パートの楽器数にその楽器のパワー係数を乗じて，その値をすべてのパートについて求めて加算すればよい。すなわち，アンサンブルの音響パワーレベルは次の式で計算される。

$$L_{wTotal} = 90\,\text{dB} + 10\log \sum_i n_i k_i\,\text{dB}$$

ここで n_i は同一楽器の数，k_i はそのパワー係数である。この音響パワーレベルとパワー係数の総和の数値的関係は，図3.3の図式表示から直接読み取ることができる。

例えば，ヴァイオリン8名のパワー係数の和は6.4となるので，パワーレベルは98 dBと計算される。小編成オーケストラ（各パートの楽器数が表の弦楽器－木管－金管の順に8,8,6,5,4－2,2,2,2－2,2,0,0）のフォルテの音響パワーレベルは110 dB，また，大型のオーケストラ（14,14,12,10,8－4,4,4,4－4,3,3,1）では114 dBとなる。この値から客席位置でのフォルテでの音圧レベルの平均値[25]は次式で計算できる（9.4.1節の公式を用いる）。

$$L_f = L_{wf} - D_A$$

表3.3のデータは，今日使用されている楽器に対応している。古楽器のデータについても同様な調査が行われており，驚くべきことに弦楽器は現代の楽器と大差がないこと，木管楽器と金管楽器については，ダイナミックレンジの下限値（pp に対応）は現代よりも約10 dB低く，上限値はほぼ同等であることが示されている。つまり，平均的なフォルテの演奏に関して次のように要約できる。まず，オーケストラ全体で見た弦と管のバランスは，管楽器がおよそ2～3 dB大きいこと，第二に，L. V. ベートーヴェンの時代に用いられた弦楽セクションと同じ規模を想定すれば，オーケストラ全体の平均フォルテパワーレベルは，当時のオーケストラ（110.2 dB）と現代のオーケストラ（110.9 dB）はほぼ等しいことが言える（Krämer et al., 2010; Detzner et al., 2010）。

表3.4はホールの音響条件の違いに応じた（オリジナルの響きを再現するために必要とする）楽器編成の一例として，J. ハイドンのオーケストラ作品に関する音響データを示している。なお，この表の数値は，表3.1の楽器数のデータを基にして，各時期の交響曲の多くで使用された木管楽器の数を基に算出した結果である。例えば，1760～1774年の期間に用いられた編成では，音響パワーレベルは106.5 dBと計算される。この値に対して，アイゼンシュタットではフォルテ音圧レベル L_f（*forte level*）は84 dB，エステルハーザでは89 dBとなる。

図3.4は，こうして求めたフォルテの音圧レベ

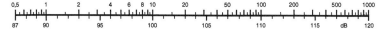

図3.3 音響パワー係数 k からパワーレベルを求める計算図表

表3.3 オーケストラの楽器の平均音響パワーレベル L_{wf} とパワー係数 k

	L_{wf} dB	k		L_{wf} dB	k		L_{wf} dB	k
ヴァイオリン	89	0.8	フルート	91	1.3	ホルン	102	16
ヴィオラ	87	0.5	オーボエ	93	2	トランペット	101	13
チェロ	90	1	クラリネット	93	2	トロンボーン	101	13
コントラバス	92	1.6	ファゴット	93	2	チューバ	104	25

---

[25]「フォルテ音圧レベル」とも表示する。

3.1 アンサンブルの規模 119

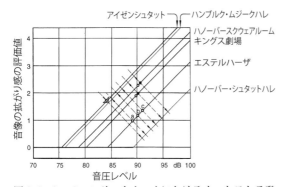

図3.4 6つのコンサートホールにおけるオーケストラ発生音の音源の拡がり感（Räumlichkeit）と音圧レベルとの関係。史実に基づくオーケストラの平均のフォルテ音圧レベルを○（クラリネットを含まないとき）と●（クラリネットを含むとき）で示す。a：エステルハーザ 1766–1774年，b：1775–1780年，c：1780年以降。破線：これに沿って等しいフォルテ感覚が生じる。

ルと音源の拡がり感の関係を図示したものであり，縦軸は J. ハイドンが演奏したコンサートホールの音源の拡がり感の大きさを与えている。アイゼンシュタットではフォルテ音圧レベルは低いが，音源の拡がり感の評価値は2となっている。一方，フォルテ音圧レベルは同等であるが，ロンドンの二つのホール（ハノーバーとキングス劇場）の音源の拡がり感の評価値は，エステルハーザより1ランク上の結果となっている（Meyer, 1978a）。

古典派初期の管弦楽作品を（オリジナルな響きで）現代のコンサートホールで演奏しようと望むなら，オーケストラの楽器編成について検討する必要がある。この場合，オリジナルのフォルテ音圧レベルとそれによって決まる音源の拡がり感を現代のコンサートホールで再現することが求められる。このため，聴衆がオリジナルの演奏と同等の感覚を得ることのできるオーケストラ発生音の大きさを決める必要がある。図によれば，音源の拡がり感を一定にして音圧レベルを5 dB 増加した場合と，音圧レベルを一定にして音源の拡がり感を1段階上げた場合では，定量的に同等な音量の変化を知覚することがわかる。したがって，等しいフォルテ感覚を知覚する直線を，コンサートホールの音源の拡がり感を表示するダイアグラムの上に描くことができる。

図3.4には，4つのホール（アイゼンシュタット，ハノーバースクウェアルーム，キングス劇場，エステルハーザ）に対してフォルテ感覚が一定となる条件を破線でプロットしてある。なお，この破線と各ホールの音源の拡がり感を示す実線との交点には，それぞれのホールで得られるフォルテ感覚に対応する音圧レベルの実際の値が示されている。

一例として，図3.4には二つの現代のホール，ハンブルク・ムジークハレとハノーバー・シュタットハレに対する空間的印象を示す直線がプロットされている。ここで，アイゼンシュタットの評価値（○）を通過する破線に注目すると，この値と同じフォルテ感覚を得るためには，ハンブルクでは 0.5 dB のレベル上昇，一方，ハノーバーでは音源の拡がり感が小さいことから，7 dB のレベル上昇が必要であることがわかる。キングス劇場の値を基準にすると，ハンブルクでは（音源の拡がり感が大きいので）音圧レベルを 2 dB 低下させればよいが，ハノーバーでは 4.5 dB 上昇させなければならない。

このようなフォルテでの音圧レベルの違いを調整するには，演奏空間への適応（Ampassung），すなわち，オーケストラ奏者の数，または演奏音の強さの変更が必要であり，その際，それぞれのホールに関する空間減衰指数を考慮する必要がある。この結果，必要な音響パワーレベルの増加量は次式で与えられる。

$$L_{wk} - L_{wo} = (L_{fk} - L_{fo}) - (D_{Ak} - D_{Ao})$$

ここで，添え字 o はオリジナルのホール，k は実際に演奏を行うホールを意味している。この二つのホールのフォルテ音圧レベルの差（$L_{fk} - L_{fo}$）は，図3.4に示した等フォルテ音圧レベル感覚を表す破線から読み取れば良く，空間減衰指数の差（$D_{Ak} - D_{Ao}$）は図3.1から求められる。また，表3.5には J. ハイドンが演奏した4つのコンサートホールからハンブルクとハノーバーの

現代のホールへ移行した場合に，上式に表れる3量の値が示されている。この表からわかるように，ハンブルク・ムジークハレでオリジナルの演奏と同等な音量を実現するには，音響パワーレベルを1.5 dBから3.5 dB，パワーレベル係数で1.4から2.2に上昇させる必要がある。一方，ハノーバー・シュタットハレでは音源の拡がり感が不足することと空間減衰指数が大きいため，12〜14 dBの音響パワーレベルの上昇が必要となり，これはパワー係数の値で16〜25に対応する。

オーケストラ奏者の増員に関して，ハンブルク・ムジークハレではこの計算結果を実現することができよう。しかし，ハノーバー・シュタットハレの場合には，増員すべき人数が極めて大きな値となり，空間の音響条件の違いを埋めるために必要な奏者数は明らかに限界を超えてしまう。つまり，奏者の増員，あるいは演奏時の音量上昇によって，音のエネルギーを20倍上昇させることは実際問題として不可能であり，例え，両方の手段を同時に講じても不可能である。これは，ロンドン交響曲ではかなり大きな編成が採用されていることが原因となっている。つまり，一部のホールでは，本節で論じた意味でJ.ハイドンの交響曲のオリジナルな演奏条件を満たすことは困難なのである。

弦楽器は奏者の数が多いことから，演奏音の強さを細かく調節することができる。木管とホルンについても，単純に各声部の奏者の数を2倍すれば良いのではという考えが浮かぶかもしれない。例えば，J.ハイドンのオラトリオ『天地創造』の自筆譜には管楽器3名に対して第1と第2ヴァイオリンパートには計10名とすべきとの指示が記されているが（Robbins Landon, 1976），管楽器パートの奏者を3〜4名とすることは今日も非常に稀である。

最後に，例えば，L. V. ベートーヴェンの『交響曲第5番（運命）』を8名のホルン奏者で演奏する指揮者が存在する。このときには，ソロであ

表3.4 J.ハイドンの交響曲に関する音響データ

ホール	時期	D_A dB	L_{wf} dB	L_f dB	交響曲番号
アイゼンシュタット	1760-1765	22.5	106.5	84	2-27,40,72 (26, 35 除く)
エステルハーザ	1766-1774	17.5	106.5	89	26,35,38-59 (40 除く)
	1775-1780	17.5	107.5	90	60-71
	1780 以降	17.5	108.5	91	73-81
ロンドン	1791-1792	19.5	109.5	90	93-98
ハノーバースクウェアルーム	1793-1794	19.5	110	90.5	99-101
ロンドン・キングス劇場	1794	21	110.5	89.5	102
	1795	21	111	90	103,104

表3.5 J.ハイドンの交響曲を，現代のコンサートホール2例においてオリジナルと等価な演奏を行うための楽器編成の計算例

本来のホール	新しいホール	$L_{fk}-L_{fo}$ dB	$D_{Ak}-D_{Ao}$ dB	$L_{wk}-L_{wo}$ dB	パワー係数
アイゼンシュタット	ハンブルク・ムジークハレ	+0.5	−2	+2.5	1.8
エステルハーザ		−4.0	−7	+3.0	2.0
ハノーバースクウェアルーム		−1.5	−5	+3.5	2.2
キングス劇場		−2.0	−3.5	+1.5	1.4
アイゼンシュタット	ハノーバー・シュタットハレ	+7.0	−6	+13	20
エステルハーザ		+2.5	−11	+13.5	22.5
ハノーバースクウェアルーム		+5.0	−9	+14	25
キングス劇場		+4.5	−7.5	+12	16

ることを明確に（ausgesprochen）表現すべきパッセージは標準の奏者が演奏し，追加の奏者はトゥッティのパセージでのみ用いられる。この場合，標準的な管楽器編成に対して，奏者の増員はコーラス効果をもたらし，（本来の指定である）ホルン2本だけの場合との違いが好ましくない響きを生じることはない。その音色に及ぼす効果は，弦楽器奏者の増員の場合と同じことである。

これに対して，管楽器奏者の増員が耳障りになることがある。これは，管楽器と連携するパッセージを担う楽器が低音で演奏する場合に（管楽器のピッチが相手の倍音とハーモニーの関係を満たさないため）生じる現象であり，例えば，フルートが低い音域を演奏する際がこれに該当する。この例として，A. ドヴォルザーク『交響曲第8番』第3楽章の35～38小節，あるいは119小節以下をあげることができる。この箇所では（譜例18参照），管楽器の音程をコントラバスとチェロの倍音に揃えることは非常に困難である。しかし，管楽器が適切な音量で演奏すれば，こうしたハーモニーのバランス（Ausgleich）を保つことができることが多い。一方，楽器の数を増やして音量が上昇した場合には，全体のスペクトル構造が変化して倍音が複雑になることを認識しておく必要がある。つまり，一台で演奏する管楽器の音は，複数の楽器が同じ音量になるようユニゾンで演奏したときに比べ，明るく，輝かしいのである。

こうした響きの顕著な違いは，例えば，図6.7に示したホルンの部分音スペクトルから論じることができる。図のスペクトルを比較すると，ppの基音の振幅はmfでの基音よりも3dB小さく，mfでの部分音の振幅はppの部分音より3dB以上大きい。つまり，2名の奏者がppで演奏した場合を考えると，mfの各部分音の振幅はすべての帯域で（2本の楽器がppで演奏したときの振幅を）上回ることがわかる。基音の振幅は1本のホルンがmfで演奏した場合と同じ大きさになるが，部分音はmfの場合に比べてはるかに弱いため，全体としての音量感は小さくなるのである。

譜例18　A. ドヴォルザーク『交響曲第8番』第3楽章，119小節より。

一般に，響きの輝かしさを求めて音量を上昇させることが多いが，一方で，柔らかな音色が好ましい作品も数多く存在する。また，大きなホールでは，奏者の数を2倍にすれば，（1名の奏者が）必要以上に強奏する必要はなくなるが，音質を損なってしまうこともある。

奏者の数を空間の条件に整合させようとする場合，一般に，所望のラウドネスレベルと弦－管楽器のバランスに着目するだけでなく，残響時間の周波数特性にも注意する必要がある。それは，音のエネルギー密度は残響音の周波数特性に依存するからである。なお，図3.1に表示した残響時間は中音での値である。

例えば，この図において，低音の残響時間が中音に比べて25%長いとすれば，音のエネルギー密度は1dB上昇する。よって，異なったホール間で低高音の音量のバランスを等しくすることを目的として，それぞれの楽器の音響パワーを計算する場合には，残響時間の周波数特性の影響を含める必要がある。ただし，低音の楽器の倍音が，高音の楽器の周波数領域に影響を与えることから，こうした机上計算は完全に満足の行くものとはならない。さらに，このときには音色のバランスについても考える必要がある。

高音に強い吸音処理が施されたホールでは，低音の楽器数を必要以上に増やすことは音色のバランスを損なうため好ましくない。一方，低音を強く吸収するホールでは，低音の楽器の数を増やす必要がある。当然ながら，中音に比べて低音の残響時間がフラット，または短いホールでは，こうした増員対策がしばしば採用されている。また，すべての周波数域で強い吸音力を持つようなホールについても，（音量の「不足」を補うために）低音セクションの数を増やすべきである。この理由は，「等ラウドネス曲線」の間隔が低音域で狭くなっているためであり（図5.1参照），全周波数域に渡って等しい値で音圧レベルが低下すると，中高音に比べて低音が弱くなったように知覚されるからである。

こうした音域ごとのバランスは屋外の演奏会でも問題となる。屋外の演奏会場では，平均のラウドネスレベルは閉空間内に比べて小さいが，高音に関しては若干の反射音の寄与によって音圧の補強が期待できる。だが，低音については周辺に反射性の物体が存在しても，音波はその後方に回り込んで聴衆には返らない。このため，ステージ囲いを備えていない屋外会場でセレナードコンサートを催す際には，低弦奏者の数を増やす必要がある。この点に注目すると，W. A. モーツァルトが『アイネ・クライネ・ナハトムジーク』において，何故に（通奏低音でなく）「チェロとコントラバス」と明確に規定しているかが理解できる。なお，彼の他の作品ではこうした指定は見受けられない。

もちろん，低音と高音の声部を受け持つ楽器の数的関係は，作品の性格に大きな影響を与える。例えば，コントラバスはチェロや低音の管楽器と併奏することが多いが，コントラバスの音だけが卓越すると，他の二つのパートもそれに合わせて強奏する必要が生じてしまう。ヴィオラが低音の長い旋律を一緒に併奏する場合には，低音楽器の数を減らすことが可能である。こうした例は多くの古典派の交響曲で見ることができる。

また，第1ヴァイオリンの旋律が（中音の声部を含まない）穏やかな背景音だけを必要とする時にも，低音楽器の数を減らすことができる。例えば，W. A. モーツァルトの『弦楽と2本のホルンのためのディヴェルティメント』（K 247, 287, 334）では，第1ヴァイオリン8～10名，チェロとコントラバス各2～3名の編成が音色のバランスにとって最適である。一方，大型の交響曲ではチェロとコントラバスの合計数は第1ヴァイオリンの数を若干上回るべきである。

最後に，古楽器がオーケストラに含まれる場合には，音量の点からその楽器編成には限界がある。例えば，クラリーノは通常のトランペットより10～15 dB音量が小さいと考えてよいので，これに対応する弦楽器の数は室内オーケストラを大きく超えるべきではない。同じことが，電子的な増幅装置を内蔵していないチェンバロについても言える。また，合奏協奏曲では（その典型的な声部構造である）コンチェルティーノからトゥッティまでの（ppからffの）すべての強弱記号に対して，（全楽器が鳴ったとしても）ソリストがオーケストラ全体の響きの中に埋没しないことが求め

られる。しかし，こうした作品を，大きなホールで完全に納得のいく状態で演奏することはほとんど困難である。

3.2 ダイナミクス（音量）

楽譜の各声部に記された強弱の指示は，要求する音量を音圧レベルの絶対値で与えるものではなく，あくまでも相対値を表している。奏者にとって，強弱記号とは自分の楽器が演奏可能な音量の枠組み内での音の強さの段階を意味しており，実現可能な音量の両極限（ダイナミックレンジ）を，最弱音の pp から最強音の ff と表す，段階に分割した記号なのである。このとき，（6章で論じるように）楽音のダイナミックレンジは楽譜上に記された音の（単一の音か音階かといった）並び方にも関係することに注意されたい。

図3.5は主要なオーケストラの楽器の平均的なダイナミックレンジに対する，オーバーオール周波数の音響パワーレベルを示している。これより，大音量（fからff）について見ると，木管楽器のパワーレベルは弦楽器より約3 dB大きく，金管楽器はさらに約10 dB大きいことがわかる。また，ホルンと（とりわけ）クラリネットはひときわ弱い pp を演奏できること，f ではトランペットの「本来」の音量はフルートより著しく大きいことも理解できる。もちろん，p の指示では一人一人の弦楽器奏者の音量は小さいが，弦楽器セクションの全体の音量は相当大きくなる。合奏で演奏する場合，またソリストとして演奏する場合であっても，それぞれの奏者は他の楽器の音量に自分の音量を調節する。この結果，実現可能なダイナミックレンジ（音量の幅）は必然的に狭くなってしまうのである。

奏者はホール内の自分の位置で知覚する音圧レベルの絶対値と，倍音成分の聞こえ方から主観的な音の大きさを判断している。このとき，後者については，演奏音の強さと音色の関係に自身の経験を対応させて，意識下で判断を下している。図3.6は（音量の変化に伴う）各楽器の倍音の増加量を要約したものであり，ここでは「ダイナミック音色因子」（6.2.7節参照）が評価量として用いられている。図より，音色に及ぼす音量の影響は，弦楽器については比較的小さく，金管楽器とクラリネットで最も大きいことがわかる。

この結果に関連して，MiśkiewiczとRakowski（1994）は倍音構成の違いによる感覚的な音量の幅は，さらに最大で6 dB拡大すると報告している。少なくとも，聴衆が「適正」あるいは「本来の音量」と判断する音圧レベルの範囲内（その範囲は比較的狭い）であれば，（倍音構造の変化に

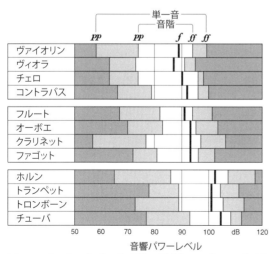

図3.5 オーケストラの各楽器のダイナミックレンジ（音量の幅）とフォルテでの平均音圧レベル（太線）

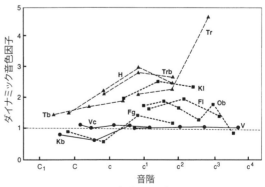

図3.6 オーケストラの各楽器のダイナミック音色因子（最大部分音のレベル変化量に対する3,000 Hzの成分のレベル変化量の比）と音階との関係

関して）大きな音質劣化を招くことはない。しかし，音量がこの範囲から大きく逸脱すると，情緒的な意味での（つまり，演奏経験から体得した）音の大きさの知覚が損なわれて，理論上のラウドネス感覚だけが残ることになる。

奏者（あるいは楽器）と聴衆の間には，固有の音響的性質を持つ空間という音の伝達経路が存在している。この伝達経路は音圧レベルとスペクトルに影響を与えるため，音量感に影響する。なかでも，空間に起因するスペクトル変化は主に高周波数成分を減衰させるという特徴がある。したがって，（上述したように）音楽のダイナミックレンジが狭まることになる。これは，大規模なホールでは，奏者の知覚するダイナミックレンジは（高音が減衰していないスペクトルを知覚するため）聴衆よりも広いことを意味している。

この現象は弦楽器で特に顕著である。例えば，弦楽器奏者が弓の圧力を強めて音量を変化させた場合，低域の部分音の強さは変化しないが，高域の部分音の強さは大きく変化する。したがって，このような奏法で生じた音量の変化は，奏者（と指揮者）にははっきりと感じられるが，聴衆にはあまり良く伝わらない。対照的に，弓を弾く速度と擦弦位置を変えたときに生じる音量の変化は，客席空間においても明確に知覚される。ホールの残響時間が 4,000 Hz 付近で極端に短くなければ，この奏法の効果を得ることが可能であり，弦楽器の持つスペクトルのダイナミックレンジをほぼ完全に聴衆に伝えることができる。

ただし，トランペットなど高音域の放射指向性の鋭い楽器の場合，大規模なホールには限界がある。これに対して，座席の大半が拡散距離より短い範囲内に存在するホールでは，席による音質の違いはほとんど生じない。

アンサンブル内の音量バランスに関して，上述した高次倍音の影響は別の観点からも重要である。低音の声部が（少なくとも旋律の透明感に関して）高音の楽器によってマスクされやすいことは一般に知られるところである。その理由は，高音の声部は特定の周波数帯域において，（それと同じ帯域での）低音の声部よりも大きな音圧を発生するためである。これによって，低音の声部に対するマスキングあるいは抑制作用が起こり，その結果，低音の声部のラウドネスは（高音の声部が発生しない）最大の部分音成分だけによって知覚されることになる。

空間に起因する音の変化は，その空間に適応する演奏技術をもってすればある程度，調整することができる。ノーベル賞受賞者ゲオルク・フォン・ベケシーの実験結果は，奏者がその有効性と限界を理解していることを示している（Békésy, 1968）。彼は，堪能なピアニストに同一の曲を残響時間が非常に長い部屋，適正である部屋，かなり短い部屋の順に演奏させた。図 3.7 はグランドピアノ筐体の振動振幅の測定結果であり，つまり，ピアニストのタッチの強さを表している。

このデータから，残響時間が短い時にはピアニストは全般的に大きな音で演奏することがわかる。

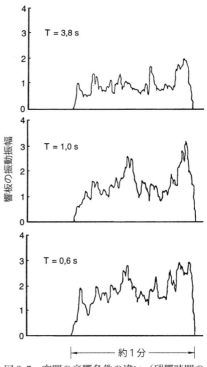

図 3.7 空間の音響条件の違い（残響時間の異なる三つのホール）に対するピアニストの演奏方法の適応。

一方，最適な残響時間の場合にはダイナミックレンジ（強弱の幅）が最大になっている。それは，残響時間が短ければ弱音の部分を強調して演奏し，残響時間が長い時には音量の大きい部分を抑えて演奏するためである。ただし，こうした結果が得られるには，奏者は「作品に精通すると同時に，技術的な習得も充分」である必要がある。経験の浅い奏者は，平均で数 10 秒経過すると空間の音響状態を考慮することを忘れてしまう。

一般的に中から小規模のホールでは（聴衆にとってはっきりと認識できる）最弱音 pp の下限値は楽器本体の性質で決まる。それは，（小ホールでは）響きに含まれる部分音は暗騒音を上回っており，その音が（暗騒音に）埋もれないからである。一方，大きなホールでは，客席部の暗騒音，すなわち，外部との遮音性能や空調機器の性能によって pp の音量が影響を受けることがある。ただし，聴衆自身の発生する騒音は一般に小さく，とりわけ pp では非常に小さいと考えてよい。ほとんどのホールでは（満席状態での）騒音レベルの値は 35～45 dB の範囲にある（Winckel, 1962 a; Cremer, 1964）。ただし，このように低い値であっても演奏方法には影響を及ぼして，オーケストラの音量の幅は（中小ホールとは）異なったものとなる。

これに関して，F. ヴィンケル（Winckel, 1962 a）はジョージ・セルの率いるクリーブランド管弦楽団の演奏旅行に帯同し，暗騒音が 40 dB のホールでは pp のパッセージは 42 dB まで低下したこと，一方，暗騒音が 50 dB の場合には pp の音量は 55 dB であったことを報告している。いずれの測定結果も，ホール中央部の客席での値である。

ホール内で生じる音圧レベルの幅については，ブラウンシュバイク・シュタットハレ（表 3.6 参照）での測定結果がある。この表によれば，A. ブルックナー『交響曲第 9 番』の開始部の pp に関して，指揮者の位置（D）の音圧レベルは（音量が最小である）客席（E）より 6 dB 大きく，コントラバス付近の位置（S）は指揮者の位置よりもさらに 2 dB 大きい結果となっている。この事例は，音量の下限値はオーケストラの発生音とホール内で最も静かな位置での騒音値との大小関係で決まることを示している。また，音圧分布が場所によって均一でないホールでは，多くの客席で pp が必要以上に大きく聞こえることがある。

残響時間が非常に短いホール，特に高音が強く吸音されるホールでは，光沢のない（dull）音色となるだけでなく，初期トランジェントに含まれるノイズ成分や音の立ち上がりに含まれる不安定な部分に対して，空間からの反射音によるマスキングが起こらない。このような場合，奏者は楽器のアタックが不足したように感じて，音の立ち上がりに強いアタックを付けようとする。その結果，p のパッセージを楽器本来の柔らかい音で演奏することができなくなってしまう。

一方，オーケストラのダイナミックレンジの上端値は（少なくとも部分的には）ホールの音響特性に影響を受ける。また，その値は座席位置によって異なる。その例として，表 3.6 には A. ブルックナー『交響曲第 9 番』の特徴的箇所の音圧レベルが示されている。なお，このデータの測定位置は図 2.42 に示すとおりである。

これと対比すべきデータとして，ボン・ベートーヴェンハレでの，A. ブルックナー『交響曲第 8 番』のパッセージ（第 1 楽章の 69 小節と 125 小節）の音圧レベルの測定結果がある。この場合，

表 3.6 ブラウンシュバイク・シュタットハレでの音圧レベル測定値

A. ブルックナー『交響曲第 9 番』第 1 楽章	D	M	H	S	E	
第 1 小節，pp，弦楽器トモレロ	51	48	46	53	45	dB
第 63 小節，ff，トゥッティ	102	99	96	103	96	dB
第 247 小節，ff，トゥッティ（高音の木管と打楽器は含まず）	100	95	92	99	90	dB

指揮者の位置の音圧レベルは 100〜101 dB，客席 5 ヶ所では 90〜92 dB であった。この曲に関する限り，このホールでは座席の違いによるレベル差は小さい。したがって，音量のコントロールは容易であるといえよう。

ただし，音量の上限 ff には聴覚の内部機構で決まる限界が存在しているので，音の美しさという観点からはその限界を超えるべきではない。この限界値は 100 dB をわずかに下回る付近に存在している（Winckel, 1962a）。一方，吸音力が非常に大きい空間では，この限界値に到達することができないため，ダイナミックレンジによって得られる表現力は狭まってしまう。もちろん，室内の騒音レベルが大きい場合もこれと同じことになる。

これに加えて，f から ff での音量感は，そのとき，音像の拡がり感がどの程度の大きさであるかに影響を受ける。さらに，空間の音響条件に加えて，楽器の音響的性質も重要な役割を担っている。すなわち，（楽器の指向性に対応して）側壁から強い反射音が生じれば，その楽器は響きの空間性に大きな影響を及ぼすことになる。この意味で，弦楽器，低音のリード楽器，ホルン，トロンボーンは大きな影響力を持っている（トロンボーンは高周波数で鋭い指向性を持つが，最強音の出る周波数域では無指向性に近い）。一方，トランペットは主要フォルマントを鋭い指向性で放射するため，拡がり感には影響を与えない。したがって，オーケストラの中での存在感は常に明確であり，はっきりとその位置が知覚されるのである。

ソロ楽器が発生する pp とトゥッティでの ff の音響パワーの差，すなわち，オーケストラが達成できるダイナミックレンジは最大で約 60 dB と考えることができる（大音量の打楽器の影響は除く）。ただし，これは理想的な値であって，実際の条件下では常に実現するわけではなく，ほとんどの場合にダイナミックレンジは約 50 dB と考えてよい。事実，表 3.6 に示すように，ホール内の様々な座席でのダイナミックレンジは上述の最大値（60 dB）には至らず，すべての席で 50 から 51 dB となっている。

オーケストラが大音量で演奏する場面では，（主に弦楽器）奏者自身が演奏する発生音のパワーは，同じパートの奏者の発生音とともに他の声部の発生音が聞こえるかどうかに影響を受ける。図 3.8 はヴァイオリン奏者を被験者として，縦軸に被験者（奏者自身）が発生する音圧レベル，横軸に被験者が受聴する他の声部による音圧レベルをとり，三つの異なった条件での両音圧レベルの関係を示している。各軸の基準値（0 dB）は，他方の奏者の音が鳴っていないときに，奏者が適正と感じる自身が発生する音圧レベルである。この実験には複数名の奏者が参加したが，非常に安定した傾向が得られている。なお，この測定は無響室で行ったためその音響条件を好ましくなく感じ，不安定な結果を示す被験者も一部存在した。

この結果を参照すると，「ユニゾン」（同じ旋律を演奏する）の場合，他方の奏者の音が弱すぎると感じた場合には，被験者の大半は自分自身の演奏音をおよそ 3 dB 低下させている。この「実験結果」（Naylor, 1987）を拡大解釈すると，実際の演奏時に，こうした現象が連鎖的に起これば全体の音圧レベルを 3 dB 以上押し下げることもありうると考えられよう。つまり，ステージ上の反射音の不足は，弦楽セクションの音の豊かさ（Fülle）に影響しかねないのである。この図のデータは大きくばらついている。この点に関しては，奏者が自分自身の演奏音をどの程度抑えるのかは，奏者自身あるいはアンサンブルの技術水準に依存する問題であるためと言える。次に，他方の奏者の発生音がリズムとハーモニーの両方で異なっている場合（図 3.8 の「合奏」の場合），奏者は対向する声部の音量にはさほど敏感ではないことがわかる。一方，他方の奏者の発生音から音色や時間構造的なアンサンブルのための手がかりが得られない場合には，奏者は自分自身の音量を上げて対処することは興味深いことである（「無意味音」の場合）。

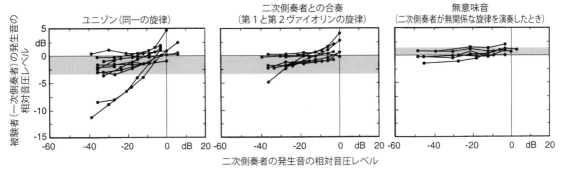

図3.8　互いの演奏音の聞きやすさに及ぼす双方の放射音レベルの影響。他方（二次側）のヴァイオリン奏者の音量が変化した時，一次側ヴァイオリン奏者が発生する演奏音の大きさ。基準値（縦横両軸の0 dB）は二次側の演奏音が存在しないときの発生音レベル（Naylor, 1987）。

　ダイナミックレンジ（強弱の幅）の下端値はホールの音響条件，騒音値，聴覚システムの性質で決まる。そして，この下端値をできるかぎり拡げるには，奏者の技術や楽器の品質に関する配慮も必要である。それは，ppの箇所では一人一人の奏者がほんのわずか音量を上げても，全体の音圧レベルを著しく押し上げるからである。このため，ウィーンのオーボエ奏者は例えばA. ブルックナー『交響曲第3番』の開始部のd¹音などで，アタックの影響を抑えるため息継ぎをせずに演奏することがある。

　図3.9は（ffに近い）fでの，各楽器パートの音圧レベルの構成を示している，ただし，最も音量の大きい金管楽器については，全体のバランスを考えて，技術的に到達できるffより3 dB低い値を用いている。これより，2管編成（木管が各2本）では，各木管パートの音量は弦楽器に比べてかなり弱く，なかでもフルートには不利な編成であることがわかる。木管楽器をそれぞれ4本とすれば各パートの音圧は3 dBずつ上昇するが，それでも弦楽器の音圧レベルには到達しない。ただし，弦楽器とのレベル差はかなり縮まるため，木管奏者の数を2倍にすれば（木管を1プルト増やすだけで）確実にこのレベル差の問題は改善することになる。しかしこの場合にも，金管楽器の音圧が圧倒的に大きいことに変わりはない。こうした理由から，指揮者にとっては「より均等なバランスを確保するために金管の音量を下げるべきか？」あるいは「自然に任せて金管の音量が大きいままとするか」という問題が依然として存在している。

　これとは別に，金管楽器を過度に強調して演奏させると，高次倍音のピッチがシフトするため，金管楽器の音量設定には充分な注意を払う必要が

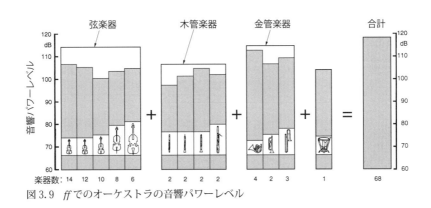

図3.9　ffでのオーケストラの音響パワーレベル

ある。このときには，ステージ上ではオーケストラの音は大きいが，客席部ではその強さは減少してその存在感も低下する。特にトロンボーンではその傾向が強い。

大きなホールの残響音は弦楽器のフォルテのパッセージの音質を向上させる。すなわち，長い音符での弓の返しやレガートの流れ（すなわちパート内の演奏の不揃い）を滑らかで連続した音にして，不要な音として知覚させない効果を持っている。もちろん，ソリストはこうした音響効果を演奏技術によって実現することができる。著名なヴァイオリン奏者であるゲオルク・クーレンカンプの晩年の演奏法はその一例である。

当然ながら，小規模の楽器編成，例えば古典派の交響曲の多くでは，そのダイナミックレンジは大型のオーケストラと異なっている。J. ハイドンや W. A. モーツァルトには強弱記号の上下限を示す pp と ff の記されていない作品も多く，当時，これを超えるダイナミクスの指示は見られない。この時期の作品に関しては，p は暗騒音と区別できる程度で音を鳴らすことであり，（f あるいは）ff は 90 dB 近くまで音を上昇させることを意味している。

これに関して，F. ヴィンケルは前述したクリーブランド管弦楽団のアメリカ国内の演奏旅行に同行した際，5 つのホールで演奏された W. A. モーツァルトの『ポストホルン・セレナーデ』（K-320）の最大音圧が 90, 90, 88, 85, 80 dB であったことを報告している。この最後の 80 dB という数値については，その際，良好な聴取条件が得られなかったと考えるべきであろう。つまり，古典派の管弦楽作品にとって充分な響きを得るという点に関して，一部の極端に大きなホールは適していないという事を認めなければならない。この際，弦楽器奏者の数を増やし，適正な楽器配置を行い，さらに演奏時の音量を上昇させたとしても，こうした大きすぎるホールでは強弱記号に応じた音量に求められる音圧レベルを実現することは不可能である。古典派交響曲のダイナミックレンジの例として，W. A. モーツァルトの『交響曲第 33 番』（K-319）のクレッシェンドでの音圧レベルの値を表 3.7 に示す。譜例 19 は対応する箇所である。

この結果から，クレッシェンドによる音圧レベルの変化幅は座席によって異なることがわかる。これは，フォルテで特徴的に発生する弦楽器の高周波成分が，指揮者付近に比べて客席エリアで急激に減衰することが原因であり，これに伴ってダイナミックレンジが狭くなっているのである。また，「メインフロア中央」の席では，ステージ上のひな壇の勾配が緩いために（図 2.41 の左図参照），木管楽器が前方の奏者によって著しく遮蔽されている。この結果，オーボエとファゴットは弦楽器によってマスクされて，この楽器編成の意図している木管の「音階のクレッシェンド」（Resister crescendo）が十分な効果を発揮しない座席が生じるのである。

聴覚のマスキング効果は，オーケストラのパート間の音量バランスと各声部の透明感に大きな役目を果たしている。低周波数の純音は高音のラウドネスを低下させ，場合によっては完全にマスクして打ち消すことが知られている。したがって，オーケストラの低音楽器の低次部分音が大きなエネルギーを持っていれば，中音の声部がマスキングを受ける可能性がある。つまり，こうしたマスキングが生じないためには，中音の声部は，マスキングの原因となる低音楽器の低次部分音よりも

表 3.7　ブラウンシュバイク・シュタットハレでの音圧レベル測定値

W.A. モーツァルト『交響曲第 33 番』(K-319)	D	M	H	S	E	
1 楽章，117 小節	73	72	67	68	65	dB
1 楽章，121 小節	93	86	84	89	83	dB
クレッシェンドの音量変化	20	14	17	19	18	dB

譜例 19　W. A. モーツァルト『交響曲第 33 番変ロ長調』(K-319) 第 1 楽章，117 小節。

高い周波数領域に，十分な振幅の部分音を有していなければならない。ただし，図 5.3 に示すように，マスキングを受ける側の音の帯域の幅は妨害音のレベルが上昇すると拡大する。このため，低音楽器の弱音が混じり合って構成される響きは，単一の強い低音の声部が存在する場合よりも高い透明感をもたらすことになる。

一方，5.2 節の議論からわかるように，高音の楽器が低音の声部に対して部分マスキングを生じることがある。このプロセスを説明するため，図 3.10 にヴァイオリンの音に対する純音の可聴閾値を示す。このスペクトルを見ると，ヴァイオリンの音はその基音より高いすべての周波数領域について強いマスキング作用を生じることがわかる。すなわち，この部分マスキング作用は，低音楽器がアタックをつけて力強い「フォルテ」を表現する際に顕著な影響を及ぼし，その結果，低音の楽器の音色は光沢を失い (matt)，あたかも「ピアノ」で演奏しているような印象を与えるのである。このマスキング効果は演奏方法によってのみ避けることができる。それには，高音の声部を柔らかい音色で演奏して，高次の倍音を抑えるよう注意すればよい。例えばヴァイオリンの場合には，指

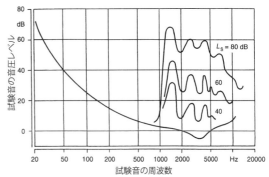

図 3.10　高域のヴァイオリン音を妨害音とするときの，純音（試験音）のマスキング閾値。図中の数値はヴァイオリン音の音量 (Zwicker, 1982)。20 Hz から始まる曲線は妨害音が存在しない場合の最小可聴域。

板の近くでボーイングをすればこの効果が得られる。

複数の独立した声部の相互マスキングは，互いの周波数が離れているほど，また，互いの倍音の周波数軸上での重なりが少ないほど小さい。この効果が関係する代表的な事例は，同時進行する三つのモチーフから成り立っている R. ワーグナーの『ニュルンベルクのマイスタージンガー前奏曲』に見ることができる。譜例 20 にこのパッセージの最初の数小節を示す。

この曲の「マイスタージンガーのモチーフ」はコントラバスとチューバとファゴットによって最も低い音域で演奏される。これに対して，「愛のモチーフ」は第1ヴァイオリンとクラリネットの第1奏者が最も高いソプラノ音域で表現し，チェロとホルンの第1奏者がオクターブ下でその旋律を支えている。切れ目なく続く，(ma molto expressivo[26]の指示により強調された）耳当たりの良いこの旋律に聴衆の注意は向けられる。一方，「マイスタージンガーのモチーフ」は（molto marcato[27]の指示により）アクセントをつけて演奏することで，継続時間の長い高域の声部によるマスキングを抑制することが意図されている。したがって，空間の音響状態が好ましい状態といえず，透明感のある響きを得ることが難しい場合には，相互マスキングの影響を抑えることを目的として，低音の声部ではオクターブ低い方の音にウェイトを置き，それと反対に，高音の声部ではホルンとチェロの音量を抑えることが推奨できる。

一方，1小節単位と短い「ダビッド王のモチーフ」は上述の二つのテーマとは異なり，細かなスタッカートで記されている。したがって，長い音符の他の二つのテーマと重なり合う部分はごくわずかであり，他の声部をマスクすることはない。つまり，このテーマは主に初期トランジェントによって形作られているのである。また，このパッセージ全体は非常に低い音量で進行するため，空間的な響きは形成されない。その結果，それぞれの楽器や各楽器パートは鋭く定位し，三つのモチーフが混じり合った際にも，各声部の透明感は保たれる。

トランペット協奏曲では，これと反対の状況が生じることがある。指揮者の横にソリストが立つときには，指揮者にとってトランペットの音は（楽器との距離が極めて近いにも関わらず）比較的弱く感じられる。そのため，オーケストラの音量を必要以上に抑えてしまい，これに伴い，聴衆にとってオーケストラの響きは音量感と空間性が不足することになる。この結果，オーケストラはトランペットの直線的な響きに相応しい存在感を失い，ソロのトランペットが突出して，オーケストラとトランペットの適正なバランスが損なわれるのである。

3.3 演奏方法

3.3.1 アーティキュレーション[28]と音の表現

空間の音響特性は，強弱記号に対応する平均的なラウドネスレベルに影響するだけでなく，その細かな時間構造，すなわち，音の立ち上がりの成長過程（初期トランジェント）や音の減衰過程に大きな影響を与える。この状況を視覚的に表現するため，図3.11に，主な楽器の初期トランジェントの継続時間と，大型コンサートホールでの第1反射音の（直接音に対する）遅れ時間を比較して示す。この図は音楽にとって重要な三つの時間領域を示している。

まず，「音符の時間間隔」は非常に速いテンポ（1秒当たり14音符）における連続する2音の開始時刻の時間差である。こうした速いパッセージでは，個々の音符がわずかに重なって聞こえる可能性がある。このとき，各音の持続時間内で高次倍音が速やかに減衰すれば，聴感上，それぞれの音符は明確に分離する。この「倍音の持続時間」の値は20〜40 msのオーダーである。「演奏の同期」はアンサンブルでそれぞれの楽器が同時に音を立ち上げるときに（アインザッツで），タイミ

---

26 マ・モルト・エクスプレシーヴ，「しかし非常に表情豊かに」
27 モルト・マルカート，「非常にはっきりとしたアクセントをつけて」
28 アーティキュレーションは本来，「明瞭な発音」を意味する。音楽では隣接した音のつなぎ方，切り方，発音の状態，その保持の状態，リリースの状態を含めてアーティキュレーションと言う。楽譜上の記号ではスラー，レガート，マルカート，スタッカート，アクセントなどがアーティキュレーションを指定するが，アーティキュレーションは楽譜上の記号だけで表現しきれない微妙なものである。（大蔵康義，音と音楽の基礎知識，国書刊行会，p. 200）

譜例20　R. ワーグナー『ニュルンベルクのマイスタージンガー』第1幕の前奏曲，157小節。

ングのずれる時間幅の許容値を意味している。和音の立ち上がりを正確に揃えたり，あるいは柔らかく円やかにするために，この同期の時間差は意識的に用いられる。

図3.11に記した初期トランジェントの継続時間と，室内で生じる反射音の遅れ時間を比較すると，音符1音ずつの初期トランジェントの継続時間は反射音の遅れ時間の分だけ長くなることがわかる。このため，アーティキュレーションに伴っ

て生じるノイズ成分が非常に短く，かつ，第1反射音の遅れ時間が長い場合には，直接音と反射音が途切れのない連続した響きではなく，二つの分離した音として聞こえてしまう。この結果，アタックは硬質で粗い音質になる。なかでも，ピアノの音にとって，一部のエリアに反射音の集中が生じる空間でこの現象は著しい音質の劣化を招く危険性がある。

これに関連して，図3.12は各種の楽器発生音

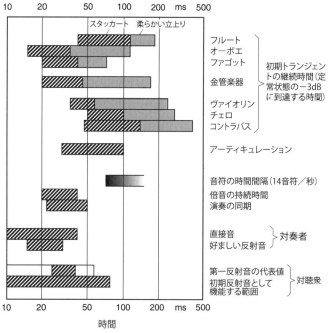

図 3.11　音の立ち上がりの時間構造に関する代表値

の減衰時間（Ausklingzeiten）[29]と，コンサートホールおよび教会の残響時間を比較したものである。図から，大半の楽器について，楽器の減衰時間は空間の残響時間より短いことがわかる。すなわち，この過程で聴衆の知覚する残響音は空間の響き（つまり空間内の拡散音の減衰）によるものと言える。ただし，楽器の減衰音の影響が支配的となる場合もあり，低弦の開放弦の音，ティンパニ，ピアノの中音域の音がそれに該当する。これが，必要以上に長い空間の残響音がピアノの特徴的な響きを損ねる理由である。また，この図から，管楽器には弦楽器に比べてより豊かな空間の残響音が必要であることが理解できる。すなわち，残響音が不足すると管楽器の音は乾いた響きとなり，さらに，フレーズの滑らかな音の進行を実現することが難しくなってしまうのである。

　ホールの残響時間と楽器の減衰時間が同じオーダーであるときには，聴衆は楽器音とホールの余韻を区別せず，両者が一体化した音の減衰を知覚する。こうした状況で，楽器自身の減衰音を「不意に」突然停止させると，ホールの残響が非常に短くなったような感覚を生じる。例えば，弦楽器に弱音器を装着したコン・ソルディーノ（con sordino）の演奏時に，フォルテで音を停止する箇所がこれに該当する。それは，弱音器が低周波成分を減衰させると同時に，弦の振動を弓で強制的に制止する奏法が加えられるためである。

　この例として，A. ドヴォルザークの『オテロ』序曲（譜例 21）が挙げられる。この場合，ホールの響きを考慮して，弱音器を用いないときの和音の停止音（ストップコード）との違いを和らげるために，急激に和音を停止させることは避けるべきである。

　ホール内の音場は，順次到来する様々な遅れ時間を持つ複数の反射音が重なり合って，次第に定常状態の音圧レベルへと収束する。したがって，短音（短い音符）を発生した場合には，100 % の定常音圧レベルに到達しない。しかし，奏者や指

---

[29] 楽器筐体，胴体が発生する残響音が 60 dB 減衰する時間。この値が空間の残響時間より長いときには，自己残響音が直接音として知覚される。

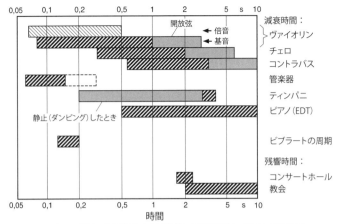

図3.12 音の（準）定常部と減衰過程の時間構造に関する代表値

揮者は長い音符を演奏した時に自分自身が知覚した音圧レベルが，短い音符についても実現すると考えていることがある。

この例として，W. A. モーツァルトの交響曲のあるパッセージの音圧レベルの時系列波形の一例を図3.13に示す。なお，この結果は第1ヴァイオリンだけが演奏したときの測定値である。まず，指揮者位置では，8分音符のスタッカートは休止符によって分離されて4つの明確なピークとなり，スラーで結ばれた最後のフレーズは一塊となっていることがわかる。また，スラーのついた a^2 の平均音圧レベルは最初の三つのスタッカートと同じ大きさであり，gis^2 の音はこれらより約10 dB

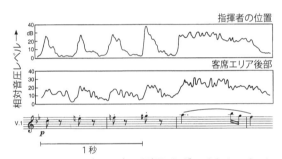

図3.13 ホール内の2点で記録したヴァイオリンパッセージの音圧レベルの時間波形。W. A. モーツァルト『交響曲第33番』（K-319）第1楽章より，ブラウンシュバイク・シュタットハレでの測定。

譜例21　A. ドヴォルザーク『オテロ』序曲，第8小節

大きくなっている。一方，客席エリア後方の席では，こうした音の強さの相対関係は大きく異なっており，8 分音符は残響音によってピークの時間幅が拡がり，その音圧レベルは 3 小節目より約 10 dB 小さい値となっている。このときには，gis^2 のピーク波形も緩やかに拡がった形に変化していることに注意されたい。これには二つの要因が関係しており，第一に指揮者付近のマイクロフォンは第 1 プルト奏者の音に反応しやすいこと，第二に指揮者の位置では各奏者のアクセントが客席エリア後方よりも強調されて聞こえるためである。これに対して，客席エリア後方では空間全体から音が到来するため，アクセントの効果が和らげられることは自明と言えよう。

この例では，聴衆が知覚する音楽の音量は第 3 小節が最も大きいことがわかる。つまり，この二つの位置での音圧レベルのパターンから，大型のホールでは，提示時間の異なる 2 種類の音符を同じ音量で聴衆に知覚させるには，長い音符に比べて，短い音符をより大きな音で演奏するべきことが言える。こうした演奏手法は，継続時間が 1/8 秒（速度記号 ♩ = 120 の 16 分音符）以下の速い音符について適用可能である。なお，その原因はヒトの聴覚がこの値より短い音に対して，音圧レベルの等しい継続時間の長い音と同一のラウドネスを知覚しないためである。

さらに，付点リズムやそれに準じた休止符を挟まないフレーズでは，付点音に残響が付け加わるので，後続する短音に強いアクセントを付けないときには聞こえなくなることがある。譜例 22 は，高名な指揮者が演奏しても，短い音符が聞こえないことの多いパッセージの代表例である。このパッセージの演奏上の難点は，主音符（Hauptnote）にアクセントがついている一方で，それに続く 16 分音符はヴァイオリンとヴィオラだけが演奏することであり，そのとき，管楽器はアクセントをつけた四分音符を演奏していることである。これと類似した問題は，F. シューベルトの『交響曲ハ長調，ザ・グレート』第 1 楽章の終結部の少し手前の箇所（673, 675, 677 小節）にも現れる。ただしこの場合には，アウフタクトを強調して，これに先行するスフォルツァンドの音符と明確に切り離せば問題は解決する。

これに対して，長い音符による音圧レベルの上昇と同じ現象が，同一和音を反復進行する際にも生じる。同一の和音を同じ強さで反復すると，客

譜例 22　J. ブラームス『交響曲第 2 番』第 3 楽章，第 48 小節

席エリアの聴衆には，個々の和音の音量が次第に強くなるように感じられるのである．この代表例として，L. V. ベートーヴェン『交響曲第 8 番』第 1 楽章 358～360 小節の 3 和音が挙げられる（譜例 23）．この譜例では，3 拍目の和音をごくわずか短く，やや抑え気味に演奏しないと，聴衆にはこの和音が強調されたように聞こえることになる（この現象は指揮者の位置では知覚されない）この現象はこのパッセージで特に顕著であり，その原因は 3 拍目の和音の後に休止符が続いていることである．つまり，（残響音が強いホールでは）この和音に残響音が付加されることによって，演奏音のエネルギーが上昇したような印象を与えるのである．

図 3.13 に示す音圧レベルの時間波形は，客席の後部エリアではスタッカートの輪郭がかなり曖昧になることをはっきりと示している．この図から，奏者には鋭いスタッカートであっても，後方

譜例 23　L. V. ベートーヴェン『交響曲第 8 番』第 1 楽章，第 357 小節

の席では（表現した音の特徴を伝える）最初に到達する波面が十分に再構築されていないことがわかる。ただし，それぞれの音符は急峻な立ち上がりを持っているので，リズム構造は保持されている。一方，音符の継続時間が間延びして休止符の時間が短くなっているため，表現（スタッカート）の意図は弱まっている。

こうした理由から，残響時間の長い大型ホールでは，スタッカートには鋭いアタックをつける必要がある。また，これによって，弦楽セクションのリズムの切れ味（Präzision）も向上すると期待できるのである。しかしながら，一つ一つのスタッカートを必要以上に鋭く，つまり短く演奏するべきではない。それは，ホールの響きによって得られるスムーズな音のつながりが得られないためであり，さらに，聴衆に到達する音のエネルギーが不足するからである。

いずれにせよ，楽器音を正確に発生する必要性から，奏者は極端に短いスタッカートを避けることが多い（Öhlberger, 1970）。類似した意味で，極端に短いアクセントについても同様なことが言える。これに対して，A. ブルックナーの交響曲にしばしば現れる多数の金管楽器によるパッセージでは，金管奏者は「マルカート」の指示がある箇所を「テヌート」で演奏することによって作曲家の意図した本来の効果が得られる場合がある。

これに関連して，指揮者のビートの刻み方が初期トランジェントの成長に大きく影響するというF. ヴィンケル（Winckel, 1960）による興味深い報告がある。すなわち，流れるようにビートを刻んだ場合には柔らかなアインザッツ（音の開始部）を導き，正確にビートを刻んだ場合にはノイズ成分を含む硬質な音の立ち上がり（初期トランジェント）となるのである。なお，後者については，各楽器音の開始時間が一定値（最大 50 ms 程度）内に収まっていれば，オーケストラ全体の響きにその性質が反映される。

また，ヒトの聴覚は（ノイズを含んだ）最初に聞こえるアクセントによって短時間のマスキングを受ける。このため，各パートの立ち上がりに若干の遅れがあっても，指揮者がいかにも緻密な音の立ち上がりを指示したと感じられれば，見かけ上「同期」して（聴覚的には）正確に音が立ち上がったように知覚されることになる。

独唱者と器楽ソリストが感じるオーケストラからの「サポート」（Stützen）はこれと同じ音響的な原理に基づいている。非常に抑制した伴奏は，ソリストがオーケストラ全体の響きに埋没することを確実に防ぐことができる。しかし，オーケストラに支えられているという感覚を持つことはできず，ソリストは「自分ひとり」だけが演奏しているような感覚を持ってしまう。一方，大きな音量の伴奏はソリストに安心感を与えるが，ソリストが自分の音を伝えることを難しくする。こうした理由から，オーケストラが和音あるいはコラ・パルテ（colla parte[30]）で指示された音列を演奏する際には，柔らかく抑えたアタックをつけてソリストをサポートし，ソリストのアーティキュレーションを際だたせる必要がある。このとき，聴衆の耳は主としてソリストに向けられ，伴奏楽器がソロの声部をエネルギー的に補強する役割を担っているため，伴奏声部は必要以上に音を弱める必要はない。

ホールの規模が大きくなると，正確にアーティキュレーションを表現することがいっそう重要となる。そして，旋律中に記されたスフォルツァート[31]やアクセントを強調して，これらを残響音に埋没させないことが求められる。このため，アクセントでは音量を上げると同時に，その減衰音をホールの音響条件に整合させる必要がある。

また，複数の音符にアクセントがつけられたダイナミックなパッセージでは，一音ごとの減衰音が（ホール内のピーク音圧で決まる）残響音の音圧レベルを下回ってはならない。それは，残響音

---

30 伴奏を主声部やソリストのテンポやリズムに合わせること
31 *sfz*：「突然強く」，一つの音や和音に対する指示。スフォルツァンド *sf* と同じ意味。

のレベルを下回ると，聴衆にはアクセントをつけた音が途切れて聞こえるためである。当然ながら，鋭いアタックをつけたアクセントの後に，部屋の残響に応じた楽器の減衰音が続けば，聴衆は常に明確な直接音を聞くことが可能となる。

これに準ずる場合として，オーケストラがフォルテのパッセージを急激に停止させた後，休止符を介さず直ちに弱音（p）のパッセージが続く場面では，一部の楽器の減衰音が残って耳につくことがあるので注意が必要である。この代表例としては，L. V. ベートーヴェン『交響曲第4番』第3楽章の終結部のホルン，第4楽章120小節目のチェロとコントラバスのフレーズが挙げられる。こういった箇所では，フォルテからピアノへと急激に音量を下げずに，トゥッティ最終音に続く最初の弱音へとディミニエンドさせることが推奨できる。すなわち，わずかに強い「ピアノ」から弱音のフレーズを開始するのである。こうした箇所では，ヒトの聴覚にとって，オーケストラのフォルテの響きから「回復」することがまず必要であり，この後，暗騒音とこの弱音の大きさを比較して音量を判断することが可能になるからである。つまり，このディミニエンドは（客席エリアで）知覚されることはない。なお，この暗騒音の最初の部分にはオーケストラのトゥッティ和音の残響音も含まれている。

3.3.2 ビブラート

音楽家はビブラートを主として音楽に躍動感（Belebung）をもたらす表現手段と考えている（Gärtner, 1974）。8章で論じるように，様々な演奏技法によってそれぞれの楽器音には周波数変動を生じさせることができる。同様に，各部分音に特有の振幅変動を与えることができる。これらビブラートの特徴は楽器からの放射音だけで決まり，楽器を取り囲む空間の性質とは関係しない。つまり，ビブラートは自由空間内であっても生成される音の印象，つまり（限界はあるが）奏者が作り出す音の印象である。これに対して，ホール内の聴衆がビブラートから受ける聴感的印象はホールの音響特性に影響を受ける。もちろん，大きなホールではビブラートは歴然とした効果を持つが，天井や壁からの反射音の影響を考えると，ビブラートの聴感的印象はホールの規模に依存することが言える（Meyer, 1994b）。

図9.12に示すように，空間の響きは直接音，両側の側壁や天井から到達する1回反射音，それらに続き残響を生成する多重反射音から成り立っている。これらの音の伝達経路長はすべて異なっており，したがって伝搬時間もそれぞれ異なっている。これは，ある時刻に聴衆へ到達する音は，奏者からの放射音が次々に異なった遅れ時間で重なり合って到達したものに等しいことを意味している。いま，奏者がビブラートをかけることによって，発生音に周波数変動が生じたとすると，周波数が少しずつ異なった変動音が（観測位置へ）重なり合って到達することになる。

例えば，ビブラートの変動周波数を7 Hz，通常のコンサートホールを想定して，壁からの反射音の遅れ時間を30 msと仮定すると，この遅れ時間はビブラートの変動周期の約1/4（143 ms ÷ 4 = 36 ms）となる。つまり，この遅れ時間は中心周波数（音符の周波数）から最大周波数（音符の周波数と変動周波数の和，ここでは+3.5 Hz）まで変化する時間差にほぼ等しくなる。

図3.14はヴァイオリン音を例として，（ビブラートのかかった）反射音が重なり合うようすを調べるために，楽器の近くと遠方で測定したスペクトルの時間変化を比較した例である（Meyer, 1992）。この二つのスペクトルを参照すると，楽器近傍で観測される周波数の時間変動の幅が，遠方の席ではさまざまな方向から到達する反射音が重なり合うことによって，狭くなる状況がはっきりと理解できる。また，遠方の席では音源で生じる周波数と振幅の時間変動がほぼ消失するだけでなく，それぞれのスペクトル成分には楽器の共鳴，そしておそらくホールの共鳴が明確に現れていることがわかる。（ビブラートの効果によって）こ

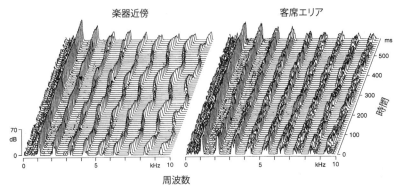

図 3.14　ビブラートをかけたヴァイオリン音のスペクトルの時間変化。楽器の近傍と客席エリアの比較（音符は c^3）。

のスペクトルは時間的にほぼ安定しており，この特徴が「充実した」(voll) あるいは「音量感のある」(voluminös) 響きをもたらしているのである。基本的に，こうした安定したスペクトルはビブラートの変動周波数の幅が大きいほど顕著に現れる。

　これに対して，奏者の位置では直接音が強いため，こうした聴覚的印象はほとんど感じ取ることはできない。ただし，直接音は遠方の座席においても音源の定位（位置感覚）に影響しており，その効果によってビブラートによって生じた「躍動感」(Lebendigkeit) はいっそう鮮明に知覚されるのである。

　このように，室内の音場では，ビブラートによる音圧レベルの変動はほとんど生じないので，聴衆にとっての音量感は各楽器が放射する音響パワーの総計できまる。また，この音響パワーは楽器放射音の時間平均値に対応している。ところで，大きく振幅変動する音に対して，ヒトの聴覚システムは音圧レベルの時間変動のピーク値に対応するラウドネスを知覚する（5.2.1 節参照）。このため，ビブラートによって振幅が大きく変動すると，奏者自身はラウドネスの上昇を知覚することになる。つまり，大きなホールでは，聴衆は奏者と同じようなラウドネスの上昇を感じないことを，奏者は了解しておく必要がある。なお，これと同様な感覚の相違は「弓の圧力の強弱効果」についても存在する。

　直接音の強さは音源からの距離に反比例して減少する。一方，反射音の総エネルギーは客席エリアでほぼ一定である。このため，ビブラートの躍動感（belebend）はステージから離れるほど減少する。これは，ビブラートの躍動感に重要な役割を担う高周波域の倍音が，壁や天井から反射音の反射音が加わることによって次第に弱くなるからである。この（高周波成分の減衰の）影響は，高次の倍音や高周波域のノイズ成分が同位相で振動するとき，特にはっきりと感じ取ることができる。

　この例として，フルートのビブラート音に対する 2 種類のスペクトルを図 3.15 に示す。このデータはホール内の同一の客席位置で，2 種類のマイクロフォンで測定した結果である。指向性マイクで記録したスペクトル（左図）には主に直接音だけが含まれており，無指向性マイクによるスペクトル（右図）には主として拡散音が含まれている。左の図は，高周波域のノイズ成分が時間とともに振動する様子をはっきりと示している。客席では，このノイズ成分は直接音だけに（損なわれることなく）含まれており，この成分が聴衆にとって音源の位置を知覚（定位）するための方向情報を伝えている。つまり，フルートの音の効果に関して，（さほど大きく周波数変動しない）ビブラートは音の豊かさを向上するのではなく，アンサンブルやオーケストラの中にフルートの位置を明確にし，際だたせているのである。

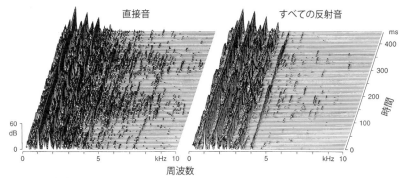

図3.15 客席エリアで観測した，ビブラートをかけたフルート音のスペクトルの時間変化。指向性マイクロフォンと無指向性マイクロフォンによる測定結果（音符はc^3）。

オーケストラのそれぞれの楽器音や歌声に及ぼすビブラートの多様な効果を理解するためには，ビブラートの周波数変動の幅と（高周波成分の）振幅変動の大きさとを区別する必要がある。ヒトの聴覚は高周波数成分のラウドネスを「臨界帯域」の幅に分割して評価する（5.2.1節参照）。したがって，振幅変動の「聞こえ」の一つの評価尺度として，2,000 Hz以上の帯域での振幅変動の大きさを考えることができる。それは，この周波数成分の振幅が最も大きく時間変動するからである。

図3.16はいくつかの種類のビブラートに対するこの音響特徴量を表示したものである。図中では右側にプロットされた楽器ほど（周波数変動幅が大きいため）音の豊かさ（Klangvolumen）は増し，これに対して，左側の楽器ほど音の豊かさは小さい（schlank）。また，上にプロットされた

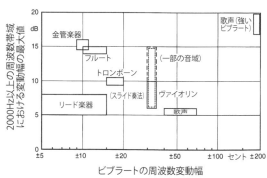

図3.16 強いビブラートに対する周波数の変調幅と倍音振幅の変動幅の代表値

楽器ほど，ビブラートによる音の特徴が明確になり，アンサンブルにおけるその楽器の存在感が際だったものになる。一方，下の楽器ほど，ビブラートはアンサンブルに溶け込んで，その存在感は薄れる。なお，図中には強いビブラートに対する特徴量がプロットされているが，当然，図の値よりさらに弱いビブラートが存在することも忘れてはならない。

リード楽器の場合には，強くビブラートをかけてもその影響は緩やかであるため，空間的な膨張感のない，定位して引き締まった響きの（schlank）アンサンブルを作ることができる。金管楽器の場合は，フルートと同じように，ビブラート音は音源の定位を際立たせる効果を持っており，高周波成分の指向性がその特徴をいっそう強調している。対照的に，弦楽器と歌声のビブラートは音の豊かさに影響を与えることがわかる。なお，弦楽器のソリストはこの図に示した値を超えて広い変動幅のビブラートを用いることがある。こうした強いビブラートは楽器の近くでは過剰であるように感じられるが，客席エリアでは優れた音響効果が得られる。

また，歌手の近くにマイクロフォンをセットして録音を行う際には，強いビブラート唱法が耳障りになることがある。ただし，歌声については，強調したビブラートは非常に際立って聞こえ，さらに音の豊かさも増大させる。例えば，声楽ソリストが大音量のオーケストラや合唱に対抗して歌

声を伝える場合には，強調したビブラートは唯一の手段となる。このような場合には，こうした極端な表現は正当と認めるべきであろう。

ヴァイオリンの音は一部の音程で著しく突出した音となる傾向がある。これは，各楽器が固有に持つ鋭い共鳴作用によって，倍音成分が大きな振幅変動を起こすためである。楽器がこうした音を1ないし数個持っているときには，奏者はその音程を理解して，ビブラートの幅（周波数変動幅）に配慮したビブラートを用いる必要がある。また，共鳴の影響を受けた高次部分音が（低次部分音の変動周波数の）2倍の周波数で変動する場合には，ビブラートの速さにも注意が必要となる（7.3.1.3節参照）。

3.3.3 管楽器の構え方

G.マーラーは特殊な音色効果を求めて，彼の交響曲の幾つかの箇所で，オーボエとクラリネット奏者にベルを上向きにして演奏するよう指示している。これは，指向性による音色効果を狙ったものであり，楽器の正面方向に比べてベルの方向では部分音のスペクトル構造が大きく異なっているからである。図3.17は，クラリネットの低音と高音に対するスペクトル振幅の包絡線を比較したものである。このデータは，奏者と聴衆を結ぶ線上にマイクロフォンをセットし，ベルを上げた場合と通常の方法で構えた二つの条件についての測定結果である。つまり，ベルを上げた場合には，マイクロフォンはベルの延長線上に位置していることになる。なお，図の曲線はそれぞれ途中から二つに分岐しているが，これは奇数次（上の曲線）と偶数次（下の曲線）の部分音に対する包絡

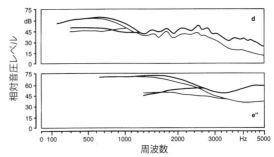

図3.17　クラリネットの構え方の違いによる放射音のスペクトル包絡線。奏者の正面方向での測定結果。細い線：通常の構え，太い線：ベルを上に向けた時（図中のdとe″は音名）。

線を示しているためである。

この図から，ベルを上に向けると高周波成分が著しく増加し，奇数次と偶数次部分音の振幅の違いが少なくなることがわかる。この性質によって，クラリネットの音色は輝かしく，時には鋭く甲高い（schrill）ものになり，そのうつろ（hohl）でくすんだ（gedeckt）性格を抑制する効果が得られるのである。例えばe^2音について（この音はオーケストラ全体の響きの中では中音域に該当しており，クラリネットにとっては代表的な高音と考えて良い），ベルを上に向けたB管クラリネットの音色は，D管やEs管のクラリネットに近づく。この奏法は例えばG.マーラーの『交響曲第3番』に用いられており，その第1楽章にベルを上に向けた3本のB管クラリネットと2本のEs管クラリネットとを組み合わせたフレーズがある（譜例24参照）。

なお，この特殊奏法を採用する場合，G.マーラーの時代には（今日，我々が接するコンサートホールとは異なり）高周波数まで音の伸びた音響特性を持つホールが存在しなかったことを了解し

譜例24　G.マーラー『交響曲第3番』第1楽章，クラリネットパートの抜粋。

ておく必要がある。現代の音響条件，つまり 4,000 Hz の残響時間が中音域の残響時間よりわずかに短いホールにおいて，ベルを上向きに演奏するオーボエとクラリネットの鋭い（grell）音を耳にすると，G. マーラーの要求した演奏方法が彼の響きに対する意図に沿ったものなのか，それとも，こうした効果は抑制したほうが好ましいのでは，という疑念を抱かざるを得ない。

G. マーラーの交響曲や I. ストラヴィンスキーのいくつかの作品では，ホルンとトランペットに「ベル（朝顔）を上に向けて」（Schalltrichter auf）という指示がたびたび登場する（譜例 25）。前述したように，ホルンでは，朝顔の中に手を挿入しないときに初期トランジェント（音の立ち上がり）の音質が必要以上に硬質（hart）なものになることから，この奏法はホルンの音色を「粗く」（roh）する作用がある。しかし，客席エリアでの音の強さには大きな違いはない。このときには，高周波成分の振幅だけが大きく成長するが，この成分はステージの天井と後壁上部に向かって鋭い指向性で放射されるので，そのエネルギーの大半はオーケストラの方向に返り，客席方向に進まないからである。

このように，ホルンのベルの方向操作は主に楽器の音色変化をもたらす効果に限られており，例えば，P. チャイコフスキーの交響曲にしばしば登場する長大なクレッシェンドで，ベルを上に向けても音量がさらに上昇するわけではない。なお，狩猟ホルンと近い音色を表現するため，ベルを開放した奏法が用いられることがある。この例としてセザール・フランクの交響詩『呪われた狩人』がある。

対照的に，トランペットのベルを上に向けた場合には異なった評価が必要である。このときには，トランペットパートの放射音そのものや演奏技法には違いは存在しないが，譜面台による遮蔽がなくなることが大きく影響する。つまり，高〜最高周波数成分が，前述した指向性パターンで，客席エリアに向かって障害を受けずに放射されることになる。図 3.18 は，同じ強さで吹奏した時に測定した，奏者の正面方向の音圧レベル上昇量である。この結果から，ベルを上に向けたときには，2,000 Hz 以上の部分音の振幅が 10 dB 以上大きくなること，一方，400〜1,200 Hz の帯域で振幅が低下することがわかる。後者の作用は直接放射音と譜面台からの反射音の干渉によって生じており，奏者が譜面台に体を近づけて演奏すれば解消する。この周波数特性を音質的な観点から表現すると，ベルを上に向けることによってトランペットの音色は輝かしさと鋭さを増し，その一方で力強さと存在感をわずかに失うと言うことができる。

こうした音質の変化は，明るく金属的なファンファーレの響きをその中心に据える作品にとって相応しいものであり，L. V. ベートーヴェンの『エグモント序曲』の終結部に繋がるファンファーレはその一例と言えよう。また，その輝かしい

譜例 25　G. マーラー『交響曲第 4 番』第 3 楽章より抜粋，終結部から 36 小節手前の部分。弦楽器とハープを除く。

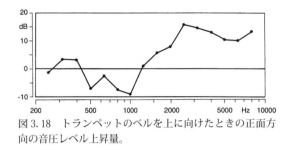

図 3.18 トランペットのベルを上に向けたときの正面方向の音圧レベル上昇量。

音を用いてトランペットをオーケストラの響きから際立たせることを意図する場合，ほとんどの指揮者はトランペット奏者にベルを上げるように指示している。この代表例としてL. V. ベートーヴェン『交響曲第3番，エロイカ』第1楽章の終結部直前（654 小節以降）を挙げることができる。この箇所では，オーケストラ全体が奏でる長いクレッシェンドの響きの上に，トランペットの音がそびえ立つように感じられる。

ただし，高周波数領域の拡散距離に対して，これより外側のエリアに多くの座席が設けられたコンサートホールでは，このトランペット奏法は不向きである（図1.7と図2.32参照）。また，オーケストラの側方や後方（サラウンド席）の聴衆についても，指揮者が自分自身の聴感から期待するほどには，ダイナミックな音質変化は生じない。つまり，ホール全体の席で均一な音響効果を得るという意味では，ベルを上げることが効果に繋がらないホールも多々，存在するのである。その場合には，ベルを上げず，鋭いアタックをつけるだけの方が演奏効果の点でより適切と言えよう。

一方，ピアノ（弱音）のパッセージで，トランペットに柔らかで，かつ明るい音色が求められる場面では，その透明感を強調するためにベルを上に向けることは推奨できない。例えば，J. ブラームス『交響曲第1番』第1楽章の開始部における，繊細な複数の声部が織り重なる部分（譜例26）ではベルを下向きに構えた方が好ましく，それによって，/a/フォルマント帯域の成分を効果的に放射することができる。このモチーフの音程を考えればわかるように，対象となる周波数領域の倍音（1オクターブ上のトランペットの部分音）が1,000 Hz 周辺に存在しているからであり，これは特に典型的な事例であると言えよう。

放送用スタジオでオーケストラが演奏する場合，遮蔽の影響を減らすために孔開き型の譜面台を用いることがある。それは，低周波数の音は譜面台を回折（迂回）して前方に伝搬するが，高周波成

譜例26 J. ブラームス『交響曲第1番』第4楽章，第35小節，弦楽器と打楽器を除く。

分は譜面台の方向に鋭い指向性を持っていることから，（図3.18からわかるように）遮蔽の影響を減らすためである．孔開き型の譜面台を使用すると，2,000 Hzを中心とする周波数成分だけが大きく上昇する（Meyer and Wogram, 1970）．この周波数は母音/e/のフォルマント帯域に含まれており，トランペットの輝かしい音色に寄与することから，この成分のエネルギー上昇は音響的に有利な作用を持つと考えることができる．もちろん，全体としてみれば，孔の開いた譜面台が音楽そのものに及ぼす影響はわずかである．

トランペットのベルを上に向けた場合と同じく，トロンボーンにも譜面台の遮蔽によって減音が生じる．このときには，譜面台に対してベルを横にそらすことがその対処方法となる．図3.19を参照すると，トロンボーンのベルを横にそらす効果はトランペットに類似した周波数依存性を示しており，約1,250 Hzより高い周波数で音圧が上昇し，一方，第1フォルマントの周波数域（500〜600 Hz）でわずかにレベルが低下することがわかる．ただし，後者に関して，通常の構え方とのレベル差はトランペットほど大きくはない．この特徴を音質について論じると，譜面台からベルをずらすことによって，トロンボーンの音色は明るさと透明性を増すが，哀調を帯びた朗々とした響き（Sonorität）は弱まると言える．この現象の理解は，トロンボーンパートの各声部の音色的なバランスを保つために重要である．

3.4 テンポと空間の音響条件

テンポは音楽の特徴を規定する不可欠な要素である．一般的に用いられるイタリア語のテンポという用語は，作曲者が相応しいと考える「テンポ」をかなり曖昧に表現しており，強弱記号と同じように相対的なものと考えるべきである．このため，音楽を解釈する立場の人間にとっては，テンポの設定にかなりの任意性が残されており，作品のテーマと性格に応じて，さらに正確に定義する必要がある．各楽章にはメトロノームの速度指示が与えられているが，これもまた平均的な値であって，その値を中心にして作品の流れの中でテンポは揺れ動くと考えるべきである（Winckel, 1960）．また，わずかなテンポの違いが大きな意味を持つことがあり，その揺れの幅を狭めたり，拡げたりすることによって作品のスタイルに応じた演奏が実現する．すなわち，「正しい」テンポを把握することは，音楽の解釈にとって欠かすことのできない課題なのである．

ブルーノ・ワルター（1959年）は「正しい」テンポについて「正しいテンポでは，音楽的な感性，そしてフレーズに込められた情感が最も適切に表現され，かつ，アンサンブルの精度も最良となる」と言い表している．つまり，この定義によれば，同じ楽器を用い，空間の音響条件が同一とすれば，音楽に対する個人的解釈は同じような表現方法に到達することを意味している．

指揮者が机上でスコアを研究する際，作品を特徴づける一つ一つのコンセプトを的確に表現するテンポを構想しているのはもちろんのことである．しかし，その音楽表現を正確に実現するには，適切な空間の音響条件が必要である．空間の音響は音楽の表情を損ねてはならず，むしろ，奏者が様々な演奏テクニックを最大限に発揮できるよう機能することが求められる．すでに述べたように，コンサートホールの最適音響条件は演奏する音楽のスタイルによって異なっている．このため，最適な音響条件を満たさないホールで，指揮者の解

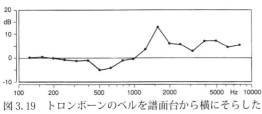

図3.19 トロンボーンのベルを譜面台から横にそらしたときの，正面方向の音圧レベル上昇量（通常の構え方との比較）．

釈する響きを聴衆に伝えるためには，（限界はあるが）響きの構成やアーティキュレーションによって補うことが必要であり，ときには，空間の音響条件にテンポを合わせざるを得ない場合もある。

　ある作品にとって残響時間が適正値より若干長いとすると，響きのふくよかさは増すが，明瞭性が低下する。なかでも，速いパッセージは混濁して明瞭に聞き取れない心配がある。これに対処するため，直接音に配慮した楽器配置に変更し，鋭いアーティキュレーションを心がけても，この響きの不明瞭さを補うことは簡単ではない。この場合には，原則として響きの透明感を向上するためにはテンポを落とすことが有効である。さらに，切れ味のよい（Prägnanz）アインザッツを得るためには，単に「触れただけ」のスピカートよりも，確実でしっかりした（fest）スタッカートが適していることを考えると，テンポを落とすことにはアーティキュレーションを正確に刻めるという利点がある。Tarnóczyら（1960）は残響時間を変化できるスタジオにおいて，二つの交響曲からの抜粋を最大20％までテンポを変えて演奏するという一連の実験を行い，残響時間が長くなると，聴衆はやや遅めのテンポを好ましいと判断することを報告している。

　これに対して，残響時間が長いときに急速楽章のテンポを速めると，曲のディテールは響きの中に埋没するため，作品本来の性格は完全に損なわれてしまう。なお，バロック期の名人芸的（virtuos）作品の演奏では，こうした効果が（なかでも教会で催される室内オーケストラの演奏会で）しばしば利用された。このときには，曲のディテールは犠牲にされたが，豊かな残響音が非日常性という意味で見事な効果を発揮したのである。

　緩徐楽章では，残響時間が少し長い程度であれば，明瞭性の低下はさほど耳につかないので問題とはならない。むしろ音の豊かさが増して，長い音符のエネルギーも上昇するので，響きの形成が容易になり，この楽章ではテンポを落とした方が好ましいと言える。また，弦楽セクションの編成が大きい場合には，小編成のときよりテンポを落とす方が良い（Walter, 1959）。つまり，残響時間が最適値より若干長めであれば，急速楽章ではテンポを落とす必要があり，緩徐楽章においてもテンポを落とす方が好ましい響きを作るのである。このときには，楽章間のテンポの相対関係は一定に保たれるので，楽曲構成の全体的なコンセプトも保持されると考えて良いであろう。しかし，残響時間が適正値より大幅に長いときには，遅めのテンポと濃密（voll）な響きによって作品の性格は一変する。例えば，オットーボイレンの大修道院や（パリ郊外の）シャルトル大聖堂でのA. ブルックナーの作品の演奏でこれを確かめることができる。

　これとは反対に，残響時間が短い場合にはまったく異なった問題が生じる。このとき，音の全体像は極端に明瞭なものとなり，空間の共鳴感は消失する．さらに，短く鋭いスタッカートを響かせることが困難になるため，楽音のアタックの表現力は貧弱になる。この結果，個々の奏者にはアンサンブルの相手奏者の音を聞き取ることが難しくなり，自分自身の音の開始方法（アインザッツ）に非常に神経質にならざるを得ない。こうした理由から，残響の不足は奏者に対して大きな影響を与える。

　さらに，残響が不足した場合には，（特に弦楽器については）鋭いスピカートに代えて，やや硬質で（fest）強めのスタッカートが必要であり，言い換えれば，このときにもゆっくりしたテンポが求められることになる。つまり，残響時間が短い場合にも，急速楽章は最適な音響条件のホールに比べて遅い速度で演奏しなければならないのである。これについては，F. ヴィンケル（Winckel, 1962b）がクリーブランド管弦楽団の演奏旅行に際して実施した調査結果を参照されたい。

　これらに加えて，一部の作品に関して，ホールの残響が不足する場合には，誤って楽章の開始部が速くなりすぎることがあるので注意する必要がある。それは，休止符で区切られた和音の並びに

よって音楽が開始する時に，残響音が短いためにこの休止符が長くなったように感じられ，その結果，テンポが遅いような印象を与えるからである。この著名な例として，L. V. ベートーヴェン『交響曲第3番，エロイカ』の開始部を挙げることができる。こうした形式の楽章開始部はオーケストラ作品だけではなく，J. ハイドンの『弦楽四重奏曲（Op. 76 の第 1 番や第 3 番）』にも多く見られる。

　残響が短い時，緩徐楽章ではふくよかで表現力のある音を作り出すことは困難である。この場合，ピアノ（弱音）の箇所をやや強めに演奏すべきであり，このようにダイナミクスを設定することで，客席エリアでは適正な音圧レベルが達成される。これに対して，フォルテでは十分な音の強さを得ることはほぼ不可能である。こうしたダイナミックな（音の強弱の）表現力の幅の狭さ，そして，長い音符で十分な音のエネルギーを保つことの難しさという二つの要因によって，残響が短い場合には，旋律の流れを維持するためにテンポが上昇する傾向がある。奏者は，与えられた空間の音響条件の下で，それぞれの楽章をできる限り納得いくものとすべく努力するが，しかしその結果，（最適な残響時間のもとでの）作品の構想に沿った各楽章のテンポの相対関係が変化してしまうのである。つまり，残響の不足するホールでは，音量だけではなく，演奏する楽章間のテンポの幅も狭まるのである。

第 4 章　オペラハウスの音響的課題

4.1　オーケストラの音量

4.1.1　歴史的変遷

　コンサートホールの場合と同じように，オペラ上演時のオーケストラの規模は時代とともに変化し，現代の標準的レパートリーへと到達した。したがって，その歴史的な発展過程を概観することは意味があると考えられる。オペラでは管楽器はソロで用いられることが多く，作品によってその編成にかなりの違いが見られることから，弦楽セクションの規模が特に重要である。表 4.1 は W. A. モーツァルトの時代の 4 つの歴史的オペラハウスでの弦楽器の台数とともに，R. ワーグナーが『ニーベルングの指環（リング）』に用いた台数と，1870 年頃に G. ヴェルディが「オペラ上演の標準」として要求した台数が示されている（Holl, 1947）。さらに，この表には今日の標準的な小編成と大編成のオーケストラについての台数が示してある（これについては，後述する）。

　なお，W. A. モーツァルトの時代であっても，プラハ国立歌劇場（別名：エステート劇場）では当時の標準的な規模を超える弦楽セクションが用いられた事例がある。それは『ドン・ジョヴァンニ』の「晩餐会用音楽」の場面での楽器編成である。しかしながら，この表は W. A. モーツァルトが自作のオペラを鑑賞あるいは指揮した際の，オーケストラ規模の（少なくともアルプス以北での）最大値を与えていると考えてよいであろう。

　これに対して，当時のイタリアではさらに大きな弦楽セクションが用いられることは珍しくなかった。例えば，1771 年にミラノで行われた『ポントの王ミトリダーテ』の初演ではヴァイオリン 24 台，ヴィオラ 6 台，チェロ 2 台，コントラバス 6 台が用いられたが，なかでもチェロとコントラバスの数の関係は注目に値する（Becker, 1962）。表 4.1 で目につくのは，G. ヴェルディが極めて多数のコントラバスを要求していることであり，チェロを加えると非常に大きな低弦セクションとなっている。一方，R. ワーグナーは 8 台のコントラバスと 12 台のチェロを用いているが，G. ヴェルディより多くのヴァイオリンを必要としている。

　最大規模の楽器編成の例としては，R. シュトラウスの『エレクトラ』を挙げることができる。

表 4.1　弦楽セクションの台数

オーケストラ	年	1.Vn.	2.Vn.	Vla.	Vc.	B.
ウィーン・旧ブルグ劇場	1781	6	6	4	3	3
ドロットニングホルム宮廷劇場	1783	8	7	4	4	8
プラハ国立歌劇場	1787	3	3	2	2	2
ヴィーデン・フライハウス劇場	1791	5	4	4	3	3
R. ワーグナー『リング』	1876	16	16	12	12	8
G. ヴェルディ	1870	14	14	14	12	12
編成「A」	–	8	8	6	5	4
編成「B」	–	12	12	10	8	6

上段 4 つのデータは Becker (1962) による

1909年の初演時の奏者総数は約115名であり，その弦楽セクションは3声部×8台のヴァイオリン，3声部×6台のヴィオラ，2声部×6台のチェロ，8台のコントラバスであった．

4.1.2 客席の音圧レベル

ピット内のオーケストラからの直接音は，ピットが客席床レベルより沈み込んでいるため客席エリアには到達しない．したがって，オーケストラの響きは基本的に拡散音で決まる．この値は各楽器の発生パワーで決まる平均音圧レベルと，オペラハウスの空間減衰指数によって計算することができる．このとき，最初の問題はオーケストラの音響パワーレベルを求めることであり（3.1.2節参照），その際，歌手にとって大きな意味を持つフォルテでの音圧レベルを基本量とすることが重要である．

表4.1に示した弦楽セクションの編成に加えて，管楽器を加えた二つの代表的な楽器編成を考えよう．一つは，フルート，オーボエ，クラリネット，ファゴット，ホルンが各2台の編成「管楽器I」，もう一方は，この木管セクションにホルン4台，トランペット2台，トロンボーン3台，チューバ1台を加えた編成「管楽器II」である．このとき，フォルテの音響パワーレベルは木管セクションに関して101.5 dB，管楽器Iでのホルン2台は105 dB，管楽器IIの金管セクションは111.5 dBとなる．これらの値から，オーケストラ全体のバランスを保つには，金管楽器はフォルテで目いっぱいの音量で強奏すべきでないことがわかる．

また，弦楽セクションのパワーレベルは表4.2に示されている．W. A. モーツァルトのオペラでは，すべての管楽器奏者が同時に演奏することは少ないことに注意すべきであり，実際には，管楽セクションのパワーレベルは弦楽セクションより若干小さな値となる．これは管楽器の音色の違いを際立たせる表現を意図していたためと考えられよう．一方，19世紀には多数のオペラハウスでは，木管の各パートに3ないし4名の奏者が用いられた．したがって，そのパワーレベルは最大で3 dB上昇すると考えて良い．表4.2のパワーレベルは，トゥッティでの値を表していることから，歌手とオーケストラのバランスを考える上で非常に重要である．この問題については後述する．

オペラハウスの空間減衰指数は客席空間の室容積と残響時間によって決まる．ただし，残響時間の値は比較的狭い範囲に限られるため，その影響は小さい．これについては，図4.1のデータがほぼ一直線に並んでいることからも理解できる．この図より，最も規模の小さいチェスキー・クルムロフ宮廷劇場を除外すれば，歴史的劇場の空間減衰指数は約20 dB，比較的新しいオペラハウスでは約25 dBであることがわかる．つまり，オーケストラの編成が同じとすれば，歴史的劇場の音量は約5 dB大きいことを意味しており，これは，強弱記号の1段階のおよそ半分強の幅に対応している．なお，特に規模の大きいパリとニューヨークのオペラハウスの空間減衰指数は，さらに数dB低い値となっている．

図4.2の三つの図はこの関係を詳しく視覚化したものである．上段の図は三つの歴史的劇場と三つの新しい劇場における空間減衰指数のプロット

表4.2 フォルテの音圧レベル

オーケストラ	弦楽器	弦＋管楽器I	弦＋管楽器II
ウィーン・旧ブルグ劇場	103	108	–
プラハ国立歌劇場	102.5	108	–
ヴィーデン・フライハウス劇場	100.5	107.5	–
R. ワーグナー『リング』	107.5	110	113.5
G. ヴェルディ	108	110.5	114
編成「A」	104	108.5	113
編成「B」	106	109.5	113

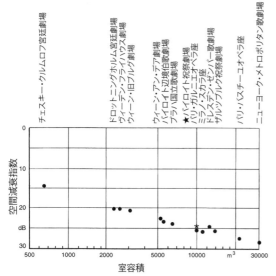

図 4.1　オペラハウスの空間減衰指数（満席状態，中音）

である。中段の図はこれら三つの歴史的劇場で用いられたオーケストラのパワーレベルと，今日用いられている楽器編成のパワーレベルを示している。ここで，後者については大小 2 種類の弦楽セクション（V と A）に対して，管楽器を小編成から大編成へと増員したときのパワーレベルが設定されている。最後に下段の図は，それぞれのオペラハウスでオーケストラが平均的なフォルテで演奏した時の平均音圧レベルを示している。

いま，弦楽セクションの音圧レベルに注目すると，ウィーンの歴史的劇場で用いられた小編成の弦楽アンサンブルが発生した音圧レベルと同じ値を，三つの新しいオペラハウスで達成するためには，G. ヴェルディが指定した規模の大編成（図中：V）が必要であることがわかる。つまり，これら三つのオペラハウスで W. A. モーツァルトの作品を当時と同じ規模の編成（図中：A）で演奏した場合，弦楽セクションの音量は──沈み込んだオーケストラピットによる音の遮蔽作用を考慮しなくとも──歴史的劇場の値より約 3 dB 小さくなることが言える。

管楽器の編成が小さな作品では，新しい三つのオペラハウスで，その空間の大きさの影響が明確

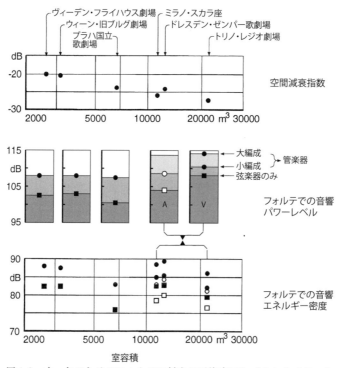

図 4.2　オーケストラのフォルテに対する平均音圧レベルとオペラハウスの室容積との関係

に現れる。それは，管楽器奏者の数を増員しても空間の音響条件には上手く適合しないためである。また，この図より，W. A. モーツァルトの作品の多くのパッセージに採用された典型的な管楽器編成（表 4.2 の編成 I）が当時ウィーンの歴史的劇場において発生した音圧レベルは，新しいオペラハウスにおいて大編成の管楽器（編成 II）が到達する値とほぼ等しいことに注意されたい。したがって，少なくとも（歌唱を伴わない）オーケストラ単独のフレーズのダイナミック（音の強弱）を設定する際には，この事実を考慮する必要がある。これに対して，3,000 m³ 程度の小型のオペラハウスで多数の金管楽器を伴ったフレーズを演奏する場合には，発生音の音圧を適正な範囲に抑えることが困難であり，その過剰な音量を解決することはほぼ不可能である。

4.1.3 オーケストラピット内の音圧レベル

コンサートホールではオーケストラと聴衆は同じ空間内に座っているが，オペラハウスでは客席エリアとオーケストラピットは同一の音響空間と見なすことはできない。両者は音響的にカップリング（結合）したものと見なすべきであり，結合の強さはピットの深さによって決まる。オーケストラがピット内で演奏するとき，各楽器からの放射音の大部分はピット内の壁で反射して奏者の方向に返り，これを何度か繰り返した後，最終的に吸収される。したがって，（そのままの状態では）楽器からの放射音が聴衆に大きなエネルギーで到達するのは，ある程度，広い指向性を持つときに限られる。

大半のオーケストラ奏者にとって，少なくともピット内の一つの壁は拡散距離より手前に存在しており，さらに，拡散距離の 2 倍以内にもう一つ壁面が存在すると考えて良い。このため，ピット内の音圧レベルは，ピット内の壁からの反射音の影響によって（開いた空間に音を放射する）コンサートホールのステージ上に比べてかなり大きくなるのは当然のことである。

ピットの上部開口の寸法が異なる三つオペラハウスでの測定結果によると，（いずれの劇場においても）オーケストラが舞台上で演奏した場合に対して，床レベルが前舞台から 2.5 m 低いピット内で演奏する場合，オーケストラ中心付近での音圧レベルはおよそ 1.5〜3.5 dB 大きいと報告されている（Westphal, 1994）。このとき，ピット内の壁から強い反射音が短い遅れ時間で到達するため，初期の 50 ms 以内に奏者に到来するエネルギーは，ステージ上のオーケストラに比べて約 8 dB 大きい（O'keefe, 1994）。なお，この値は奏者自身からの直接音を含めた値である。

この短い時間遅れの反射音が存在するため，オーケストラ奏者が互いの音を聞きとることは比較的容易であり，強弱記号が mf 以下であれば問題は生じない。しかし，音量がさらに大きくなると，ヒトの聴覚には強いマスキング作用が生じるため，互いの演奏，なかでも弱音の声部を聞きとることが難しくなる。つまり，トゥッティ（総奏）の聴覚的印象は金管楽器によってほぼ決まり，それ以外の声部は混濁した音の集合体となって，個々の声部を聞き取ることが困難になってしまう。

Naylor（1987）はこの問題に関連して，オーケストラ用リハーサル室の音響条件について検討を行い，音量の大きな楽器の周囲を吸音することを推奨している。この方法は，客席方向への直接音の放射条件をほとんど変化させず，金管楽器の中・低周波成分がわずかに低下するだけであり，客席エリアの音圧レベルはほとんど変化しない。

ただし，ピット内のティンパニの正面では，音圧レベルのピーク値は 115 dB まで上昇することがある（Katschke et al., 1981）。このため，厚さ 10 mm 程度のガラス製の移動式パーティションを設ければ直接音が抑えられるので，ティンパニの直前に座る奏者にとって有害な大音量が低減できる。このパーティションの効果の直接的な測定は行われていないが，ティンパニの直前で数 dB のレベル低下が期待でき，打撃時の硬質で耳障りな聴覚的印象も緩和する。

ピット内で著しく音量が上昇するという問題に関して，奏者の耳を大音量のパッセージから守るため耳道に綿を詰めることがある（Frei, 1979）。通常の綿では，この方法による音の減衰量は500 Hz以下の周波数で約5 dB，500 Hz以上ではさらにオクターブ毎に5 dBずつ増加すると考えて良い。特別な耳栓用の綿を用いると，その減衰量は125 Hz以下で約10 dB，この値からオクターブ当り5 dBずつ増加し，2,000 Hzで30 dBとなる（Brinkmann, 1978）。後述するように（5.2.2節），マスキング効果は（妨害音の）音量が大きいほど顕著になる。したがって，耳道に綿を詰めることによってマスキングの影響は緩和すると考えて良い。一方，この方法では周波数によって音の減衰量が異なるため，自分自身の発生音を聞くことも著しく難しくなるという問題がある。もちろん，綿による耳栓は，本来の意図，すなわち過剰に大きな音圧から耳のダメージを防ぐという機能は果たしている。

さらに効果的な遮蔽を行うには，大音量の楽器とその直前の奏者の間に特殊な防音パネルを設ける方法がある。このパネルは床から高さ約1.2 mまでの部分に吸音材料が貼りつけられており，その上部は透明で45°に傾斜している。このパネルを用いると，（金管楽器の直前の）木管奏者の耳の位置での音圧は12 dB以上低下する。これに比べると，頭部だけを覆う小型のスクリーンの効果はごくわずかである。また，ピット内のスペースに余裕があれば，（大音量の楽器間の距離を拡げて）楽器配置を最適化すれば，前方の奏者に対する音圧レベルはさらに数dB低下する。

4.2　オーケストラピット内の楽器配置

4.2.1　伝統的な配置方法

コンサートホールとは対照的に，大半の初期のオペラハウスでは十分なオーケストラ用のスペースが存在しなかったため，音響に配慮して奏者を配置することはなかった。18世紀には，舞台前方に奏者を譜面台の両側2列に対向して長く並べるのが一般的であり，一列は舞台に背を向け，もう一列は聴衆を背にして着席した。指揮者は，この列の一方の端にチェンバロを前にして座り，その近くに通奏低音の奏者が集められた。オーケストラの規模が大きい場合には，その反対側にもう1台のチェンバロがチェロ，コントラバス，ファゴットとともに配置された。

図4.3は1740年の改装後のトリノ・レジオ劇場に見られる，オーケストラの代表的な楽器配置を示している。オーケストラのためのスペースは非常に狭く，中央には楽譜を置く二面式の譜面台がぎっしりと並べられている。ピットの左右両端には低音の楽器がかなり詰め込まれている様子も理解できよう。なお，オーケストラ左端ではホルン奏者が楽器を上に掲げていることに注意されたい。

こうした横向きに譜面台を並べた楽器配置は少なくとも19世紀まで続いた。ロンドン・コベン

図4.3　トリノ・レジオ劇場（1740年頃）（Bärenreiter-Verlag Kassel (MGG)）

トガーデン・オペラハウスはその一例である。しかしその後，オーケストラのためのスペースは若干前後方向に拡がり，奏者1人当りの面積もやや増えたことにより，2人の奏者で1プルトを構成する配置が可能となった。通奏低音のチェンバロが使われなくなると，指揮者は舞台に近い位置に立つことが通例となり，歌手との音響的関係が改善した。

なお，通奏低音が用いられた時代の名残として，チェロとコントラバスの一部は指揮者の周辺，すなわち，オーケストラの中央部に留まっていた。それ以外の声部は，弦楽セクションと管楽器に打楽器を加えたセクションに分割され，それぞれがスペースの半分ずつを占める配置方法が，当時の劇場で多く採用された。例えば，C. M. V. ウェーバーの時代のドレスデン国立歌劇場では，弦楽器は指揮者の左側，管楽器は右側に配置され，ミュンヘンでは，それとは逆に管楽器が左側，弦楽器が右側に配置された (Hoffmann, 1949; Becker, 1962)。

その後，ベルリンオペラでは響きの対称性を改善するため，ヴァイオリンを左右に配置するようになり，1840年以降はこの方法が主に採用されるようになった。また，パリのオペラ座では1810年までにこれと同様な配置方法が定着しており，指揮者の左に第1ヴァイオリン，右に第2ヴァイオリンを置き，他の楽器の大半は正面に配置された。これに対して，R. ワーグナーは管楽器と弦楽器を厳格に分ける方法を好まず，オーケストラ全体に弦楽器を均等に配置し，金管楽器を二つに分けてオーケストラの両端に配置することを指示した。

今日，この方法は大半のオーケストラの楽器配置の基本となっており，一部の例外を除けば，指揮者の左側を第1ヴァイオリンとし，音域の順に半円状に他の弦楽器が配置されている。最近は，演奏会形式の楽器配置が用いられる機会も増えており，その場合には右端に第2ヴァイオリンが来るが，ヴィオラと入れ替わることも多い。また，コントラバスは舞台を背にして左右のいずれかに配置される。そして，左端に木管楽器とホルンが3列に並び，右端に他の金管楽器と打楽器が来る。

ワーグナーチューバを用いるオペラでは，多くの場合，ホルンは他の金管楽器とともにオーケストラの右端に配置して，木管楽器はすべて左端に配置する。これに対し，弦楽器と管楽器を厳格に分離して，木管楽器を指揮者の右側に並べるという方法は，現代の大規模オペラで見かけることは希である。ただし，ニューヨーク・メトロポリタン歌劇場では，R. ワーグナーやR. シュトラウスのみならずイタリアオペラの作品を上演する際に，この配置方法が20世紀においても採用されている。

一方，小編成のオーケストラを用いるオペラでは事情は異なってくる。室内楽に近い楽器編成が用いられる，R. シュトラウスの『ナクソス島のアリアドネ』やB. ブリテンの『アルバート・ヘリング』，『ルクレティアの凌辱』がその代表例である。このような場合には，正確なリズムを刻むという意味から，この小規模な弦楽器と管楽器を一か所にまとめて配置する方法が推奨できる。

ウィーン国立歌劇場では，W. A. モーツァルトのオペラについても時折，弦楽器をひとまとめにして左側に置き，すべての管楽器とティンパニを右側に置くことがある。これは明らかにホルンと木管，あるいはホルンとトランペットのアンサンブルを考えてのことである。しかし，管楽器を正面に置いて，その両側に弦楽器を端部まで広く配置する方法を好む指揮者も一部に存在しており，例えばA. トスカニーニは『ファルスタッフ』の上演時にこの配置を指示している。

オペラハウスの形態を歴史的にたどると，オーケストラの弦楽器配置が幾度も変更されてきたと同時に，客席部の空間形状も変化したことがわかる。バロック形式の劇場では，オーケストラは舞台の正面に位置して，その床レベルは最前列客席と同一であることが大半であった。このとき，図4.3に示すように，オーケストラは肩までの高さ

の仕切りによって聴衆席と隔てられていた。ただし，バロック期の一部の劇場には，奏者の席が聴衆より1ないし2段低い位置におかれていたものも存在している。

今日，一般的に用いられている沈み込んだオーケストラピットの歴史は浅く，19世紀に出現した。これにより，オーケストラ奏者はメインフロアに座る聴衆の視線から消え去って，聴衆にとって舞台への視覚的の障害ではなくなった。さらに，譜面台を照らすろうそく立てが（これを覆い隠すことは困難であるが）舞台の照明効果を妨げる問題もかなり改善した。オーケストラの上部に大きく被さった天井は，バイロイト祝祭劇場においてR.ワーグナーの構想に基づいて実現した。それより早く1817年には，ベルリンの建築家カール・フリードリッヒ・シンケルが，奏者一人一人の音を融合させることを目的として同様な考えをすでに提起している（Hoffmann, 1949）。

図4.4はバイロイト祝祭劇場のオーケストラピットの断面図である。この楽器配置の最大の利点は，深く沈みこんだ複数の段床に楽器を配置することで，舞台と客席との距離を短く保てることである。また，管楽セクションを正面に置くため，響きの重心がピットの両端に片寄ることはない。天蓋の開いた部分には，指揮者の「右」側に第1ヴァイオリン，左側に第2ヴァイオリンが配置され，このとき，第1ヴァイオリンが天蓋の開いた方向に音を放射することになる。ピット内の天井高さは全面で約3mが保たれており，奏者にとって，舞台先端から床下に潜り込むような狭い空間での演奏が余儀なくされる通常のオペラハウスに比べて，極めて快適な演奏環境となっている。

4.2.2 客席空間の音響効果

オーケストラピットの床面が客席より低い位置にあることによって，当然ながら楽器の放射音，ひいてはメインフロアの聴衆は著しい影響を受ける。すなわち，低周波数の音に対してオーケストラピットの仕切り壁による回折減衰は小さいため（図1.19参照），コンサートホールのように奏者が見渡せる場合に比べて，メインフロアでのオーケストラの響きはくすみ（dunkel），輝かしさに欠けたものとなる。同時に，オーケストラ各声部の透明感が不足して，ディテールの多くが損なわれてしまう。この現象についてH.ベルリオーズは（1867年），当時新しく試みられていた深いオーケストラピットを批判的に論評している。

また，W.A.モーツァルト（1791年）はヴィーデン・フライハウス劇場で行われた彼の『魔笛』の演奏会で，二つの幕を異なった座席で聞いた後，「オーケストラに近いボックス席は，バルコニー下よりも音楽はずっと良い響きだった」と語っており，この見解から，彼が透明な響きを好んでいたことがわかる。

各声部の透明感を向上させるにはピットの床レベルをあまり深くしないようにするか，あるいは，客席空間へ直接放射音を効率的に伝える楽器配置を採用すればよい。こうした「開いた」楽器配置を用いると音量が上昇するため，弦楽器の数を減らして調整する必要がある（もちろん，奏法を修正しても対応できる）。前述したように，木管楽器，なかでもファゴットについてはピットの側壁にカーテンを吊るすことで放射音を部分的に吸収できる。この方法は，ドレスデン国立歌劇場では古くから用いられている。また，ザルツブルク祝祭劇場では，状況に応じて吸音性能の変更できる壁面が実用化されている（Residenzverlag, Salzburg, 1960）。この吸音壁は客席方向に進

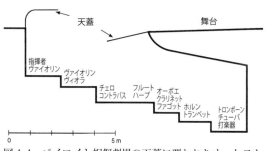

図4.4 バイロイト祝祭劇場の天蓋に覆われたオーケストラピット内の楽器配置

直接音には影響しない位置に設けられているため，音量を適度に抑えると同時に響きの明瞭性も向上する．

　弦楽器の配置を決める際には，第2ヴァイオリンは音量が強すぎず，第1ヴァイオリンより明るい音色とならないような配慮が必要である．弦楽器の編成が大きくなると，通常，ヴァイオリン2台が1プルトを構成するので，ピットと客席間の仕切り壁による第1ヴァイオリンの遮蔽作用が減少して，ヴァイオリン間のバランスも改善する．ただし，コンサートマスターのソロのパッセージでは，演奏会形式の楽器配置で習慣的に用いられている仕切り壁側にコンサートマスターが座ることは避けるべきであり，音響的には第1プルトの内側に来ることが好ましい．この方法は，例えばウィーン国立歌劇場でしばしば用いられている．

　弦楽器の数が少なく，第1ヴァイオリンと第2ヴァイオリンを隣り合って配置する場合には，（少なくともピットの床レベルが深いときには）第2ヴァイオリンを仕切り壁側にして，その隣に第1ヴァイオリンを置く方法が推奨できる．このとき，指揮者の位置には両ヴァイオリンパートからの直接音が等しく到達するため，指揮者の受ける音響的印象は（両パートが入れ替わっても）変化しないが，客席エリアでのヴァイオリンの音色バランスは大きく改善する．

　また，この配置を採用しても奏者間の互いの音の聞き取りやすさはほとんど変化しない．それは，第2ヴァイオリン奏者に対して，右側の仕切り壁側のピット内壁からの反射音が，左側から到達する音の弱音化（図5.10参照）を補うためである．さらに，第1ヴァイオリン奏者には第2ヴァイオリンの音が他のパートよりもよく聞こえるようになるという利点がある．もちろん，第1ヴァイオリン内のアンサンブルはやや取りにくくなるが，その状況は従来の配置での第2ヴァイオリン奏者とほぼ同じことである．

　オペラハウスでは低弦の位置はさほど重要ではない．しかしながら，一部のソロのパッセージ，例えば『オテロ』最終幕のコントラバスのパッセージでは，ピットの端の遠い位置でコントラバスが演奏すると，舞台上とのアンサンブルに関して好ましいと言えない．また，コントラバスを舞台床の下に深く潜り込んだ場所に配置することも避けるべきである．それは，放射音の高周波成分が減衰するためであり，その結果，音の立ち上がりの歯切れ良さ（Prägnanz）が損なわれるからである．また，『ドン・ジョヴァンニ』のアリア「ぶってよマゼット」の場面では，チェロのソロと舞台上の「ツェルリーナ」役の歌手の位置関係に関して，歌手の演じやすさについて配慮することが重要である．すなわち，チェロにチェンバロの音が被らないように注意して，チェロの高周波成分が十分に得られなくても，その6連音符が正確に聞こえるようにすべきである．

　オーボエとクラリネットを正面に向けたときに聴衆方向に向かう直接音は，横方向に比べて3～5 dB大きい．これに対して，奏者を横向きに配置すると，奏者自身と仕切り壁の双方による直接音の遮蔽が生じてしまう．また，フルートも正面を向いた方が放射音の強さは大きく，ファゴットについては聴感上の違いは存在しない．こうした理由から，木管のソロのパッセージが音楽にとって重要であり，なおかつ，透明なオーケストラの響きが望ましいオペラでは，木管セクションは正面に向けることが推奨できる．

　クラリネット（およびバセットホルン）については，主要放射方向が正面のやや上向きであることから，舞台先端から1 m程度後ろに下がった（舞台下の）位置に移動しても音色的な違いは生じない．しかし，例えばW. A. モーツァルトの『皇帝ティートの慈悲』にみられるような長大なアリアにおいて，ソロの声部を朗々と奏でる場合にはこの位置は適していない．それは，クラリネットのソロのパッセージが舞台上で聞き取りにくいためである．また，オーボエとフルートがこの位置に来ると，高周波成分はほとんど奏者自身の方向に戻るため，音色の輝かしさは損なわれてし

まう。オーボエとクラリネットの音色のバランスはさらに重要であり，両者は同じ方向に向けるべきである。例えば，オーボエを正面に向けてクラリネットを横向きに置くと（あるいは両者の向きを逆転しても），正面を向いた楽器の音が圧倒して，他方の音がぼやけてしまうことになる。

　ファゴットを指揮者の右側に横向きに配置すると，メインフロアの一部の席で，硬質で鋭い（scharf）音色になる危険がある。それは大天井，あるいはバルコニー下天井からの（強い）反射音によって高周波成分と低周波成分のバランスが崩れるためである。これに加えて，上方からの高周波音は音源の方向感覚に非常に強い影響を与えるので，ファゴットの音が上から到来するように知覚され，ひいてはオーケストラの音の距離感も変化してしまう。こうした問題は，ファゴットの直接音が強く遮られるほど顕著に生じる。すなわち，ピットが深いほど，あるいは仕切り壁からファゴットまでの距離が近いほど，注意する必要がある。また，舞台に向けて音響反射パネルが設けられている場合に，この現象がさらに拡大することがある。

　こうした理由から，特に楽器編成が小さいときには，指揮者の右（上手側）の木管奏者を横向きではなく，正面に向けることが好ましいと言える。もちろん，大規模なオーケストラについてもこれは考慮すべき問題である。これに加えて，ファゴットが上手側に来ると，主管（ベル）の延長方向に位置するバルコニー席で不快な音色を生じることがある。

　ホルンは標準的にオーケストラの左側に置かれる。この場合，ホルン奏者の席は通常，前の木管セクションと同じ高さに設けられるか，わずかに高いだけであるため，前方への放射音の大半はピット内で吸収されてしまう。これに対して，主要放射方向である後ろへの放射音は，近くに反射面が存在すれば聴衆方向に返すことができる。ただし，ピット内の後壁はしばしばカーテンで覆われており，この条件が必ずしも満たされているとは言えない。それは，カーテンが直接音を吸収するからであり，その作用はカーテンと後壁間の距離が大きいほど広帯域に及ぶことになる。

　さらに，空間的な制約から，ホルンを舞台廻りのボックス席の下や前舞台の下に置くと，ホルンの高周波成分はさらに減衰を受けて，（必ずしも弱音ではなくとも）鈍い音色となってしまう。なかでも，明るい音色を特色とするインヴェンションホルンをオリジナル譜で指定しているオペラを上演する場合には，奏者背後のカーテンは間違いなく不適切である。

　一方，オーケストラ全体の音量バランスの点から後壁の反射音が強すぎると考えられるときには，高周波成分を反射させて，低周波成分だけを吸収すれば良い。このとき，オーケストラピットが深ければ，ピット内の奏者による吸音を考慮して，ホルンのトップ奏者は舞台側に置くことが重要であり，この考え方はホルンがオーケストラの左右どちらに関わらず検討すべきである。また，トップ以外のホルン奏者にはこうした反射面を考える必要はない。

　トランペットは，オペラ用オーケストラでは横向きに座るのが通常であり，オーケストラの演奏会でのような輝かしい音色は得られない。だが，指揮者はトランペットの主要放射方向に位置しているため，聴衆が知覚する（オーケストラの演奏会との）音色の違いを感じ取ることができない。したがって，トランペットが単独で，あるいは（ティンパニなどのきわめて暗い音色の楽器によるリズミカルな伴奏を伴なって）重要な音型を演奏する場面には，こうした音色の違いを考慮しなければならない。

　この代表例として，譜例 27 に W. A. モーツァルト『後宮からの逃走』におけるペドリルロのアリアからの抜粋を示す。ここでは，トランペットとティンパニのクレッシェンドが他の声部の中から次第に浮かび上がって来ることが求められる。このパッセージでは，特にトランペットの付点音符のモチーフが歌声にマスクされやすく，聴衆に

譜例27　W.A.モーツァルト『後宮からの逃走』からペドリルロのアリア「さあ戦いだ」，61小節より。

は聞き取りにくくなる懸念があるが，指揮者の位置では，トランペットは音量も十分で倍音も豊富なため，このモチーフがはっきり聞きとれるのである。このような場合には，トランペットを正面に向けることが極めて有効である。

一方，トロンボーンは横向きに配置した方が朗々とした響きを得ることが可能であり，チューバとワーグナーチューバも同様である。これはベルを聴衆に向けると，ファゴットの場合と同じような（高周波成分と低周波成分のバランスが崩れる）現象が生じるからである。特にワーグナーチューバについては，高域の部分音が必要以上に聴衆エリアに到達すると，その柔らかで丸みを帯びた音色が損なわれてしまう。したがって，オーケストラピットにワーグナー式の天蓋が設けられていないときには，ワーグナーチューバを舞台先端付近，あるいはピット両端のボックス席の下に置くべきである。ただし後者については，ワーグナーチューバ奏者の頭上の（ボックス席下の）天井面は高吸音性とする必要があり，吸音処理を施さないと奏者自身の演奏に支障をきたす反射音が生じてしまう。バス・チューバがトロンボーンとともに低音の声部を受け持つ場合には，過度に明るい音色となって耳障りとなることはないが，その位置の選択にあたっては，高周波数成分やノイズ成分を含んだ不要な反射音が生じないよう配慮する必要がある。

オペラ上演時のオーケストラの楽器配置の例として，図4.5にW.A.モーツァルトの『後宮からの逃走』の二つのセッティングを示す。上段は1969年の夏にドロットニングホルム宮廷劇場で用いられた方法，下段は音の改善を意図したいくつかの変更がなされた方法である。どちらの図においても，矢印の向きが奏者の視線の方向を表している。

上段の楽器配置を補足すると，ソロのチェロ奏

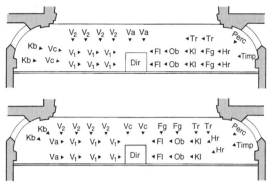

図 4.5 ドロットニングホルム宮廷劇場での W. A. モーツァルトのオペラ上演時のオーケストラの楽器配置。上：1969 年に用いられた配置，下：音響的考察に基づいて改善した配置。

者がヴィオラ本来の位置に移動しているのは，アリア「いかなる苦しみが待っていようとも」で独唱者と 4 台のソロ奏者（Fl, Ob, Vn, Vc）のアンサンブルを考慮してのことである。また，すべての木管楽器と，第 1 ヴァイオリン，チェロ，コントラバスは横向きに並んでおり，第 2 ヴァイオリンとヴィオラは舞台を背にして正面を向いている。この規模のオーケストラがこのサイズのオペラハウスで演奏する場合，この配置方法を用いてもコントラバスが少し弱い程度で，音量的な問題はほとんど存在しない。

これに対して，下段の楽器配置はいくつかの音響的な長所を持っている。まず，この方法によってチェロとヴィオラはこの作品に相応しい明るい音色になると期待できる。コントラバスは客席エリアに向かってより豊かな倍音を放射することが可能になり，最前列客席との距離が近すぎるという問題も解決する[32]。

また，ファゴットは正面に向けられて，天井からの反射音が高域を強調しすぎることを防いでいる。その位置が舞台側に移っている理由は，コントラバスと同じように低音の楽器は客席から離した方が好ましいためである。最後に，（前述した

ように）トランペットを正面に向けることによって作品に求められる輝かしい音色を確保するとともに，ホルンの音色もピット後壁からの反射音によって明るいものへと変化している。

下段の楽器配置の変更には一つの欠点があり，それはチェロとコントラバスの位置が離れていることである。もちろん，第 2 ヴァイオリンをやや前方の指揮者側に移動して，チェロを左側へ移動すればこれは解決し，低弦セクションの音響効果も変化しない。ただしこの方法では，コンスタンツェのアリアの場面でチェロのソロとの距離が遠くなるという新たな問題が生じることになる。最後に，第 1 ヴァイオリンを横向きにして，第 2 ヴァイオリンを正面に向けたことで，両者には微妙な音色の違いが存在することを改めて強調しておく必要があろう。それは，この劇場ではピットの床レベルと最前列客席の床レベルがほぼ等しいこと，そして，第 1 ヴァイオリンは仕切り壁によって遮られないためである。

4.3 声楽ソリストとオーケストラのバランス

オペラは音楽と演劇の総合芸術である。そして，その芸術的完成度は，舞台上の歌手の歌声とオーケストラの発生音のバランスに大きな影響を受けると言っても過言ではない。これには様々なファクターが関係しており，まず，歌手とオーケストラの音量的関係の大部分は両者が放射する音響パワーによって決まると考えてよい。次に，オーケストラに対して歌声が際だって伝わるか否かには，歌声と楽器音のスペクトルの違いが強く影響する。

さらに，歌声とオーケストラの音の微細な時間構造の違いは，聴衆に対して歌声のアーティキュレーションを明瞭に伝え，かつ，舞台上の歌手の

---

[32] ドロットニングホルム宮廷劇場のピット床は客席と同じレベルであり，仕切り壁は織物である。したがって，ピット前方であってもコントラバスの周波数域で回折減音は期待できないため，最前列の聴衆にとりコントラバスは 1 m でも遠い方がバランス的に好ましい。

位置をはっきりと知覚させるための重要な要因となっている．このとき，聴衆が歌手の頭部の向きを判断するためには，歌声とオーケストラの指向性が助けとなっている．

図 7.31 を参照すると，フォルテでの歌声のパワーレベルはいずれの声域についても，最低音でおよそ 85 dB であり，音程が高くなると 100 dB まで上昇することがわかる．ff での最大値は（なかでもソプラノの高い音域では）110 dB を超えているが，もちろん，個々の歌手によってその値は大きく異なっている．

この値を表 4.2 に示したオペラのオーケストラのパワーレベルと比較すると，歌手一人がフォルテで発する音響パワーは，歴史的オペラハウスのオーケストラで用いられた小規模の弦楽セクションにほぼ等しいことがわかる．一方，管楽器を加えたフォルテの音響パワーは，歌声の最大値にほぼ対応しく，（音程によっては）歌手よりも若干大きい値となっている．このため，舞台からの歌声を良好に伝えるためには，歌手とオーケストラの音響パワーをバランスさせる必要が生じる．これに関して Westphal（1994）は，スピーカを平面的に配列して構成した仮想「オーケストラ」を舞台上とピットに配置して，それぞれの放射音の比較測定を行っている．その結果，客席エリアにおける音圧レベルは，舞台上のオーケストラの方がピット内のオーケストラより約 2 dB 大きいこと，天蓋に大きく覆われたオーケストラピットを持つバイロイト祝祭劇場では，このレベル差は 3.5 dB に拡がったと報告している．

一方，カナダの二つのオペラハウスで行われた（オーケストラピットと舞台に各々音源を設置しての）インパルス応答の測定結果によると，舞台とピットからの放射音の大きさには大きな違いは存在しないが，ピットの天井の一部を覆うと，舞台上の音源に比べてピットからの放射音レベルは約 5 dB 低下するとのことである（O'Keefe, 1994）．ただし，これら二つの調査結果は共に，客席エリアに入射する音響エネルギーを示すものであって，その時間構造は考慮していない．つまり，歌手とオーケストラの平均的な音の大きさの相対関係の全体像を示しているにすぎないため，オーケストラのトゥッティのフォルテによる歌声のマスキングについて詳しく考察する必要がある．

聴覚のマスキング作用は，主としてある周波数の音がそれより高い周波数の音を完全に聴こえなくしたり，そのラウドネスを低下させたりする現象である．したがって，低音の残響時間が極端に長いオペラハウスでは，この点に関して特に注意が必要である．こうした音響特性を持つオペラハウスでは，オーケストラの発生する中低域の大音量によって強い「空間性」が得られると期待できる．だが，（G. ヴェルディのオペラなどで見られる）大規模な合唱が行われる場面では歌声の明瞭性が損なわれ，歌声の音色も影響を受ける可能性がある．したがって，合唱や声楽ソリストの声量に対してオーケストラのトゥッティの音量はかなり抑制しなければならない．

この点に関して，G. ヴェルディが自作のオペラ公演において多数のコントラバスを求めていることは（表 4.1 参照）意外に思われるかもしれない．しかし，（G. ヴェルディの時代を含め）かつてのミラノ・スカラ座の残響時間が，中音で 1.2 秒，低音で 1.5 秒という極端に低域の持ち上がった特性であったことがその理由と考えられる（Beranek, 1996）．この事実は，時代による嗜好の変化を示唆している可能性があり，もしかすると G. ヴェルディの時代に比べ，現代ではより高い明瞭性が求められているとも考えられよう．

歌声の高周波数成分は，オーケストラに対して歌声が存在感を示すためにきわめて重要である．なかでも，図 7.30 に示したように，3,000 Hz 付近に存在する歌手に固有のフォルマント成分（シンガーズフォルマント）が，オーケストラの音に対して歌声をはっきりと際立たせ，聴衆の注意を歌手に引き付ける効果を担っている．図 4.6 はさまざまな楽器に関して，最大の部分音に対する 3,000 Hz 成分の相対振幅をプロットしたもので

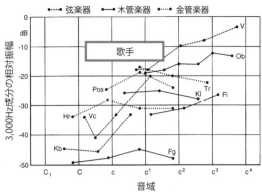

図 4.6 声楽ソリストとオーケストラの主な楽器の音響パワーレベルの（最大部分音に対する）3,000 Hz 成分の相対振幅の比較。このデータはフォルテで発音した場合を示す。

ある。これより，オーケストラの楽器のほとんどについて，スペクトルの 3,000 Hz 成分は最大部分音より 20 dB 以上小さく，さらに，低音楽器では 30～50 dB 以下に及んでいることがわかる。唯一，この最大部分音に対する 3,000 Hz 成分の相対振幅は，オーボエの高音域で -12 dB 程度，ヴァイオリンの中高音域で -10 dB 以内となっている。なお，図のデータはすべてフォルテでの値を示している。また，（少なくとも管楽器では）3,000 Hz 成分の振幅は，音量の低下につれて低周波成分よりもきわめて速やかに減衰するという性質がある（図 3.6 参照）。

このデータは，フォルテにおいて，ヴァイオリンと歌声の音響パワーが同じオーダーであるときには，ヴァイオリンがシンガーズフォルマントの知覚に影響を与えて，オーケストラと歌声のバランスを変化させる可能性があることを示唆している。この現象は歌声の低い声域で生じやすく，（聴衆の知覚する）歌声を暗い音色に変えてしまうことがある。その代表例として，『フィガロの結婚』第 4 幕のマルチェリーナの歌うアリアの最終部分が挙げられる（譜例 28 参照）。この譜例では，下降するアルトの歌声に対して，その 1 オクターブ上をヴァイオリンがフォルテまでクレッシェンドしており，これによって，アルトの最後の二つの音符がほとんど消えてしまうことが多い。

シンガーズフォルマントの可聴性，すなわち，最大部分音に対する 3,000 Hz 成分の相対振幅は（トップクラスの声楽家の場合，図 4.6 よりもさらに大きな値となることがある）障害物によって音が遮られずに舞台から自由に音が放射されるときに向上するが，歌声の指向性にも影響を受ける。理論上は（図 1.20 参照），オペラハウスの長手方向の寸法が歌声の 3,000 Hz 帯域の拡散距離の 3 倍以内であれば，最遠の座席においても歌手を舞台上に定位できるということが言える。このとき，歌手前方の舞台の床面から反射音が到達すれば，さらに歌声は良好に伝わることが期待できる。

一方，歌手の視線の向きがオペラハウスの長手方向（客席方向）に対して 60 度以上回転すると，歌声の定位は著しく低下する。もちろん，舞台の

譜例 28 W. A. モーツァルト『フィガロの結婚』よりマルチェリーナのアリア，86 小節より。

セットが上手く音を反射して，（さらに反射を繰り返さず）直ちに客席エリアに戻ればこの問題は改善する。この条件を達成するためには舞台後方に（鉛直面と水平面からなる）直角の反射面を設置して，最初に歌手へ音を返した後，直接音のように正面の聴衆方向へ音を到達させればよい。

舞台背景に大きな曲面や傾斜面が用いられると，歌手がわずかに位置を移動しただけで，大きく音が変化することがある。このような舞台背景は耳障りな音の集中現象を引き起こして，一部の座席エリアでは歌声の音圧レベルが 10 dB のオーダーで強くなったり，弱くなったりする。また，その反射特性によっては，声の音色が不自然に変化することもある。こうした著しい音量のばらつきや音色の変化は，演技や音楽に影響を与えることはない。しかし，これは聴衆にとってときには耳障りであり，歌手がコントロールを失ったかのような誤った感覚を引き起こしかねない。そして，聴衆はこれが反射面の音響条件によるものであると気付かないことが問題なのである。

舞台上の歌手は，四周の自由空間に向けて音を放射することができる。さらに，周囲の壁面からは効果的な反射音が期待できる。これに対して，オーケストラの直接音はピットによる遮蔽を受けて減衰している。こうした理由から，歌手とオーケストラのバランスに関して，両者が放射する計算上の総音響エネルギーほどの大きな差がつくことはない。また，上述した歌声とオーケストラの各楽器とのスペクトルの違いを別にすると，舞台から到達する反射音の微細な時間構造も両者のバランスを整える上で有効に作用する。

そこで，直接音と初期の 50 ms 以内に到達する反射音のエネルギー，すなわち，インパルス応答の初期の 50 ms 以内のエネルギーに注目すると，舞台から聴衆エリアへ到達するエネルギーは，上部が開いたオーケストラピットから到達するエネルギーに比べて 2 dB 大きく，上部の一部が閉じたオーケストラピットでは，その差は 7〜12 dB まで拡大すると報告されている。すなわち，舞台とオーケストラピットからの初期の放射音レベルの違いは，上述した後部残響音までを含めた全放射音のレベルの違いに比べて著しく大きな値となっている（O'Keefe, 1994）。

このデータは，舞台上で発せられる歌声のアーティキュレーションの明瞭性は，空間的な音響条件の違いを通じて，ピット内から到達するオーケストラの音の立ち上がりに比べて卓越することを意味している。また，オーケストラ奏者が鋭いアタックを抑えた演奏を心がけて，歌声のアーティキュレーションを優先させれば，この効果はいっそう促進する。これに関連して，歌手の歌い出しでオーケストラの伴奏を意識的に遅らせて開始させる手法が用いられることがあるが，この音の形成方法には議論の余地があると考えられよう。

最後に，聴衆が舞台上の演技に集中するには，舞台からの直接音がオーケストラの音と区別して聞こえ，さらに歌手への視線が確保されていることが手助けとなる。これを一種のカクテルパーティー効果と解釈すると，音源（歌手）の方向を知覚するためにはアーティキュレーションを特徴づけている周波数成分の振幅が，オーケストラの音の同じ成分を上回っている必要がある。この効果の意味が実感できるのは，コンサートホールで大編成のオーケストラを背にして声楽ソリストが歌うシーン（例えば『サロメ』の終曲）であり，このときには，両者を分離して知覚することが困難になることがしばしばである。また，前方の聴衆が舞台上の歌手への視線と直接音を遮った場合にも，カクテルパーティー効果は成立しにくくなる。

歌手自身にとっても，歌声とオーケストラの音量が適正なバランスを保つことは非常に重要である。前述したように，オーケストラの音のイントネーションを聞き取るためには，歌手の耳の位置で，歌声に対するオーケストラの音の相対振幅が -15 dB 以上，$+5$ dB 以下となる必要がある（1.1.4 節参照）。歌手の耳の位置における，自分自身の歌声の音圧レベルはパワーレベルから 5〜10 dB を引いた値に等しい。また，オーケストラ

の音圧レベルは，歴史的劇場ではパワーレベルから 20 dB を引いた値，現代のオペラハウスでは 25 dB 引いた値にほぼ等しくなる（図 4.1 参照）。つまり，仮に歌手とオーケストラのパワーレベルがほぼ同一とすれば，現代のオペラハウスでは歌手にはオーケストラがほとんど聞こえないことになる。これは弱音のパッセージだけでなく，大音量のパッセージであっても，強弱に関係なく言えることである。

したがって，オーケストラに対して適切な初期反射音が得られず，ソロの歌声だけに（舞台内からも含めた）初期反射音が付け加わるとすれば，歌声とオーケストラのバランスを保てないため，歌手がイントネーションをコントロールすることが難しくなってしまう。図 1.23 と図 1.24 に示すように，歌手が舞台後方に移動したときにもこれと類似した問題が生じる。また，このデータが示すように，歌手の耳を衣装（音を透過しない修道女の頭巾など）で覆うことは好ましくないことがわかる。

かつて，オーケストラピットの床が沈み込んでいない古いオペラハウスでは，歌手の耳もとでの音のバランスはさほど大きな問題ではなかった。しかし，最近の大規模なオペラハウスではこれは重大な問題となっている。このため，オーケストラの音を歌手に正確に伝えるため，舞台に向けてスピーカで音を返すこともある。

これに関連して，大規模なオペラハウスでは，舞台上の独唱者の声を聴衆に向けてスピーカで拡声すべきか否かという疑問が生じるのも当然のことと言えよう。拡声は必要ないという歌手の個人的な自負心を別にすれば，（襟元のワイヤレスマイクロフォンを用いた）今日の収音技術をもってすれば，然るべき芸術的水準を十分に満足する音の増幅を行うことが可能である。この場合，マイクロフォンを歌手の口元近くに装着できないときには，（正面を向かない歌唱シーンでは）頭だけを回転するのではなく上半身全体を回転させるように指示する必要がある。

しかしながら，スピーカによる音の再生には大きな問題がある。スピーカは固定した位置に設置され，その指向性も歌声と異なっている。このため，スピーカ再生では，歌手が特定の位置を取った場合には（第 1 波面則を成立させて）直接音の方向に音像を定位させることはできても，歌手が移動したときに，その位置がうまく定位しない音場となってしまう。この定位の問題と再生音の周波数特性の違いによって，スピーカによって音場を改善したにも関わらず，客席エリアの歌声は不自然な響きとなり，聴衆は歌声の音色に違和感を覚えることになる。これはソロの歌手に該当する問題であるが，独唱者のアンサンブル（重唱）についてはさらに深刻な状況に陥ることがあり，個々の歌声の明瞭性と各声部の定位がいっそう劣化するだけでなく，ときには完全に損なわれてしまう可能性がある。

スピーカ再生による舞台へのフィードバックと聴衆エリアへの響きの補強策は，芸術的観点からのメリットは少ないが，音質を意図的に変化させたり，特殊な空間的音響効果を実現したりするためには非常に有効な方法である。前者の例としては，『ドン・ジョヴァンニ』の騎士団長の石造や『ジークフリート』の大蛇ファフナーのこもった声色を生じさせつつ，歌声の明瞭性を確保して，舞台上の「人間」の声との対比させる場面を挙げることができる。ただし，このときには再生音の周波数特性が，歌声の美しさの限界を超えないように注意すべきであろう。後者の例としては，遠方から次第に近づいて来る馬上のワルキューレを表現する場面があり，さまざまな時間遅延と振幅を持つ反射音を電気的に付加することによって，効果的な演出が実現できる。

4.4 舞台上の合唱と器楽奏者の配置

4.4.1 舞台背景内での演奏

オペラでは，舞台上の合唱の位置は（コンサートホールの場合のように）音の観点だけではなく，舞台の演出によって決まることが多い。それゆえ，（なかでも合唱が重要な役割を担うオペラでは）舞台背景を設計する初期の段階から，合唱の来る位置の音響条件について考慮することが重要である。

大規模な合唱では充分な音量を得ることができるが，その音質と，他の合唱声部やオーケストラの音の聞き取りやすさが課題となる。一方，小編成の合唱では，歌手を広い範囲に分散させたり，舞台背景の奥まった場所に置いたりすると，合唱の放射特性が変化する点に配慮する必要がある。もちろん，『アイーダ』第 1 幕の神殿の場面のように，特別な響きが求められる場合はその限りではない。

原則的に，合唱の各声部は演出で求められる以上に離しすぎたり，近づけすぎたりせず，適度な距離を保つことが客席エリアの音響効果の点でも，歌手の歌いやすさの点からも重要である。一方，合唱団員がどちらを向いて歌うかによって聴衆の感じる音響効果は異なるが，独唱者についてはその影響はわずかである。それは，合唱は多数の歌声が一体化したものであり，合唱団員が各人のシンガーズフォルマントによって強調されたり，一人一人が際立って聞こえたりしないからである。つまり，合唱では（強い指向性を持つ）高周波数成分の役割は比較的小さいのである。

ただし，ステージハウス（背景の裏の空間）が吸音されていないオペラハウスで，合唱団員が横を向いて歌うときに，長い残響音を励起して，ヴェールに包まれたような不明瞭な（verschleiert）響きが付け加わることがある。このため，舞台背景が簡素な場面では，合唱団員は客席方向に向いて歌うことが好ましい。また，多数の合唱団員を舞台上のさまざまな高さに配置するときにも，通常は，一人一人の歌手を正面に向けると好ましい効果が得られる。

舞台上で器楽演奏を行う作品では，基本的に舞台監督が舞台背景と演出を考慮してその位置を決定する。したがって，舞台の全景を構想する初期の段階にこの問題を考えておけば，この場面に対して音響的な配慮を組み入れることができる。このとき，（合唱がしばしば行っているように）舞台上の器楽奏者が指揮者と TV モニターを介してアイコンタクトできれば，両者の関係はさらに改善する。

トランペットとトロンボーンは舞台背景の前で演奏しても，基本的に音響的な問題を生じることはない。それは，オーケストラピット内で演奏する場合とは異なって，自由な空間に対して音を放射することができるからであり，この場合には本来の音の輝かしさが実現する。ただし，舞台背景がほとんど存在しないときに，これらが横を向いて演奏すると，フライタワー内で残響音が励振されることがある。例えば『ニュルンベルクのマイスタージンガー』の祝祭の場面において，（音を吸収する）民衆が舞台に登場する直前のフレーズでこの現象が起こることがある。当然ながら，この「屋外」の場面で残響音が聞こえることは相応しくない。また，トランペットが舞台上で演奏する場合には，例え合唱の規模が大きくても，その響きが光沢を失う（matt）ことは好ましくない。このときには，必要に応じてトランペットの位置を変更して対処すべきである。

『ローエングリン』第 3 幕では，舞台上に配置した種類の異なる複数のトランペットによって，4 人の伯爵と王が入場するシーンを効果的に表現する場面がある。ここでは，最後に C 管トランペットが演奏する王のテーマが，他の 4 本の（E_s，F，D，E 管の）トランペットを圧倒することが求められる。このときには，伯爵を表現するトランペットをわずかに横向きにし，王のトランペットは聴衆の方向にベルを向ければ，最良の音響効

果が実現する。

　同様に，『アイーダ』の「凱旋行進曲」の終結部で（AsとH管の）2群のトランペットがテーマを演奏する個所では，舞台上の他の伴奏楽器を圧倒する音量が得られるような配置をとる必要がある。それは，舞台上の伴奏奏者にはpやppの強弱指示が見えないことがあるためである。

　トランペットが降下したカーテン越しに演奏する場面，例えば『ニュルンベルクのマイスタージンガー』第3幕の転換部では，トランペットは必ず正面を向いて演奏すべきである。カーテンは主に高音を吸収するため，正面を向かないと，トランペットの演奏の持つファンファーレ的な性格が大幅に損なわれてしまうのである。また，このときにはカーテンの真後ろでトランペットが演奏することは好ましくない。それは，聴衆には音源がこの1点に集中的に定位してしまい，その後に続く空間的に拡がった音楽表現の場面と矛盾するからである。

　これに対して，大編成の金管アンサンブルが舞台上に来るときには，それぞれの楽器の指向性が異なっていることによって音響的な問題を生じる可能性がある。すなわち，楽器によって長さの異なる残響音が舞台背景から生じたり，吸音性の舞台背景が用いられた場合には，各楽器のバランスが取りづらくなったりすることがある。パリのオペラ座ではこの点に考慮して，チューバとテノールホルンの放射音の方向を調整するために，斜めにカットしたベル開口を持つ楽器が用いられている。

　これに関連して，シャルル・グノーの『ファウスト』やアルバン・ベルクの『ヴォツェック』などに表れる，音楽隊が舞台上を行進する場面にも十分に配慮する必要がある。こうした場面ではホルンが副声部を受け持つことが多い。このため，楽隊の旋律が舞台から去って行くシーンでは，ホルンは客席方向へベルを向けないようすべきであり，上手ではなく下手から退場することが好ましい。こうした所作は舞台背景のデザインに際して，事前に考慮しておく必要があろう。

　舞台上で1台のヴァイオリンが演奏する場合，その音を客席全体に十分な音量で伝えることは相当困難である。したがって，放射音が最も効果的となる場所にヴァイオリンを置くことが不可欠となる。この際，1,000 Hz以上の高周波音の主要放射方向が舞台額縁の上端で遮られることなく，客席エリアへ向けられるように配慮することも必要である。

　したがって，ヴァイオリン奏者はあまり奥まった場所に置かないことが賢明であり，舞台先端からヴァイオリン奏者までの距離は舞台額縁の高さ以内とすべきである。さらに，ヴァイオリン奏者からオーケストラピットの後端（舞台の鼻先）までに数mの距離が確保できれば，その間の舞台床を反射面として利用することが推奨できる。また，ジャック・オッフェンバックのオペレッタ『天国と地獄』などの歌手自身による器楽演奏の場面では，舞台裏手の奏者が演奏するのではなく，歌手本人が楽器を演奏すれば優れた音響効果が得られる。

　『ドン・ジョヴァンニ』第1幕のフィナーレでは，3組のオーケストラが舞台上に設定される。この場面では，3組の音量のバランス，そして，それぞれが充分な音量で演奏することが求められ，チェロとコントラバスだけはピット内に残って演奏することが通常である。このとき，3組のオーケストラがそれぞれ分離して，明瞭に客席へ伝わることが重要であり，舞台に充分なスペースがあれば，第1オーケストラ[33]は他の2組をマスクしないよう上手前方への配置が推奨できる。

　これに対して，第1オーケストラを下手側に配置すると，2本のホルンの音が強く目立ちすぎるという問題が生じる。第1オーケストラを正面の舞台背景近くに置くケースも多く見受けられるが，

33　ドン・ジョヴァンニのメヌエットを演奏する。弦，2×Ob，2×Hrで構成される。

この場面で，第1オーケストラは切れ目なく伴奏を行って全体のリズムを形作るという役割を担っており，指揮者との良好なコンタクトを取る上で好ましい配置とは言えない。また，弦楽器奏者に効果的な反射音を返すために，この場面の背景は木造にすることが好ましい。指揮者や舞台監督の意向から，下手側にホルンが来ることを余儀なくされるときには，ホルン奏者はベルを後に向けて，その方向に布製の背景を用いる方法が推奨できる。

ゾルタン・コダーイの『ハーリ・ヤーノシュ』の農民のオーケストラの場面のように，オーケストラ全部が舞台のアクティングエリアの後方に来るときには，その響きが厚みのないものになることは避けられない。この問題は音響的な手段によって解決することは困難であり，このときには，音響を代償にして舞台の視覚的効果が選択されたと理解するべきであろう。

4.4.2 舞台裏からの演奏

ステージハウス内（舞台裏）の残響は，舞台上の歌手や器楽奏者にとってさほど重大ではないが，舞台背景の裏側で演奏する歌手や器楽奏者には大きな影響を与える。もちろん，舞台背景の音響的性質は客席エリアの音響効果に対しても重要な役割を担っている。塗装で仕上げた布製の背景は，高周波成分に対して高反射性であるが，低周波成分はほぼそのまま透過する。したがって，指揮者や聴衆が知覚する（舞台上の）歌声と器学演奏は輝かしく明るい響きを持つ。一方，舞台裏のオーケストラの放射音は，背景幕を透過する際に高周波成分が減衰することによって倍音成分が失われて鈍い音色となり，（指揮者や聴衆には）その音程はわずかに低く知覚される。また，（高音の強調された音が返るため）背景幕の裏側の歌手や奏者はイントネーションを低めに（tief）抑える傾向がある（Leipp, 1969）。

こうした理由から，背景の裏側に歌手や器楽奏者を配置するときには，スピーカで（幕により減衰した）オーケストラの音を明るい音色で強調して返してやり，イントネーションを若干高く（hell）調節するよう仕向けることが推奨できる。これにより，舞台裏の表現が正確なイントネーションであったとしても，客席エリアでは（倍音の不足によって）イントネーションが曖昧に聞こえる現象を改善できる。（周波数補正を行った）スピーカ再生のもう一つの利点は，舞台裏の歌手にピット内のオーケストラの音を返すことによって，歌手が自分たちのイントネーションを「判断」し，適正な修正を行うための手掛かりとなることである。この方法はウィーン国立歌劇場で数十年に渡って実施されており，ピットの音が正確に聞こえない舞台裏の奏者にとり，非常に有効であることが証明されている。

当然ながら，このイントネーション[34]の問題は舞台裏の弦楽器にも生じる。それは，弦楽器は音程を調整して演奏できるためであり，管楽器に比べて自由なイントネーション表現が可能であるからである。一方，管楽器にとってイントネーションを調整する範囲には限界がある（Meyer, 1966 c）。

これに関連して，背景の裏側でのヴァイオリンソロの演奏（例えばエンゲルベルト・フンパーディンクの『王様の子供たち』）では，ピッチをピット内のオーケストラより，ごくわずか高めに調弦すべきという意見が存在している。また，このときには高次倍音の減衰を抑えるため，背景の幕はピンと張った状態ではなく，緩やかに垂れ下がった状態にすることが好ましい。可能であれば，こうしたソロの演奏では明るく，鋭い（scharf）音色の楽器を選ぶことによって，倍音成分の減衰による影響がなるべく小さい状況を作ることが望ましい。

同じことは舞台裏に小規模な弦楽アンサンブルが来る場合，例えばR. シュトラウスの『カプリ

---

[34] ここでは，舞台裏とピット間で正確に音程を揃えること。

ッチョ』にも言えるが，この場合には，アンサンブルの各声部はハーモニーを手掛かりにしてイントネーションを調節できる。つまり，奏者が互いの音を聞き取ることができるので，ソロのときよりも安心感を持って演奏することが可能である。

状況は似ているが，G. ヴェルディのいくつかのオペラに登場する舞踏音楽の場面や，『ばらの騎士』で昔のウィーンの舞踏オーケストラが演奏する場面では，適度に倍音が減衰した響きが自然な雰囲気をもたらすので，背景幕の後ろで演奏しても音響的な問題は生じることはない。

大型のオペラハウスでは，舞台で演奏すべき音楽を離れた場所にあるリハーサル室で収録し，スピーカから再生する方法がとられることも多い（Martin, 1962）。このとき，再生音が舞台の状況に相応しい空間的効果を持つためには，ステージハウスの残響がスピーカ再生音に付加されることを考慮して，残響時間の長い部屋での録音は避けるべきである。スピーカ再生音に余分な残響が付け加わっていると，当然ながらその調整には膨大な手間が必要になる。

ウィーン国立歌劇場ではこうした場面に使用するため，オルガン付きのリハーサル室で多数の音楽を収録している。このリハーサル室の室容積は 3,000 m³ で，空室時の平均残響時間は 1.4 秒であり，使用状況によって若干短くなる。また，低音の残響時間は 1 秒を下回っている。

背景から舞台裏の奏者までの距離が大きくなると，舞台上の演奏と曲の開始部（アインザッツ）を揃えることが難しくなる。それは，背景から離れるほど，雑多な反射音の影響を受けやすくなり，舞台上の音のアタックが不鮮明に聞こえるためである。また，本来は残響が存在しないはずの屋外での場面において，ステージハウスの残響によって不自然な距離感を生じることもある。つまり，舞台裏で演奏する場合には，残響音に比べて（背景を透過してくる）直接音エネルギーが大きいほど聴衆は奏者を手前に知覚するのである[35]。例えば『トリスタンとイゾルデ』のイングリッシュホルンのソロの場面では，この作用についての配慮が必要である。特に，金管楽器は鋭い指向性を持っているため，この距離感の表現に適している。これは『フィデリオ』におけるトランペットのような単一楽器に限らず，例えば『タンホイザー』1 幕の 12 本のホルンによる「狩りのファンファーレ」の場面のような金管アンサンブルについても言えることである。

なお，舞台裏で奏者が横を向くと，客席エリアの大部分においてピットからの音とほとんど区別できなくなってしまい，その音響効果は損なわれてしまう。なかでも，この問題は管楽器で顕著である。一方，指揮者の位置では両者の違いをはっきりと聞き取れるため，指揮者は意図した響きが客席で実現されていると誤解することになる。

---

[35] 正確には「残響音に対する直接音エネルギーの相対比が小さいほど，聴衆は奏者を背景の遠方に知覚する」ということ。

第 5 章　音響学序論

5.1　物理的な基本原理

5.1.1　音圧

音楽を聴取するとき，我々が知覚するその主観的印象は空気中を伝搬して耳に到達する音によって生じる。これは，我々を取り囲む大気の静圧のまわりで変動する空気の微小な圧力変化に起因しており，この圧力変化が空間中を波動として伝搬する。この音に対応する圧力変動は，大気圧の定常的な平均値からの周期的なわずかな偏りであり，実用上「音圧」という用語で表現されている。

ヒトの聴覚は，ほとんど聞こえない音から，痛みを感じるほどの大きさの音まで，非常に広い範囲の音圧に応答する。このため，対象とする音圧の値を対数尺度で表現することにより，その範囲を一括してわかりやすく表現している。すなわち，ある値で基準化した音圧を「デシベル」(dB) 単位で表し，その値は音圧レベルと呼ぶ。

このとき，「レベル」とは対数尺度をとることを意味している。この表現に不慣れな読者は最初，戸惑いを感じるかもしれないが，知覚する音をdB 値で表現する方法は実用上，非常に便利である。また，対数的な dB 尺度はリニア尺度での表現に比べて，聴覚の応答特性にも対応するという特長がある。

音圧の基準値を 2×10^{-5} Pa（パスカル）としたとき，その dB 値は「絶対」音圧レベルを表している。この基準値は国際的にとり決めた値で，耳の感度が最も鋭敏な周波数域における最小可聴値にほぼ等しい。（この基準値による対数尺度，すなわち，絶対音圧レベルは専用の測定器で求めることができる。）コンサートホールの大きさ，オーケストラの規模，聴取位置によるが，例えば A. ブルックナーの交響曲の音圧レベルは ff（フォルテッシモ）では 90〜100 dB，pp（ピアニシモ）では 40〜45 dB となると考えてよい。

一方，絶対値ではなく，任意の基準値を用いて音圧を表現することもある。この場合，得られる値は「相対」dB 値であり，二つの音圧レベルの差を表現するために適している。このとき，0 dB は比較する 2 音の音圧が等しいことを意味しており，この 2 音の差が最小可聴値であることを意味しているのではない。上述した絶対音圧が ff で 100 dB，pp で 45 dB を例にとれば，この二つのレベル差（相対値）が 55 dB ということになる。通常，「相対」とは表示しないが，文脈上の意味を明確にする必要があれば，基準値を示して絶対値であることを強調する。

5.1.2　粒子速度

空気の圧力変動が発生すると，個々の空気粒子がその静止位置のまわりで振動するので，その結果，振動する方向に存在している別の粒子に衝突する。圧力変動が伝搬する現象は，このメカニズムによって説明される。空気粒子が（静止位置に対して）運動する速さを粒子速度と呼ぶ。音圧と同じく，粒子速度も変動を表わす量であるが，空気粒子が前後に振動する場合には，その大きさと運動方向の二つが変化する。

音場は音圧と粒子速度の二つによって規定され，音響現象の時間的，空間的な性質を特徴づけている。このとき，この 2 量の大きさ（振幅）だけでなく，位相関係にも注意する必要がある。それは，音圧が最大となる時に粒子速度も同時に最大とな

るとは限らないからである。つまり，圧力の変化と粒子速度の変化には時間差が生じうるのである。

音源から充分遠方と見なせる遠距離音場では，平面波が伝搬すると考えることができるので，音圧と粒子速度は同位相となる。平面波の場合，この2量には比例関係が成立しており，音圧が増大すれば粒子速度も同じ割合で大きくなる。この比例係数は空気の振動に対して定義される「抵抗」と解釈することができる。この量「特性インピーダンス」（固有音響抵抗とも呼ぶ）は実用的には一定値と考えてよい。

こうした理由から，遠距離音場では音場を音圧だけによって表わすことができ，演奏会場の客席周辺の音場は，ほとんどの場合にこの条件を満たしている。さらに，ヒトの聴覚は音圧だけに応答することにも注意する必要がある。一方，録音を行う際にマイクロフォンが音源に近づきすぎると，音圧と粒子速度の比例関係が成り立たず，同位相でなくなることを考慮しなければならない。これは「近接効果」と呼ばれる広く知られている現象であり，一部の種類のマイクロフォンでは，低周波域で不自然な増幅作用が起きることがある。

5.1.3 音響パワー

音場を記述するためには，室内の多数の点に関する音圧レベルを測定する必要があり，その値から，これらの点にある聴衆やマイクロフォンの音響状態を把握することができる。このとき，室内の音圧レベルの測定値は音源が発生する音の強さに関係するので，音源の性質を明らかにする必要がある。また，音源の音響特性は，空間の性質や聴衆までへの距離とは無関係であり，音源本体だけで決まっている。ここで求めるべき量は，1個の音源が単位時間にあらゆる方向に放射する音のエネルギーの総量であり，これを音源の音響パワーと呼ぶ。

物理学ではパワーの単位はワットで表される。ただし，実際の音源の音響パワーの値は音圧と同様に広い範囲に渡っているため，利便性の点から音響パワーについてもdB尺度で表現する。この結果，音源のパワーとそれによってもたらされる音圧との関係を容易に扱うことが可能になる。この考え方は室内音響学においてもきわめて有効である。

音響パワーをdB尺度で表示するとき，基準値として10^{-12}ワットを用いる。この値は音圧レベルの基準値と空気の特性インピーダンスから定められている。この値を使用すると，dB尺度で表した音源のパワーレベルは音源を中心とする表面積$1m^2$の球の表面での音圧レベル，つまり距離に換算して音源から約28cm離れた点の音圧レベルに等しい。

dB尺度は対数を用いて表されるので，複数の音源が同時に音を発生した場合，単純にそれぞれのパワーレベルを加算しても，パワーの総計は求まらない。このときには，個々の音源のパワーに対する合計パワーの倍率をdB補正値に換算し，これを加算して全音源のパワーレベルを求める方法が有効である。

表5.1はこの補正計算に用いる数値を示している。例えば，（奏者の数が2倍になって）音源の数が2倍になると，合計の放射パワーは3dB増加することになる。これより，奏者の数が4人から5人に増えても，これによる放射されるパワーの上昇は1dBにすぎないことがわかる。

5.1.4 周波数

単位時間内に生じる圧力変動や振動の回数を周波数と呼ぶ。このとき，振動の1周期は，任意の始点から始点と同じ条件を満たす次の点までの移

表5.1

音源パワーに掛かる乗数	レベル増加量 (dB)
1.25	1
1.6	2
2.0	3
3.3	5
5.0	7
10.0	10

行時間で定められる。例えば，振り子の場合には，振動の1周期は一方の最高点に到達した瞬間から，次にその位置に戻るまでの時間のことを示している。

単位時間当たりの振動数は Hz（「ヘルツ」）を単位として表す。周波数が高い場合には，大きな桁数を避けるために，1,000 Hz を 1 kHz（「キロヘルツ」）と置き換えても良い。我々の耳が知覚する音の振動数はおよそ 16 Hz～20 kHz である。これより高い周波数の音を超音波，これより低いものを超低周波音と呼ぶ。

表 5.2 は，音楽の基準音 a^1 の周波数を 440 Hz にとったときの，いくつかの音名に対する周波数の例である。なお，簡単のためここでは周波数の値を整数に丸めてある。この表に示した最高音が生じることは稀である。しかし，この周波数を超えて，さらにヒトの聴覚の限界に至る高周波成分は，倍音の音色効果に関係するため重要である。

5.1.5 音速

粒子速度が空気の粒子がその静止位置に対して振動する速度を意味するのに対して，音の伝搬速度は圧力変動が空気中（あるいは他の媒質中）に拡がっていく速さを表している。したがって，遠方で発生した音が耳に到達するまでの時間は音速によって決まる。

空気中の音速は周波数とは無関係であるが，空気の静圧と二酸化炭素の含有量に若干の影響を受ける。ただし，実際の楽音を考える際にこれらの影響はきわめてわずかである。

一方，音速は温度の上昇とともに増加することには注意が必要である。この現象は金管楽器の調音などに影響を与える。また，空調設備の動作が良好でないため空間的な室温分布が一様でない部屋や，冷たい水面の上で屋外公演を行う場合に，音程上の問題を引き起こすことがある。表 5.3 にはいくつかの温度に対する空気中の音速を示す。

この表によると，通常の室温条件での平均的な音速は 340 m・s^{-1} と考えることができる。この値から，コンサートホールのステージから 34 m 離れた席の聴衆は，奏者が音を発した後 1/10 秒遅れて音を聞くことになる。なお，この遅れ時間はテンポが MM[36] ♩ ＝152 のときの 16 分音符 1 個分の長さに相当している。当然ながら，この 34 m という距離は大型のホールでは通常に現れる値である。ただし，我々の視覚はこの距離離れた奏者の動きに追従できないため，この時間的なずれを感じるのはオペラグラスを用いたときに限られる。

5.1.6 波長

音波は一定の音速で拡がっていくため，連続する二つの音圧の極大点（「音波のピーク」）には一定の距離差が存在する。また，この極大点が入れ替わる時間が短ければ（つまり周波数が高いほど），二つの極大点の間隔は狭くなる性質がある。この隣り合う音圧の極大点（あるいは音圧の極小

表 5.2

周波数(Hz)	音名	
16.5	C_2	32 レジスターのパイプオルガンの C 鍵盤
33	C_1	5 弦のコントラバスの C 線
66	C	チェロの C 線
131	c	ヴィオラの C 線
262	c^1	ヴァイオリンの最低音の C
524	c^2	テノールの高音の C
1047	c^3	ソプラノの高音の C
2093	c^4	ヴァイオリンの最高音の C
4185	c^5	ピッコロの最高音の C

表 5.3

空気の温度（℃）	音速 (ms^{-1})
−10	325.6
0	331.8
+10	337.8
+20	343.8
+30	349.6

36　MM はメトロノーム速度。

点)の空間的な距離を波長と呼び，次式で定められる。

$$波長 = [音速] / [周波数]$$

表 5.4 は音速を 340 m・s^{-1} としたときの波長の数値例である。

可聴周波数域では，波長の値は十数 m から数 cm の範囲に及んでいる。これより，高周波数に対する波長は楽器の寸法や部屋の規模，あるいは音が衝突する室内の反射面の寸法よりも小さいことがわかる。これに対して，中間の周波数では波長はこれらとほぼ同じ大きさであり，低周波数では楽器や部屋の寸法は波長より小さいと考える必要がある。こうした状況を理解することは，音源からの音の放射や空間内の音響を取り扱う上できわめて重要である。

5.2 聴覚システムの性質

5.2.1 音の大きさ（ラウドネス）の知覚

空気の圧力変動がある周波数域で生じ，その音圧が一定の下限値を超えるとき，我々は音を知覚する。この振動現象を音として知覚する最低周波数は約 16 Hz である。32 ストップ付きの大型オルガンにはこれに相当する C_2 音を持つものもある。これより低い周波数では，（音の受容器としての）耳自体が振動の時間変化に追従して動くため，音としての感覚は生じない。聴覚の上限周波数は若年層では 20,000 Hz 付近にある。ただし，これには個人差があり加齢とともに低下する。

音として知覚される音圧レベルの下限値はすべてのヒトについて同一ではない。しかし，多数の測定に基づいた統計平均値を採用すれば，標準的な特性を表わすことが可能である。このとき，いわゆる最小可聴値は周波数に大きく依存することが重要な意味を持っており，図 5.1 の最も下に描かれた曲線がその周波数依存性を示している。この図では，左から右に向かって周波数が高くなり，縦軸が絶対音圧レベルを表わしている。最小可聴音圧レベルは 2,000 から 5,000 Hz の周波数で最も低い値であることから，ヒトの聴覚はこの周波数域で最も敏感であることがわかる。これより低音と高音の周波数域では耳の感度は低下しており，特に低音の場合に感度の低下が著しい。したがってこれら低周波数の音が聞こえるためには，この曲線に応じた高い音圧レベルが必要となる。

また，音のエネルギーを順次大きくしていき，それぞれの周波数に対するラウドネス（主観的に感じる音の大きさ）を比較すると，同様にラウドネスは周波数に著しく依存する傾向が見られる。すなわち，物理的な振動現象の客観的尺度である音圧レベルは，周波数が異なれば，音の大きさの感覚の主観的尺度であるラウドネスと等価ではな

表 5.4

周波数(Hz)	波長
20	17.0 m
100	3.4 m
1,000	34 cm
10,000	3.4 cm

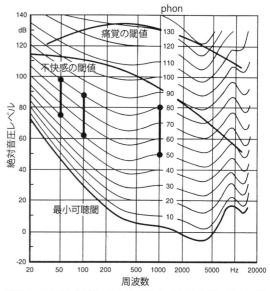

図 5.1 正面入射音に対する等ラウドネス曲線。最小可聴閾値，痛覚の閾値，不快感の閾値を併せて示す（Winkel, 1969 による）。端点が●の太い縦線は，50〜80 phon のラウドネスレベルに対応する音圧レベルが周波数によって異なることを示している。

いことが言える。そこで両者の関係を定量的に表現することを目的としてラウドネスレベルが定義されており，その単位として phon（フォン）が用いられている。

　このとき，1,000 Hz 純音の「ラウドネスレベル」の phon 値は，その音圧レベルを表わす dB 値と等しい数値として定義される。これ以外の周波数の phon 値は，同じラウドネスに聞こえる 1,000 Hz 純音の dB 値と等しい数値として定められ，これに基づいて，いわゆる等ラウドネス曲線が求められている。この曲線は，物理量である音圧レベルと耳の感度で決まるラウドネスレベルの関係を表している。図 5.1 には等ラウドネス曲線が 10 phon ピッチで示されている。

　図の 80 phon の曲線に注目すると，1,000 Hz でのラウドネスレベルは（定義より）80 dB の音圧レベルに等しいことがわかる。また，同じラウドネスレベルを得るためには，500 Hz では約 75 dB で足りるが，100 Hz では約 90 dB が必要である。つまり同じ 80 dB であっても，500 Hz の音は 1,000 Hz の音よりも少し大きく知覚される。すなわち，絶対音圧 80 dB の音は 500 Hz ではラウドネスレベル 84 phon と知覚されるが，100 Hz のラウドネスレベルは 72 phon にすぎない。

　ラウドネスレベルが小さいとき，等ラウドネス曲線のパターンは低周波数で急激に持ち上がっている。このように，同じラウドネスを知覚しても，それに対応する音圧レベルには低音域と中・高音域で大きな違いがある。例えば，ラウドネスレベル 30 phon に対応する音圧レベルは 1,000 Hz では 30 dB であるのに対し，100 Hz では約 50 dB となる。

　等ラウドネス曲線は低音域で急な傾きを持っており，曲線間の距離も狭まっている。このため，低音域での音圧レベル変化に対応するラウドネスレベルの変化量は，高音域の場合に比べて大きい。例えば 50 Hz で音圧レベルが 60 から 90 dB へ上昇すると，ラウドネスレベルは 25 から 70 phon へ増加するが，1,000 Hz では 60 から 90 phon の増加に留まっている。このとき知覚するラウドネスの違いは 50 Hz で 45 phon であるのに対し，1,000 Hz では 30 phon にすぎない。

　等ラウドネス曲線における音圧レベルと phon 値の対応関係は，厳密には継続時間の長い音についてのみ正しい。継続時間が約 250 ms（1 ms＝1/1,000 秒）以下の短音では，知覚するラウドネスレベルはその音圧レベルから想定される値より若干小さくなる。継続時間が充分長い音と比較すると，短音の継続時間が 200 ms でその差は（音圧換算で）約 1 dB であるが，100 ms で約 2.5 dB，20 ms では 7 dB まで拡がる（Zwicker, 1982）。これは，単発性の音あるいは継続時間の短いノイズについてラウドネス感覚はパワー（単位時間当たりのエネルギー）ではなく，音響エネルギーの総量（パワーと継続時間の積）によって決まることに対応している（Roederer, 1977）。

　一方，継続時間が長い音の場合についても，短時間で音が立ち上がるときには，後続する定常部の音圧レベルに対応するラウドネスより大きなラウドネスを知覚する。また，最初の 50 ms の音圧レベルが後続部より 3 dB 大きいとき，その音のラウドネスは（音圧換算で）約 1 dB 大きく知覚される。これに対して，50 ms よりも後ろの部分の音圧を 3 dB 上昇させても，ラウドネスの上昇はほとんど知覚されない（Kuwano et al., 1991）。これは電気信号を用いた（基礎的な）音響実験による結果ではあるが，同一のラウドネスで楽器を演奏する場合にも，鋭いアタックをつければラウドネスが上昇し，弱いアタックや不明瞭なアタックではラウドネスは上昇しないことが言えよう。

　図 5.1 には最小可聴閾や等ラウドネス曲線に加えて，二つの曲線がプロットされている。これらは違った意味での聴覚処理過程の上限値を表わしている。図に示された痛覚の閾値と呼ばれる曲線は，このレベル以上で音を知覚すると痛みを感じることを意味している。音圧がこの値に達したときには，過大音圧による内耳損傷を防ぐため，中

耳内に防御対策を施して音波の振動エネルギーの伝達を抑えなければならない（Reichardt, 1968）。

さらに，この痛覚の閾値より低い値であっても，音楽作品としての美しさはもはや感じられず，それどころか不快にさえ感じるラウドネスレベルの範囲がある。当然ながら，この芸術的な意味での境界は痛みへと移行する場合と同じほど正確には線引きできない。それでも，この不快感の境界は超えるべきでない音圧レベルの目安となる。この境界値は高周波数で著しく下降しており，その周波数特性は音色について考える際に重要な意味を持っている。

前述したように，高周波数での耳の感度は加齢と伴に低下する。これは，可聴最高周波数だけではなく，2,000 Hz 以上の最小可聴値のパターンが変化することを意味している（Zwicker, 1982）。20 才のヒト（すなわち正常な聴覚）に比べると，40 才の健康なヒトの耳の感度は 5,000 Hz で 8 dB 低下しており，60 才でその差は 15 dB まで拡がる。10,000 Hz の音については，60 才のヒトの耳の感度は平均で約 25 dB 低下しており，高齢者の最小可聴値は次第に不快感の境界値に近づいていく。これは，スピーカで音を再生したとき，高齢者が高音成分の強い音をしばしば不快と感じる原因であり，高周波成分が（充分に聞こえたとしても）不快領域に部分的にずれ込むことがその理由である。

二つの純音が同時に聞こえるとき，その和音のラウドネスレベルの感じ方は 2 音の周波数の差によって異なる。図 5.2 は 1,000 Hz を中心にして周波数軸上に対称に位置する二つの純音（2 音の音圧レベルは共に 60dB）に関する実験結果を，周波数差を横軸にとって示してある。この図から，聴覚的な応答の異なる三つの領域が存在することがわかる（Zwicker, 1982）。周波数差が約 10 Hz 以下の時には，和音のラウドネスレベルは 1 音の場合に比べて約 6 phon 大きく，この値は 1 音の音圧レベルが 2 倍になったときのラウドネスの上昇量と等しい。2 音の周波数差が小さいときには

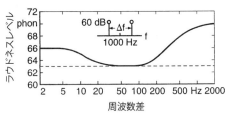

図 5.2 同時に提示した二つの純音のラウドネスレベル。横軸は周波数の差（Zwicker, 1982 による）。

うなり（音圧レベルの周期的変動）を生じることを考え併せると，ヒトの聴覚は音圧レベルの時間平均ではなく，最大値を判断していると言える。

2 音の周波数差が拡がると，ヒトの聴覚は時間的変動としてのうなりを感じなくなり，2 音の音響エネルギーの和に応答する。すなわち 2 倍のエネルギーに等しい 3 dB の音圧レベル増加に対応するラウドネスレベルの上昇をもたらす。このとき，ヒトの聴覚がこのようなエネルギー加算を行うためには，2 音が同じ「臨界帯域」内に存在している必要がある。なお，この臨界帯域の幅は内耳の構造と（正確には基底膜上の感覚細胞の周波数分布と）関係している。臨界帯域の幅は 500 Hz 以下では約 100 Hz である。一方，500 Hz 以上では臨界帯域の幅は長 3 度，つまり帯域の下限と上限周波数の比が 4：5 となっている。

ヒトの聴覚は，臨界帯域に含まれるすべての音のエネルギーを合算して知覚する。複数の音が別々の臨界帯域に存在する場合には，それぞれの臨界帯域で個別のラウドネスレベルの感覚，すなわち，「部分ラウドネス」（Teillautheit）が形成される。この場合には，個々の部分音のラウドネスレベルを加算して総計のラウドネスレベルが決まる。したがって，周波数差が大きく，ラウドネスの等しい 2 音が聞こえたとすると，2 倍のラウドネスを知覚することになる。また，「ラウドネスを 2 倍」と感じるとき，ラウドネスレベルは 10 phon 増加したことに相当するので，1,000 Hz では音圧レベルが 10 dB 上昇したことになる。

加齢による聴力の低下に加えて，程度の差はあ

るが，病気や高い音圧レベルへの暴露が聴力に影響することがある．これに関連する問題として，オーケストラ内で発生する大きな音量が，一時的あるいは永続的な（4,000 Hz 付近の高周波域での）聴力損失の原因となりうることに言及する必要がある．また，これには楽器の構え方も関係し，片方の耳だけが障害を受けることが多い．例えばヴァイオリン奏者やトロンボーン奏者は左耳，ピッコロ奏者では右耳を痛めることがある（Frei, 1979）．

ただし，統計学的にはオーケストラ内で高い音圧レベルに暴露されることが著しいリスクを引き起こすとは言い切れない．耳障りな騒音と違い，管弦楽作品は聴覚に異なった作用を及ぼすことは明白であり，音楽のラウドネスの感じ方には情緒的な側面が一定の役割を果している（Karlsson 他，1983）．さらに，聴覚に欠陥があったとしても，演奏者はアンサンブルの重要な一員たりうるという事実を考えれば，可聴閾値の測定結果が音楽家固有の演奏能力の指標となりえないことがわかる．音楽家は経験を積むことで年齢による限界を補うことができるし，可聴閾値が劣化しても，もちろん聴力はそれより大きいラウドネスレベルに対しては「正常」に保たれていると考えられるのである（Woolford and Carterette, 1989）．

5.2.2 マスキング効果

図 5.1 に示す最小可聴値と等ラウドネス曲線は，騒音がまったく存在していないという前提条件のもとで，単一の純音がリスナの頭部に正面入射する場合に正しい結果を与える．これに対して，二つの音が同時に鳴った場合には，どちらか一方の音のラウドネスレベルに応じて他方の音が聞こえないことがあり，この現象はもう一方の音圧レベルが単一純音の最小可聴値を上回っていても起こり得る．これが大きい音による弱音のマスキング（隠蔽）である．

マスキング効果の一例として，図 5.3 に 1,000 Hz の「妨害音」に対するマスキング量

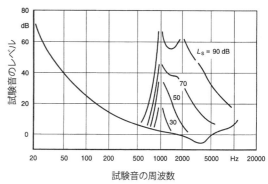

図 5.3　1,000 Hz の妨害音（音圧レベル L_s）による，試験音のマスキング量（Zwicker, 1982 による）

（Mithörschwellen）を示す．これは，妨害音が存在する場合に（弱音側の）「試験音」が聞こえるために上回るべき最小可聴値の移動量（閾値）である．図中，横軸は試験音の周波数，縦軸は試験音の音圧レベルを表している．単純化して描かれた最小可聴値曲線の上部にプロットした 4 つの曲線は，妨害音のレベルを徐々に変化させたときに試験音が聞こえるために上回るべき音圧レベルを示している．この曲線は 1,000 Hz，2,000 Hz，3,000 Hz で途切れている箇所があるが，これはうなりもしくは試験音と妨害音の差音が生じて正確な測定ができないためである．

図からわかるように，マスキング効果は妨害音の周波数近傍で最も顕著である．例えば妨害音の音圧レベルが 90 dB のとき，1,200 Hz の試験音が聞こえるには 60 dB 以上で提示する必要がある．マスキング量のパターンは，妨害音の周波数より低域側で急激に下降するという特徴がある．一方，妨害音の周波数より高域側ではその傾斜は緩やかである．また，妨害音の音圧が大きくなると，妨害音の周波数の 1 オクターブ上にもう一つのピークを生じることがわかる．

音の聴取時に，低音によって高周波成分の聞こえが損なわれ，ときには聞こえなくなるのは，マスキングのこのパターンによって説明できる．さらに，妨害音のラウドネスが増加するとマスキング量が上昇し，それに伴って影響を受ける周波数範囲も拡がることがわかる．マスキングのこの性

質は，ポリフォニー音楽が（大音量ではなく）弱音で演奏した方がむしろ透明感を持って響く一つの理由である（Lottermoser and Meyer, 1958）。

マスキング作用は妨害音（マスキング音）の持続時間には関係しない。ただし，ヒトの聴覚は「妨害を受けない」ときの感度に戻るためには一定の回復時間を必要とするので，これによっていわゆる順向マスキングを生じる。これは妨害音が停止した後もマスキング量が最初の数ミリ秒間変化せず，その後は時間と共に低下して，約 20 ms 後に本来の最小可聴値に戻る現象である。この時間特性は妨害音の強さとはほぼ無関係である（Zwicker, 1982）。順向マスキングは，強弱の幅が広く時間的に複雑な構造を持つ音楽に対して，大きな意味を持つことがある。しかし大半の場合には，楽器自身が発生する残響音とホールの残響が存在するためさほど重要ではない。

音量の小さな音に対するヒトの聴覚の処理速度は大きな音に比べて若干遅い。この作用によって「逆向マスキング」を生じることがある。これは「妨害音」に先行する音がマスクされる現象であり，その影響は 20 ms 以内の先行音に限られる。音楽の演奏中にはこうした逆向マスキングが生じており，この作用によってアタックに伴なう（楽音に先行して生じる）短いノイズは聞き取れなくなるか，弱音化している。我々の耳が知覚するアタックの開始点は，この逆向マスキング作用と関連づけて考える必要がある。アタックの開始点とは，音符の並びのリズミックな構造が聴覚的に決まる時点，言い換えれば，音圧レベルがその最終的な値にほぼ到達したと耳が感じる瞬間である。これは，最終的な音圧レベルよりも約 10 dB 低い値に音が成長した時に音の始まりを知覚すること，また，アタックの開始点の知覚にはスタッカートの速さはほとんど関係しないということによって裏付けることができる。

なお，前者の条件はアタックの開始点の音圧レベルが最小可聴値，あるいは（先行して「ノイズ」が存在する場合には）マスキング量より 40 dB 以上大きいときに成り立つ。ただし，音が非常に小さい場合には，アタックを知覚する位置は最終的な音圧レベルより約 7 dB 小さい値に近づき，音の始まり（アタックの開始点）を感じる点は後ろにずれる。一方，音が非常に大きい場合には，音圧レベルの最終値より 15 dB 小さい時点で音の始まりを知覚する（Vos and Rasch, 1981）。

マスキング作用によって最小可聴値が移動することは当然であるが，複数の音が聞こえる場合に，互いのラウドネスレベルが影響を受けることにも注意する必要がある。このとき，低音のマスキングによって高音は聴感的に著しく弱音化するが，それに比べて高音による低音のマスキングは軽微である。この作用はラウドネスの「部分マスキング」（Drosselung）と呼ばれ，2音の周波数が近い場合に特に顕著である。例えば，音圧レベル 60 dB の 1,000 Hz の純音が存在するときに，30 dB のノイズが突発的に発生したとすると，前者のラウドネス感覚は（ノイズを伴なわない）音圧レベル 50 dB の 1,000 Hz の純音のラウドネスに等しくなる。この突発的なノイズの音圧レベルが 40 dB になると，60 dB−1,000 Hz の純音はまったく聞こえない（Zwicker, 1982）。

部分マスキングは2音の周波数の差が大きい場合にも生じる。この現象を説明するため，図 5.4 に 250 Hz（音圧レベル L_1）と 500 Hz（L_2）の二つの純音を提示した場合の相互作用を示す。図中

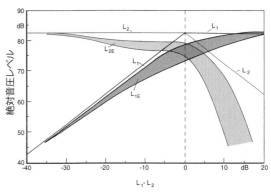

図 5.4　250 Hz（レベル L_1）と 500 Hz（レベル L_2）の二つの純音を同時に提示したときの相互マスキング。陰影をつけた部分は知覚レベルを示す。

の点線より左側では L_2 は一定値（83 dB）であり，低音の音圧レベル L_1 は 43 から 83 dB まで上昇している。点線より右側では，L_1 は一定で，高音の音圧レベル L_2 が図中の直線に沿って 63 dB まで低下している。陰影のついた領域は，1音だけを提示した場合と，これにもう1音が加わった場合とで等しいラウドネスを知覚する前者の音圧レベルを示している。主観的な感覚には個人差による違いがあるため，このとき「知覚する音圧レベル」L_{1E} と L_{2E} は幅を持って表されている。L_{1E} と L_{2E} で示されたこの陰影のついた領域と（物理量である提示音圧レベルを示す）直線 L_1 と L_2 との距離は，2音が同時に聞こえるときに，それぞれの音がどの程度小さく聞こえるかを示している。

この図は，高音が低音より物理量で 15 dB 大きい場合には，高音は主観的に約 5 dB 弱く感じられることを示しており，このときラウドネスレベルはちょうど 80 phon となっている。一方，2音が同じ音圧レベルの場合には互いを等しくマスクし合うので，平均して見て2音は単独で提示した場合よりそれぞれ約 6 dB 弱く知覚する。また，高音のレベルが低音より 5 dB 以上小さいときには，高音は強いマスキングを受ける。

以上の相互マスキングに関する知見は 250 Hz と 500 Hz の周波数成分に関するものであるが，63 Hz の純音を試験音，125 Hz の帯域雑音を妨害音として行われた最新の実験結果にきわめて良く一致している。フルオーケストラの発生音では，63 Hz 成分が 125 Hz 成分より 7～10 dB 小さいことが通常であり，両者が同じ大きさであることはきわめてまれである。つまり，多くの場合，この最低音域の成分はコンサートホールの聴衆に聞こえていないのである（Nishihara and Hidaka, 2012）。

5.2.3 指向性

ヒトの視覚は視野内の一定の範囲に限定されるが，聴覚はあらゆる方向の音の事象を感じ取る。ただし，そのラウドネスの知覚には音の入射方向に対して一定の角度依存性が存在する。この主な原因は音源と反対側の耳が頭で遮蔽されるからである。これに加えて，外耳の形状と（鼓膜前面の音圧レベル形成に直接作用する）耳道が寄与しており，最終的には，鼓膜前面の音圧レベルが音の大きさの感覚（ラウドネス）を決定している。

さまざまな方向からの入射音に対する耳の感度の違いを指向性（Richtcharakteristik）と呼ぶ。300 Hz 以下の周波数では，左右の耳のラウドネス感覚は入射方向に関係しない。しかし，これより高い周波数では，頭による遮蔽を受けない側の耳への入射音が卓越することになる（Schirmer, 1963）。正常な（聴力を持つヒトの）両耳聴の場合，ラウドネスの知覚には指向性が存在しており，その大きさは両耳の検出感度の和によって決まる（Jahn, 1963）。両耳の連携作用による一定の補正作用も存在しているが，高周波域ではラウドネス感覚に対する特有の方向依存性が存在することは明らかである。

図 5.5 は両耳聴に対する水平面内の指向性の例である。この図より，1 kHz の音は正面から入射するとき最も大きなラウドネスを知覚すること，音が後ろから入射する場合，（頭部の存在しない自由音場で計測される音圧レベルに比べて）約 5

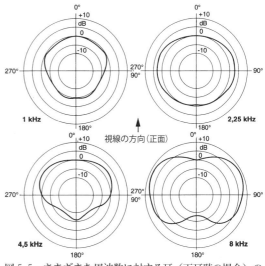

図 5.5 さまざまな周波数に対する耳（両耳聴の場合）の指向性（Jahn, 1963）

dB 小さくなることがわかる。一方，2.25 kHz では最大の感度方向は側方であり，前方や後ろから音が到達する場合に比べて約 3 dB 大きく知覚する。4.5 kHz 付近の周波数では，最大の感度方向はやや前方にシフトしており，後方から到達する音は非常に小さく感じる。8 kHz では音が最も卓越して聞こえる方向は再び側方に戻っている。

指向性とは，特定方向から入射する音と視線方向（正面）から入射する音に対する感度の比較と考えることができる。しかし実用的な見地からは，これと異なった状況を扱う必要がある。すなわち，閉空間内では一般に拡散音場が成立しており，リスナにはあらゆる方向から音が到達する。こうした拡散音場では，耳の感度は空間内の全方向から到達する音のエネルギーの総和に対応するため，正面入射に対する感度とは異なった値となる。図5.6 はこの差を表しており，正の値は正面入射音を同一レベルの拡散音よりも大きく知覚することを表している。これより，2,000 から 4,000 Hz では正面入射音は拡散音より大きく知覚するが，一方，300 から 1,500 Hz までと 5,000 Hz 以上では，あらゆる方向から均一に入射する音の方を（正面からの入射音より）大きく知覚することがわかる。

5.2.4 方向知覚

リスナの頭部に音が（正面からではなく）やや斜め方向から入射すると，音源から遠い方の耳までの距離がわずかに長くなる。この結果，両方の耳への到達時間には微小な差が生じる。聴覚神経系はこの時間差を判断して音の入射方向を決定しており，0.03 ms という非常に短い時間差が存在すれば，方向の違いを知覚することが可能である。この値は両耳までの音の経路差に換算すると約 1 cm となる。これを角度に換算すると，ヒトは前方からの入射音に対してわずか 3° の違いを検知することが言える（Reichardt, 1968）。

横方向からの入射音に関して，この方向分解能[37]は 7.5° に低下する。また，側方より後ろからの音が入射するときには方向判断がさらに曖昧にあるが，その場合には耳の指向性によるスペクトル変化などの付加的情報が手掛かりとなっている。側方から音が入射するときには両耳への到達時間よりも，むしろ両耳の受聴する音圧レベルの違いが，入射方向の判断にとって意味を持っている。この音圧レベル差は特に高周波数の方向知覚に重要な役割を果たしており，また，これに付随して方向による音色変化が生じることになる。

つまり，耳の方向分解能は 2 音の到達時間差と音圧レベルの違い，これらに音色の変化が加味されて決まっており，その値は入射方向が正面に対して ±45° 以内では 3°，45〜90° のときには 4.5° となっている。また，ヒトの聴覚の重要な性質として，異なった 2 方向から到来する音源位置の違いを素早く聞き分ける能力が挙げられる。音源が左から右（または右から左）へ突然移動したとすると約 150 ms 以内，後ろから前への移動した場合には 250 ms 以内に位置の変化を知覚する（Blauert, 1970）。この二つの時間差は，非常に短い音符の持続時間にほぼ等しい。

複数の音源から同一の音響信号が同時にリスナに到達すると（例えば複数個のスピーカを用いて同じ音を発生させると），各音源の方向の範囲内に単一の音源を知覚する。同じ強さの音を発生する 2 個のスピーカの場合には，その中央に音源があるような感覚を生じる。片方の音の強さを変え

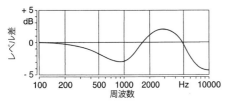

図 5.6 拡散音場内の音圧レベルと，それに等しいラウドネスをもたらす正面入射する平面音波の音圧レベルの差（Zwicker, 1982 参照）。

---

37 最小可聴角とも呼ぶ。

た場合には，スピーカの中間に生じる見かけの音源位置が移動する。また，到達時間を変化させた場合にも見掛けの音源位置は移動するが，この現象が生じるのは，時間差が 3 ms 以内の場合に限られる（Hoeg and Steinke, 1972）。

到達時間差が 3 ms 以上になると，後から遅れて到達する音が先行音より大きくても，最初に到達する波面の到来する方向，つまり，最初に音を発生するスピーカの方向に単一の音源を知覚する。この到達時間差が 5〜30 ms の範囲であれば，後続音のレベルが先行音より 10 dB 大きくても先行音の入射方向に音源が定位する（Haas, 1951）。この現象は先行音効果と呼ばれている。

最後に，音源から到達する音響信号のスペクトル成分が方向感に影響を与えることを付記しておく。この作用は主として正中面（頭部正面を含む鉛直対称面）からの入射音，すなわち，「正面」，「後方」，「上方」の方向識別に関与している。このとき，600 Hz 以下と 3,000〜6,000 Hz の周波数成分は「前方」，800〜1,800 Hz と 10,000 Hz 以上の成分は「後方」，8,000 Hz 付近の成分が「上方」に関する方向情報の手がかりを与えている（Blauert, 1974）。

5.2.5 カクテルパーティー効果

聴覚のメカニズムが持つ高度な方向識別能力は，両耳で受聴した二つの異なった音響信号を脳内で処理することによって実現している。この能力によって，我々は単一の音源の入射方向を認識するだけでなく，異なった位置に存在する複数の音源を区別することも可能である。このように試験音とマスキング（妨害）音が異なった方向からリスナに到達する場合には，両者が同一方向から到達するときほどの強いマスキングを生じることはなく，このときには両耳マスキングが重要な役割を果たしている。なお，マスキングに関する従来の研究の大半は単耳マスキングに重きが置かれており，両耳に同一の信号を提示するか，試験音と妨害音をそれぞれ片側の耳だけに提示して検討が行

われている。5.2.2節で引用した結果もこの範疇の研究成果である。

図 5.7 はマスキングに及ぼす「標準的」な両耳聴の作用を示している。このデータは純音を試験音とし，（ホワイトノイズよりも低周波成分のエネルギーの強い）「ピンクノイズ」を妨害音としたときのマスキング量（最小可聴値の移動量）である。一番上の曲線（a）は純音とノイズが共に正面から到来する場合であり，通常の単耳マスキング量に等しい。曲線（b）はリスナの正面から平面波のノイズを放射して，正面の横 60°方向から試験音を提示した場合である。二つの音源の方向が異なっていることで，マスキング量は中音域で 10 dB 低下しており，1,000 Hz 以上の周波数でその差は 6 dB に縮まっている。

これは，試験音に対して耳の感度が上昇していることを意味している。曲線（c）は同じく正面横 60°方向から試験音を提示し，妨害音のノイズは拡散音としてリスナに放射した場合である。このときにはリスナにはあらゆる方向からノイズが到達しており，この条件は，例えば大きなホールの中に音源が存在するという，我々にとって重要な場面に対応している。このときには，耳の感度は特に高音域で上昇していることがわかる

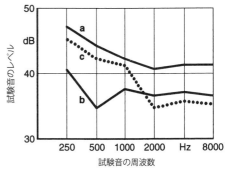

図 5.7　ピンクノイズでマスクされた各種の試験音のマスキング量（Prante et al., 1990 による）
(a) 純音とノイズは共に正面から入射
(b) 純音は（正面から）横 60°方向，ノイズは正面から入射
(c) 純音は（正面から）横 60°方向，ノイズは拡散音として入射

(Prante et al., 1990)。

リスナの周囲に複数の音源が存在している場合，（後段の脳内情報処理を含めて）ヒトの聴覚システムはそのうちの一つの音源に感度を集中し，他の音源より際立たせて知覚する能力を持っている。こうした状況は，様々な方向から同時にたくさんの声が聞こえる場合が該当することから，この現象を「カクテルパーティー効果」と呼んでいる (Theile, 1980)。ただし，カクテルパーティー効果が成立するためには，対象とする音の音圧レベルが妨害音の音圧で決まるマスキングレベルより約10～15 dB大きい必要があり，この値以下では音源の方向を同定することは不可能である。複数の妨害音源が空間的に様々な方向に分布している場合，カクテルパーティー効果によってスピーチ了解性の閾値は，すべての音響信号が同一方向から到達する場合に比べて9 dB向上する (Blauert, 1974)。

多数の音源が存在する中で，その内の一つに神経を集中させる能力はアンサンブルを行う奏者にとってきわめて重要である。なお，この能力は訓練によって向上する。さらに，音は聞こえなくても音源が目視できるか否かが奏者にとって重要な役割を担っている。このとき，音源を見るという視覚情報によって脳内では音に反応する2次聴覚野に発火現象を生じ，その結果，脳内のさらに上位の情報処理過程において，その発火（刺激）パターンを過去に記憶した入射音によって生じるはずの発火（刺激）パターンに対応させることが行われるのである (Kern, 1972)。

5.2.6 奏者が受けるマスキング効果

耳の周辺に音源となる楽器が存在していても，奏者には他の楽器からの音や室内の反射音が聞こえなければならない。この問題には奏者に及ぼすマスキング効果の影響が大きく関わっている。もちろん，声楽家も同じ問題を抱えているが，声楽家は胸郭の振動を感じとって，発声を調節する補助的な方法を持ち併せている (Sundberg, 1979)。

奏者の耳もとに到達する自分の楽器が発する音圧はかなり大きな値である。弦楽器や木管楽器のフォルテでは85～95 dBであり，金管楽器ではさらに10 dB以上大きな値となる。耳もとの音圧は楽器から耳に到達する直接音によって決まっており，周囲の空間による音の増幅作用は含まれていない。つまり，自由音場での値にほぼ等しい。この性質により，室内の音響条件から奏者が受けるマスキングの大きさを検討することができることになる。

なお，多くの楽器の向きは奏者の体に対して左右非対称であるため，左右の耳元の音圧レベルは必ずしも同一ではない。図5.8はいくつかの楽器に対する奏者の両耳におけるレベル差を示している。これより，周波数が高いほど左右のレベル差が大きくなることがわかる。また，楽器から両方の耳までに距離差が存在するため測定結果は複雑に変動している。

前述したように，両耳聴は指向性を持っており，これに加えて図に示した楽器固有の左右の耳の位置での音圧レベル差が存在する。したがって，外部到来音（他の演奏者の音）に対するマスキングの大きさは奏者に到来する音の入射方向によって異なっている。なお，次に述べるようにマスキン

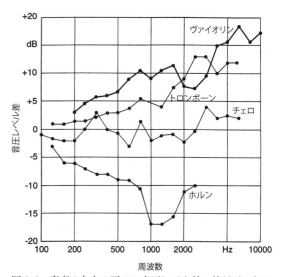

図5.8　奏者の左右の耳での音圧レベル差。値が正であるとき左耳でのレベルが大きく，負の場合には右耳でのレベルが大きいことを表している。

グ量の方向特性は250～500 Hzでは9 dB，1,000 Hz以上では最大20 dBに及んでいる。もちろん，この結果の全体像を理解するには，すべての音域に対する平均的な値を知る必要がある。そして，その値をもって，ヒトの聴覚はどの入射方向に対して最も敏感で，どの方向に最も感度が鈍いのかという問題を論じる必要がある。

図5.9はオーボエ，クラリネット，トランペットなど，対称に構える管楽器奏者についての外部到来音に対する方向別の耳の感度の違い（マスキング量の相対値）を図示したものである。この図では最大感度方向を基準（0 dB）として，それぞれの入射方向の相対感度を3 dB刻みに分類して表現してある。また，図に示した三つの周波数についての測定結果は，弦楽・管楽器の発生音のすべての音域について成り立っている。なお，（ここには示されていないが）500 Hzの相対感度はあらゆる方向に対して3 dB以内で方向による実質的な違いは存在しないこと，250 Hzも同様であることに注意されたい。これに対して，1,000 Hzでは真上を除く正中面への外部到来音が聞こえにくく，2,000 Hzでは真上と正面が最も聞こえやすいが，仰角が45°より低い場合と斜め後方が特に聞こえにくいことが言える。

チェロの放射音はわずかに左右非対称である。このため，チェロ奏者の耳の感度は250 Hzで左上の方向だけが3 dB低下する。一方，1,000 Hzでは「真上」と「正中面の斜め後ろ」の方向で感度が低くなる（3～6 dB）。また，2,000 Hzでは「右上」よりも「左上」で感度が低くなり，「斜め上正面」と「後ろ」の感度も図5.9に示した管楽器の値より低下する。トロンボーンは放射音の非対称性の影響がさらに顕著である。この場合，1,000 Hzでは右方向から到達する音が聞こえにくく，反対に2,000 Hzでは左から到達する音が聞こえにくくなる。

ヴァイオリンとヴィオラでは，奏者の耳へ到達する自分の楽器の放射音の強さが著しく異なっている。ただし，（ここには図示していないが）外部到来音に対する500 Hzの感度はともにすべての方向について3 dB以内に収まっている。図5.10は他の3周波数に対する結果である。これによれば，1,000 Hzと2,000 Hzでは特定の方向に顕著な感度の違いが生じており，そのマスキング量は最も聞こえやすい方向より10 dB以上大きくなっている（Meyer and Biassoni de Serra, 1980）。全体として，図5.10は図5.9と似た傾向を示しており，特に，斜め上前方から直上ではほぼ同じ結果になっている。なお，（ヴァイオリン奏者にとってしばしば生じることであるが）左耳の聴力が若干劣化することによって，（左側の）マスキング量が10 dB付近まで大きくなったとしても，耳の感度の方向特性はほとんど変化しないことに注意されたい。

最後に，ホルン奏者の場合には外部到来音に対する感度（マスキング量）の方向特性は著しく非対称である。なお，250 Hzのマスキング量は方

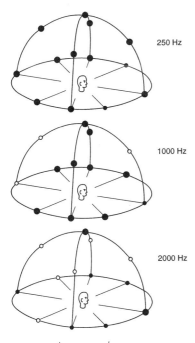

● 0-3 dB ／ ◐ 3-6 dB ／ ○ 6-10 dB

図5.9　左右対称に構える管楽器奏者（オーボエ，クラリネット，トランペット）のマスキング量の方向特性。図中の値は最小のマスキング量（＝0 dB，最大感度方向）に対する相対値。

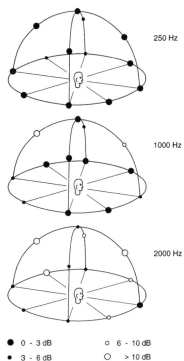

図 5.10 ヴァイオリン奏者のマスキング量の方向特性。図中の値は最小のマスキング量（＝0 dB，最大感度方向）に対する相対値。

向によって変化しないが，500 Hz では左側，すなわち楽器と反対側の感度が低下する。1,000 Hz では「左右」の両方向（耳軸に沿う方向）の感度が最も高くなり，「前後」で感度が大きく低下する。2,000 Hz では正中面と直交する方向で感度が低下し，特に「右斜め上」でマスキング量は（最大感度方向の）正面より 10 dB 以上大きくなっている（Meyer and Biassoni de Serra, 1980）。

5.2.7 周波数と音圧レベルの変動に対する耳の感度

我々は音の周波数や振幅の周期的変動を知覚するが，その感じ方は変化の速さによって異なっている。周波数または振幅の変動が 1 秒あたり 5 回以内であれば，ヒトの聴覚はその時間変動パターンに追随してピッチ[38]やラウドネスの変化を知覚

する（Winckel, 1960）。また，ゆっくりとしたビブラートには「泣き声」のような（Wimmern）音色を感じることがある。ただし，周波数または振幅の変動周波数（1 秒あたりの変動回数）が 6 Hz を超えると，（内耳の応答特性によって）そのピッチやラウドネスを一定であるように感じる。このとき知覚するピッチはビブラートで変動させる音の中心周波数と正確に対応する（Meyer, 1979）。一方，ラウドネスの感覚は変動する音の最大値によって決まる（図 5.2 参照）。さらに速い周波数で音を変動させると（約 10～15 Hz で）粗さ（Rauhigkeit）を感じるようになる。粗さの感じ方は，変動する音の中心周波数，変動周波数，その相対振幅に関係するが，変動音の絶対音圧レベルには関係しない（Terhardt, 1973, 1974）。

音の粗さを生じる変動周波数の上限値は，低音域（400 Hz つまり g^1 以下）では約 100 Hz であり，高音域では 250 Hz まで上昇する。100 Hz （G）付近での粗さの感覚は変動周波数が約 20 Hz で最も大きく，音が高くなるほどその値は増加し，3,000 Hz では 100 Hz となる。このオーダーの時間変動は複数の純音が同時になった場合や，同じ音程の 2 音の倍音が重なって聞こえるときに生じると考えられる。実際，倍音が豊かすぎる低音は粗い音色を持つことがある。これには倍音の位相も関係しており，例えば金管楽器が鋭いパルス性の音を発するときに強い粗さを生じることがある。一方，特定の部分音が（その周辺の）他の部分音に卓越していると，音の粗さは弱くなる。特に，それぞれの「臨界帯域内」において（5.2.1 節参照）特定の部分音が他の部分音より際立って大きい場合がこれに該当しており，その例としてオルガンのプレヌム音[39]が挙げられる。

周波数や振幅の変動が知覚されるためには，当然ながら，変動の大きさ（変動する周波数または振幅の幅）がある一定値（検知限）以上でなけれ

---

[38] 主観的に感じる音の高さ。
[39] ストップを全開にして演奏した時の音。

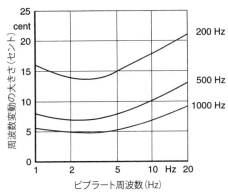

図 5.11 ビブラート周波数（1 秒あたりのビブラートの回数）と周波数変動を知覚するビブラートの変動幅の下限値（Zwicker, 1982 より再計算）。周波数の異なる三つの純音に対するプロット。

近では約 0.3 dB であるが，200 Hz 以下の低音ではさらに小さな値となる。こうした音圧の変化に対する耳の感度から判断すると，音楽演奏で生じるダイナミックレンジに関して，ヒトの聴覚はおよそ 130〜140 ステップでラウドネスを区別していると推測できる（Winckel, 1960）。

ばならない。図 5.11 の三つの曲線は周波数の変動する純音，つまりビブラートをかけた純音に対して，周波数の変動を知覚するための最小の周波数変動幅を示している。この図から次の二つのことがわかる。まず，ヒトの聴覚は 2〜5 Hz の変動周波数に最も敏感であり，これ以下または以上ではピッチ変動に対する耳の感度は低下する。第 2 に，この周波数の変動（ビブラート）に対する耳の感度は基音の周波数が高いほど鋭敏であり，1,000〜2,000 Hz では ±5 セント[40]幅の変動を与えれば，周波数の変動を感じとるのに対し，200 Hz ではその約 3 倍の変化が必要となる（1 セントは平均律の半音の 1/100 の音程に等しい）。ここに示した検知限は，例えばビブラートの強さを論じる際に重要な基礎となる。

音圧レベルの周期的変動（振幅変動）についても耳の感度は 4 Hz 付近が最も鋭敏である。レベル変動の検知限はラウドネスの増大とともに小さくなる。すなわち，最小可聴値周辺では感知可能なレベル変動は 4 dB であるが，音圧レベル 80 dB では約 0.3 dB の変動を感知する（Reichardt, 1968）。レベル変動に対する耳の感度は周波数にもある程度依存する。その検知限は 1,000 Hz 付

---

[40] 1 セントは半音の 1/100 の周波数幅。

第 6 章　楽音の構造

6.1　モデルの導入

　音楽作品として我々の耳に到達する一音一音は多くの情報を含んでいる。我々はこの一音一音について，音の高さや大きさ（ラウドネス）や音色を知覚する。音程が安定しているか，ビブラートによって生き生きとした音となっているかどうかを論じることもできる。音の大きさの変化やゆらぎに気づき，さらには，音の始まりが柔らかく立ち上がったか，鋭い立ち上がりであったのかをコメントできる。また，音の停止部についても類似した判断をすることが可能である。こうした音のディテールすべてによって，我々は音楽からある一定の音の特徴を感じ取り，さらに，どの楽器がその音を演奏したかを認識している。このとき，過去の音楽の聴取経験は欠くことのできない役割を果たしており，経験を積むことによって，音楽が鳴り響いている空間の性質や大きさを判定することすら可能になる。

　音響現象は数多くの物理的ファクターによって記述される。このとき，我々が感じ取る音のさまざまな特徴は単一の物理量では表わすことはできず，複数の物理量を組み合わせて表現される。もちろん，物理的な音響データと実際的な聴取経験で知覚する音の主観的印象の関係を見出すのは容易なことではない。

　単一の音が持つ複雑な音響プロセスを説明するため，図 6.1 に示すモデルを用いることにする。これは音が時間変化する振動現象であって，強さの異なる複数の振動が重なり合うことで成り立っていることが根拠となっている。このモデルは（前後方向にとった）時間軸と（左右方向の）周

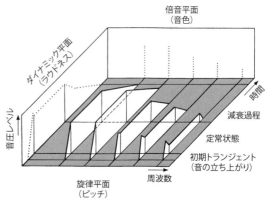

図 6.1　単一の音の図解的な 3 次元表示

波数軸に加えて，音圧レベルを示す縦軸によって表わされており，このとき，縦軸はラウドネス感覚（主観的な音の大きさ）に対応している（Winckel, 1960）。

　さらに，音の振動波形も非常に重要な意味を持っている。ほとんどの場合，音は単一の（振り子の運動のような）正弦振動だけでは成り立っておらず，複雑な時間波形を持っている。そして，これに対応して，我々は同じ音程であっても音色の異なるさまざまな音を区別しているのである。一般に，音響振動はたとえ複雑な時間波形であったとしても，周波数の異なる複数の正弦振動の重ね合わせとして表現することができる。つまり，図のモデルによって，複数の部分振動あるいは「倍音」の系列として振動プロセスの全体像が表されるのである。

　いま，時間軸に注目すると，一つの音の時間構造は次の三つに分割することができる。

1. 初期トランジェント（音の立ち上がり）：完全に静止した状態から音が成長するまでの時

間軸上の範囲
2．定常状態：実質的に音が変化することのない時間軸上の範囲
3．減衰過程：駆動された音が完成した後，完全な静寂へ消え去るまでの時間軸上の範囲

まず，初期トランジェントは楽器の違いを区別する特徴を多く含んでおり，定常状態以降には含まれない成分がしばしば存在することに注意する必要がある。

第二の定常状態は，厳密に言えば楽器を極めて均一に励振したときだけに実現する。したがって，完全な定常状態が成り立つのは，奏者自身の人為的なエネルギーで駆動するのではなく，（時間的に一定な）外部エネルギー源を利用する楽器——例えばオルガンや多くの電子楽器——に限られる。これに対して，木管奏者の呼気や弦奏者の弓の圧力がわずかに変化しても，楽音の振動プロセスには微妙な変動が生じる。このため，この場合に対して準定常状態という表現を用いることもある。ただし，準定常状態の音は聴感上，定常状態と同じと考えて差し支えない。

第三の減衰過程は，撥弦楽器と打楽器にとって重要な役割を担っている。それは，これらの楽器は定常的に励振されないため，定常状態あるいは準定常状態を持たないからである。また，他の楽器にとっても，連続したパッセージでの音符間の音のつながりを確実なものとするために，減衰過程は重要である。

図6.2は，実際の音をこのモデルにプロットした結果である。この図は，同じ音程で継続時間のほぼ等しい三つの異なったスタッカート音の分析結果である。これより，部分振動の個数が違うことにまず気付くであろう。また，ヴァイオリンの鋭いスタッカートでは，ビブラートの影響によって部分音がそれぞれわずかに波打っているのがわかる。音の開始部に着目すると，ファゴットが最も速やかに立ち上がっており，このとき，すべての部分音がほぼ同時に立ち上がっていることが理解できる。一方，ヴァイオリンでは一部の部分音

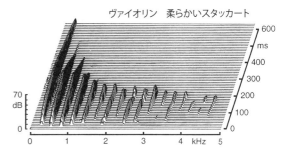

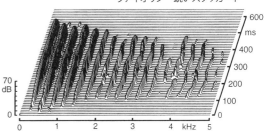

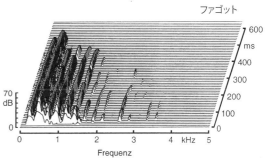

図6.2　3種類のスタッカート音（c^1）の時間－周波数スペクトルの測定結果

がかなり遅れて開始している。同様に，音の終了部にもそれぞれ挙動の違いが存在しており，なかでも，長い余韻を発するヴァイオリンの柔らかいスタッカートのパターンはきわめて特徴的である。

こうした観察結果からわかるように，この分析方法に基づいて詳しく考察すれば，楽器の音の特徴に関して詳しい情報を得ることができる。なお，図の例が示すように，異なった性質を持つ音について，その継続時間を比較することはかなり難しい問題であることがわかる。

現象の理解を助けるために，図6.1の3次元表示をいずれかの2次元平面に射影した表現を用いることがある。例えば，周波数成分の時間変化を省略すれば，図の左側の（音圧レベル軸と時間軸

の作る）平面にプロットした点線が得られ，これは音圧レベルの時間変化を表すグラフとなっている。このプロットはラウドネスの知覚に強く関係する物理量の時間変化を示しており，この面をダイナミック平面と呼んでいる。図のモデルを周波数軸と時間軸の作る平面に射影すれば，周波数の時間変化が得られ，ビブラートのような周波数の変動を表現することができる。この平面は旋律平面と呼ばれる。

　周波数軸と音圧レベル軸が作る第3の平面は，振動プロセスの定常部（正確には中央値）を射影した結果を与える。この場合には，音の各部分音が周波数と強さで表示され，図6.1の後側の平面に点線で示される線スペクトル状の表現が得られる。このとき，それぞれの点線の長さは音圧レベルを与え，横軸上の位置が周波数を示している。このプロットは和音の周波数成分を視覚化することもできるので，倍音平面と呼ばれる。光をいろいろな基本色成分（スペクトル）に分解して表示するのと同じく，音の周波数成分をその強さとともに表示したものを音響スペクトルという。音響スペクトルを用いれば，音の定常部分の音色に関する情報を論じ，立ち上がりと減衰部の挙動を観察することも可能となる。

6.2 周波数と音圧レベルの構造

6.2.1 音響スペクトルの倍音構造

　ほとんどすべての楽器の発生音には，定常あるいは準定常状態と見なすことのできる成分が存在している。この振動プロセスは周波数軸上に調和級数列で並ぶ正弦振動の重ね合わせ，すなわち，最も低い周波数を基音周波数として，その整数倍の周波数を持つ部分音（倍音）の重ね合わせによって表現できる。こうした部分音系列の例として，コントラファゴットのC音の1次から16次までの協和部分音を図6.3に示す。図中の音符（オクターブの移高表記はなし）はそれぞれの部分音が対応する五線譜上の音程を示しており，その下に対応する周波数を記してある。また，音符の上に付け加えた数字は倍音の次数（2，3，4…）であり，それぞれの音符の周波数は基音の周波数にこの次数を掛けた値に等しい。

　基音は主に知覚する音の高さ（ピッチ）に関係する。この例では基音の周波数は65 Hzである。基音の周波数を2倍するごとに音程は1オクターブずつ上昇するので，2次，4次，8次，16次の部分音はC音（順にc, c^1, c^2, c^3）となる。基音の周波数の3倍は1オクターブ上の第5音（g）となり，6次と12次の部分音はその1オクターブ上と2オクターブ上のそれぞれ第5音に等

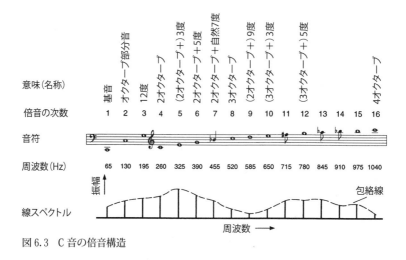

図6.3　C音の倍音構造

しい。5次と10次の部分音はe^1とe^2となり、それぞれの音階のCと長3度の関係を満たしている。また、9次と15次の部分音はそれぞれ、第3部分音（g）のオクターブ倍音に対して5度（g^1－d^2）および長3度（g^2－h^2）の関係となっている。これらの部分音の関係はすべて「純正」律を満たしている。

一方、上に述べなかった7次、11次、13次、14次の部分音によって和音を構成した場合には、協和した響きとはならない。それは、これらの部分音の周波数が音階を構成する正しい音程と一致しないためである。なお、7次と14次の部分音はh^1とh^2より低く、基音に対していわゆる自然7度の関係となっている。ただし、同時にすべての部分音が鳴ったとすると、これらの部分音の周波数は整数比の関係を満たしているため、うなりを発生することはない。したがって、このときに不協和性を感じることはない。同様に、11次部分音はfis^2より低く、13次部分音はas^2より若干高い音程となっている。

このC音は、もちろん16次部分音よりさらに高次の成分を持っている。例えば、16次と32次の部分音が作るオクターブの中には15個の部分音が存在しており、これら部分音の周波数間隔は周波数の上昇とともに狭くなる。熟練した耳の持ち主は、一音に含まれる6個から8個の部分音を個別に聞きとることができるが、それは、各部分音がそれぞれ異なる臨界帯域（5.2.1節参照）に存在しているためである。一方、高次の部分音については、経験を積んだリスナであっても融合した一つの響きとして知覚する。しかし言うまでもなく、その音質には部分音の強さの相対関係が大きく関係している。

部分音の振幅（音圧レベル）は図6.1の倍音平面の例や図6.3の下図のように、線スペクトルで表現される。このとき、それぞれの部分音の線の位置が周波数、線の長さが音の強さを表わしている。また、線スペクトルの頂点を結んだものはスペクトル包絡線と呼ばれる。スペクトル包絡線は、部分音の次数に関する情報を包括して、周波数軸上の各部分音の振幅分布をわかりやすく表現できるので、倍音構造の全体的な特徴を表示するために非常に適している。

6.2.2 音響スペクトルの周波数範囲

部分音のスペクトルの下限周波数は基音、すなわち（場合により移調表記を考慮する必要があるが）楽譜に記された音符の周波数に等しい。基音より低い周波数領域には、定常振動、つまり安定して振動する成分は存在しておらず、ノイズ性あるいは非定常な成分が生じている。したがって、部分音のスペクトルの下限周波数は、音符の上昇に伴って次第に高い周波数へ移動する。

楽器の音のスペクトル成分を系統的に眺めるため、ホルンのすべての音域に対するスペクトルが図6.4に示されている。この分析結果を見ると、それぞれの部分音は一定の拡がりを持つピーク状のパターンとなっていることがわかる。なお、このパターンが急峻であるかなだらかであるかは、対象となる楽器の持つ共鳴の鋭さに関係している。また、音域が上昇すると、スペクトルの最初のピークは右方向、つまり高い周波数に移動すること、さらに、部分音の周波数間隔が次第に広くなることがわかる。これに対して、低い音域では高次部分音の周波数間隔が非常に狭くなっており、そのスペクトルのパターンはノイズに近づいていると言える。したがって、この高次部分音のエネルギーが大きいと、その響きは「金属的」な音色を帯びることになる。一方、高い音域では、部分音の周波数間隔は高周波数であっても広いため、「澄んだ」（rein）音に聞こえる。

部分音のスペクトルの上限周波数は楽器によってそれぞれ大きく異なっており、ダイナミクス（音楽表現における音の強弱）にも強く関係する。さらに、（低音域に比べて）高音域のスペクトルには空間の音響条件も影響する。こうした理由から、楽器固有の音響的性質を表すためには、音響パワースペクトル（Schalleistungsspektren）を

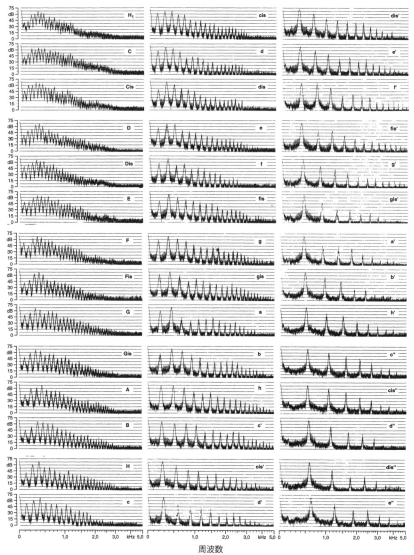

図6.4 フレンチホルンの半音階列の音響スペクトル。実験室での測定結果。

使用する方法が有効である。音響パワースペクトルとは，1台の楽器が放射する総エネルギーを表す量であり，周囲の空間，測定点までの距離や楽器の向く方向には関係しない。なお，この値には，完全反射性の壁に囲まれた残響室と呼ぶ特殊実験室で得られた測定値を採用することが最も好ましい。

高周波領域における楽器の性質を比較するには，ある特徴的な周波数を設定すると都合がよい。これにはいくつかの候補が考えられるが，この特徴周波数として3,000 Hz を採用することが推奨できる。その理由の一つは，3,000 Hz 以上の帯域では（一部の例外を除けば）楽器の音響パワースペクトルが直線的に減衰するからである。そして，3,000 Hz 以上のスペクトル包絡線の勾配と，最大部分音と3,000 Hz のスペクトル成分のレベル差に着目すれば，音響パワースペクトルの高周波領域の音響的特徴がほぼ把握できることになる。

当然ながら，楽器の音色は（基音の周波数で決まる）音域によって変化する。一般に（高周波成分の密度と強さに着目すると）倍音成分が豊かであるほど音の主観的印象は明るく，あるいは，鋭

いものとなる（von Bismarck, 1974）。ただし，低い音域では倍音が豊かであることは，高周波領域の部分音の密度が高くなることにつながるため，その音色は粗い（rauh）性質を帯びることになる。なお，この現象に寄与するのは基音の3オクターブ以上の周波数成分である。ちなみに，g音を例にとると2,000 Hz以上の倍音成分が粗さに影響し，G音ではこの周波数は500 Hz付近に移動することになる（Terhardt, 1974）。これに対して，倍音が不足すると鈍い音色，あるいは柔らかな音色となる傾向がある。

6.2.3 フォルマント

楽器の音の周波数構造を観察すると，基音が必ずしも最大の部分音ではないことがわかる。ホルンの周波数構造を示す図6.4を例にとると，およそc^1より上の音域では基音が高次倍音より大きいが，c^1より下の音域では高次部分音が基音より卓越している。このとき，最大の成分が周波数軸上の一定位置に保たれていることに気づくが，これが楽器音の重要な特徴である。

人の話し声についても同じような現象が存在しており，また，歌手がある音階に沿って一つの母音を歌うときには，音域が移動しても最大ピークを示す周波数範囲は一定に保たれる。この作用が，同じ（あるいは同質の）母音の音色を特徴づけているのである。このように，音域が変化しても，周波数が一定に保たれるスペクトル中の成分音（ピーク成分）をフォルマント[41]と呼んでいる。

図6.5は複数の研究報告から要約した，特に重要な母音に対するフォルマントの周波数領域（以下ではフォルマント帯域と呼ぶ）である。図中の曲線は，それぞれの母音に対応するフォルマントのスペクトル包絡線であり，ピーク値となる周波数のまわりに広がった範囲が各フォルマント帯域を示している。このとき，隣りあう二つのピークの中間の周波数は，母音の音色が移行する領域で

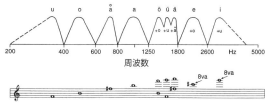

図6.5 ドイツ語母音のフォルマントの周波数軸上の位置（Thienhaus, 1934; Winckel, 1960; Trendelenburg, 1961 による）

あり，単一の発音記号で表すことはできない。ここには，さまざまな方言で発音される「母音」（derselben Vokale）が存在している。通常，母音はそれぞれ相対的なエネルギーの小さい高次のフォルマントを持っているが，ここでは簡単のために，最も重要な（第1）フォルマントだけを示している。この結果，後舌母音（/u/, /o/, /a/, /å/）[42]はそれぞれ単一のピークで表され，前舌母音は二つのピークで表現されている。また，理解を助けるため，各フォルマントが最大振幅となる周波数に対応する音名を図の下段に付記してある。

フォルマント帯域と母音の音色との関係から類推できるように，フォルマントは（基音を周波数と関係づける方法に加えて）楽器音の特徴を周波数軸上で視覚化するもう一つの手段である。例えば，/u/のフォルマント（200～400 Hz）とその上の/o/のフォルマント（400～600 Hz）の周波数成分が強ければ，豊かで（Fülle）朗々と鳴る（Sonorität）響きとなり，/a/のフォルマント（800～1,250 Hz）の成分が卓越すると力強い（kraftvoll）音色となる。このときには1,000～1,250 Hzの周波数成分が特に重要であることが知られている。

これに対して，その上の変母音（ウムラウト）ö, ü, äのフォルマント成分が強すぎると耳障りな音色となる。これは，基音が弱く，同時にこの帯域より高い周波数成分のエネルギーが不足するとき，その音色が鼻声のかかった性質を帯びるた

---

[41] 音声のフォルマントと区別するため，固定ピーク周波数と呼ぶことがある。
[42] 国際音声記号（IPA）表記採用。

めである（Thienhaus, 1954）。また，/e/のフォルマント（1,800〜2,600 Hz）と/i/のフォルマント（2,600〜4,000 Hz）は音色に明るさ（Halligkeit）と輝かしさ（Brillanz）を与えている。なお，4,000 Hz以上にはヒスノイズが存在しており，この帯域にノイズ成分だけが存在する場合には無声音，ノイズ成分と倍音成分の両方が存在する場合には有声音として知覚される。なお，スラブ語のヒス音には特有のフォルマントが存在している。

楽器の音が母音のような印象を持つためには，はっきりとしたフォルマントが生成されなければならない。すなわち，フォルマントのスペクトル包絡線が拡がりすぎることは好ましくない。こうしたスペクトルのパターンを定量的に表すためには，いわゆる半値幅（音の強さがピーク値の半分となる二つの周波数の差）が利用できる。また，フォルマント周波数の幅（あるいはその純粋性）を表現するときには，対数減衰率 $\pi \Delta f / f_m$ を用いることが多い。ここでΔfは半値幅，f_mは中心周波数である。

例えば，母音/o/のフォルマントの対数減衰率は1.2，母音/e/の第1，第2フォルマントの対数減衰率は0.8と0.4である。フォルマントのエネルギーが4〜6 dB上昇すると，楽器音の特徴的性質はさらに強調されるが，これ以上の上昇は好ましくなく，耳障りで甲高い音色となってしまう（Mertens, 1975）。

楽器の音に及ぼすフォルマントの美的効果は，歌声に及ぼすフォルマントの効果と基本的に同じことである。それは，程度の差はあっても（音を判断するという）人間の感性そのものが基準となっているからである。また，楽音の特徴となるフォルマントは本質的に空間の音場には（楽音のスペクトルの上限周波数が影響を受けるのとは対照的に）関係しないため，楽器の音にとってきわめて重要な意味を持っている。実際には，高周波領域に存在する2次以上のフォルマントは室内の吸音作用によって弱められるが，各フォルマントの周波数上の位置は変化しないので，音の特徴は維持されるのである。

6.2.4 部分音の効果

図6.4のホルンのスペクトルは比較的滑らかな包絡線を描いており，その周波数範囲とフォルマントの位置によって特徴づけられている。このスペクトルには突出した部分音が生じている一方，それ以外の周波数域にはエネルギーがまったく存在していない。また，音域によっては偶数次に比べて奇数次の部分音が大きく成長していることがわかる。このような（偶数次部分音が弱い）倍音構造を示す代表例としては，パイプオルガンの閉管がある。クラリネットの低音域の大半も同様なスペクトルを持っている。こうしたスペクトル構造はこもった（gedeckt）音色になりがちであり，ときには鈍い（hohl）音色を生じることもある。なかでも，オクターブの倍音成分（2次と4次の部分音）が弱いときには暗い（dunkel）音色になることが多い。

オーケストラの響きにこうした音色効果をもたらす方法として，譜例29（M.ラヴェル『ボレロ』から抜粋）に示すような楽器編成を挙げることができる。当然ながら，このパッセージには高音の楽器も含まれているため，その響きは暗いというよりも，オルガンのリード管に近い響きになる。この譜例ではF管のホルンがc^2で開始するハ長調の主題を演奏する。このとき，2台のピッコロがそれぞれト長調のg^3とホ長調のe^4で始まる同一主題を演奏することによって，ホルンの3次と5次の部分音を強調して，そのスペクトル構造を補っているのである。このスコアの書法は複雑であり，主音を演奏するホルンとその各音をオクターブで併奏するチェレスタによって，豊かな倍音構造を持った響きが創り出されている。

奇数次の部分音が卓越するとこもった音質となる。これに対して，偶数次の部分音，とりわけオクターブ成分が強調されると開放的（offen）で明るい音質となる。この効果は，オクターブ平行

譜例 29　M. ラヴェル『ボレロ』131 小節より。弦とハープは除く。

や二重オクターブ平行奏法として，オーケストラの楽器編成でたびたび用いられている。また，三重オクターブでの合奏も見られる（例えば L. V. ベートーヴェン『交響曲第 9 番』第 3 楽章 65 小節からのファゴット＋オーボエ＋フルートの箇所）。ただし，オクターブ倍音が等しく強いエネルギーを持つと硬い音色になることがあり，特にフォルマントがこれらに埋もれるときに，その傾向が顕著になる。また，オルガンのリード管でしばしば用いられる唸音（Schnarren）は，スペクトル中に豊富な倍音が存在することで生じている。フルー管の発生音の倍音はさほど強いエネルギーを持たないのに対して，リード管では強い高次倍音が複数の「臨界帯域」にわたって生じることがその原因である。

6.2.5　部分音の周波数幅

部分音を線スペクトルで表示する方法は図式的な簡略化であって，各部分音の周波数が変化しないことを前提としている。このときには，その周波数特性を正確に表示することができる。実際には，その値はわずかに変動していることが多いが，我々の聴覚はそうした微細構造を検知することはない。

楽器音のスペクトルは（準）定常状態にある音圧の平均値に対応しているため，部分音の周波数が変動することによって個々の線スペクトルは拡がり，すなわち，周波数軸上に若干の幅を持つことになる。この現象は（聴感的に検知可能な）ビブラートをかけると特に顕著になるが，このときには定常状態にある音に「豊かさ」（Fülle）がもたらされる。なお，ビブラートの効果には空間の音場による（変動音に対する）時間平均化作用も寄与している。

線スペクトルの周波数幅が拡がる現象は，複数の音源がほぼ同一周波数の音を放射するときにも起こる。この現象は歌手や器楽奏者の一人一人のイントネーションがごくわずか異なっている場合に生じるので，コーラス効果とも呼ばれている。コーラス効果は弦楽合奏や弦楽四重奏において，各奏者のわずかな音程の違いから生じることもある。優れたコーラスでは，1 音の半値幅（音圧レベルがピークから 3 dB 低下する周波数の幅）は半音階の 1/5 から 1/3 程度の大きさである。これに対して，ドン・コサック合唱団では，低音域での半値幅が半音階のオーダーであることが特徴と

なっている．器楽合奏では一般に楽器間のイントネーションの違いは小さく，半値幅は半音階の1/5より小さい（Lottermoser and Meyer, 1960）．

6.2.6 ノイズ成分の影響

楽器の音の発生機構上，そのスペクトルには部分音に加えて弱いノイズが存在しており，楽器の音の特徴に対して重要な役割を担っている（Winckel, 1969; Meyer, 1964a）．例えば，弦楽器はボーイングに伴って知覚可能なノイズを常に発生しており，木管楽器は呼気に伴うノイズを完全に抑えることができない．これらのノイズを余分なものと考えてできるだけ小さくしようとする試みがしばしば行われているようであるが，実はこうした微小なノイズは自然な音を形成するために欠くことのできない要素である．電子的な楽音合成実験によれば，楽器の音は部分音だけでは充分に模擬することは不可能であることが明らかにされている．

こうしたノイズ成分は，楽器を完全に一定な駆動力で励振できないため，楽器の持つあらゆる共鳴が次々と励起されることによって生じている．ただし，ノイズの混入によって楽器はそれぞれ固有の性質を持ち得るのである．この状況を視覚化して理解するため，図6.6にヴァイオリンとフルートのスペクトルを比較して示す．ヴァイオリンについては（約1,400 Hzに存在する）基音以下の周波数領域，および，部分音と部分音との中間の周波数領域の双方に広帯域のノイズが存在している．また，このノイズ成分には小さなディップが存在している．これに比べてフルートのノイズレベルはかなり小さく，基音より低い周波数領域に数個の小さなピークを生じていることがわかる．この時の運指（フィンガリング）はf^3であり，オクターブ倍音が鳴るようにオーバーブローしている．

楽器音のスペクトルは，部分音にノイズ成分が重なり，かつ，個々の部分音が拡がりを持った共鳴曲線であることによって特徴づけられる．つま

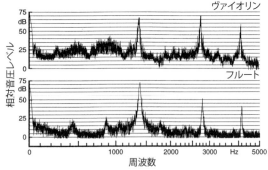

図6.6 周波数特性の異なるノイズ成分を持つ楽器音の音響スペクトル．（f^3音を演奏）

り，線スペクトルで表される数学的に厳密な振動現象とはかなり異なっている．しかし，こうした楽器に固有の現象が音に生き生きとした表情を与え，さらに耳の疲労を和らげるのであって，芸術表現にとってきわめて重要な特徴なのである．絵画に例えれば（線スペクトルを持つ）鋭い輪郭を持つ音はアントーニオ・カナレットが描くきわめて写真的な細密画に対応し，（楽音のスペクトルを持つ）幾分「鋭さに欠けた」（unscharf）輪郭を持つ音は印象派の点描画法に対応させることができよう．

6.2.7 ダイナミクス（音の強弱）と音響スペクトル

演奏音の音量は楽音の響きを規定する最大の要因の一つである．音楽演奏において，リスナが受けるダイナミクス（音の強弱）の主観的印象は基本的にラウドネス（音の大きさ）の大小で決まるが，音の相対的な速さや間の取り方，アタックの方法など他の要因も影響を与える（Hadamowsky, 1958）．したがって，ダイナミクスの表現の幅はオーディオアンプのボリュームを上下するように，音圧レベルだけを調整しても単純には変化しない．

それは，ほぼすべての楽器は（*pp*から*ff*まで）演奏の強弱を変えると，定常部分の音の強さだけではなく，スペクトル成分の構造も著しく変化するという性質を持っているからである（Reinecke, 1953)。ちなみに，ステレオ再生装置のボリュームを下げて「フォルテ」のフレーズを生演奏の「ピアノ（p）」に対応する音量で再生しても，「フォルテ」のような印象を受けるのにはこうした事情が関係している。

この一例として，ホルンの高音をフォルテッシモ，メゾフォルテ，ピアニッシモの三つの強弱記号で演奏した場合の音響スペクトルを図6.7に示す（Meyer, 1967b）。縦軸は相対音圧（dB）を示しており，ff で吹奏したときの最大の部分音が上限値の75 dBとなるように基準化されている。ff のスペクトルには非常に多くの倍音成分が存在しており，10 kHz周辺であっても倍音の振幅は約45 dBとなっている。

一方，mf と pp のスペクトルでは，暗騒音を上回る倍音はそれぞれ6個と4個にすぎない。この違いが高らかに鳴り響く（schmettern）ff と，丸みを帯びて柔らかなmf と pp との音質の違いを特徴づけている。

さらに，（mf と pp では基音の振幅が最大であるのに対して）ff のスペクトルでは最大の倍音成分は第2部分音（オクターブ倍音）へシフトしており，これによってフォルマントの明るい音色が強調されている。この図によると，ff と pp では高周波成分の振幅差は50 dBに及ぶこと，しかし，最大の部分音の振幅差は約15 dBにすぎないということがわかり，ダイナミクスの違いによってスペクトルが大きく変化することがはっきりと理解できる。つまり，ダイナミクスの違い（強弱記号の各段階）に応じて音量と音色が変化するのである。

それぞれの楽器についてダイナミクスに応じた音色の違いを表現するためには，（最大の部分音によって決まる）オーバーオールの音圧レベルの違いに加えて，スペクトルの3,000 Hz成分のレベル差と3,000 Hz以上のスペクトル包絡線の傾きに着目する必要がある。これら三つはすべて音響パワースペクトルから求めることのできる量である。なかでも，3,000 Hz成分のレベルは，最大の部分音がわずか1 dB変化しただけでもその値が変化することから，各楽器の違いを特徴づける単一量と考えることができる。以下では，これを「ダイナミック音色因子」（dynamischer Klangfarbenfaktor）と呼ぶことにする。

以上の議論より，ダイナミクスには音量と音色が関係することがわかるが，フォルテ，メゾフォルテ，ピアノといった強弱段階の違いを数値化して明確に表示することは困難である。それは，これらの演奏上の指示が意味するものには音楽の種類，さらには空間の音響状態が関係するからである。最後に，演奏のダイナミクスは楽器それ自体の性質，すなわち，個々の楽器が発生しうる最大と（知覚可能な）最小の音量の幅で決まる固有のダイナミックレンジに制約を受けることを付記しておく。もちろん，楽器のダイナミックレンジは一般にすべての音域で同一ではなく，さらに，奏者の演奏技術によっても異なっている。

6.2.8 ダイナミックレンジと音響パワー

楽器音のダイナミックレンジを表すには，便宜上，パワーレベルが最も適している。パワーレベルは対象となる楽器の放射音だけに関係する量であり，空間の状態とは関係しない。また，パワーレベルを用いれば様々な条件の空間に対して楽器からの放射音を算出できる。実際の演奏時に測定したダイナミックレンジに関する知見によると，

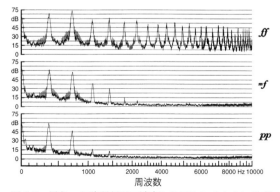

図6.7 異なった強弱記号で演奏したフレンチホルンの音響スペクトル（音程はf¹）

連続する一連の速い音符を演奏する場合と一つ一つの音符に集中して演奏する場合とでは，到達可能な音圧レベルの上・下限値は大きく異なっていることが知られている。したがって，パワーレベルを包括的に表現するためには，この両方の場合について考える必要がある。

楽器音のダイナミクスを扱う第7章では，各楽器の最弱音 pp と最強音 ff に対する発生音量の上・下限値が与えられており，その際，2オクターブの音階を速く演奏する時と，一音ずつ単独に演奏する時の値が示されている。このとき，楽器音のダイナミックレンジは音域によって異なることが一般的であり，低音域での pp と ff の音量は高音域より小さい傾向がある。また，最も小さい音量と最も大きい音量を発生するピッチが違っていることも多い。こうした音量の上・下限値はマイクロフォンを用いた録音時にきわめて重要な関心事となる。一方，音楽の演奏者にとっては実際に発生できるダイナミックレンジを知ることが重要であって，この場合，速いフレーズと遅いフレーズに対するダイナミックレンジの平均値が適切な情報となる。

次章以下で示す音響パワーレベルの大半は，残響室において基準音源を用いて求められた測定結果である（Meyer and Angster, 1981; Meyer, 1990）。また，Burghauser と Spelda（1971）と Clark と Luce（1965）がそれぞれ，中規模スタジオと低反射性の部屋で行った初期の音響パワーレベルの測定値も一部，追記されている。これらについては，測定に使用した部屋の音響条件（吸音力）を補正して再計算した値が本書に採用されている。

また，空間の音響条件が音楽演奏に及ぼす影響を考える際には，それぞれの楽器の音響パワーの代表値を知る必要がある。このときには「平均フォルテパワーレベル（mittlerer Schalleistungspegel im forte）」を用いる。この値は音階を1音ずつ区切って演奏したときに到達可能な pp と ff の差（ダイナミックレンジ）を求め，これを p と mf と f で等区間に3分割して，f に対応するパワーレベルの平均値で定義する。この平均フォルテパワーレベルを用いることにより，（フォルテに対する）アンサンブル全体の音響パワーや（デッドからライブまで）様々な響きを持つ空間内での音圧レベルを算出することが可能となる（Meyer, 1990）。

6.3 時間構造

6.3.1 定常振動過程からの偏り

厳密に言えば，楽音を一連の部分音に分解できるのは定常状態に限られる。これに対して，音が急激に変化する場合，つまり非定常な状態の音は線スペクトルで表現することはできない。それは，このような非定常な振動過程のスペクトルは離散した周波数成分ではなく，連続的な周波数成分から成り立っているためである。（定常状態において）離散周波数成分が接近して存在している時，これらが線スペクトルから急に変化すると，我々の聴覚はノイズ的な音色を知覚することになる。このため，音の開始部は破裂音に似た性質を帯びることがある。

図6.8は，定常振動する純音と突然に純音が開始する場合についての時間波形とスペクトルである。当然ながら，定常状態の純音は線スペクトルで表現されるが，純音の開始部分ではその周波数を中心とする広い領域にスペクトル成分が表れており，中心周波数から離れるにつれてその振幅は次第に小さくなることがわかる。同様な現象が音の停止部分でも起きることは容易に想定できる。それは，このプロセスは継続する定常音に加えて，同振幅で逆位相のもうひとつの定常音が突然開始したものに等しいと考えられるからである。このときには，二つの定常音は互いに打ち消しあって消失するが，（後者の信号が突然開始することによる）二次的な破裂音が生じることになる。このような（過渡状態を全く経ずに）突然の信号のオ

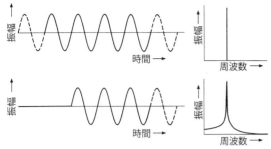

図 6.8 定常音と音の開始部の波形とスペクトル

ン・オフは，駆動している信号発生部の出力をキー操作で後段のアンプ/スピーカ系統へスイッチングする一部の旧式電子オルガンでのみ起きる現象である．この場合，開始部分では（広域の周波数成分によって）スピーカの固有共鳴モードが励起されることによって，それとわかる破裂音を発生することになる．また，音の終止部分でも弱い破裂音が聞き取れるが，その場合，聴感的にはアクセントが付加したように感じられる（Lottermoser and Meyer, 1962a）．

現実的には，図 6.8 のような急激な音の立ち上がりが生じることはなく，定常部分に到達するまでには一定以上の時間を必要とするのが通常である．このとき，音の立ち上がりの所要時間が長いほど，つまり，開始部の波形が滑らかに定常部へとつながっているほど，それに比例して（音符に対応する周波数に付随して発生する）ノイズ成分の振幅は小さくなる．そして，音の開始過程がすべて終了した後に，最終的な定常振幅に到達する．つまり，休止譜の後に「柔らかく」（weich）演奏を開始すれば非定常成分は抑えられ，音の立ち上がり部に生じるノイズ的な聴感的印象は減少するのである．

6.3.2 初期トランジェントの継続時間

楽器の物理機構は複雑であり，ほとんどの場合，奏者が楽器に与える駆動力と放射音に関わる振動プロセスには，相互にカップリングした複数の共鳴システムが介在している．この共鳴システムは演奏者からの駆動力に直ちに応答することはなく，システムに蓄積される振動エネルギーは徐々に成長した後，最終的な大きさに「収束」する．このプロセスは，（外部から）共鳴システムへ入力されたエネルギーの一部は音として再放射され，一部のエネルギーは楽器によって吸収されるという現象に関係している．つまり，失われるエネルギーよりも放射音として供給されるエネルギーが多いときには，共鳴システムの応答振幅は増大することになる．

そして，入力エネルギーと吸収−放射エネルギーの両者が平衡状態になったときに，システムの振動振幅はその最終的な値に到達するのである．この音の立ち上がり部分——以下では「初期トランジェント」（Einschwingvorgange）と称する——の状況は，振動させた音叉をヴァイオリンの胴体に押し当てると容易に理解できる．このときには，（ヴァイオリンからの放射音は）徐々に成長する過渡状態を経て，最大の音量へ達する様子が観察できる．

楽器内部の内部損失（ダンピング）が大きいほど，放射音には強い抑制作用が働く．このとき，（共鳴システムの振動状態は）速やかに平衡状態に到達するので，初期トランジェントの継続時間は短くなる．つまり，内部損失は楽器の応答性に重要な役割を果している．通常，共鳴システムの内部損失は周波数に依存していることが多い．これは，楽器の固有振動は周波数によって異なった減衰率を持っていること，すなわち，個々の部分音はそれぞれ異なった速さで成長することを意味している．

こうした部分音の立ち上がり速度の違いは，楽器固有の響きを特徴づける一因となっている．一般に，楽音の初期トランジェントにおいて高周波領域の部分音が速やかに成長すれば，スピーチのアーティキュレーションが向上するのと同じように，歯切れの良いアタックを感じ，成長速度が遅いとアタックの切れ味（応答性）が不足したように感じられる．

初期トランジェントの振幅は最初，速やかに立

ち上がる．その後，最終的な値（定常状態）に到達するまでのわずかな振幅差の部分での成長速度はゆるやかであり，さらに，この区間では振幅変動を伴っているため，定常状態までの到達時間を正確に判定するのは困難である．こうした理由から，科学文献では定常状態から 3 dB 低い音圧レベル値に到達するまでの時間を，一般に初期トランジェントの継続時間と定めている（Luce and Clark, 1965; Melka, 1970）．この値は，（周波数特性の重み付けをしない）オーバーオールの音圧レベルについて求めるのが通常であり，実質的には最大の部分音によって決まっている．

もちろん，初期トランジェントの継続時間は奏法によって一定の影響を受ける．鋭いアタックをつけたときには，駆動力の不連続性に伴って多数の部分音が発生する．このとき，高周波領域の部分音の成長は速く，その密度も高くなる．ただし，共鳴システムにはダンピング作用が存在するため，表現可能なアタックの効果には限界がある．反対に，柔らかなアタックをつけると，初期トランジェントはゆっくりと成長するとともに，高周波領域の部分音の成長は抑えられる．

図 6.9 はフルートの g^1 音に対する二つの奏法による初期トランジェントを比較したものであり，この図から両者の違いが明確に理解できる．上の図では，鋭いアタックによって 40 ms 継続するノイズが発生している．この最初の部分では，基音から第 3 部分音までが急速に成長し，基音は 70 ms で最大振幅に到達している．第 2 部分音（オクターブ倍音）と第 3 部分音はそれぞれ 90 ms と 100 ms で最大強度に到達しており，さらに高次の部分音は最大振幅に到達するまでに 100～120 ms を要している．

一方，柔らかいアタック（下図）の初期トランジェントにおいても，基音の継続時間（120 ms）が鋭いアタックに比べて極端に長いということはない．つまり，柔らかいアタックは，高次部分音が遅れて成長することと，ノイズ成分が存在しないことによって特徴づけられているのである．こ

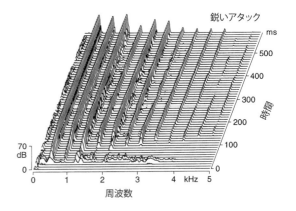

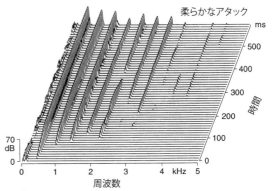

図 6.9　アタックの違いによる音響スペクトルの時間的成長（フルート，g^1 音）

の事例から，初期トランジェントの成長速度は奏法の特徴に対応する量であって，奏法を表す指標と言える．すなわち，初期トランジェントの継続時間が最も短いスタッカートだけが，楽器そのものの性質を表しているのである．

6.3.3　非協和性の成分

振動システムを急激に励振するということは，時間的に非定常な広帯域の連続周波数でその系を駆動することに等しい．この場合，初期トランジェントには（定常部まで引き続いて存在する）協和成分に加えて，その楽器が持つすべての共鳴周波数が励振される．この後者の成分音の周波数が（定常部に存在する）高次部分音の周波数と一致しないときには，非協和な音となってしまう．ただし，この成分は原則的に初期トランジェントの時間内に減衰する（Lottermoser, 1958; Lottermoser and Meyer, 1966）．こうした音の開始部

に特有な二種類の音の混合状態，つまり，周波数軸上に分布する（複数の）共鳴曲線の位置とその鋭さが，それぞれの楽器に固有の性質を与えている．

振動システムに含まれる多数の共鳴曲線に関して，その幅が広く内部減衰が大きければ（この条件は弦楽器の広い周波数にわたって成立っている），初期トランジェントにおいて広帯域のノイズが励振される．このノイズ成分は聴感上，ざわめき（Flüstern）とでも例えるべき音色を生じ，このとき，はっきりとした音の高さ（ピッチ）は知覚しない．これに対して，（木管楽器のオーバーブロー奏法などで生じる）協和成分としては寄与しない鋭い共鳴曲線を持つ成分音に対して，ヒトの聴覚はそのピッチを知覚する．

特別な場合として，駆動周波数が特定の共鳴周波数と非常に近いときには，初期トランジェントにおいてうなりが発生し，共鳴の鋭さに応じて次第に減衰していく（Meyer 1985）．このうなりは（この二つの周波数の差に対応して）音に生命感を与えたり，ときには，音色の粗さを生じて好ましくない影響を及ぼす．この現象は，木管楽器の高次の部分音で生じることが多いが，それは，木管楽器の高次部分音の周波数が基音周波数の正確な整数倍になっていないためである．また，弦楽器についても胴体の共鳴が非常に鋭い場合に，しばしば同様な現象が生じる．

初期トランジェントに過剰なノイズが含まれていることは，音の美しさの点ではもちろん好ましくない．しかし，図6.9で論じたように，この成分は本質的な意味において音の開始部の応答性（アタックの鋭さ）に影響を与えている．これに関して，ノイズ成分は音声中の子音に相当しているると言えよう．それは，母音に先立って生じる子音は，そのエネルギーが大きいことを除けばノイズに近い性質，つまり広帯域の連続スペクトルを持っているからである．

このとき，目的とする音程の周波数近くの成分音が駆動されれば，楽音のアーティキュレーション，すなわち，音の開始部の特徴はいっそう強調される．この意味で，先行装飾音はそれに続く主音を強調する役目を担っており，「意図して作られた初期トランジェント」と考えることもできる．譜例30は協和的に並べられた二重装飾音の例であり，この装飾音が重い（schwer）調子のアクセントを付け加えている．

聴覚上，即時性に優れ，明確な音の開始部を持つことは楽器の応答性のひとつの尺度と言えるが，芸術表現におけるアーティキュレーションの強弱は奏者の演奏技術にも制約を受ける．なお，非常に短い単音とノイズが同時に聞こえる場合，（リズムが正確に刻まれるほど）ピッチが知覚されにくくなることに注意する必要がある．つまり，鋭いスタッカートを演奏する場面では，初期トランジェントが短く，それに含まれるノイズ成分の弱い楽器が最も適しているのである．

6.3.4 共鳴システムの減衰

駆動中の音を突然（スタッカートを逆転するかのように）停止することは，特別な機構を持たない限り不可能である．つまり，初期トランジェントとは異なって，一般に減衰過程（音が減衰して消滅するまでのプロセス）において新たに部分音やノイズが生じることはない．ただし，減衰過程においても楽器の共鳴システムには音のエネルギーが引き続き存在しており，それがすべて消滅

譜例30　ヨハン・シュトラウス『ポルカ，浮気心』作品319，第1ヴァイオリンより5小節

るまで音を放射し続けるという点に注意する必要がある。

減衰過程は，初期トランジェントでの共鳴振動の成長と逆方向のプロセスと考えることができる。このとき，共鳴振動の減衰速度は内部損失の大きさによって決まる。例えば，調律用の音叉は非常に鋭い共鳴を持っており，加振後の振動は非常にゆっくりと減衰する。対照的に，管楽器の共鳴システムの大半は強い内部損失によって，システムに蓄積されたエネルギーはごく短時間で消失し，事実上，減衰音は聞こえない。

当然ではあるが，楽音の減衰過程には奏法も一定の影響を与える。図6.2で見たように，擦弦楽器の音の減衰にはボーイングの圧力が影響し，弓を引く方向で開放するときに減衰音は最も長く持続する。一方，「運指」によって音程を変更するときには，減衰音の持続時間は短い。これに関して，弦楽器の音程移動時に生じる減衰音は管楽器のキーやバルブの開閉操作と同じように，2音の連続性に対して重要な役割を担っている。それは，第1音の減衰音が第2音の開始部分と重なり合うことによって連続した旋律が生まれるからである。第1音が急激に減衰すると，2音間に途切れが生じて，ほとんどの場合に旋律の連続性が損なわれてしまう。

駆動時間が非常に短いため定常状態まで音が完全に成長しきれない楽器については，減衰過程がその音質に大きく影響する。これに該当する楽器としては，打楽器，打弦楽器，撥弦楽器を挙げることができる。これらの楽器は減衰音の持続時間が非常に長いので，他の楽器に比べて，音の特徴に対する減衰過程が持つ意味ははるかに大きいと言える。

一般に，共鳴音の振幅は内部損失の影響を受けて指数関数的に減少する。したがって，対数表示を用いた音圧レベルで表現すると，減衰音はほぼ直線的に時間変化することになる（図6.1参照）。ただし，この直線の傾きは必ずしもすべての部分音について同一ではない。その理由は，共鳴シス

テムの内部損失の大きさが周波数により異なっているためであり，高音は低音より速く減衰するのが通常である。また，二つの共鳴周波数の中間に位置する音の減衰過程は，共鳴周波数に一致している場合とは異なった挙動を示す。

6.3.5 減衰音の可聴時間と減衰時間

減衰過程が知覚される時間の長さは，開始時の音の大きさ（ラウドネス）と室内の背景騒音（暗騒音）との差によって決まる。それは，ヒトの聴覚から明らかなように，減衰過程の終端は減衰音が室内の背景騒音を下回る時点で決まるからである。いま，室内音響学の方法に準じて，減衰音が聞こえる時間の長さを「減衰音の可聴時間」（Nachklingdauer）と呼ぶことにする。この指標は響きの印象を表現するために非常に適しているが，前述したように減衰過程の開始時の音の大きさと背景騒音に依存する。したがって，減衰過程の音圧レベル波形の傾き（単位時間当たりの減衰率）を表す物理量ではない。

減衰音の可聴時間の代表例として，図6.10にコントラバスのピッチカート音の減衰過程を示す。ここでは，背景騒音レベルの50 dBが減衰音の下限値に設定されており，図の底面に対応している。紙面に垂直な方向は時間軸であり，横軸を右に進むと部分音の周波数は高くなる。また，縦軸が音圧レベルを表している。この図から，低い周波数

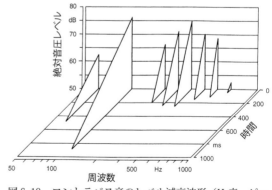

図6.10 コントラバス音のレベル減衰波形（H_1音，ピッチカート，Spelda, 1968による）

の部分音は緩い傾斜の減衰曲線を持ち，高い周波数の部分音の減衰曲線は急勾配であることがわかる。また，第2部分音は開始時の音圧レベルが最も大きいため，最も長く持続している。コントラバスは，オクターブ倍音がこうしたスペクトル特性を持っていることによって，暗く柔らかな音色を備えているのである。

また，図のスペクトル表示に代えて，減衰音の可聴時間を用いて単一の数値で表現することもある。このときには，その周波数構造には踏み入らず，減衰音の聴感上の持続時間だけを示すことになる。例えば，図6.10のピッチカート音の場合，減衰音の可聴時間は約900 msと表される。

楽器の音質的特徴の数値尺度として，減衰音のレベル波形の傾き，すなわち，最初の値から60 dB低下するまでの時間がしばしば用いられる。この量は，室内音響学の定義に準じて，減衰時間（Nachklingzeit）と呼ばれる[43]（Meyer and Lottermoser, 1961；Plenge and Schwarz, 1967）。減衰音のレベル波形は直線的に低下するので，そのデータが60 dBに満たない短い場合であっても減衰時間を求めることができる。例えば，図6.10の第2部分音の持続時間は900 msであり，その間に77 dBから50 dBつまり27 dBレベル低下している。これより（60 dBの低下に対する）減衰時間は2秒と算出される。

共鳴システムが複雑に組み合わさった場合，減衰音のレベル波形は直線的に変化せず，折れ曲りを生じることがある。このときには，急速に減衰する初期部分の後に緩やかな減衰音が続く。通常，この現象は強い内部損失を持つ共鳴システムが直ちに大部分の音響エネルギーを放出し，その後，（内部損失の弱い）残りの共鳴システムがゆっくりと音響エネルギーを放出することによって起こると説明される。このとき，減衰曲線の折れ曲がりに対して，減衰過程を（短い減衰音と長い減衰音に対応する）二つの減衰時間で規定する必要がある。

6.3.6 準定常部分の変動

駆動力自体の変動による音の変化は，初期トランジェントや減衰過程で知覚する音の変化に比べればわずかであるが，その安定性が及ぼす影響について考慮する必要がある。前述したように，駆動力にランダムな変動が持続して含まれていると楽器音にノイズ成分が混入する原因となる。そして，このランダム変動の大きさによって，聴感上の音の安定感や（逆の効果として）不安定感が生じる。なお，この不安定感は音色効果の一方法として故意に利用されることがある（フラウタンド[44]）。

駆動力を変動させる奏法として，（美的な表現手段として活用される）ビブラートは特に重要である（Winckel, 1960；Gärtner, 1974）。歌手，弦楽器奏者，管楽器奏者はそれぞれが非常に異なった特徴を持つビブラートを用いる。しかし，好ましいビブラートはあらゆる歌声や楽器について共通の性質を持っており，いずれについてもビブラートの変動周波数はおよそ5〜8 Hz以内に収まっている。それは（前述したように）この変動の範囲内であればヒトの聴覚は絶対音程を知覚するからである。

ただし，歌手，弦楽器奏者，管楽器奏者それぞれの用いるビブラートの変動周波数は異なっている。その値は（ビブラートの存在を知覚する）聴覚的な検知限界の約±5セントを最小値として，歌声では±100セントを越えることも多い。すべてのビブラートは基本的に駆動周波数を時間変動させることで生じるが，ビブラートが楽器の音質に与える効果は，楽器の共鳴特性，つまり共鳴システムの構造にも依存する。それは（程度の差はあるが）部分音それぞれの振幅にも一定の周波数変動が生じるからである。もし，部分音の周波数変動が広い周波数に渡って同位相で起これば，音

---

[43] 楽器発生音そのものの減衰音であることを明確にする場合，自己残響時間（Ausklingzeit）とも表現される。
[44] *flautando*：指板の近くで弓を使うことでフルートのような音色を出す弦楽器の奏法。

色も時間的に変動することになる。この場合には，基音の周波数だけが変動する本来の効果に加えて，さらに強調された主観的印象が形成される。例えば，金管楽器やフルートではこの現象が著しく生じる（Meyer, 1991）。

第7章 楽器の音色的性質

7.1 金管楽器

7.1.1 フレンチホルン
7.1.1.1 スペクトル

金管楽器のスペクトルは基本的に音域によって二つに分類できる。すなわち，高い音域では基音が最も強く，低い音域ではフォルマント成分が優勢である。図 6.4 の各音階のスペクトルが示すように，フレンチホルンでは c^1 より高い音域で基音が優勢であり，倍音の次数が高いほど振幅は小さくなる。一方，c^1 より低い音域では，最初，最大のピークは 1 オクターブ上の第 1 倍音に移動して，しばらくその位置を保った後，最も低い音域では第 4，第 5 倍音にエネルギーの大部分が集中する。これは，フレンチホルンに典型的な 340 Hz 付近に位置する第 1 フォルマントが卓越していることを意味している（Meyer, 1967b）。このフォルマント成分は母音/u/の周波数域に一致しており，ホルンの丸みをおびて（rund）朗々とした（sonor）音質を形作っている。

この最大ピーク成分（340 Hz 付近）より低い音域では，基音の振幅は 1 オクターブ当たり 12 dB の割合で急激に低下している。演奏可能な最低音は H_1（約 62 Hz）であり，このとき，基音の振幅は最大の部分音より約 25 dB 小さい。この事実は，ホルンの音色を決定するに際して，最も低い音域では基音は従属的な役割を果たしているにすぎないことを意味している。最大のピーク成分より高い周波数領域では，部分音の振幅は再び減少するが，複数の高次フォルマントが加わってホルンの音質に影響を与えている。

図 7.1 は高次フォルマントの周波数軸上の位置

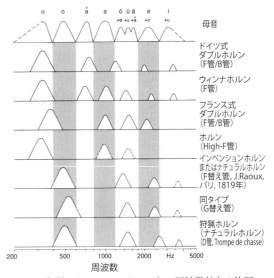

図 7.1 各種ホルンのフォルマントの周波数軸上の位置

をさまざまなホルンについて比較したものである。母音の一段下のプロットは，一般的に使用されるドイツ式ダブルホルンに対するフォルマントの位置を示している。この場合，前述した 340 Hz の第 1 フォルマントに加えて，母音/å/の周波数域に該当する 750 Hz に補助的な第 2 フォンマントが存在し，さらに高次のフォルマントが 1,250 Hz と 2,000 Hz 付近に存在している。また，F 管ホルンでは 3,500 Hz 付近にもフォルマントが存在する。

これらの一連の補助フォルマントがすべて組み合わさることによって，すべての音域に渡ってホルンの音質は明るく輝かしいものになり，第 1 フォルマント，すなわち，歌声や会話で生じる/u/のような鈍い音質になることはない。なお，音量が上昇するに連れて高次倍音の寄与は増大し，反対に，弱音で演奏した場合には低次のフォルマン

トだけが支配的になる。

　低次部分音の振幅，つまり，基本的な音質は演奏技術にも左右される。唇をマウスピースに強く押し当てたときには，唇の振動する部分が明確になるため，時間的に安定した強い唇の振動が実現する。このとき，唇を「弱く押し当てた」場合に比べて，楽器共鳴の内部損失は小さくなる。つまり，安定した圧力によって，より豊かな音が生み出され，良い演奏につながるのである。対照的に「低い圧力」でのアタックは高い音域が演奏しやすいという利点はあるが，少し存在感の足りない，厚みの欠けた音質になってしまう。これは，金管楽器の奏法におけるヨーロッパ式とアメリカ式「流儀」の典型的な違いでもある。

　強弱記号 mf で演奏した場合，低い音域ではスペクトルの周波数範囲は 1,500 Hz に及び，最高音域ではその範囲は 5,000 Hz 付近まで拡大する。F管ホルンの倍音は，B管ホルンに比べて幾分豊富であるため，F管のほうが少しめりはりのある（markant）音色を持ち，特にその傾向は中音域で顕著である。また，バルブ操作は高次倍音に若干の影響を与える。すなわち，2個以上のバルブを操作するときには倍音成分が減少し，音の輝きが失われて鈍い音色となる。この操作によって，演奏者は音色を変化させ，イントネーションの調整が可能になる。

　金管楽器ではスペクトル中のノイズ成分の影響は非常に小さいので，ホルンについても音質への影響は無視してよい。ただし，最も低いオクターブ音域では，部分音より高い周波数領域に存在する，わずかなノイズが聞こえることがある。このノイズは約 3,000 Hz を上限とする帯域に成分を持ち，ヒスと呼ばれる。また，対応するフォルマントに関係づければ /i/ に似た音色を持っている。

7.1.1.2　ダイナミクス

　前章において，ホルンは高い音域では，倍音成分とダイナミクスに強い関係が存在することを f^1 音を例として述べた（図 6.7 参照）。ホルンのパワースペクトルについて最大の部分音と 3,000 Hz 成分の振幅とを比較すると，一般に ff では 10 dB，pp では 50 dB 程度のレベル差となることがわかる。また，3,000 Hz より高い成分は ff では 1 オクターブ当たり 5 dB で緩やかに低下し，pp では 1 オクターブ当たりの低下量は 15 dB まで増える。この性質に加えて，ホルンの音色には音量の上昇に伴う第 1 フォルマント周波数の移動が影響する。すなわち，第 1 フォルマントは pp で /u/ の位置にあるが，mf では /o/ から /å/ に移動し，その基本的な音色は音量の増加に伴って輝きを増すことが言える。

　低い音域についても，ダイナミクスは同じように音色に影響を及ぼす。例えば，第 2 オクターブ音域では，パワースペクトルにおける第 1 フォルマントと 3,000 Hz 成分とのレベル差は ff で 20 dB，pp で 50 dB であり，このとき，3,000 Hz より高い成分の 1 オクターブ当たりのレベル低下量は ff で 11 dB，pp で 15 dB となる。ただし，各倍音の周波数間隔が狭いことから，（pp の場合にも）8～10 個程度の高調波が存在している。ff と pp での最大部分音のレベル差はおよそ 20 dB であり，これは高音域の値よりも若干大きい。また，低音域の場合にも，音の強弱によって最大部分音の周波数が移動する現象が起こり，音量が大きくなるとその母音的な性質は明るさを増すことになる。ただし，この効果は高音域ほど顕著ではない。このように，フレンチホルンが音量に伴って音色変化する現象には，低次部分音の音色変化と高周波成分のエネルギー変化という二つの理由が介在している。

　音階を速く演奏するとき，ホルンのパワーレベルは ff で 107 dB，pp で 86 dB である。一音ずつ確実に演奏する場合には，pp での下限値は 65 dB まで低下する。ただし，演奏表現上のダイナミクスを超えて強奏すれば，高音域の ff では確実に 117 dB に達する。現実的には概ね 35～40 dB が実現可能なダイナミックレンジであり，ホルンの代表値と見なすことができる。なお，最高

音域では完全な pp は期待できない（Meyer, 1990）。

フォルテでの音響パワーレベルの代表値としては 102 dB を用いればよい。ダイナミクスが音色に及ぼす影響は 3,000 Hz 成分のレベル変化に特徴が現れることが知られている。最大部分音が 1 dB 変化すると，この成分は低い音域では 1.5 dB，高い音域では 3 dB 変化する。

7.1.1.3 時間構造

ホルンのタンギング音の初期トランジェントの特徴は，短い圧力パルスの繰り返しであり，この性質は他の金管楽器についても広く知られている（図 7.5 参照）。この圧力パルスの継続時間は約 20 ms で，主な倍音は 1,000 Hz 以下に存在している。アタックの鋭さによるが，唇の振動の開始後 10〜30 ms にこの初期パルスが始まる（Melka, 1970）。このパルスを連続して発生すると，音の開始部分は顫動音/r/の性質を帯びるが，当然ながらこれは芸術的表現として好ましくない。アタックが柔らかい時には，音の特徴に対してパルスの初期部分はさほど大きな意味は持たない。一方，必要以上に強い圧力パルスを加えた場合には，基音の成長が緩慢となり，悪名高い「金切り音」（Kiekser）を発生する。

タンギング音に対する初期トランジェントの継続時間は中高音域で最も短く，f 音より上では約 30〜40 ms，これより低い音域では 40〜80 ms まで増加する（Melka, 1970）。これらの値は，図 2.26 に示すタンギング音のソナグラムからも確認できる。また，この値は空間の音響効果を論じる際に，重要な意味を持っている。なお，柔らかいアタックでは，初期トランジェントが 1/10 秒より長く続くことがある。ただし，これはロングトーンでの音のダイナミクスの成長とは異なった現象である。

金管楽器では管内（空気柱）に蓄積されるエネルギーは非常に小さいため，減衰音の可聴時間はかなり短い。管壁の振動もエネルギーを蓄積するが，減衰時間を伸ばすほどの大きな効果はない。ホルンの代表的な減衰時間は約 150 ms である。

ある音から次の音へ移るとき，その移行が唇とバルブのいずれの操作によるかで大きな違いが存在する。唇の振動を変化させて移行する場合には，周波数が連続的に変化するため音は滑らかにつながる。一方，バルブを用いて移行するときには，楽器の固有周波数が急激に変化して，共鳴振動の停止が起こり，音の移行はより硬質で歯切れのよい（prägnant）性質を帯びる（図 7.3 参照）。

こうした理由から，音楽の前後関係に応じて，どちらの奏法を採用するかを選択することが必要である。実際には，唇による移行は楽器の構造上，特定の音符にのみ可能である。また，アタックに関してはバルブによる音の移行の方が確実な演奏が可能である。その代表的な例として，オペラ『フィデリオ』第 1 幕におけるレオノーレの長大なホ長調のアリアに現れる 3 和音のモチーフがある。このパッセージは本来，ナチュラルホルンのために書かれたものであるが，現在，ほとんどの場合にバルブによる移行音で演奏されている。

ホルンの演奏において，ビブラートは音の装飾効果として重要である。ホルンのビブラートの大半は，位相のほぼ揃った高次部分音の振幅変動，すなわち，脈動する音色の変化である。この様子はトロンボーンのリップ・ビブラートを示した図 7.6 に見ることができる。ホルンでは，この高周波成分の変動の大きさは約 10 dB に達するので，アンサンブル中のホルンを際立たせる際にビブラートは効果を発揮する。

7.1.1.4 特殊奏法

ホルンの標準的な奏法では，演奏者は右手をホルンのベルのなかに軽く挿入して，高次部分音を一定量，減衰させている。ベルの開口を手でほぼ完全に閉じる方法は，音質を変化させる特殊効果をもたらす奏法として用いられている。この作用は f での演奏時に特に顕著であり，スコア上には「gestopft」（ストップ奏法またはゲシュトップ）

と表示されることが多い．この奏法によって音色は「金属的で冷たく（klirren），ざらついた（rauh）」ものとなる．この代表例として『ニュルンベルクのマイスタージンガー』のベックメッサーの主題の最終和音があげられる（譜例31）．

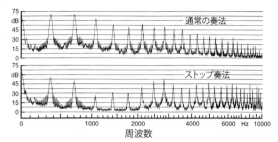

図7.2 ホルンの f¹ 音のスペクトル

図7.2の分析例で見られるように，ストップ奏法ではいくつかの重要な倍音成分が欠けているが，それ以外の成分は強いエネルギーを持っている．図では，第3から第5倍音にはっきりとした欠損が見られる．この成分は /a/ フォルマントの周波数域に該当しており，これが絞ったようで（pressen），力強さの不足した音色の原因となっている．一方，その金属的な音色には3,000 Hzに存在するピークと10,000 Hz以上の強い部分音が大きく影響している．

異なった音程についてストップ奏法を比較すると，この奏法で特徴的に発生する最大と最小の部分音の周波数軸上の位置が常に同一であることがわかる．この結果，高い音域ではストップ奏法の *ff* 音は一定の存在感を持つことになる．一方，メゾフォルテでは最大の部分音成分は通常奏法の位置に留まっている．しかし，この場合には，/a/ フォルマント帯域の成分が減少して，かつ3,000 Hz付近の振幅が上昇するために，その音は金属的な音色へと変化する．

ベルを上に向け，（高音を減衰させる）右手をベルから抜いてホルンを演奏すると，通常とは異なった音響効果を得ることができる．周知のようにG.マーラーの交響曲ではこの奏法がたびたび登場する．ただし，この奏法ではイントネーションが若干不安定になる．さらに，音の定常部分と立ち上がりの部分で高周波成分が強くなるため，その音色は硬く，「ざらついた」（roh）ものとな

譜例31 リヒャルト・ワーグナー『ニュルンベルクのマイスタージンガー』より「ベックメッサーの主題」（3幕，第4景）

る。こうした理由から，多くの演奏者や指揮者はこの奏法を敬遠している（Kunitz, 1961）。

7.1.1.5 特殊タイプのホルン

ウィーンフィルハーモニー管弦楽団では，今日もF管のシングルホルンで演奏が行われている。このホルンは管径の細さ，「ウィンナバルブ」（Stechbüchsen-Ventile），そして極めて浅い円錐形のマウスピースという点において，ドイツ式ダブルホルンと異なっている。そのスペクトルに注目すると，第1フォルマントは340 Hz周辺，すなわち母音/u/の周波数域に保たれている（図7.1参照）。ただし，2次以上のフォルマントの数と位置に注目する必要がある。すなわち，このホルンは2次以上に5個の部分音を持つ唯一のホルンに分類される。2, 3次倍音成分の位置は母音域/å/と/a/に該当しており，この二つのフォルマントがその音に力強さと歌声に似た性格を与えている。このスペクトルのパターンは，豊かで力強い音色で名高いガルネリ・デル・ジェス作のヴァイオリンに例えることができる（Lottermoser and Meyer, 1962b）。これに続く二つのフォルマントは，ドイツ式ホルンに比べて少し高い周波数に位置している。しかし，ウィーン式奏法ではこの二つの高周波成分を右手を用いて若干減衰させるので，その音は豊かでありながら独特の柔らかさを持っている。

バルブを用いる音程移動については，図7.3に示すようにウィンナホルンとドイツ式ダブルホルンでそのスペクトルに大きな違いがある。ダブルホルンのロータリーバルブは複数経路の空気流を生じさせるので，その結果，短時間の空気流の乱れを引き起こし，図のスペクトルの時間構造が示すように，破裂音に近い過渡的ノイズが生じている（Windholm and Sonneck, 1988）。一方，ウィーン式の（往復ピストン運動する）バルブでは音程移動はよりスムーズに進行する。すなわち，ウィンナホルンは音の柔らかな移行に特長があり，レガート奏法に適している。これに対して，ドイ

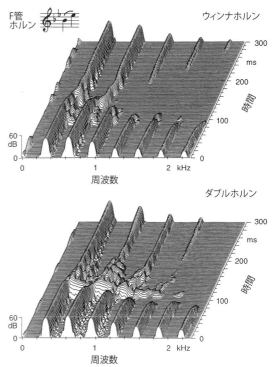

図7.3 構造の異なる2種類のホルンについて求めた，連続する2音の音響スペクトルの時間進行（Windholm and Sonneck, 1988による）。

ツ式ホルンはアーティキュレーションをつけた音の移行に優れており，スタッカート奏法に適している。

今日使用されているフランス式ダブルホルンは，フランスに代表される名人芸的ホルン演奏の伝統とは離れて発達したものであり，しなやかな（schlank）音色と軽やかな（Leichtigkeit）アタックにその特徴がある。高周波数の強い成分が明るい音質を醸し出して，狩猟ホルンを思い起こさせるものがある。これには，他のタイプのホルンに比べれば，フォルマントの位置が異なっていることも影響している。

最も強いフォルマントは/u/と/o/の周波数域の中間付近に移動しており，その母音的特徴である明るい音色の基本的要因となっている。強い二つの補助フォルマントはそれぞれ，母音/a/の周波数域と鼻音成分の周波数域に位置している。正確には，1,500 Hz付近に存在する後者の成分が，

フランス式ホルンの音色に特有の正確を与えており、同じような影響はファゴットにも見ることができる。母音/e/の周波数域に存在するもう一つの補助フォルマントは、フランス式ホルンの音色に輝かしさを付け加えている。

高い音域のパッセージでは、安定で確実なアタックを実現するために高い調律のホルンを使用することがある。ただし、その音質はこの利点と相殺して劣っている。例えば中音域に注目すると、High–F管ホルンの部分音は2,500 Hzまでにしか達していないが、通常のF管は（同音量の同じ音程について）4,000 Hzまで部分音を持っている。さらに、図7.1からわかるように補助フォルマントも不足している。こうした事情がHigh–F管ホルンの音質低下に大きく影響しており、その音色は鈍く、光沢感を欠くと表現できよう。ただし、c^2より高い音域ではHigh–F管ホルンの音質は低い調律のホルンと同等である。したがって、高音のパッセージに限定して使用することは良い結果をもたらす。

7.1.1.6 古楽器

今日の標準的形態のダブルホルンは1900年初頭から使用されている。なお、半音階の演奏が可能となったのは、1835年頃のバルブの発明以降のことである。これに対して、1755〜1854年の期間を代表するホルンはインヴェンションホルンまたはナチュラルホルンと呼ばれ、長さの異なる替え管を挿入して調性を変化させていた。現在と同じように、この楽器はベルの入口に右手を入れて演奏したが、現在のホルンに比べて明るい音質を持っている。

図7.1には（ナチュラルホルンを例として）19世紀初頭の楽器のフォルマントの位置が示されている。第1フォルマントが（現代の楽器に比べて）少し高い位置にあることは特に重要である。例えば、Fに調律したとき、その位置は約480 Hzであるが、Gに調律すれば約525 Hzに上昇し、Esに調律すれば約425 Hzに下降する。この性質は、古楽器のホルンは調性によって明るい音色になったり、暗い/o/の音色になることを意味している（なお、現在のホルンの第1フォルマントの音色は/u/に対応する）。また、ナチュラルホルンの補助フォルマントも若干高い周波数領域にあり、鼻音的な性質がやや強調されている。総じて、古楽器の倍音は現在のホルンよりも豊かであり、mfでの倍音成分は低音域では3,000 Hzまで存在し、高音域では5,000 Hz以上に及んでいる。

また、ホルンの管長が長いほど、つまり調律が低いホルンほど倍音構造は豊かである。ただし、調性の違いによる音質の差は現代のホルンほど顕著ではない。ナチュラルホルンの音の輝かしさと表情の豊かさは、トランペットにおける現在と当時の違いほどはかけ離れていない。つまり、ホルンの典型的な響きは現在も基本的に保たれていると言える。

バロック期に用いられたコルノ・ダ・カッチャ[45]の演奏方法は、現在のフランス式ナチュラルホルン（トロンペ・デ・チャセ）に近い。これら二種類の楽器はベルに（高音を減衰させる）右手を挿入せずに演奏する。このため、その発生音は豊かな倍音を持っている。中程度の強さで吹いた場合、そのスペクトルは10,000 Hzまで拡大し、ピアノ（p）の場合でもその倍音は約4,000 Hzに及んでいる。

第1フォルマントは母音/o/の周波数域に存在しており、ナチュラルホルンとほぼ等しい。また、補助フォルマントの位置もナチュラルホルンに近い。屋外用の狩猟ホルンは高周波数のノイズ成分が比較的大きなエネルギーを持っている。このため、その音色は粗く、独特の金属的な性格を持っている。すなわち、フランス式ナチュラルホルン（トロンペ・デ・チャセ）は倍音が豊富であるため、ナチュラルホルンよりも明るい音色を持ち、

---

[45] 現在のフレンチホルンの先祖。「狩のホルン」というように狩猟の合図に使われた。馬上でベルが後ろ向きになるように構えた。この楽器がオーケストラに用いられるようになったのはバロック時代後期、18C始め頃である。

その音質はトランペット，なかでもバス・トランペットに近いと言える。

7.1.2 トランペット
7.1.2.1 スペクトル

オーケストラの楽器の中で，トランペットは最も倍音に富んだ楽器のひとつである。メゾフォルテであっても，中低音域での高調波成分は 5,000 Hz 以上に及び，高音域でのスペクトルの上限はほぼ 8,000 Hz に達している（Mühle, 1965）。これに加えて，最大の部分音がかなり高い周波数領域に存在することによって，その音質は華やか（strahlend）で輝かしいものになっている。なお，最大の部分音より低い周波数のスペクトル成分は，オクターブごとに 6 dB 低下する。

今日，標準的に用いられている B 管トランペットの演奏する最低音は（ペダルトーンを除けば）e (165 Hz) である。そのスペクトルの第 1 フォルマントは 1,200 Hz 付近に存在しており，第 5 オクターブ音域を演奏する場合には 1,500 Hz まで上昇する。したがって，図 7.4 に示すように，この楽器を強奏した場合には母音 /a/ が大半の音域で強調されることがわかる。高周波領域には（1,500 Hz を中心とする）鼻音成分も現れているが，その響きから輝きを奪うほどの影響はない。この場合には，むしろ母音 /e/ と /i/ の帯域に存在する補助フォルマントが音を輝かしくする重要な役割を担っている。この二つのフォルマント帯域に含まれる部分音が優勢になると，音の鋭さが過剰になることが抑止される。逆に，このフォルマント帯域の外側に含まれる倍音が多いときには，その響きは鋭さを増すことになる。

トランペットの持つ軽快で輝かしい音の効果はすべての音域にわたってほぼ同一である。それは，最高音域を除けば，メゾフォルテ以上で演奏しても基音が突出しないからである。さらに，ノイズ成分が非常に弱く，聴感に影響しないことの寄与もあげることができる。

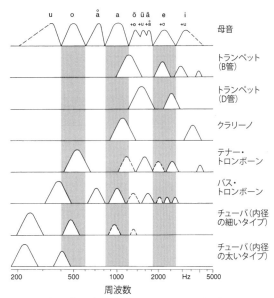

図 7.4 各種金管楽器のフォルマントの周波数軸上の位置

7.1.2.2 ダイナミクス

トランペットの倍音成分は，音量の増大に伴って劇的に増加する。なかでも，ff では倍音の周波数範囲は聴覚の限界を超える帯域にまで達するので，オーケストラの中で最も倍音が豊富な楽器と言える。一方，音量が小さくなると，高い音域ではスペクトル中の部分音は（ホルンと同じように）数個までに減少し，オーボエよりも柔らかな音色を発生することができる。

音響パワースペクトルに着目すると，ff での 3,000 Hz 成分のレベルは最大部分音より 12 dB 小さい程度であるが，pp では 40〜50 dB も小さくなる。ff の場合，低い音域のスペクトルは 2,500 Hz 付近から低下が始まり，その勾配は 1 オクターブ当たり 11〜16 dB である。一方，pp については，低い音域では約 1,600 Hz，高い音域では 2,000 Hz から 1 オクターブ当たり 25〜30 dB の勾配でスペクトルが低下し，最も高い音域ではその勾配は 50 dB となる。なお，高周波成分の音響効果に関しては，その指向性が大きく影響する。トランペットの指向性は主軸方向に強いエネルギーを持っており，これはすべての方向に対する平均パワーレベルと比べると非常に大きな値

である（8.2.1 節参照）。

　速い音符の並びを演奏する場合，そのダイナミックレンジは pp で 89 dB，ff では 104 dB である。単一の音を演奏する場合には，低音域の pp は 78 dB まで低下し，高音域の ff は 111 dB まで上昇する。これより，実際のダイナミックレンジは 25〜30 dB といえる。ただし，最高音域ではダイナミックの幅は狭くなり，pp の音圧レベルは 100 dB まで上昇する。

　トランペットのフォルテのパワーレベルは 101 dB を代表値と考えればよい。ダイナミクスが音色に及ぼす影響は，トランペットでは特に顕著である。最大部分音が 1 dB 変化するとき，低音域では 3,000 Hz 成分は 2.2 dB 変化するが，高音域ではこの値は 4.5 dB 以上に及ぶ（Meyer, 1990）。

7.1.2.3　時間構造

　トランペットのタンギングが初期トランジェントに及ぼす影響は，際立った音の鋭さとして現れる。これには，初期トランジェントが比較的短く，直ちに定常状態に到達するということ，初期トランジェントに非常に強いインパルスが生じることの二つが関係している。タンギング音に対する初期トランジェントの長さは，第 4 オクターブ[46]では 25〜30 ms，高音域では 20 ms 以下の値である（Luce and Clark, 1965; Melka, 1970）。放射音の時間波形を観察すると，（アタックの鋭さに依存するが）開始後 10〜15 ms 後に最初の鋭いピークが現れることがわかる。トランペットでは，この初期パルスの継続時間はわずか 5 ms であり，その値はホルンよりも相当短い。

　この性質については，ホルンの基音とオクターブ部分音の時間的成長について説明したとおりである。この初期パルスのスペクトルの最大成分は 2,000 Hz から 3,000 Hz の範囲に存在しており，これより高い周波数成分の振幅も，後に続く定常部分より大きい。つまり，トランペットのスタッカートの音の輪郭は主に高周波成分で決まっているのである。また，アタックにはわずかなノイズ成分が含まれているが，この初期パルスが速やかに成長するため，アタックは歯切れの良い印象を持っている。

　柔らかいアタックの場合，トランペットの音は非常にゆっくり成長する。低音域では，初期トランジェントは約 180 ms 継続し，中音域でも 150 ms と少し短い程度である（Melka, 1970）。一方，最高音域では，鋭いアタックと柔らかいアタックの初期トランジェントの継続時間に大きな違いは見られない。柔らかいアタックは 40 ms で定常状態に達するが，（初期トランジェントに含まれる）初期パルスはスタッカートの場合ほど強くはない。したがって，初期パルスの高周波成分の影響は小さく，全体として柔らかな響きが得られるのである。

7.1.2.4　弱音器

　トランペットに弱音器（ミュート）を使用するとスペクトルが変化するので，倍音構造に影響を与え，フォルマント帯域の移動が生じる（Meyer, 1966c）。一般的に使用される（円錐形の）弱音器では，基音から 1,500 Hz までのエネルギーが著しく減衰する。この結果，トランペットの音の特徴である /a/ フォルマントが消えるため，開放的な響きと基音の音程感が損なわれる。したがって，その音色は存在感を失い，力強さの欠けた印象を与える。このとき，鼻音成分の寄与が大きくなるので，弱音器を付けたトランペットは幾分甲高い音となる。また，4,000 Hz 以上のエネルギーも増加するため，金属的な響きが付け加わる。こうした音響効果を用いた作品の代表例として，M. ラヴェルによるオーケストラ版『展覧会の絵』からの抜粋を譜例 32 に示す。ここでは，ミュート付トランペットの音色で奏でる口数の多いユダヤ人シュムイレが，落ち着き払ったゴールドベル

---

[46] a^1 の含まれるオクターブ。

とんど消失する。実質的には 1,000 Hz 以上の帯域で減衰を生じるため，フォルマントの位置は音域に応じて母音 /o/ から /å/ の周波数領域に移動する。この結果，その音色は丸みを帯び，輝きを失う。ただし，トランペットの特長である短い初期トランジェントは保持されるので，はっきりした音の輪郭は基本的に失われない。

最後に，いわゆるワウワウ・ミュートを使用すると，開口を開閉することで空洞共鳴周波数が変化する。この結果，フォルマントも時間とともに移動するため，音色が時間変化し「ワウワウ」というような音が知覚される。

7.1.2.5 他の調性のトランペット

古典派の作曲家はバルブを持たないナチュラル・トランペットを想定してトランペットパートを書いたため，それらの作品では様々な調性の楽器が必要であった。一方，現代のオーケストラでは，B 管と C 管以外の調性のトランペットが使用されるのは，特殊な演奏や（バロック音楽で多用される）非常に高い音域を演奏する場合に限られている。

D 管のトランペットは通常の B 管よりも長 3 度高い調性を持っており，フォルマントが高周波数側に移動するため異なった音色を持っている（Mühle, 1965）。図 7.4 からわかるように，その最大成分である第 1 フォルマントは 1,500 Hz 付近，すなわち鼻音的音色の領域に移っている。この結果，その音色は力強さを失い，どちらかというと厚みの欠けたものとなる。この性格はおよそ 2,500 Hz 以上の高周波成分が B 管より強いことで，さらに強調されている。事実，この成分のレベル差は第 4 オクターブでは 2 dB にすぎないが，中高音域では 5 dB 以上に増加する。

バロック音楽の高音のパートでしばしば用いられる High-B 管トランペットは，際立ったフォルマントは持たないが，相対的には 900 と 2,000 Hz 付近の周波数成分が大きい。この特徴により，この楽器は開放的で澄んだ音色を持ち，また，そ

譜例 32　モデスト・ムソルグスキー『展覧会の絵』より「サムエル・ゴールドベルグとシュムイレ」のトランペットパート，第 9 小節（M. ラヴェルによるオーケストラ編曲）

グにくどくどと哀願する様子を表現している。

対照的に，カップ・ミュートを使用した場合には，高周波数成分が大きく減衰し，2,500 Hz 以上の部分音は（最も高い音域の場合を除いて）ほ

の音域が高いことから，確実で安定したアタックをつけやすいという特徴がある。さらに，3,000から5,000 Hz の範囲の成分が（同じ音量の）B管トランペットに比べて約 20 dB 低いことと，補助フォルマントが 5,700 Hz に生じることによって，軸方向の放射音は（硬質感のない）明るい音色となっている。なお，通常の B 管トランペットは高音域での硬質感を避けることは困難なことが多い。

7.1.2.6 クラリーノ

クラリーノはバルブを持たない金管楽器であり，バロック期の楽器を再現したものである。その外観はナチュラルホルンを思い起こさせる。基本的な調性は D であり，通常の B 管トランペットの6度下に位置している。したがって，実際の演奏音域は自然音の高次倍音に限られる。クラリーノは二つのオーバーブロー指孔（Überblaslöcher）を持っており，高域の音符のイントネーションを正確にするために使用する。

低い音域では，クラリーノの音は 1,000〜1,200 Hz の間に位置するフォルマントによって特徴づけられる。これは母音/a/の帯域に該当するが，その周波数は B 管トランペットよりは幾分低い値である（Mühle, 1965）。また，第5オクターブより高い音域では，スペクトルの主要な成分は基音となる。

同じ音量であれば，クラリーノは管長が長いため（3,500 Hz 付近にも補助フォルマントを持っているため）トランペットよりも強い倍音成分を持っている（Müller, 1971）。一方，同じ強弱記号に対するクラリーノの音の強さは，B 管トランペットに比べてかなり小さい。両者の差は，オーバーブロー指孔を閉じたときには約 10 dB に及んでおり，オーバーブロー指孔を開いたときでも約 5 dB の違いがある。この結果，「同一音量」のフォルテで演奏する場合，トランペットの倍音はクラリーノより豊かであることになる。全般的に言えば，クラリーノは明るいが柔らかな音色を持っており，トランペットのような輝かしさはない。クラリーノの初期トランジェントはトランペットより少し長く，これが柔らかな音の特徴のもうひとつの原因となっている。

7.1.3 トロンボーン
7.1.3.1 スペクトル

テナー・トロンボーンの音域の下限は E_1 であり，ペダルトーンまで含めるとそのスペクトル範囲は 41 Hz から始まる。トランペットと同じく，トロンボーンのメゾフォルテでは，スペクトル中の基音が最大になることは稀であり，最大部分音（第1フォルマント）より低い周波数領域に存在する倍音の振幅は，ペダルトーンの演奏時にはオクターブ毎に 10 dB ずつ，それ以外では 5 dB ずつ減少する。図7.4 が示すように，振幅が最大となる部分音の周波数は約 520 Hz である。

このフォルマントの位置は母音/o/に対応しているが，トランペットに比べると音域によって大きく変化する。低い音域ではこのピークは 480 Hz に現れ，透明感のある/o/の音色を持っている。高い音域では第1フォルマントは 600 Hz に移動し，その音色は/o/から/å/へと変化する。こうした特性によって，低音域での朗々とした豊かな響きは，高音域では次第に開放的で力強い音色へと変化する。ただし，トロンボーンのフォルマント（対数減衰率は 2.1）は，ファゴットなどのように明確に規定することは困難であり，歌声の母音にかなり近い性質を持っていると言える。

第1フォルマントより高い周波数領域での倍音の振幅は，周波数とともに緩やかに減少するが，この成分には複数の補助フォルマントが存在している。最初の補助フォルマントは/a/の成分を強調しており，トロンボーンの音色に劇的な（markant）力強さを付与している。さらに，鼻音領域の補助フォルマントに加えて，輝かしさに影響する/e/と/i/の母音成分による小さなスペクトルピークが生じており，これらすべての影響で音の全体像が決まっている。また，楽器本体（管

径とベルの開口の大きさ），奏者，マウスピースによる音色の違いが存在するが，当然，これらは別の話題として取り扱うべきであろう（Pratt and Bowsher, 1978）。

7.1.3.2　ダイナミクス

トロンボーンはフォルテッシモでは倍音がきわめて豊富に成長し，3,000 Hz 成分は最大の部分音よりもわずかに 5～10 dB 小さいだけである。また，強いアタックをつけると，最大部分音は第 2 フォルマント帯域に生じる。なお，スペクトルの高周波成分は 1 オクターブ当り 3～6 dB の割合で減少する。このとき，低い音域では，スペクトル中の部分音の周波数間隔は高周波領域で非常に狭くなる。つまり，高周波領域の倍音の密度が高くなりノイズ的な印象を生じ，金属的な音色が知覚される。

一方，音量が小さい場合には，部分音は限られた個数となるが，ホルンの低い音域と比較すれば，トロンボーンのスペクトルの密度は濃いと言える。ただし，3,000 Hz 周辺のパワーレベルは第 1 フォルマントより約 50 dB 小さくなり，さらに，高周波領域のスペクトルがオクターブ毎に 20～30 dB 減少する。こうした理由から，トロンボーンは，ホルンのように pp で非常に柔らかな音にすることや，音量を落とすことには適していない。

倍音が非常に弱い場合，トロンボーンの音は鈍く，輪郭感の不足したものになる。このため，音量が小さい場合には，管の内径（ボア）が細い楽器を用いれば，豊かな倍音の響きを得ることができる。しかし，このタイプの楽器は ff で硬質な音質となってしまい，朗々と音を響き渡らせることはできない。反対に，内径の太い楽器はフォルテでの力強く，朗々とした音質は（細い楽器より）優れているが，p での音の安定感（überzeugend）に劣っている（Wogram, 1979）。つまり，音の美しさの点からは f と p でのスペクトル構造の違いを小さくすることが好ましいのであるが，それは，トロンボーンの通常の発生音より小さなスペクトルの差を要求していると言えよう。

速い音列に対する pp でのパワーレベルは 89 dB，ff では 105 dB と考えてよい。一音ずつ演奏する場合，低い音域では pp のパワーレベルは 73 dB まで低下し，ff では 113 dB に上昇する。よって，奏者が実現できるダイナミックレンジは 30 ～35 dB となる。フォルテでのパワーレベルの中央値 101 dB である。また，最大部分音が 1 dB 変化すると，3,000 Hz の成分は 2.1～2.9 dB 変動する（Meyer, 1990）。

7.1.3.3　時間構造

トロンボーンの音の立ち上がりの時間構造は，トランペットとは異なり，初期のパルス成分の鋭さではなく，最終的な振幅に到達するまでの時間で特徴づけられる。これは，タンギング音についても同じことである。低い音域では，タンギング音の初期トランジェントの長さは約 40 ms であり，高い音域では 20 ms 程度まで短くなる（Luce and Clark, 1965; Melka, 1970）。興味深いことに，第 4 オクターブ音域ではトロンボーンはトランペットより若干速く定常部に到達する。このとき，柔らかいアタックでは，初期トランジェントの継続時間は約 70 ms まで長くなるが，この値はトランペットやホルンよりも短い。また，この二つの楽器はトロンボーンに比べて，奏者自身によるアタックのつけ方に自由度が大きい。

図 7.5 はトロンボーンの初期トランジェントの代表的な時間パターンである。上の図に示す振幅の成長過程は正常な事例，つまり音楽的に満足のいくアタックと考えてよい。一方，下の図は好ましくないアタックであり，初期部分にパルス状の成分（初期パルス）が生じている。この成分の振幅は開始部から約 25 ms 付近，すなわち，定常部に移行する直前で大きく減衰していることがはっきりとわかる。

いくつかの文献は，この初期のパルスはあらゆる金管楽器で発生すると指摘している。しかし，少なくとも低音の金管楽器に関して，技量の優れ

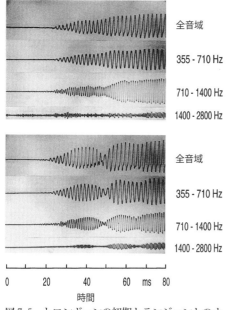

図7.5 トロンボーンの初期トランジェントのオクターブ分析波形（b^1音）。上：良いアタック，下：好ましくないアタック。

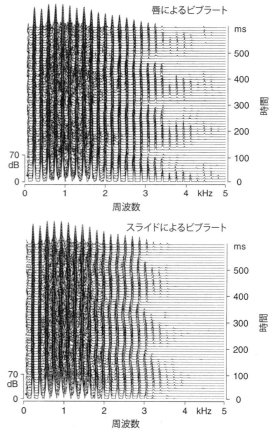

図7.6 トロンボーンのビブラート（f音）。演奏方法によるスペクトルの時間変化の違い。

た奏者はこの問題を解消すべく，良好に音を成長させるように努めていることに注意すべきである。初期のパルスが強すぎる場合にはトロンボーンの音は硬質できわめて耳障りとなり，ときには「ひび割れたような」（Knattern）性質を帯びることもある。

また，滑らかなアタックのときにも（上図）初期のパルスがわずかに残ることに注意されたい。710～1,400 Hz帯域の時間波形を見ると，最初に小さい振幅が続き，その後に定常部へ成長している。また，この最初の持続部の継続時間は下図の初期パルスとほぼ同じ長さである。この約25 ms継続する初期パルスは，トロンボーンに特有の傾向である。なお，この値は管内を音波が往復反射する時間に対応している。

他の金管楽器とは異なり，トロンボーンのビブラートは唇の操作だけではなく，スライドの移動によってかけることができる。図7.6はf音の場合に対する，二つのビブラート奏法のスペクトルの時間変化を比較したものである。時間の推移と伴に高次の周波数成分が著しく変動しており，こ

れより明らかなように，この周波数変動が音色の時間変動の原因となっている。

唇で強いビブラートをかけた場合，その周波数変動幅の標準的な値は±10セントである。これに伴なう，低次の部分音の振幅変動は約3 dBであるが，1,000 Hzで9 dB，3,000 Hzでは約15 dBまで増加する。また，すべての部分音は同位相で変動する。一方，スライドによるビブラートでは，周波数変動幅は±20セントと大きくなるが，振幅変動は2,500 Hzで10 dBと小さい。つまり，スライドによるビブラートの音色変化は唇によるビブラートほど強いものではない。なお，この奏法によってゆっくりとしたビブラート（5 Hz以下）をかけて，音程を故意に変化させることがある。

7.1.3.4 バス・トロンボーン

バス・トロンボーンの声部を用いる管弦楽作品では、Fバルブの楽器を使用するのが通例である。通常のテナー・トロンボーンと比べると、この楽器は管の内径が太く、幾分大きなベルを持っていることが多い。この影響により、その音色はいっそう暗い傾向となっている。バス・トロンボーンの音の代表例として、（二つバルブを持つ）F管のバルブ式トロンボーンのフォルマントの位置が図7.4に示されている。この楽器はG.ヴェルディのオペラの低音のパッセージのために特別に製作された楽器であり、「チンバッソ」（Cimbasso）と呼ばれている。

テナー・トロンボーンと比較すると、バス・トロンボーンのスペクトルのピークはすべて少しずつ低域側へ移動しているが、この楽器の特徴であるフォルマントの豊かさは保たれている。母音/u/の帯域に存在する第1フォルマントは、この楽器の低音にとって不可欠な音の存在感を与えている。一方、音の力強さは二つの/å/から/a/のフォルマントに由来しており、F管のウィンナホルンと類似した特徴を持っている。第1フォルマントの位置は（テナー・トロンボーンの520 Hzに対して）370 Hz付近に移動しており、これは4度低い調性を持つことが原因である。したがって、二つのトロンボーンについて音程と音色の関係はほぼ同じである。

チンバッソの音がトロンボーンの性格を持つのは、広いスペクトルを持つことが理由であり、（上述したように）一連の多数のフォルマントが存在している。これによって、mf以上であれば部分音の周波数上限は、最も低い音域では3,000 Hzまで、第2オクターブより高い音域では4,000 Hz以上に及んでいる。部分音の振幅はテナー・トロンボーンよりも小さいが、これには音域の低さが原因となっている。図7.7は、第2オクターブ内の高い音域に対するスペクトルの平均エンベロープを示しており、音量が等しい場合、テナー・トロンボーンとチンバッソの部分音の大

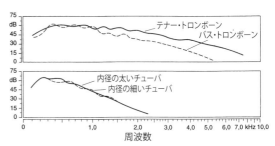

図7.7 金管楽器の平均的なスペクトル包絡線の例。音域はFからB。

きさの差は1,200～3,000 Hzで約10 dB、これより高い周波数域では約15 dBとなっている。このデータから、テナー・トロンボーンのほうが輝かしい音色を持っていることがわかる。

7.1.4 チューバ
7.1.4.1 スペクトル

バス・チューバとコントラバス・チューバはオーケストラで最も低い音域を受け持つ楽器である。前者の下限音域はB_2（29 Hz）もしくはA_2（27.5 Hz）であるが、この最低音が要求されることは特別な場合に限られる。バス・チューバはFの調性を持ち、Bのコントラバス・チューバより5度高い。また、内径（ボア）が充分に太ければ、実用上はほぼ同じ低音の声部を受け持つことができる（Kunitz, 1959）。したがって、まれに用いられる高音域を除けば、バス・チューバとコントラバス・チューバの基本的な違いは音質である。

チューバのスペクトルは、低い音域で倍音成分が非常に弱いという点で、トロンボーンと異なっている。楽器の構造にもよるが、メゾフォルテの場合、低い音域での倍音成分の上限周波数は1,500～2,000 Hzであり、中音域以上では1,500～2,000 Hzまで拡がる。図7.7には、高周波成分が急速に減少しているようすがはっきりと示されており、トロンボーンとの音質の違いが読み取れる。同時に、低次の部分音は最大の成分に比べて、かなり弱いことがわかる。第1フォルマントより低い周波数で、チューバのパワースペクトルはオクターブ毎に10～15 dB減少し、この値は楽

器全体の内部形状によって決まる。

210〜250 Hz に生じる第 1 フォルマントの位置は楽器の形状にも関係し，内径が太いほうが細い場合よりも低い周波数となる。図 7.4 によれば，いずれの内径についても，通常の /u/ より暗い音色を持つことがわかる。内径が太い楽器では，第 2 フォルマントは /u/ と /o/ の中間近くに位置しており，内径が細い場合にはちょうど /o/ に該当している。特に，内径の太い楽器は，高い音域では補助フォルマントを持たないことに注意が必要である。その音色は暗くて弱く，抑えつけたような（dämpfen）印象を与えることもある。一方，内径の細い楽器の音は少し痩せた音色である。

7.1.4.2 ダイナミクス

pp の場合，チューバの 250 Hz 以上のスペクトル成分は 1 オクターブ当たり 20 dB の勾配で減少するので，その音は非常に暗く，柔らかい。一方，音量を上げると倍音成分よりも高い周波数領域に耳障りなノイズ成分が発生する。したがって，荒々しい（roh）音を避けるために，必要以上に強奏することは好ましくない。すなわち，ff では，技術的に演奏可能な音量の限界ではなく，音楽の美しさの上限を優先すべきである。これに関して，R. シュトラウス（1905）は彼の楽器法の教科書の中で，チューバは mf より強く吹くべきではないと記している。こうした理由から，H. ベルリオーズの『幻想交響曲』最終楽章の「怒りの日」（Dies Irae）の主題では 2 台のチューバのユニゾンでの演奏が指定されている[47]。

チューバの f でのパワーレベルは 104 dB であり，速い音符に対して 93〜108 dB の範囲を変化する。低音域を一音ずつ，やや抑えぎみに演奏するときのパワーレベルは 77 dB と考えて良い。この場合，ヒトの聴覚の感度が低周波数で低いことに注意する必要がある。一般に，演奏可能なダイナミックレンジは 25〜30 dB である。最大の部分音の振幅変化に対する，3,000 Hz 成分への影響は他の金管楽器に比べて小さく，その振幅は 1.5〜2 倍変化するだけである。最後に，技術的には高音域の ff では 112 dB を実現できるが実際的意味は乏しいと言える（Meyer, 1990）。

7.1.4.3 時間構造

チューバは低音の楽器であるが，立ち上がり時間は非常に短い。C 付近の音域では，タンギング音の初期トランジェントの継続時間は約 40 ms である。これより高い音域では 25 ms まで短くなり，一方，最低音域では 60 ms を超える（Luce and Clark, 1959; Melka, 1970）。スタッカートについては，優れた奏者でも他の金管楽器ほど歯切れ良い音とならないが，その原因は豊富に倍音が存在しないためである。さらに，立ち上がりの初期に生じるパルス成分は，他の金管楽器と同じような鋭い立ち上がりを持っていないので，歯切れの良い（deutlich）アタックを得ることが難しいのである。

驚くべきことに，柔らかいアタック音については，ホルンやトロンボーンに比べて，チューバの方がより速やかに定常部に到達する。このとき，初期トランジェントの継続時間は C_1 音では 130 ms よりやや長く，高音域では約 60 ms である。また，スペクトルが狭い帯域に限られているため，アタックの音質は柔らかい。これは，倍音が豊かであるトロンボーンが柔らかなアタックを得る際に，（倍音を抑えるため）ゆっくりと音を立ち上がらせなければならない理由でもある。一方，ホルンは音の成長過程において，かなり広い幅の周波数変動を生じるという特有の性質を持っている。

---

[47] オリジナル譜ではチューバではなく，オフィクレイド（サックスのような形の金管楽器）が使用された。

7.2 木管楽器

7.2.1 フルート
7.2.1.1 スペクトル

横型フルートの音はスペクトル中の倍音構造がきわめて均一であるという特徴を持っている。c^1 から es^1 または e^1 までの一部の音域を除けば，この楽器はほぼすべての音域で基音が最も大きく成長する。ちなみにフルートを除けば，こうした性質を明確に持つ楽器はオーケストラに存在しない。また，基音より高い周波数領域では，倍音の振幅は周波数とともにほぼ直線的に低下する。補助フォルマントが生じることはきわめて稀であり，その寄与は非常に弱い。補助フォルマントはこの楽器属について標準的な要素でなく，フルート1台ごとの音の個性を特徴づけている。

低次部分音の相対振幅，つまりフルートの音色は，奏者によってかなり広い範囲に渡って変化する。このとき，演奏技術に関連するパラメータとしては，呼気の圧力（唇を通過する空気流速度），吹口を塞ぐ範囲（唇の開口部と吹口のエッジの距離），呼気の方向があげられる。なお，唇の開口部の大きさは音量だけに影響し，音色には無関係である。呼気の圧力を強めると，第1倍音が管の共鳴周波数に一致することから，基音に対するその相対振幅が上昇しフルートの音は明るさを増す。つまり，圧力上昇に伴う音量変化によって，音質が変化することになる。一方，吹口を塞ぐ範囲を減らすと（図7.8中の距離 s が大きくなると）イントネーションが影響を受けるとともに，エッジに当たる空気流が柔らかくなる。これによって基音の振幅は変化しないが，倍音が小さくなってしまう。反対に距離 s が短くなると，音色は明るい方向に変化する。また，吹口を塞ぐ範囲を変化させて，高次共鳴音のイントネーションを少し調節することで，ノイズ成分が最小化する。

最後に，呼気の方向は奇数次と偶数次の部分音振幅の相対関係を左右する。図7.8に示すように，空気流の方向がエッジに対して対称であれば（y

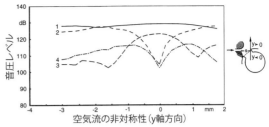

図 7.8 フルートのスペクトルに生じる第1から第4部分音の大きさと呼気の方向の関係（音程は c^1）。

=0）5度の部分音（3次の部分音）が強調される，一方，空気流が少し中心から外れると，1または2オクターブ上の倍音（2次と4次の部分音）が強くなり，3次部分音が弱まる。フルートの音は，基音とオクターブ上の倍音がほぼ同じ強さを持ち，12度上の倍音（3次の部分音）がそれらより10～15 dB 小さい場合に，特に美しいと知覚される（Bork and Meyer, 1988）。

図6.6に示すように，フルートの音に含まれる気流ノイズは，周波数によって振幅の変化しない等振幅の成分と音質に影響する成分からなっている。後者の成分は呼気を強めたときに，スペクトル上を統計的に連続分布する駆動力（ホワイトノイズ）が「駆動されていない」共鳴を励振させることで発生する。この気流ノイズの周波数軸上のピークは，e^2 から d^3 の音域では基音周波数の1/2とその奇数次倍数で生じ，es^3 より上の音域では基音周波数の1/3および2/3とその倍数（ただし3の倍数は除く）で生じる。なお，クロス・フィンガリング（Gabelgriffen）奏法では，気流ノイズのピークは（規則性のない）不協和周波数で生じることがある。このノイズの振幅のピークの大きさは楽器自体の品質と演奏技術でほぼ決まる。

広く流布している意見とは反対に，金属製フルートの材質が（特に聴衆に対する）響きの主観的印象に及ぼす影響は小さい（Coltman, 1971）。金または白金製フルートに関する特別の「嗜好」は主に心理的効果によるものである。もちろん，個別の条件では，この嗜好がフルート奏者の演奏に影響しうると考えられる。

7.2.1.2 ダイナミクス

前述したように，奏者が（唇の開きだけを調節して）音色を一定に保って演奏する場合，そのダイナミックレンジは約 6 dB とかなり狭い。つまり，大幅に音量を変えると音色も変化することになる。他の多くの楽器とは対照的に，この音色変化は基本的に低次部分音によって決まっており，高周波成分による影響は小さい。基音に対する 3,000 Hz 成分の相対振幅は *ff* で $-20 \sim -30$ dB であり，*pp* ではわずか $-30 \sim -40$ dB である。

また，3,000 Hz 以上のスペクトルはおおむねオクターブ毎に 15〜22 dB の勾配で減少する。フルートのダイナミックレンジは比較的狭く，2 オクターブの音階を早く演奏したとき，そのパワーレベルは *pp* で 82 dB，*ff* では 94 dB であり，その差は 12 dB にすぎない。このレンジの狭さに加えて，フルートが演奏できるダイナミクスは音域に強く依存する。すなわち，低い音域のパワーレベルは *pp* で約 67 dB，*ff* で約 86 dB とかなり小さな音量である。また，最も高いオクターブ音域のパワーレベルは *ff* では 100 dB に達するが，*pp* では 83 dB 以下にすることは困難である。

ここで，ヒトの聴覚が低周波数で感度が低いことを考えてみると，以上の値から低域の *ff* と最高音域の *pp* は同じラウドネスとして知覚されることが言える。つまり，フルートはダイナミックレンジが狭いために，音に強弱をつけて強調しようとした場合，その時間構造が非常に重要な影響を持つことになる。

総じて，フルートの現実的なダイナミックレンジは 15〜20 dB であると考えて良い。フォルテの平均パワーレベルは約 91 dB である。基音が 1 dB 変化すると，（演奏技術に関係するが）3,000 Hz 成分の変化量は低中音域では 1.5 dB，高音域では 2 dB である（Meyer, 1990）。

7.2.1.3 時間構造

フルートは音の成長に最も長い時間を要する木管楽器であり，音の立ち上がりの吹奏方法に応じて，音の開始部は様々な性格を帯びる。これには，高次の共鳴成分によって形成される初期部分の（トーンバースト状の）パルス成分が大きく寄与している（Rakowski, 1966）。

最も低い音域では，この初期のパルスの継続時間は約 50 ms である。その主要な成分は 2,000 Hz 付近に存在しており，これは基音のほぼ 3 オクターブ上に該当する。その振幅はその後に続く定常部よりも約 10 dB 大きい。低次の部分音については，（フルートでは比較的卓越したエネルギーを持つ）1 オクターブ上の第 1 部分音の初期トランジェントはかなり短く，これが成長し終えた後に基音がゆっくりと成長する。

中間の音域では，初期トランジェントにおける基音の成長速度は低次の部分音と同一である。このとき，（基音の 3 オクターブ上の帯域である 4,000〜6,000 Hz にエネルギーを持つ）初期のパルスに加えて，ノイズ状の成分が基音より低い帯域に生じるが，この成分は約 100 ms 持続して消える。なお，初期パルス成分の継続時間は約 50 ms である。最後に，オーバーブロー奏法による高い音域では，初期トランジェントの最初の部分に低次の共鳴が生じ，約 50 ms 後にそのエネルギーは部分音に移る。

初期パルスの強さは，アタックの鋭さや一つ一つの音のアーティキュレーションに関係する。ただし，初期パルスをフルートの欠点と考える必要はなく，技法を駆使してこれを抑える必要もない。フルートはスタッカートでは長め（低音域で約 100 ms，中音域で約 30 ms）の初期トランジェントを持つことを考えれば，この初期パルスはアタックの鋭さの知覚を補っているのである。この初期パルスは，鋭いアタックと柔らかなアタックを比較した図 6.9 に，その存在がはっきりと示されている。最後に，初期パルスにアタックに伴って生じるノイズ成分を重ねると，「フラッター・タンギング」と呼ぶ音色効果を得ることができる。この特殊奏法は，例えば R. シュトラウスが『ドン・キホーテ』第 7 変奏の木管楽器の音色に特徴

7.2 木管楽器

リードの振動が急激に停止するため,減衰時間が非常に短いという特徴がある。ただし,フルートでは奏者がある程度の音の減衰過程をコントロールすることができ,これは管楽器の中では特殊な性質と言える。中音域の場合,「普通」に音を停止させた場合,基音が 60 dB 減衰するまでの時間(減衰時間)は約 125 ms,第 1〜3 倍音では 80〜100 ms である。柔らかく音を停止させると,基音と第 1 倍音の減衰時間は約 200 ms となり,これに続く低次倍音の減衰時間は 120 ms まで伸びる。もちろん,これらは弦楽器よりも短い値である。

フルートの音色について特に注目すべき点として,ビブラートによるスペクトルの変化があげられる。図 7.9 は特徴的な 2 例を示しており,ビブラートによる周波数の変動幅は比較的小さいことがわかる。強いビブラートであっても,その値は＋10〜＋15 セントと考えてよい。このとき,低

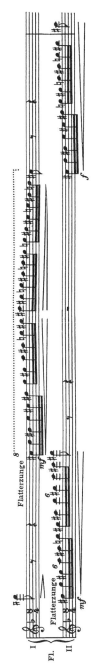

譜例 33　R. シュトラウス『ドン・キホーテ』第 7 変奏,フルートのパッセージ Flatterzunge：フラッター・タンギング

的な色付けをする場面で用いられている(譜例 33 参照)。このフラッター・タンギングの舌の回転周期は 25 Hz,高周波成分の振幅の変動幅は 15 dB である。

金管楽器とリード楽器の音の終端部では,唇や

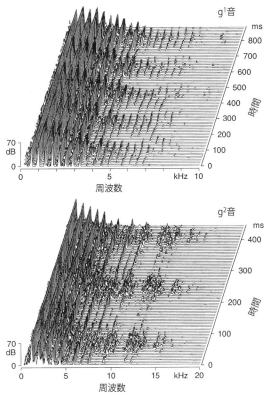

図 7.9　二つの音程に対する,フルートのビブラート音のスペクトルの時間変化。

次倍音では振幅変動は生じず，安定した音が持続している。一方，ビブラートによって高次倍音は周辺の共鳴周波数に近づくため，その結果，強い振幅変動が起きる。3,000 Hz 以上の成分では，そのレベル変動は 15 dB に至り，脈動するような音色の時間変動が生じる。図では，この現象は g^1 音で特に顕著であり，g^2 音にも観察できる。この作用に加えて，10 kHz 以上で 15 dB に及ぶ呼気によるノイズの強い振幅変動が生じている。

こうした高次倍音とノイズ成分の振幅変動によって，フルートのビブラートはアンサンブルにおいて際立った存在感を持つのである。また，図に示した呼気ノイズの影響がスペクトル上，はっきりと目視できない場合についても，その聴感上の効果は大きい（Meyer, 1991）。

7.2.1.4 ピッコロ

フルートと同じく，ピッコロのスペクトルにおいても基音が最大の部分音であり，倍音の振幅は周波数とともに次第に減少する。これに関連して，場合により第2フォルマントが 3,000 Hz 付近，すなわち，母音 /i/ に対応する周波数域に生じることがある。この成分がピッコロの非常に明るい音色を特徴づけている。中・高音域の場合，倍音成分は約 10,000 Hz に達するが，ピッチが高いと各倍音の周波数間隔が大きくなるため，音色が金属的な鋭さを帯びることはない。ピッコロの音色は明るく，突き刺すような（durchdringend）と表現されることが多いが，それはこの楽器の音量が最大となる周波数が，ヒトの聴覚の感度が最も高い周波数域に一致しているからである。

また，ピッコロのダイナミックレンジはきわめて狭いことに注意する必要がある。その平均の値は約 15 dB にすぎず，すべての音域で同一である（Burghauser and Spelda, 1971）。つまり，ピッコロの pp の音量は他の楽器に比べて相当大きいことになる。最弱音のパワーレベルは低音域で 78 dB，高音域で 88 dB であり，ff のパワーレベルはそれぞれ 93 dB と 103 dB である。こうした

理由から，ピッコロの高音域のパッセージは，オーケストラのすべての楽器が鳴り響いた中でも際立って聞こえるのである。その代表例は D. ショスタコーヴィチの交響曲に見ることができる。

7.2.2 オーボエ
7.2.2.1 スペクトル

オーボエの音色はフルートと根本的に異なっている。それは，異なった振動発生機構を持ち，さらに管の断面が円錐形であるためである。音響学的には，オーボエはスペクトル中の倍音がかなり豊かであると言ってよい。また，スペクトルの最大の振幅成分は最低音の基音 b（約 233 Hz）の場合でも約 1,100 Hz より高い帯域に現れる。すなわち，図 7.10 に示すように，この音の第1フォルマントは母音 /a/ の付近に位置している。また，最も低い音域では 550〜600 Hz に存在する補助フォルマントの影響を受けて，ある種の哀調（Sonorität）を帯び，その音色は明るい /o/ に近づく。

低い音域では，オーボエの基音のエネルギーは比較的小さいが，それはフォルマントのピーク（第1フォルマント）より低い周波数ではスペクトル振幅が1オクターブ当たり 4〜6 dB ずつ低下するからである。つまり，基音のパワーレベルは

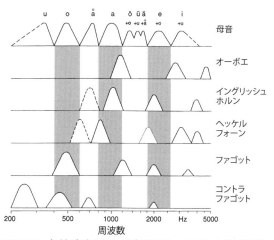

図 7.10　各種ダブルリード楽器のフォルマントの周波数軸上の位置

第1フォルマントよりおよそ 15 dB 小さい。こうした特徴によって，母音/a/の性格が強調されるのである。2,700 Hz（/e/と/i/の中間の領域）と 4,500 Hz に存在する二つのフォルマントは，オーボエにいっそうの輝かしさを与えており，この性質は 9,000 Hz 付近（mf の場合）まで伸びた部分音成分によってさらに強調されている。最後に，低い音域では，補助フォルマントと第1フォルマントの周波数軸上の位置関係が原因となって，偶数次の部分音が奇数次の部分音よりも強い振幅を持っている。この振幅差（約 8dB）はオーボエの特徴である解放感（offen）のある響きに寄与している。

オーボエをオーバーブロー奏法した場合，それぞれのフォルマントの周波数領域は不規則に拡がり，d^2 より上の音域ではフォルマント固有の音の性格は失われる（Smith and Mercer, 1974）。また，b^2 より下の音域では，基音とオクターブ倍音（第1倍音）の振幅はほぼ等しくなって単一のピークがなくなるか，もしくは後者がやや大きな値を持つ。一方，h^2 より上の音域では，オーボエの母音的な音の特徴が消えて次第に硬質な方向に変化し，音色の表現力が損なわれる。例えば W. A. モーツァルトの『ヴァイオリン協奏曲第3番ト短調』では，1，3楽章でオーボエだけが用いられることから，緩徐楽章の d^3 までのフルートの声部がオーボエに置き換えられることがある。こうした場面で，高音の問題がはっきりと理解できる。

ウィーン式オーボエは，一般的なフランス式オーボエと比べてベルの開きが少ない。この影響により，ウィーン式オーボエでは第1フォルマント周波数が 50～100 Hz 低い位置に移動し，また，高次倍音がより大きなエネルギーを持っている。したがって，その音色は幾分鋭さを帯び，一方，鼻音的な性質は抑えられたものとなっている。バロック式オーボエについては，楽器の構造によるが，第1フォルマントは 1,000 Hz よりかなり低い位置に存在している。そのため，このフォルマントに影響を受ける音域は現代の楽器よりも数度広い（Benade, 1976）。

7.2.2.2 ダイナミクス

オーボエにとって，音色の変化とダイナミクス（音量）は非常に重要なファクターであるが，これらはリード振動の物理的性質による制約を受ける。金管楽器には ff 音が 10 kHz を上回る強い成分を含んでいるという特徴があるが，これに対して，オーボエには，音量に応じて 3,000 Hz 周辺のスペクトルが変化するという特徴がある。すなわち，ff では 3,000 Hz 成分はスペクトルのピークより 10 dB 小さいだけである。

また，これより高い周波数のスペクトル包絡線はオクターブ当たり 23 dB の勾配で速やかに減少する。一方，pp でのスペクトル振幅は 1,500 Hz からの直線的に減少し始め，その勾配はオクターブ当たり 20 dB（あるいはそれ以下）である。つまり，3,000 Hz 成分の振幅はスペクトルのピークより約 30 dB 小さい値となる。このため，pp では強い振幅の部分音の数はごくわずかであり，低音域の場合，低次の 4～5 個の倍音だけが存在し，ピークの位置は第2部分音に移動する（これに対して，mf では第4～第5倍音にピークが存在する）。高音域の場合には，事実上 2 個の部分音だけを生じ，このときには基音の振幅が著しく卓越する。また，pp では第1フォルマントの位置が暗い音色の方向に移動するので，高周波成分の寄与の不足と相まってその音は繊細で，弱々しい響きとなる。

ダイナミクスが音色に及ぼす影響は大きいが，ff と pp のパワーレベルの違いは比較的小さい。音階を速く演奏するときのパワーレベルは ff で 95 dB，pp で 83 dB である。一音ずつ演奏するときのパワーレベルは，中音域での pp は 70 dB，最高音域での ff は 103 dB と広い範囲になる。これより，実際に使用できるダイナミックレンジは 30 dB とみなすことができ，一部の音域では 20 dB となる。オーボエの代表値となるフォルテの

パワーレベルは 93 dB である。3,000 Hz 成分の相対的な変化量を表す「ダイナミック音色因子」（dynamische Klangfarbenfaktor）は 1.7 から 1.9 の範囲であり，この値はフルートやクラリネットより若干小さい。

7.2.2.3 時間構造

オーボエのアタックは，ダブルリード楽器の特徴である，際立った輪郭感と透明な音色を持っている。この理由は，初期トランジェントが非常に短く，ノイズ成分や不協和成分を含んでいないからである。さらに，初期トランジェントにおいて，各部分音の振幅はほぼ指数関数的に成長するので，スペクトルの包絡線も滑らかであり，透明で澄んだ聴感的印象が得られる。こうした理由からオーボエは短く歯切れの良いスタッカートに特に適している。このとき，併奏する他の楽器のスタッカートが，オーボエの持つ真珠のような光沢の透明感を持つことは容易ではない。

タンギング音の初期トランジェントは最も低い音域であっても 40 ms より短い。音域が上がるとこの値は 20 ms 以下となり，その高周波成分は約 10 ms で定常値に到達する。ただし「カンタービレ」を演奏する際には，柔らかく音を成長させることも可能である。この場合には，初期トランジェントは低音域では 100 ms まで伸ばすことができ，高音域でも約 40 ms まで拡がる（Melka, 1970）。つまり，オーボエの柔らかいアタックの初期トランジェントの継続時間は，ヴァイオリンの鋭いアタックの初期トランジェントとほぼ同じ長さと言える。これらの値が示すように，オーボエの音の透明感は初期トランジェントによって特徴づけられている。なお，オーボエの音の減衰時間は 0.1 秒程度と短い。

7.2.2.4 イングリッシュホルンとヘッケルフォーン

オーケストラではオーボエと同属の低音楽器であるイングリッシュホルンとヘッケルフォーンが用いられる。ただし，後者が使用されるのは特殊な作品に限られている。イングリッシュホルンの音域はオーボエより 5 度低く，調性は F である。一方，ヘッケルフォーンはオーボエより 1 オクターブ低い。両者は洋梨に似た形のベルを持っており，これが低音の性質に重要な影響を与えている。

図 7.10 のフォルマントの位置からわかるように，イングリッシュホルンとヘッケルフォーンの音色はオーボエの音色を低域に移動したものと考えてよい。オーボエの第 1 フォルマントは明るい /a/ に対応しているが，イングリッシュホルンでは暗い /a/ が卓越し，ヘッケルフォーンは /å/ と /a/ の中間の母音的音色を持っている。

この二つの楽器の音域はオーボエより低いが，それに伴うフォルマント周波数（音色）の変化はさほど大きくない。（オーボエより 5 度低い）イングリッシュホルンの第 1 フォルマント周波数はオーボエよりも全音（約 12%）低く，ヘッケルフォーンの第 1 フォルマントはオーボエよりも長 3 度低い位置にある。しかし，この差は両者とオーボエとの音域の違いに比べて非常に小さいと言える。

この二つの楽器は，低い音域で第 2 のフォルマントが発生する。それらはイングリッシュホルンではやや明るい /o/，ヘッケルフォーンでは暗い /o/ に対応する周波数に位置している。この成分が両楽器の基本的な音質，つまりイングリッシュホルンの「哀愁を帯びた」（etwas klagenden）音色とヘッケルフォーンのやや暗めの音色に影響している。

図 7.10 によれば，イングリッシュホルンとヘッケルフォーンの高次フォルマントは，オーボエに比べて低域側へシフトしていることがわかる。この 3 種類のオーボエ属の楽器を連続して使用することによる音色効果の印象的な表現として，譜例 34 の『サロメ』からの抜粋を挙げることができる。なお，音域が近いにもかかわらず，ヘッケルフォーンとファゴットの音色の違いを我々が知覚しているのは，フォルマント周波数の位置の違

譜例 34 R. シュトラウス『サロメ』，オーボエ属のパート譜から抜粋

いによってである。また，この二つのオーボエ属の低音楽器の初期トランジェントの継続時間はオーボエと同じことに注意されたい（Meyer, 1966 a）。一方，両者のダイナミックレンジはオーボエに比べて狭く，イングリッシュホルンのパワーレベルは pp で約 79 dB，ff で 94 dB である。

7.2.3 クラリネット
7.2.3.1 スペクトル

クラリネットの音は，奇数次の部分音[48]の振幅が偶数次の部分音の振幅を上回る代表例である（Backus, 1961 and 1963; Meyer, 1966 c; Strong and Clark, 1967）。ただし，この性質はすべての音域では成り立っておらず，高音域では偶数次部分音の影響が現れてスペクトルの特徴が変化する。B 管クラリネットの音域は基本的に三つに分割でき，それぞれがスペクトルの構造に応じて異なった音色を持っている。各音域の境界はさほど明確ではなく，楽器の詳細な構造とリードの強度，演奏方法に関係する。図 7.11 はそれぞれの音域に対する音響スペクトルの代表例である。これより，いずれの音域においても基音がすべての部分音に卓越するという共通の性質が読み取れる。

d (147 Hz) から d^1 までの低域のオクターブでは，奇数次の部分音が偶数次の部分音に比べてかなり大きい。この関係はおよそ 15 次部分音まで成立している。このとき，第 2 と第 4 部分音の振幅が特に小さく，両者とその両側の奇数次部分音とのレベル差は 25 dB を超え，40 dB に及ぶこと

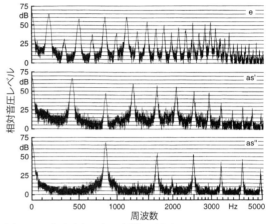

図 7.11 クラリネットの音響スペクトル

もある。これが，暗く，こもった音質の原因となっている。つまり，クラリネットはこの音域では「暗さと不吉な雰囲気をもつ音響効果」の表現に適しており，その例として P. チャイコフスキー『交響曲第 5 番』第 1 楽章の冒頭を挙げることができる（Kunitz, 1957）。

es^1 から g^2 の音域では，第 1 と第 3 部分音はオクターブ部分音より強いが，第 4 以上の部分音では奇数次と偶数次の振幅は同じ大きさになっている。優れた演奏者では，a^1 付近にあるオーバーブロー奏法との境界となる音域においても，スペクトル形状の変化は見受けられない。ただし，gis^1 より低い音域では，3,000 Hz 以上の成分の振幅が極端に弱いと，短い音符が幾分暗い音色になることがある。この音域の音色にはオクターブ倍音の振幅が重要な役割を果たしており，ピッチが上がるにつれて第 1 と第 3 部分音とのレベル差

---

[48] 第 1 部分音は基音を意味し，第 2 部分音が第 1 倍音に対応する。つまり，奇数次の部分音は偶数次倍音のことである。

が狭くなる性質がある。この結果，鈍い（hohl）音色を出そうとすると大きすぎ，一方，力強い音を求めると音量が不足する状況が生じることがある。

　gis^2 より上の音域になると，基音が最も卓越し，その周波数をピークとして部分音の振幅は次第に低下する。このスペクトル構造が，高音域に特有の「豊かで円やかな存在感」（füllig-runde Substanz）を与えているのである（Kunitz, 1957）。これに加えて，3,000～4,000 Hz に存在する母音/i/のフォルマント成分が光沢と輝かしさをもたらしている。

　また，クラリネットの音色の透明感は，高次部分音とノイズ成分のレベル差が大きいという性質に支えられており，これが混じり気のない澄んだ（rein）音の原因となっている。フルートと比較した場合，これは際立った性質といえよう。フルートはこの音域でクラリネットに似た倍音構造を持っているが，ノイズ成分のエネルギーが大きいことに加え，（詳しく観察すれば）音圧レベルの時間的ゆらぎが存在している。つまり，フルートに比べてクラリネットの音は定常的であり，安定感といっそうの力強さを備えている。

7.2.3.2　ダイナミクス

　クラリネットはあらゆる管楽器の中で最も弱い pp を発生することができる。pp でのパワーレベルは約 65 dB と低い値であり，第 5 オクターブ域では 57 dB まで低下する。これを音圧レベルに換算すると，大型ホールでは暗騒音のオーダーに匹敵することが言える。音階を速く演奏するときには，pp のパワーレベルは 77 dB まで上昇する。また，d^3 より上の最も高い音域では，著しく弱い pp を演奏することは不可能である。

　ff でのパワーレベルは，速い音符では 97 dB であり，一音ずつを演奏する場合，なかでも第 5 オクターブでは 106 dB まで上昇する。このように広いダイナミックレンジは他の楽器ではあまり見ることができないものであり，その値は低音域で約 30 dB，中音域で 50 dB 弱，高音域で約 25 dB と報告されている。また，クラリネットのフォルテ音のパワーレベルの代表値は 93 dB である。

　クラリネットは非常に広いダイナミクスを表現できるが，これに加えて，強弱記号それぞれに対して大きな音色の違いを持っているため，その印象はさらに強調される（Meyer, 1966c）。ff で演奏するとき，低音域ではスペクトルのピークは 1,000 Hz より高い周波数，すなわち明るい/a/のフォルマント帯域へ移動する。このとき，ピークより低い周波数ではスペクトルはオクターブ毎に 3 dB ずつ低下するので，（この ff という例外的なケースでは）基音が最大振幅とはならない。また，2,500 Hz より高い周波数領域のスペクトルはオクターブ当たり 12 dB の勾配で減少する。一方，中音域では 5,000 Hz まで非常に強い部分音が存在しており，5,000 Hz より高い周波数領域でオクターブ当たり 23 dB の勾配で減少する。

　こうした倍音構造の豊かさが ff での歯切れのよい輝かしい音色に影響している。ただし，クラリネットのスペクトル構造は低音域でのある種の音の硬さをもたらすことがある。この硬質感は偶数次と奇数次の部分音の振幅差が，音量の増加と伴に拡大することが原因となっている。

　これに対して，p では偶数次と奇数次の部分音の振幅がほぼ等しくなるため，クラリネットの音質は柔らかなものとなる。低い音域では，pp であってもスペクトルは豊富な倍音を持っており，600 Hz を超えても部分音の振幅は約 15 dB 小さい程度である。一方，第 4 オクターブ音域では第 3 または第 4 部分音まで，すなわち 1,500 Hz 以下のスペクトルが主要成分となるため，非常に柔らかな音色を発生できる。このように，クラリネットのダイナミクスは倍音構造に影響を受けているのである。3,000 Hz 付近の周波数領域に含まれる部分音の振幅は，pp では，基音よりおよそ 40 dB（低音域）または 50 dB（高音域）低い値である。また，ff では両者のレベル差は 10～12 dB 程度である。このとき，「ダイナミック音色因

子」は低音域で2を超え，高音域では2.5以上となる．

7.2.3.3 時間構造

ダブルリード楽器と同じく，クラリネットはきわめてクリアーで明確なアタックを作ることができる．このとき，スタッカートの音は（フルートのような）高周波数の初期パルス成分を基本的に含んでおらず，どちらかというと，初期トランジェントはすべての周波数範囲にわたってほぼ一様に成長する．

図7.12はクラリネットの最低音（d）[49]の初期トランジェントの周波数分析結果であり，これより基音成分が定常振幅に到達するまでに数周期が必要であることがわかる．このため，クラリネットのアタックは，オーボエに見られる鋭い効果を持つことはない．アタックの開始後，初期トランジェントは総じて15～20 msで完了しているが，柔らかなアタックでは初期トランジェントは50 msに及ぶこともある．また，これらの値はクラリネットの全音域について成り立っている（Melka, 1970）．一方，減衰時間は低音域では0.2秒を上限として，高音域では約0.1秒まで低下する．

柔らかなアタックでは低次部分音の初期トランジェントは緩やかに成長しており，これに加えて，高次の部分音ほど初期トランジェントは遅れて開始する傾向が見られる．これらの高周波成分は（フルートと同じく）卓越したエネルギーではない．しかし，この成分の寄与の差が，アーティキュレーションの違いに大きく影響しているのである．

リード振動が開始するより先にキー（Klappen）を閉鎖すると，管体の共鳴が起こり，アタックに伴ってノイズ性の成分を生じることがある．この共鳴成分は連続した音符列を演奏する際に，重要な役割を担っている．

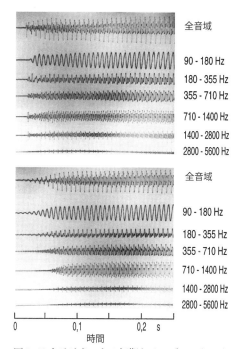

図7.12 クラリネットの初期トランジェントのオクターブフィルターによる分析結果（演奏音：d，鋭いアタックと柔らかいアタック）

クラリネットのビブラートは，横隔膜または唇のいずれかを用いて作り出される．クラシック音楽では大きなビブラートが用いられることは少なく，その周波数変動はわずかである．横隔膜によるビブラートでは，その代表値は±7セントで，これは周波数変動を知覚する下限値に近い．唇を用いたビブラートの場合，高い音域では±15セントまで広がることがある．

この周波数変動に伴って，特に2,000～3,000 Hzの範囲に含まれる高次部分音の振幅が大きく変動し，その変動幅は20 dBに及んでいる．ただし，これら部分音は同位相で変動しないため，その聴感的効果はさほど大きくない．一方，それぞれの周波数帯域に注目すると，部分音のエネルギー変動幅は横隔膜を用いたビブラートで5～6 dB，唇を用いたビブラートでは7～8 dBである．クラリネットのビブラートでは，振幅の変動が躍動感のある音の印象を作り出すのであって，周波数変

---

[49] 約147 Hz．

動の効果を凌いでいるのである。

7.2.3.4　調性の異なるクラリネット

　クラリネットは調性による音質の違いが顕著である（Meyer, 1966c）。A 管と B 管のクラリネットの違いは特に低い音域で著しい。A 管クラリネットは，1,000 Hz 付近の周波数領域（/a/のフォルマント帯域）に含まれる倍音の振幅が B 管よりも約 5 dB 低く，3,000 Hz 以上の成分の寄与も弱い。また，A 管クラリネットは偶数次部分音の振幅が相対的に弱いため，これによって音の陰影の微妙な違いがさらに付け加わっている。こうした性質によって，その音色は「暗く，歌声のような」（kantablen）性質を帯びると表現され，「抑制され，穏やか」（zurückhaltend und sanft）と評されることもある（Kunitz, 1957）。

　対照的に，B 管クラリネットはより豊かな部分音スペクトルを持っており，その結果，輝かしく力強い印象を与える。両者のスペクトル構造の違いはわずかであるが，それが音の印象に大きく影響することに注意する必要がある。R. シュトラウスの『サロメ』ではこの違いが重要な役割が与えられており，A 管クラリネットにはメロディックなパッセージを，B 管クラリネットには輝かしい音型や装飾音を受け持たせている。

　A 管と B 管のクラリネットはともに，おおむね fis^2 または g^2 より低い音域では奇数次倍音が卓越して大きい。C 管クラリネットではこのスペクトル構造の境界点は h^1 付近に移動するが，この音域はオーバーブローを開始する周波数[50]と同一である。一般に低い音域では，クラリネットのサイズが大きいほど，偶数次と奇数次の部分音の振幅差は小さく，こもった鈍い音色になる。

　C 管クラリネットは 1,500～4,000 Hz に強いエネルギーを持っており，その振幅は低い調性のクラリネットに比べて約 10 dB 大きい。この性質によって（フォルマント成分の影響が弱められて），非常に鮮やかであるが「冷たく硬質な」響きを持っている。C 管クラリネットのこうした性質は民族音楽を基にした作品に適しており，その代表例としてペドルジハ・スメタナの『売られた花嫁』1 幕のポルカがある。

　D 管と Es 管のクラリネットと上述のクラリネットとの違いはさらに顕著である。この二つの楽器では，1,000 Hz 以上のスペクトル振幅がきわめて大きく，上記の楽器に対する 2,500 Hz 付近の周波数領域の振幅差は 25 dB 以上となる。また，偶数次と奇数次の部分音の振幅差は 10～15 dB に縮まって，1,000 Hz 以上のスペクトルの減衰量が少ない。この結果，鼻音成分が相対的に卓越して，輝かしく，ときには甲高い音色を持つ。しばしば，この性質は硬質で鋭い響きを強調する場面で効果を発揮する。

　つまり，これら高い調性のクラリネットは『魔の炎の音楽（Feuerzauber）』（ワルキューレ）や『オイレンシュピーゲル』で求められる特殊な音色の効果に適しているのである。この二つのクラリネットはサイズが小さいため，やや狭いダイナミックレンジを有している。パワーレベルの中央値は pp で 80 dB，ff で 96 dB であり，その差は 16 dB にすぎない。したがって，表現力の幅は通常のクラリネットに比べて，特に p で不足していると言える。

　バス・クラリネットは A 管クラリネットに近い性質を持っている。特に，偶数次と奇数次の部分音の振幅差は 30 dB 以上に及び，基音が突出した振幅を持っている。この特徴によって，バス・クラリネットはいっそう暗くくすんだ音色を持ち，さらに，いわゆる「神秘的で哀愁を帯びた（Unheimliches und Melancholisches）」性格を帯びているのである。この楽器は非常に抑制した pp を演奏することが可能であり，低音域のパワーレベルは 59 dB という低い値である。この場合，音の主観的印象に関して，ヒトの聴覚の感度は低音

---

[50] レジスターキーを使う第 1 モードと第 2 モードの境界の音。

で鈍いため，ラウドネス感覚がいっそう低下していることに注意されたい。ただし，バス・クラリネットは ff で強い音を出すことは難しく，そのパワーレベルは約 97 dB と考えて良い。

7.2.4 ファゴット
7.2.4.1 スペクトル

ファゴットの音域の下限は B_1（58 Hz）であるが，例えば『トリスタンとイゾルデ』で指定される拡張ベルを取り付ければ，A_1 まで下げることが可能である。ただし，この最低音域では，基音に対応する周波数成分のエネルギーはほとんど成長せず，スペクトルのピークは8から9次倍音に表れる。第1フォルマントに対応する周波数は約 500 Hz であり，ファゴットの場合，この成分が非常に卓越している（Lehman, 1962; Meyer, 1966 c; Strong and Clark, 1967）。

その音色は母音/o/に非常に近いと言えるが，スペクトル振幅のピークがこの母音域の中心に存在すること，さらに，ファゴットの第1フォルマントの周波数範囲と/o/の母音域の幅がほぼ等しいことがその理由である。なお，他のすべての楽器ではフォルマントの周波数範囲は対応する母音フォルマントの幅より広いのが通常である。一般的な機構を持つドイツ式ファゴットの場合，第1フォルマントの共鳴曲線の対数減衰率は 1.4（Meyer, 1968），対応する歌声の/o/の対数減衰率は 1.2 である（Tarnóczy, 1943）。

歌劇『アイーダ』のナイル川のシーンでのアイーダとアモナズロの二重唱は，ファゴットと歌声のこの類似性をドラマチックに活用した格好の事例である（譜例 35 参照）。この場面では，アイーダが歌う間，傍らにたたずむ彼女の父アモナズロはファゴットの演奏によって表現されている。

この 500 Hz 付近のフォルマントは c^1 より低い音域に対して，ファゴットの音質を特徴づけている。また，このフォルマント以下の周波数では，パワーレベルのスペクトルはオクターブ当たり約 8 dB ずつ減少している。つまり，最低音域では基音は大きく成長しないことがわかる。一方，第4オクターブ音域では，スペクトルのピークは第2部分音の方向よりやや高い周波数側に移動するので，音色は/a/に近づく。h^1 から上の最も高い音域では基音が卓越して，母音的な音色は強調されない。

ファゴットの音のもう一つの特徴は，倍音が非常に豊かであって，複数の補助フォルマントが形成されることである。図 7.10 と図 7.14 からわかるように，この補助フォルマントは 1,150 Hz，2,000 Hz，3,500 Hz を中心とする領域に存在している。第1の補助フォルマントは明るい/a/の母音域に該当しており，力強い響きに寄与している。これより上の周波数に含まれるフォルマントは鼻音成分に該当しており，この成分が閉塞してこもったような音色をもたらしている。

この鼻音的音色を用いた代表事例として『ニュ

譜例 35　G. ヴェルディ『アイーダ』3幕より「アイーダとアモナズロの二重唱」より抜粋

ルンベルクのマイスタージンガー』に登場するベックマイヤーのモチーフを挙げることができる（7.1.1.4 節の譜例 31 参照）。この二つのフォルマントは母音/e/と/i/に近い位置にあり，音質を鮮明にする効果を併せ持っており，光沢感と切れ味を必要以上に損なうことを防いでいる。

第 1 フォルマントの周波数軸上の位置と補助フォルマントの強さは，奏者のテクニックにある程度依存する。イントネーションを高めるには唇の圧力を強めればよいが，このとき音圧が低下するため，呼気の圧力を上げて補正する必要がある。このようにすれば，発生音の大きさは一定に保たれるが，呼気の上昇に伴ってフォルマントの位置が少し高い方向へ移動し，倍音の振幅も上昇する（Smith and Mercer, 1973）。この結果，音色は総じて明るい方向に変化する。リードを選択する際にはこの影響を考慮することが大切であり，リードの共鳴を低い音程に調節するほど，同一のイントネーションに対して，明るい音色となることに配慮すべきである。

7.2.4.2　ダイナミクス

補助フォルマントによって音色が明るくなる現象は中音域で最も顕著である。特に ff では，倍音列は 12,000 Hz まで拡がっている。この高周波成分がファゴットの音質を大きく左右しており，なかでも 2,000〜3,500 Hz 付近のピーク成分が強い影響を与えている。ただし，ファゴットのパワースペクトルは 1,000 Hz を超えるとオクターブ毎に 20 dB ずつ急激に減少し，かつ，指向性が一様でないという性質を持っている（8.3.4 節参照）。

一方，低音域では，高周波領域に含まれる倍音の密度が非常に濃くなるので，スペクトルの性質はノイズに近づく傾向がある。このため，強奏したときに一定の硬質感を持つことがある。また，スペクトル中の第 2 のピークは mf のとき 1,150 Hz 付近に存在しているが，ff では鼻音領域に移動する。この第 2 のピークは，高音域で第 1 フォルマントより大きなエネルギーを持つことがあり，このときには，ファゴットの哀調を帯びた響きは失われる。

これに対して，音量が低下するにつれて，第 1 フォルマントの位置が暗い音色の方向にシフトする。pp では，600 Hz 以上のスペクトル成分は低音域でオクターブ当たり 25 dB，中高音域で 35 dB ずつ減少することから，柔らかく，抑えつけられたような音色を持つ。また，中音域の pp では 3,000 Hz 周辺にノイズ成分が現れる。これは，リード本体の固有共鳴によるものであり，この共鳴の強さはリード自体の性質に大きく依存する（Meyer, 1966c）。

こうした理由から，ファゴットのダイナミック音色因子は（特に低いオクターブ音域で）期待に反した性質を持っている。つまり，第 1 フォルマント帯域に存在する最大の周波数成分が ±1 dB 変化した場合，3,000 Hz 付近の周波数成分は 0.6〜0.9 dB 増減するだけである。ダイナミック音色因子が通常の値である 1.2〜1.5 となるのは第 3 オクターブより上の音域に限られている。

ファゴットのダイナミックレンジは演奏速度に強く依存する。速い音階を演奏するとき，パワーレベルの幅は 81〜96 dB にすぎない。長い音符を演奏する場合，中音域では，下限値は 72 dB，上限値は 102 dB となり，ダイナミックレンジは 30 dB まで拡大する。また，低音域と高音域ではこの値は少し狭まって 25 dB となる。中音域のフォルテのパワーレベルは約 93 dB であり，オーボエやクラリネットと近い値である。

7.2.4.3　時間構造

ファゴットは低音を受け持つ楽器であるが，中・高周波数領域に含まれる倍音の初期トランジェントが非常に短いため，非常に切れ味の良いアタックを生じることができる。図 6.2 に示すように，これらの倍音成分は約 20 ms 以内で最終的な定常値に到達する。この特徴により，音の開始部分ははっきりとした輪郭を持つのである。また，

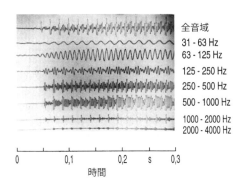

図7.13 ファゴットの初期トランジェントのオクターブフィルターによる分析結果(演奏音：B_1)

他のリード楽器と同じく，アクセントをつけてもノイズは生じないため，アタックの音はきわめて澄んだ印象を与える．なお，図7.13に示すように，鋭いアタックとは言っても，低周波数成分（約200 Hz以下）の初期トランジェントには少し長い時間を要している．それは，低音域の基音に対して20 msという長さは，約2周期分にすぎないためである．

音のエネルギーに関して言えば，低周波数成分の寄与は比較的小さい．このため，その初期トランジェントに50～80 msを要したとしても，この成分はアタックの切れ味には影響しない．ただし，低音域の短いスタッカートでは，この成分が楽器の鳴り（Sonorität）に影響を及ぼすことがある．

複数の文献によれば，すべての周波数成分を含めたオーバーオールでは，ファゴットの初期トランジェントの継続時間は30～40 msのオーダーであり，これがファゴットのアタックの卓越した切れ味を特徴づけているのである（Luce and Clark, 1965; Melka, 1970）．柔らかいアタックの場合にも，初期トランジェントの継続時間が約60 msを超えることはない．このとき，高い周波数成分が低い成分より遅れて開始すること，初期トランジェントが鋭いアタックに比べて長いという2点が，その聴感的な印象に影響しているのである．ただし，ピアニシモ（pp）の場面で柔らかく音を立ち上げることが困難であることに注意する必要がある．

その例として，C. M. V. ウェーバー『魔弾の射手』序曲の開始部では，緩やかにクレッシェンドする弦楽器の響きに対して，ファゴットは「無音」の状態から徐々に融合することが求められ，この

譜例36　カール・マリア・フォン・ウェーバー『魔弾の射手』，序曲の開始部

とき，ファゴットの音の開始部にアクセントを感じさせないことが望まれるのである（譜例36参照）。

ファゴットの減衰時間は他の管楽器と同様に短く，高音域で約0.1秒（図6.2参照），最低音域では0.4秒と少し長い値となっている（Rakowski, 1967）。また，減衰時間に関して奏者による違いは存在しない。

ファゴット奏者が強いビブラートをかけたとき，その周波数変動幅は±15セントである。このとき，500Hz付近に存在する最大の部分音のレベル変動は4dB程度にすぎない。最も激しいレベル変動は1,400～1,800Hzの周波数領域で生じ，その大きさは15～20dBに及んでいる。こうした理由から，聴衆には後者の成分の時間変動が強く知覚され，ビブラートでは鼻にかかったような音色が強調されることになる。なお，ファゴットではすべての倍音が同位相で変動することによって，ある種の音色の変動を感じることがある。ただし，大半の部分音の振幅変動幅は5～6dBにすぎないため，ビブラートの音はかなり定常的であり，金管やフルートの場合ほどはっきりと耳につくことはない。

7.2.4.4 フランス式ファゴット

大半の国において，いわゆるドイツ式の機構を持つファゴットが普及しているが，フランスと一部の東欧の国では異なったフィンガリングと音色を持つ楽器が使用されている。歴史的には，このフランス式ファゴットはドイツ式ファゴットと平行して進化してきた楽器であり，その関係はフランス式ホルンとドイツ式ホルンと同様である。

図7.14に示すように，この楽器の音色には鼻音成分がさらに強調されている。また，第1フォルマントの位置がドイツ式に比べて暗い/o/の方向へシフトしているが，補助フォルマントはすべて高周波側に現れている。総じて，フランス式ファゴットの音は倍音が豊かであり，さらに，第1フォルマントの共鳴曲線の幅がドイツ式ファゴッ

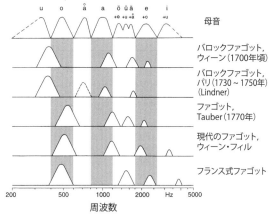

図7.14 各種ファゴットのフォルマントの周波数軸上の位置

トよりも広いことから（対数減衰率1.6），その母音的な性質は幾分弱まっている。

こうした特徴により，フランス式ファゴットの音色はやや力強さに欠けるが，より柔らかな響きを有している。また，高音のアタックが美しいことから，技巧的なパッセージの演奏に適している。すなわち，フランス式ファゴットはフランス印象派の作品や古典派以前の管楽器作品の名人芸的パッセージに適しており，一方，ドイツ式ファゴットはロマン派の作品に求められる音質に対応していると言えよう。

7.2.4.5 古楽器のファゴット

現在使用されているファゴットについては，非常に多くのデータが存在しており，さまざまに活用されている。一方，古楽器のファゴットについては引用できるデータはかなり少ない。本節では，保存状態の良好なバロック期のファゴット2台と古典派期のファゴット1台のデータを紹介する。なお，この3台は現在も古楽演奏のアンサンブルで使用されている。これらの古楽器の音質は現代使用されている楽器ほどバランスがとれたものではなく，その特徴としてフォルマントの位置の違いを挙げることができる（図7.14参照）（Meyer, 1968）。

バロック期のファゴットの大きな特徴は最大の

フォルマントが低周波領域にあることで，明るい/u/に近い音色を持っている．2次以降のフォルマントの位置も低音側にシフトしており，さらに，倍音のエネルギーが比較的弱いことから，現代のファゴットに比べて暗く，ときには少しこもった音質となりがちである．また，第1フォルマントの共鳴曲線の対数減衰率は第1オクターブ音域では約1.2であるが，高い音域では2を超えている．つまり，バロック期のファゴットの音質は低音域で最も優れており，通奏低音での伴奏や，オペラやオラトリオで不吉な雰囲気を醸し出したい場合に適している．後者の例としては，ゲオルク・フリードリヒ・ヘンデルのオラトリオ『サウル』でサムエルの霊が登場する場面がある．

これに対して，W. A. モーツァルトの時代のファゴットの音色はまったく異なっている．第1フォルマントは今日の楽器と同じく，母音/o/の周波数帯域に存在している．ただし，高音域でその位置は/å/との境界付近に移動する．また，2次以上のフォルマントは順に非常に明るい性格の/a/，鼻にかかった母音成分，/e/の領域の中央付近に位置している．これらの成分が，適度な力強さと柔らかさを併せ持つ基本的な音色に，明るい性格を付け加えている．第1フォルマントの対数減衰率は低音域で2.1であり，高音域の値1.4〜1.6に比べて劣っている．

したがって，フォルマントが最も強調されるという点から，中・高音域の音質に優れており，一方，低音域の音質は少しどんよりとした性格となる．こうした理由から，この時代の楽器は，高音のカンタービレのパッセージにおいて低音声部に明確な輪郭を持たせたい場面に特に適している．

7.2.4.6 コントラファゴット

コントラファゴットの最低音は B_2 または（例えば『サロメ』では）A_2 である．オーケストラの中ではコントラバス・チューバに次ぐ低音楽器であり，そのスペクトルの下限周波数は 27.5 Hz である．ただし，最低周波数付近での放射音のエネルギーは非常に小さい．すなわち，コントラファゴットのパワースペクトルは最初のピークより低音側では，ファゴットと同じように，オクターブ当たり 8 dB ずつ振幅レベルが減少する．

倍音構造については，最初のピークは約 250 Hz，2次のフォルマントは 400〜500 Hz 付近に存在しており，音量を上げると 800 Hz 周辺にもフォルマントが現れる（Meyer, 1966c）．つまり，その音色は暗い/u/に暗い/o/が足し合わさったものと表現できる．

この楽器は主管が2回折れ曲げられているため，通常のファゴットに比べると，それぞれ倍音は均一に成長しない．なかでも最低音域では，基音周波数が違えば最大部分音の次数も異なっている．さらに，最低音域での基音に対する耳の感度は 400 Hz 付近に比べて相当低いため，400 Hz 付近に存在する最大部分音が卓越して聞こえ，基音の音程の知覚が困難になる．例えば，H_2 から B_2 に音程を下げると，最大部分音は約 395 Hz（H_2 の13次部分音）から約 405 Hz（B_2 の14次部分音）へ「上昇」するので，その違いは明確に知覚される．しかしこの場合，音符が上昇したのか，下降したのかが分かりにくいことがある．

コントラファゴットの初期トランジェントがかなり短いことは注目すべき特徴である．タンギング音の場合，すべての音域でこの値は 30〜50 ms にすぎない．これによって低音の楽器であるにもかかわらず，その音はかなり軽快な印象を与える（Melka, 1970）．一方，バス・クラリネットに比べるとダイナミックレンジはかなり狭く，一音ずつゆっくり演奏するときには 15 dB，速いメロディーラインでは 10 dB までその幅は狭まる．これは，pp でのパワーレベルが 86 dB と比較的大きな値であるためである．ff でのパワーレベルは 96 dB であり，これは通常のファゴットの上限に近い値である．

7.3 弦楽器

7.3.1 ヴァイオリン
7.3.1.1 スペクトル

　管楽器の音は基本的に管内の空気柱の共鳴現象によって決まっている。その振動の性質には内径やベルとマウスピースの形などが重要であり，管の材質は二次的な要因である。一方，弦楽器の音は主に胴体の共鳴によって決まる。ただし，材料となる木材の音響特性は楽器1台ごとに異なっているため，ヴァイオリンの音質には多数の要因が関係している。

　弦楽器の音響パワースペクトルの基本構造は，弓に駆動される弦の振動スペクトルにより決まっている。弦の振動スペクトルでは，基音が最大成分であり，2次以上の倍音は周波数が上昇するにつれオクターブ当たり6 dB／ずつ減少し，さらに，駒の共鳴周波数（ヴァイオリンの場合3,000 Hz）より高い周波数では15 dBずつ減少する。この弦振動に胴体共鳴の性質が重畳する。胴体共鳴で生じる板振動は周波数によって異なり，このとき，周波数軸上には多数の共鳴が存在することからそのパターンは非常に複雑である。また，この共鳴パターンは弦振動の周波数（ピッチ）とは独立な現象である。

　一方，管楽器では駆動周波数で空気柱の共鳴パターンが決まるので，この点が管楽器とは異なっている。したがって，半音階ずつ音程を変化するとき，その周波数に応じて共鳴パターンも変化するので，一音ずつ音質が異なる可能性がある。つまり，弦楽器の音響スペクトルは管楽器のように均一で体系的な性格を持っておらず，音域による音色の幅は非常に大きい（Leipp, 1965; Lottermoser and Meyer, 1968）。

　高い音域では，弦の振動と胴体共鳴が相互に干渉・作用しあうため，ほぼ例外なく基音がスペクトル上の最大の部分音となっている。これはE線のすべての音域，A線ではe^2より上，D線ではc^2より上の音域で成立する。また，特に明確な二つの共鳴が生じるg^1周辺とc^1～d^1間の音域でも，基音の振幅が大きく卓越する。このとき，低い周波数側の共鳴は胴体内の空気の容積で決まる固有振動であり，空洞共鳴（Hohlraum–Resonanz）と呼ばれる。この共鳴周波数より低い周波数では，基音の振幅は半音毎に4 dBずつ低下する。したがってG線では，基音の振幅は最大の部分音より20～25 dB小さい。

　図7.15はヴァイオリンの音響スペクトルの測定例である。なお，このデータは非常に優れた音質を持つ楽器について最低音域の4音の測定結果である。これを図6.4のホルンの音階列のデータと比較すると，ヴァイオリンの部分音の分布パターンはかなり複雑であることがわかる。スペクトル包絡線が直線的に低下したり，奇数次部分音が卓越したこれまでの例とは異なり，ヴァイオリンの部分音の振幅は弦の振動スペクトルと胴体の共鳴周波数とがどの程度一致するかによって決まる。

　図のg，gis，aでは，オクターブ倍音が基音を上回っている。一方，bでは第3部分音が最大である。これらの最大部分音より高次の部分音はほぼ10,000 Hzまで存在し，いくつかの振幅の大きなグループを構成して，フォルマントに似た特徴を示している。こうした特徴は，例えば1,000～1,200 Hzと3,000～4,000 Hzの帯域で生じてい

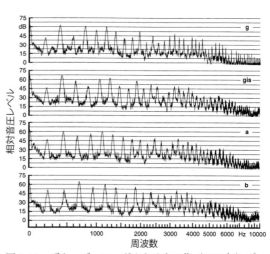

図7.15　デル・ジェス・ガルネリウス作（1739年）ヴァイオリンの音響スペクトル

る。

　この図から，フォルマントの位置が音程によって少しずつ変化していることが読み取れる。ただし，一部の音域では胴体共鳴との関係から，卓越した部分音（フォルマント）を生じないこともある。こうした理由から，すべての音域に対する，フォルマントを持つ音（キー）の数はヴァイオリンにとって重要な品質指標になる。つまり，このフォルマントの母音的性質が歌声のような流麗な（gesanglich）音質を支えているのである。

　例えば，アントニオ・ストラディヴァリウスの銘器「プリンス・クレーヴェンヒューラー」（Prince Klevenhüller）の場合，調査した全52音中，40の音にフォルマントが観察された（Lottermoser and Meyer, 1968）。なお，これらのフォルマント的な一連の部分音は，（音色に及ぼす他の要因に比べれば）演奏の品質に及ぼす影響は非常にわずかであることを強調しておく必要があろう。

　低音域では，代表的なフォルマントは400 Hz周辺に存在する。これは暗い/o/の位置に対応しており，G線の低音に哀調を帯びた（Sonorität）響きを付け加えている。300～350 Hzの音域では，フランスや最近の楽器に比べて，ストラディヴァリウス型の古いヴァイオリンは音量が大きく（Meyer, 1982 a；Dünnwald, 1988），また，空洞共鳴の周波数領域に含まれる音域（hからd¹）とD線の低い音との音質の違いは少ない。母音/a/（800～1,200 Hz）を含む第2フォルマントの周波数領域はヴァイオリンにとって最も本質的な成分である。これに属する一連の部分音はヴァイオリンの音に特別な性質を与えていることに疑いはなく，この成分が力強さと存在感を与え，さらに「鼻にかかった」音色になるのを抑えている。このフォルマントの正確な位置は，それぞれのヴァイオリンの音の特徴に重要な意味を持っている。

　図7.15に示すように，デル・ジェス・ガルネリウスのヴァイオリンではほとんどの場合，1,000～1,250 Hzの成分が際立っている。一方，ストラディヴァリウスでは第2フォルマントは1,000 Hzより低い位置にある。この違いによって，ガルネリウスのヴァイオリンはストラディヴァリウスよりも力強い音を持つのである。

　また，このフォルマントが700 Hzより低いときには母音/å/に近づき，暗い音色が強調される。いくつかのストラディヴァリウスは，こうした特徴を持つことが明らかにされている。これに関連して，多数の音を比較した聴感テストによると，400 Hzと1,200 Hz付近にスペクトルの最大ピークを持つガルネリウス的な音質を「鳴りが優れている」（wohlklingend）と知覚されることが示されている（Terhardt and Stoll, 1978）。

　さらに高い1,600 Hz付近の周波数成分は，音色を曇らせ（gedeckt），鼻音的な性格を付け加える。なかでも，イタリアの古いヴァイオリンは他の楽器に比べてこの成分のエネルギーを強く含んでいるが，この成分は響きの硬直感（Härte oder Direktheit）を取り除く作用がある。また，高音域では，さらに上の周波数に存在する複数のフォルマントがその響きに輝かしさや華やかさを付与している。なかでも，母音/e/と/i/に対応する2,000～2,600 Hzと3,000～4,000 Hzの範囲に存在する二つフォルマントは特に重要である。

　ヴァイオリンの音の周波数範囲は演奏方法によって変化する。倍音の数は開放弦を弾いたときに最も多い。それは，指で弦を押さえる場合よりも，ナットのほうが鋭い固定端となるためである。したがって，指板を指で強く押さえると，倍音が増してより輪郭のはっきりした音になる。

　当然ながら，同じ音程であっても使う弦が異なれば，音色は大きく異なる。例えば，D線からG線へ移弦すると暗い音色へ変化する。これには，最大フォルマントの位置が少し低音側に移動して1,000 Hz周辺のエネルギーが低下すること，また，2,000 Hzより高い倍音のエネルギーが急激に減少するという二つの理由があげられる。

　D線とA線の音質の違いはさほど大きくないが，A線からE線へ移ると倍音は非常に豊かにな

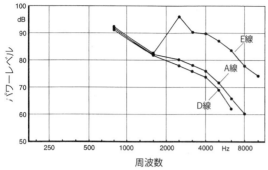

図7.16 ヴァイオリンa^2音のパワーレベル。3本の弦での比較、音量はすべて ff (Meyer and Angster, 1981による)。

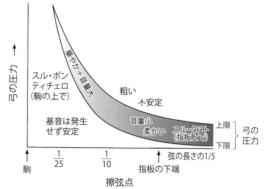

図7.17 ボーイングの速度が一定であるとき、擦弦点とボーイングの圧力の関係。影の付いた部分は実際の演奏で使用する範囲であり、音質と強弱が変化する。

る。図7.16はD, A, Eの各線で同じ強さで弾いたa^2音のスペクトルの比較である。2,500 Hz以上、すなわち駒の共鳴周波数より高い帯域では、同じ音程であってもE線の倍音はA線より約15 dB大きいことがわかる。対照的に、D線の倍音はA線より3 dB低いだけである。

ヴァイオリンのスペクトルはボーイングの違いにも大きく関係する。このとき、奏者がコントロールする三つの影響因子として、ボーイングの速度、弓の毛から弦に加わる圧力、弦に弓が当たる位置（擦弦点）があげられる。まず、ボーイングの速さは基音と倍音の両方に等しく影響する。つまり、音量を変化させる最も基本的な方法と言える。対照的に、速度が同じであれば弓の圧力は基音には影響せず、圧力を上昇するほど高次倍音のエネルギーが増加する（Bradley, 1976; Cremer, 1981）。

一方、擦弦点はスペクトル全体に影響を及ぼす。このとき、擦弦点が駒に近いほど、高い圧力が必要である。図7.17はこの関係を表したものである。ボーイング圧力が図の下限値より小さければ、駆動エネルギーが不足して弦の安定な振動は維持されない。また、圧力が上限値を超えると、弦の復元力が阻止されて周期的な弦振動が継続しない。このとき、振幅のゆらぎとノイズ成分の増加を生

じて粗い音質となり、引っかいたような音の印象を感じさせることもある。（適正な圧力の範囲で）擦弦点が駒に近づくと、華やかな音色となって音量も大きくなる。ただし、この条件での圧力の許容範囲は狭い。一方、擦弦点が指板の方向に近づくと、音色はくすみ、柔らかな響きとなる（Schelleng, 1973; Meyer, 1978b）。

ボーイング奏法では、音の立ち上がりに生じるアタックノイズが倍音に加わり、弦楽器特有の音質を形作っている（Lottermoser and Meyer, 1961）。電気的にヴァイオリン音を実験的に合成する際、このヒスノイズが弦楽器の音質に固有の成分であるという事実は、重要なポイントであり、倍音だけを生成しても弦楽器の印象を得ることは不可能である。図6.6で示したように、ボーイングで生じるノイズは胴体の共鳴と相互作用して特有の音色を付け加えている。この現象はすべての音域で生じるが、なかでも高い音域では部分音間の周波数間隔が拡がるので、際立った聴感的印象をもたらしている。また、c^1（262 Hz）付近では空洞共鳴が原因となって不安定で特定の音色を持つノイズが耳につくことがあり[51]、400 Hzより高い空洞共鳴周波数についても同様な現象を生じることがある。

---

51 ウルフトーンとも呼ばれる。

管楽器と比較すると，こうしたノイズ成分の影響は弦楽器のほうが少し強めであり，その傾向は音量が小さい場合に特に顕著である。仮に，倍音成分の音量が同じとすれば，弦楽器のノイズ成分は管楽器よりも 20～30 dB 大きい。ただし，フルートはこの限りではない。なお，図 7.17 で影をつけた領域が，実際の演奏に際して音質と音量の表現を変化できる範囲を表わしている。

7.3.1.2 ダイナミクス

弦楽器のダイナミクス（強弱の幅）は，基本的にボーイングの速さと擦弦点の位置で決まる。実際のボーイングの速度は 10～125 cm/s の範囲を変化し，これに対応するダイナミックレンジは約 22 dB である。擦弦点に関して，駒から最も近い位置と最も遠い位置の距離には 6 倍の開きがあり，この違いによってダイナミックはさらに 16 dB 変化する。つまり，原理的にはヴァイオリンのダイナミックレンジは 40 dB に近いと計算されるが，この値を完全に実現することは不可能である。例えば，音域によっては板振動の強い共鳴の効果で強音は容易に出るが，pp を出すことが非常に難しい場合がある。また，空洞共鳴に近い音域では，充分に弱い pp を発生することは困難である。

ヴァイオリンが発生できる最も弱い pp はノイズ成分の振幅で決まっている。ノイズ成分の振幅は pp から mf までは一定値に留まっており，大音量でのみ増加する（Lottermoser and Meyer, 1961）。したがって，ヴァイオリンのダイナミックレンジの下限は，部分音がノイズ成分の音圧レベルよりも大きいという条件で決まるのである。この結果，pp のパワーレベルは単一の音符を演奏する場合には 58 dB という小さな値であるが，速い音符が並ぶ場合には 74 dB まで上昇する。ff のパワーレベルは前者では 99 dB，後者では 94 dB である。これより，現実的なダイナミックレンジはおよそ 30～35 dB と考えてよい。また，フォルテでのパワーレベルの中央値は約 89 dB である（Meyer, 1990）。

弦の振動状態は弓の連続的な「鋸歯状波形（Sägezahnschwingung）」の駆動力によって決まっている。したがって，多くの管楽器の場合と同じように，弱音で演奏してもヴァイオリン音のスペクトルにおいて低次の部分音が損なわれることはない。また，高周波成分のエネルギーも保持される傾向があり，なかでも E 線の高い音符では，弓の圧力を変えても高周波の部分音の振幅変化はわずかである。一方，低い音符では倍音の振幅は弓の圧力に比例する。なお，弦の振動モードは鋸歯状の駆動力が保たれているとき，ダイナミック音色因子の変動範囲は 1.05 から 1.1 にすぎない。

こうした理由から，スペクトルを変化させるには，（上述した）擦弦点を変える方法，そして，同じ音符であっても低いポジションと高いポジションを使い分ける方法が[52]，ダイナミクスの表現性に対して重要な役割を担っている。つまり，この二つの方法によって，ダイナミックレンジの拡大に応じた音色の効果的な修正が可能となるのである。

7.3.1.3 時間構造

弓による弦の駆動は，管楽器の場合に比べて，より大きな自由度で初期トランジェントを変化させることができる。ただし，鋭いアタックであっても，ヴァイオリンの初期トランジェントの継続時間はオーボエよりも長い。G 線では，鋭いアタックの初期トランジェントはおよそ 60 ms 継続し（図 6.2 の上図参照），ハイポジションではさらに短くなる。また，D 線と A 線では 40～50 ms，E 線では約 30 ms に低下する（Melka, 1970）。一方，柔らかなアタックの初期トランジェントは，途中で中断することなくゆっくり音を成長し，200～300 ms まで継続する。このとき，ヴァイオリンの音は非常に円やかな響きを持つ。

---

[52] 同じ音程の音を，異なった弦と左手のポジションで演奏すること。例えば，b¹ の音は A 線の第 1 ポジション，D 線の第 4 ポジション，G 線のさらに高いポジションで演奏することができる。

高次倍音の振幅は基本的にボーイングの圧力によって決まる。この倍音成分の成長は少し遅れて開始するので，スタッカート性のアタックの鋭さにはほとんど関係しない。アタックの時にボーイングの圧力を意図的に強めると（デタシェ[53]奏法），アーティキュレーションに伴なう高帯域ノイズが生じ，このノイズは約50～100 ms継続する。

また，このノイズは共鳴周波数付近に強いエネルギーを持っているため，響きの中に共鳴振動による音を聞くことができる。このノイズ成分は，ヴァイオリンのあらゆる音に多かれ少なかれ含まれており，ヴァイオリンの音色の基本的な性格をもたらす成分といえる。また，初期トランジェントにおける共鳴現象は，コル・レーニョ[54]奏法のときに特に顕著に現れる。それは，（音符の長さに対応する）時間内に弦の振動が定常状態まで成長しないからである。

最後に，アタックや移弦の際の音程は，最終的に到達する周波数に対して10～20セント低いことに注意する必要がある。この周波数の変動は非常に小さいが，この現象も「音の立ち上がり」（Toneinsatz）の聴覚的印象に影響している。この作用によって，オーボエやクラリネットに比較すれば，ヴァイオリンのアタックの歯切れの良さがごくわずか劣っているのである。

弦楽器の減衰時間は，ボーイングの後に弓を弦の上に留めるか，弦から放すかで大きな違いがある。図6.2中段の図からも類推できるように，前者の場合の減衰時間は約0.1秒である。一方，弓を弦から放すと長い余韻が続き，その長さは弦の長さと質量で決まる。ヴァイオリンの減衰時間の代表的な値は，低い音域で1秒，高い音域で0.5秒であり，開放弦では2から3秒となる。これらの値は基音の減衰時間でほぼ決まっており，第1倍音の減衰時間はその約半分の長さである。また，高次倍音はさらに速やかに減衰する（減衰時間は50 ms以下）。

ヴァイオリン奏者が強いビブラートをかけると，基音の周波数は±30～50セント程度変動する。基音が変動すると，各倍音の周波数は上昇・下降するが，これに応じて胴体の共鳴振動パターンも拡張・収縮を繰り返し，この結果，倍音の振幅も変動する。つまり，弦の倍音振動と胴体共鳴パターンの拡張・収縮との時間関係が，同位相になったり逆位相になったりすることによって，倍音の振幅が変動するのである。図7.18ではこの現象がはっきりと確認できる。

すなわち，第8部分音（約1,800 Hz）はその周波数が最も高い側に変動したときに振幅が最大となっており，第15部分音（3,300 Hz）は周波数が最も低い側に変動したときに振幅が最も大きい（振幅変動周波数は5.5 Hz）。また，部分音の周波数変動が二つの共鳴ピークにまたがるときには，周波数変動の1周期内に最大と最小値が二つずつ現れている。例えば，第20部分音（約4,400 Hz）は2倍の周波数で振幅変動している。このとき，第16部分音（約3,500 Hz）は最初の半周期は谷の状態にあり，20次部分音と逆位相になっている（振幅変動周波数は11 Hz）。

高次部分音が大きなエネルギーを持っており，

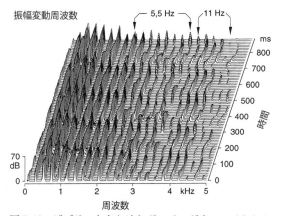

図7.18　ビブラートをかけたボーイング音のスペクトルの時間変化（ヴァイオリン，a音）

53　弦楽器奏法のひとつ。弓のアップとダウンを交互に用いて音をはっきりわけること。
54　弓の「木」の部分で演奏する指示記号。

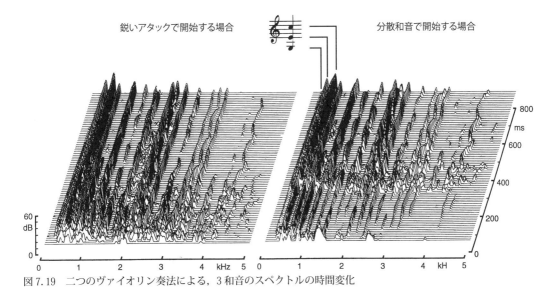

図7.19 二つのヴァイオリン奏法による，3和音のスペクトルの時間変化

それが，このように（低次部分音の変動周波数の）2倍の周波数で変動するとき，その成分が耳について，その音はある種の粗さを帯びる。極端なときには各部分音の振幅変動は25 dBに及ぶが，たいていの場合，可聴周波数域では逆位相成分の一部が互いに打ち消しあうため，聴感的な振幅変動は10 dBのオーダーとなる。なお，低次部分音の振幅変動は分離して知覚され，ビブラートの周波数変動を±35セントとすれば，その変動幅は1,000 Hz以下では3〜6 dB，1,000から2,500 Hzの範囲では6〜15 dBである（Meyer, 1992）。

ヴァイオリンが多声の和音を演奏する場合，鋭いアタックでほぼ同時に和音を鳴らすか，分散和音が用いるかの二つの方法がある。このとき，両者の時間構造は重要な役割を担っている。図7.19（カラー図版参照）はg（緑），e^1（黄），c^2（赤）の3和音のスペクトルの時間成長を示している。3音を鋭いアタックで演奏すると（左図），アタック時のノイズを除外すれば，gとe^1は同じタイミングで立ち上がり，c^2は約40 ms遅れ，倍音はさらに少し遅れて開始することがわかる。170 ms後にgの倍音が消失しており，この時点でG線の振動が停止していることが読み取れる。

一方，分散3和音の場合には（右図），低音のgの後に約250 ms遅れてe^1とc^2が開始している。また，gは他の2音よりも速やかに減衰し，基音とオクターブ部分音だけが持続している。なお，この二つの例は，3和音の時間構造の両極端を示している。

7.3.1.4 特殊奏法

ピッチカートは弦を静止位置から少し持ち上げ，次に開放して弦を自由振動させる奏法である。その初期トランジェントはごく短く，ヴァイオリンでは全音域で10 ms以下の継続時間である（Melka, 1970）。ノイズ成分も同時に発生するが，部分音に比べてそのエネルギーは相当弱いので，ダイナミックレンジの下限（pp）は51 dBまで低下する。一方，ffでは90 dBまでパワーレベルは上昇するが，このピークの持続時間は短い。したがって，ピッチカートのダイナミックレンジは39 dBであり，アルコ奏法[55]と同程度である。

ピッチカート音のスペクトルは，弦をはじく位置と強く関係する。駒の近くをはじけば，倍音は豊かで，硬質な響きとなる。指板の上をはじくと，柔らかな音色が得られる。駒と指板の中央付近を

---

[55] ボーイング奏法のこと。

はじいたときには，偶数次部分音はあまり励振されず，奇数次部分音が大きなエネルギーを持つので，いくぶんこもった音質となる。

ピッチカートの減衰音が聞こえる長さ（可聴時間）は当然ながら音量によって異なる。減衰時間の値は pp では 40～150 ms，ff では 350～800 ms の範囲を変化し，開放弦ではさらに長くなる。同じ音程の場合，ハイポジションを用いたほうが低いポジションよりも速く減衰する（Spelda, 1968）。また，図 7.20 が示すように，高次倍音が低次倍音より先に減衰する。上図によると，基音の減衰時間[56]は約 3 秒，第 1 倍音の減衰時間は 1.5 秒である。ピッチカートにビブラートを加えると注目すべき影響を生じる。このとき，下図に示すように，初期の部分で各成分の振幅が著しく変動するのである。

一方，指板を押さえる指の運動がダンピング作用を与えるため，各成分は時間とともに速やかに減衰する。この結果，減衰時間はビブラートをかけない場合の約半分に短縮する。図の例では基音で 1.5 秒，低次倍音で 0.7～0.8 秒となっている。なお，この効果は奏者にはあまり知られていない（Meyer, 1992）。

弱音器を駒に装着すると，高周波成分が減衰する。この現象には（いくつかの付加的な要因も存在するが）弱音器の性質と質量が関係している。一般に，弱音器の重量を増すと，400 Hz 付近にある胴体の共鳴周波数が低音側へ移動する。つまり，空洞共鳴周波数に近づくので，D 線の低い音域で基音のエネルギーが増加する。この現象には駒の強度と質量も関係するので，楽器によってその効果は異なっている。このとき，共鳴パターンの変化は高い周波数でも起こるが，放射音の大きさは弱音器を用いないときと同じ程度である。

弱音器の使用による高周波成分の減衰は音色に重大な影響を及ぼす。大半の弱音器は，鼻音成分よりも低い周波数成分を減衰するので，ヴァイオ

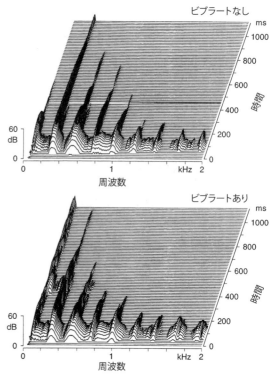

図 7.20　ピッチカート音のスペクトルの時間変化に及ぼすビブラートの影響（ヴァイオリン，h 音）

リン特有の鼻にかかった響きが生じる。もちろん，弱音器が軽量であればこの傾向は弱まって，やや明るく，わずかに鼻にかかった音色となる。軽量の弱音器は低音のパッセージに向いている。それは，上述したように重い弱音器で生じる（上述した）D 線の共鳴がこのパッセージの妨げになるからである。

一方，こうした軽量の弱音器を用いると鼻音成分が抑えられるので，A 線と E 線の音は柔らかくこもった響きとなる。このタイプの弱音器の重量は約 6 g であり，例えば（5 つの固定用突起のついた）スチール製弱音器が入手できる。このように，弱音器の種類を選ぶことで，音質をさまざまに変化することができる。大半の弱音器では，放射音のパワーはおよそ 6 dB 減衰する。特に重い弱音器では，この値が 10 dB に及ぶことがある。

「ハーモニックス」（フラジオレットとも呼ぶ）

---

[56] ここでは Ausklingzeit（自己残響時間）という表現が用いられている。

は左手の指で弦に柔らかく触れて演奏する。この場合，ボーイングを行っても開放弦に対応する基音はほとんど発生しないという特徴がある。このとき生じるノイズ成分はフルートに似た性質をもっており，この奏法に特有の音色を醸し出している。ハーモニックス奏法による弦の駆動の様子は通常と異なっているため，初期トランジェントも通常の運指で演奏した場合に比べて少し長い値である。

また，弦全体が長い時間，振動することから，比較的大きな放射音を発生することができる。ダイナミックレンジは約 20 dB であり，通常の奏法に比べてかなり狭い。非常に弱い pp を演奏できるが（パワーレベルは 64 dB），パワーレベルの上限値は 84 dB とかなり小さい（Burghauser and Spelda, 1971 から再計算）。いわゆる「アーティフィシャル・ハーモニックス」[57]奏法を行った場合，ダイナミックレンジはさらに狭まる。

7.3.2 ヴィオラ
7.3.2.1 スペクトル

ヴィオラの音質は基本的にヴァイオリンと類似している（Fretcher et al., 1965）。調性は 5 度低く，音域は c（130 Hz）まで拡がっている。これは最低周波数の波長はヴァイオリンの 1.5 倍であることを意味している。一方，ヴィオラの大きさ，つまり胴体の寸法はヴァイオリンの 1.15 から 1.2 倍にすぎない。このため，ヴィオラの弦の共鳴周波数はヴァイオリンより 5 度低いが，その音色がきわめて暗いということはない。これが 5 度下の調性を持つ理由である。また，低い音域の響きを充実させることを目的として，大型のヴィオラの製作が多々試みられている。

通常，ヴィオラの空洞共鳴は a 付近（約 220 Hz）にある。したがって，C 線の基音の振幅は非常に小さく，c の基音は最大の部分音の 25 dB 以下の値となっている。ヴィオラの低域の音は 220 Hz と 350 Hz の二つの共鳴周波数域に大きなエネルギーを持っている。この二つの周波数は母音域/u/に含まれているため，この成分が響きの基本的な性格を与えている。さらに高い周波数に存在するフォルマントとして 600 Hz 付近と 1,200 Hz 付近の二つがあり，これらは主に中・高音域の音質に影響している。なお，前者は母音/o/から/å/へ移行する周波数に位置しており，後者はこの楽器が鼻音的音色を持つ原因となっている。

総じて，高次倍音の振幅はヴァイオリンに比べて小さく，ヴィオラの音色の輝かしさは劣っている。ただし，ヴィオラの銘器では母音域/i/（3,000〜3,500 Hz の帯域）に存在する第 2 フォルマントの効果によって，輝かしさを兼ね備えている。また，この成分は鼻についた響きを抑える効果も併せ持っている。

7.3.2.2 ダイナミクス

ヴィオラの実質的なダイナミックレンジはヴァイオリンよりも少し狭い。遅い音符の場合，pp でのパワーレベルは低音域で約 67 dB，D 線と A 線では約 63 dB である。ff でのパワーレベルはヴァイオリンよりもやや小さく，約 95 dB である。ただし，あまり使われない c^3 より上の音域では 88 dB まで低下する。速い音符が並んだ場合については，実質的なダイナミックレンジは狭まり 73〜91 dB の範囲となる。

このように，ヴィオラのダイナミックレンジはヴァイオリンより少し小さいと言えるが，これにはダイナミックの両端（pp と ff）で初期トランジェントの成長がいくぶん緩慢であることも影響している。また，ボーイング奏法を行う他の弦楽器と同じように，奏法の違いが倍音に及ぼす影響は小さい。「ダイナミック音色因子」は 1.1 に近く，フォルテのパワーレベルの中央値は 87 dB であり，ヴァイオリンより 2 dB 低い値である。

---

[57] 普通，左手の人差し指で弦を強く押さえ，その完全 4 度上の音が出る位置に小指を軽く触れることによって，強く押さえた指の音の 2 オクターブ上のハーモニックスを出す奏法。

一方，ハーモニクス奏法でのパワーレベルはヴィオラのほうが約 3 dB 大きい。弱音器を装着したときの放射音は，ヴァイオリンほどの減衰が得られないのが通常である。それは駒に対する弱音器の相対的な質量が小さいためである。このとき，約 4 dB の減音が期待できる。

7.3.2.3　時間構造

ヴィオラは寸法が大きいにもかかわらず，鋭いアタックを付けた音に対して，定常状態に到達するまでの時間が短く，ヴァイオリンよりも短いこともしばしばである。すなわち，スタッカートの初期トランジェントの継続時間は約 30 ms である。この性質は低い音域でも成立し，特に C 線の開放弦の場合には 20 ms まで短くなる（Melka, 1970）。この値を実現するには，弦に対する弓の操作が適正であることはもちろんであるが，これに加えて初期トランジェントの長い成分は，そのエネルギーが小さいため耳につきにくいということも関係している。この成分はゆっくりした音符の場合にはほとんど影響しないが，非常に速い音符については，この成分によってヴィオラの音質が明るくなり，ときとして鼻にかかった音色となることがある。

アタックの表現のちがいによる初期トランジェントの継続時間は，音域によって異なっている。柔らかなアタックをつけた場合，C 線の音域では，初期トランジェントは 100 ms まで延びる程度である。この値は，音域の上昇に伴って増加する傾向があり，A 線の高い音域では，定常状態に成長する所要時間は 200 ms を要することもある。これに関連して，ヴィオラの柔らかいアタックの初期トランジェントの継続時間はヴァイオリンより短いこと，そして周波数と継続時間の関係が逆転していることに注意する必要がある。すなわち，ヴァイオリンでは高音域よりも低音域の初期トランジェントが長いことに注意が必要である。

ヴィオラの減衰時間はヴァイオリンとほとんど差がない。弦から弓を離したときの減衰時間は，中音域の場合，弦を指で抑えているとき約 1 秒，開放弦では 3～4 秒である。また，ヴァイオリンと同じく倍音は基音よりも速やかに減衰する。

7.3.2.4　ピッチカート

ヴィオラの弦をはじいたときの初期トランジェントはほぼヴァイオリンに近い。ただし，C 線だけは 10 ms を超える継続時間となるが，D 線より上ではこの値以上とはならない（Melka, 1970）。一方，その音量はヴァイオリンほどの大きさではなく，ffでのパワーレベルは約 90 dB，4 本の弦すべてを和音で鳴らしたときにはこの値より 3 dB 増加する。最弱音のppのパワーレベルは約 58 dB であり，この下限値の違いによってダイナミックレンジはヴァイオリンに比べて狭い。

ピッチカートの減衰時間はppでは 50～150 ms であり，ffでは 280～600 ms まで継続する（Spelda, 1968）。これらはヴァイオリンに近い値である。ヴィオラの場合，指板を指で押さえたとき（約 40 ms）よりも開放弦（平均で 500 ms）のときに減衰時間がかなり長くなる傾向があり，この点はヴァイオリンとは異なっている。

7.3.2.5　ヴィオラ・ダモーレ

ヴィオラ・ダモーレはバロック期と古典派初期に活発に利用された楽器であるが，その特別な音色ゆえに現代のオペラ作品でもしばしば使用されている。レオシュ・ヤナーチェクの『カーチャ・カバノヴァー』や『マクロプロス事件』，ギュスタース・シャルパンティエの『ルイーズ』，さらにハンス・プフィッツナーの『パレストリーナ』を例として挙げることができる。また，ジャコモ・プッチーニはこの楽器の特殊な音色効果に着目して，『蝶々夫人』の中で舞台裏の影コーラスと伴に用いている。

ヴィオラ・ダモーレの音域は広く，A（110 Hz）から高音は第 6 オクターブに及んでいる。7 本の演奏弦を持ち，さらに演奏弦の下にある共鳴弦によって，ボーイングで演奏する他の弦楽器と

はまったく異なった音色を持っている。この楽器を演奏すると，共鳴弦がその基音や倍音で応答して，演奏音のさまざまな部分音を強調する。慣習にしたがって，共鳴弦をニ長調またはニ短調に調弦すると，この調の主音と属音が際立った輝かしさを帯びるが，他の調性についても同様な共鳴が生じる。一方，共鳴弦を半音ずつ異なった音程，例えば（a^1 を除いて）es^1 から b^1 に調弦すると（Stumpf, 1970），フォルマントが母音域 /o/ に存在するような効果が得られる。しかし，共鳴弦の減衰音が唸りを生じるので，澄んだ音色とはならない。優れた楽器は f^1 付近の周波数に強い胴体共鳴を有しており，これによって母音 /o/ に近い音色効果が得られている。また，高音域では 650 Hz と 1,000 Hz 付近の 2 か所に補助フォルマントを生じて，その基本的な音色は /a/ に近づく。一方，低音域では，210～249 Hz の範囲に存在する空洞共鳴によって，ヴィオラのような音色を帯びる。

7.3.3 チェロ
7.3.3.1 スペクトル

チェロの最低音は C（65 Hz）であり，ヴィオラより 1 オクターブ低い。この差は周波数軸上の主要な共鳴周波数の位置と密接に関係しており，その違いがチェロの基本的な音色を決定している。通常のチェロでは，空洞共鳴周波数は 110 Hz（A）近傍に存在しており，これ以下の周波数では，放射音のパワーレベルはオクターブ毎に 6 dB ずつ減少する。したがって低音成分，なかでも C 線での基音のエネルギーはかなり弱い。また，Fis のように部分音の周波数が強い振幅を持つ胴体共鳴に一致するときには，基音と最大部分音の差は 12 dB に及んでいる。低い周波数領域で放射音圧が弱いというこのような性質は，R. シューマンの『ピアノ四重奏曲』の緩徐楽章などで C 線を B_1 に調弦するとき，いっそう明確になる。

銘器の持つ豊かで朗々とした響きには，250 Hz 付近と 300～500 Hz に存在する二つのフォルマントが関係しており，母音 /u/ と /o/ の中間の音色を低音の 2 弦（C 線と G 線）にもたらしている。一方，高い音域では，高次の部分音が重要な意味を持っている。楽器により異なるが，最大振幅の部分音は 600～900 Hz の帯域に存在しており，これは母音 /å/ から暗い /a/ の範囲に対応している。これに対して，明るい /a/ に対応するフォルマント帯域の 1,000～1,200 Hz では，チェロのスペクトルは目立って落ち込んでいる。駒の共鳴周波数はこれより高く，およそ 2,000 Hz である。

チェロのスペクトルは胴体共鳴の影響を受けて，200～2,000 Hz の範囲に激しい起伏を持っている。ただし，ボーイング駆動による基本的性質として，平均的にはオクターブ当たり約 6 dB の割合でスペクトルの包絡線は低下する。つまり，スペクトル平均勾配は 6 dB/oct でこれに ±5 dB の変動成分が重畳することになる（図 2.16 参照）。この著しいスペクトルの変動はヴァイオリンよりも激しく，これによって 4 度から 5 度の音程の違いで著しい音色の違いを生じている。また，低・中音域では 2,000 Hz 以上のスペクトル成分はオクターブ毎に 16 dB ずつ減少する。高音域ではこの値はやや穏やかで 10 dB となり，その結果，総じてきわめて倍音に富んだ響きとなっている。

7.3.3.2 ダイナミクス

チェロは寸法が大きいことから，ヴァイオリンよりも大きな音響エネルギーを放射することが可能である。ただし，高音域では表板と裏板が複雑な振動パターンを生じるため，この両面からの放射音が互いに相殺しあう現象を生じる。この結果，見かけ上の放射効率は低下して，総放射音の大きさはヴァイオリンと同程度である。広い音域にまたがって速い音階を弾く場合，パワーレベルの可変範囲は 74～96 dB，ゆっくり 1 音ずつ弾く場合には 63～98 dB である。ただし，g^1 より上の音域では，*ff* のパワーレベルは 90 dB 付近まで低下するので，実質的なダイナミックレンジは 25～30 dB に狭まる。*f* のパワーレベルの中央値は 90

dB であり，ヴァイオリンより1 dB大きい。「ダイナミック音色因子」はほとんどの音域では約1.1であるが，最大部分音が胴体の共鳴周波数と一致するときには，1.03に減少する。したがって，この場合には，音の強弱で音色はほとんど変化しないと言える。

チェロはハーモニクスの演奏に特に適しており，非常に弱い音までを演奏することができる。最弱音でのパワーレベルは62 dBを下回り，ヴァイオリンやヴィオラよりも小さい。弱音器の効果は弱音ほど著しく，pp のパワーレベルは55 dBまで低下する。ただし，ff でのパワーレベルも89 dBまで下がることから，ダイナミックレンジは一音ずつ演奏する際と同じく34 dBである。

7.3.3.3 時間構造

高音の弦楽器と同じように，チェロの高次部分音は低次部分音よりも速く定常状態に到達する。また，初期トランジェントには強いノイズ成分が含まれており，これはアタックに伴ってあらゆる共鳴モードが励振されることで生じたものである。一方，低次部分音の初期トランジェントの継続時間は60〜100 msと，ヴァイオリンに比べてかなり長い（Melka, 1970）。このため，短い音符に鋭いアタックをつけて演奏する場合には，高次部分音は定常値に到達するが，低次部分音の放射音は弱いことになる。この結果，ヴィオラの項でも示したように，速いパッセージでは楽器の鳴りが不十分となって，鼻にかかったような成分が強調されるか，ノイズのようなかすれた音質になってしまう。

他の楽器とのアンサンブルでは，チェロのこうした速いスタッカートでの性質を考慮する必要がある。この場合，管楽器奏者は必要以上に鋭いスタッカートを避けることが必要で，それによって粒の揃った響きのパッセージが実現できる。この例として，W. A. モーツァルト『後宮からの逃走』のアリア「いかなる苦しみが待っていようとも（Martyr-Aria）」でのフルート，オーボエ，ヴァイオリン，チェロのソロ四重奏がある。この曲では，フルートとオーボエのスタッカートに2台の弦楽器の響きを合わせることはかなり困難である。

対照的に，ゆっくりしたパッセージでは，チェロのアタックは非常に柔らかな音質を持つことができる。この場合，初期トランジェントの長さは低い音域で300 msを超え，A線の高音域で約200 msとなる。

チェロの減衰時間はヴァイオリンやヴィオラよりもかなり長い。その主な理由は弦が長くて重いことである。音符が終わったときに弓を弦に置いたままにしなければ，指で指板を押さえたときの減衰時間は中・低音域で2秒，高音域で1秒である。開放弦の場合にはC線で（共鳴による基音の振動エネルギーの吸収を生じないため）約10秒，高弦で5〜8秒に及ぶ。

ビブラートについては，ヴァイオリンと同じく，指の運動による周波数変動によって部分音の大きさが変動する。ただし，ウルフトーンの場合を除けば，300 Hz以下の低音域については部分音のレベル変動はさほど顕著ではない。また，高い周波数の部分音のレベル変動は，聴感的には大きな影響を持たない。こうした理由から，奏者は主に400〜1,200 Hzに含まれる部分音に注目して演奏しており，それはこの周波数領域に強い共鳴が存在しているためである。

7.3.3.4 ピッチカート

チェロは弦が長いため，ピッチカートの表現方法をさまざまに変化することができる。例えば，継続時間の短い pp のピッチカートでパワーレベルは51 dBまで低下する。オーケストラの他の楽器にとって，このような弱音のピッチカートを作り出すことはきわめて困難である。また，最大の部分音が耳の感度の低い周波数領域に表れる音域では，聴感上，特に弱い音を表現することができる。対照的に，ff ではボーイングと同じ大きさの音圧を発生することが可能であり，それぞれの部

分音の大きさもほぼ同一である。ff でのパワーレベルは約 90 dB であり，4 弦での和音では約 100 dB まで上昇する（Burghauser and Spelda, 1971 より再計算）。

このようにダイナミックレンジが広いことから，減衰時間は音量によって大きく異なっている。単一の音に対する減衰音の可聴時間は pp で 50〜200 ms であるが，音量を上昇すると 400〜1,400 ms まで増加する。また，開放弦のピッチカートでは約 1 秒に近い値となり，指板を指で押さえたときにはこれより短くなる。ただし，その値は振動する弦の長さに関係する（Spelda, 1968）。非常に余韻の短いピッチカートが求められるときには，ハーモニクスの運指によって弦の振動を抑えればよい。

7.3.4　コントラバス
7.3.4.1　スペクトル

コントラバスはオーケストラの低音楽器のひとつであり，その最も低い音程は 4 弦の楽器では E_1（41 Hz），5 弦の楽器では C_1（33 Hz）または H_2（31 Hz）に調弦される（Planyavsky, 1984）。この楽器の最も低い共鳴周波数，すなわち空洞共鳴周波数は楽器によって異なるが，およそ 57〜70 Hz の範囲に存在している。これはコントラバスの最低音域のおよそ 1 オクターブ上にあたる。このため，C_1 の基音の振幅は最大部分音よりも約 15〜20 dB 小さい。また，このレベル差は空洞共鳴周波数が高いほど大きくなる。

低音域では，コントラバスの音にとって最も重要な成分は 70〜350 Hz の周波数帯域に含まれている。この成分がコントラバスの音に暗い色彩とふくよかさを与えている。ただし，母音 /u/ のフォルマント帯域はこれよりも高い周波数に位置しているため，この帯域成分は母音的な性質を持っていない。500 Hz 付近に存在する第 2 フォルマントは暗い /o/ に近い傾向があり，低音域の音質を円やかなものにしている。また，ff であっても，駒の共鳴周波数（約 1,250 Hz）より高い領域のスペクトルはオクターブ毎に 15 dB ずつ減少する。

一方，高音域ではスペクトルの幅が拡がり，母音 /å/ から暗い /a/ に移行する領域である 800 Hz 付近にフォルマントが生じる。なお，この成分の周波数軸上の位置と強さは楽器のサイズや機構によって違っている。このとき，基音から駒の共鳴周波数までの範囲では，コントラバスのスペクトルは総じてオクターブ当たり 6 dB 減少する傾向があり，この平均的な包絡線の上に個々の共鳴が約 ±3 dB の振幅変動で重なり合っている。

コントラバスの音では，ノイズ成分の周波数範囲が部分音の帯域より広いことが多い。このノイズが混入することによって，しばしば「サイレンような」（Sirren）音質になることがある。こうしたノイズの影響は，高音の楽器と同時に演奏するときにはほとんどマスキングされてしまうが，コントラバスのパートが単独で演奏するときにははっきりと聞こえる。

7.3.4.2　ダイナミクス

チェロと比較すると，コントラバスのパワーレベルは総じて 2 dB 大きい。f でのパワーレベルの平均値は 92 dB である。ff のパワーレベルは，速い音符では 96 dB であり，ゆっくりした単一の音符では 100 dB に達する。後者の場合，特に A_1 と A 周辺と，第 3 オクターブのいくつかの音域では，胴体共鳴がこの大きな放射音圧の原因となっている。一方，pp のパワーレベルは，速い音符では 79 dB，単一音の場合には 66 dB であり，特に第 2 オクターブの音については非常に抑制の効いた表現が可能である。これより，実用的なダイナミックレンジは 25〜30 dB と考えることができる。ただし，弱音の速いパッセージには重大な弱点がある。すなわち，すべての音符を客席へ伝えようとしたとき，pp まで音量を下げることがほぼ不可能なのである（Meyer, 1990）。

コントラバスに関して，音の強弱と音色には特筆すべき関係が存在する。ダイナミックの上昇に応じて倍音のエネルギーが増加するのは高音域に

限られる。このときには他の弦楽器と同じく，「ダイナミック音色因子」の値は 1.1 である。一方，第 1 オクターブではこの値は 0.8，第 2 オクターブでは 0.6 まで低下する。これは，最大部分音の寄与が高周波成分より大きく変化することを意味している。この原因は，弱い音量での演奏ではボーイングの圧力をかなり抑えるため，基音周波数に対する弦振動が十分に成長しないためである。このとき，コントラバスの音は存在感を失って，柔らかで穏やかな響きとなるが，鼻にかかった音色となることもある。

他の弦楽器に比較すると，コントラバスのハーモニクス奏法はかなり大きな音量を生じる。そのパワーレベルは ff では 91 dB，pp で 74 dB である。一方，弱音器を装着すると，コントラバスの音量は全体的に著しく低下する。この原因は，弱音器によって特に大きく減衰する周波数成分がヒトの聴覚の感度の鋭い帯域に位置しているためである。加えて，低音の成分は等ラウドネス曲線が狭い間隔で並んでいる帯域に存在していることにより（図 5.1 参照），この成分がわずかに減少しただけでも，ラウドネス感覚が急激に低下するからである。弱音器を用いたとき，コントラバスのダイナミックレンジはおよそ 68～88 dB である（Burghauser and Spelda, 1971 より再計算）。

7.3.4.3 時間構造

コントラバスの低音域の初期トランジェントは，寸法が大きいがゆえに，高音の弦楽器に比べて長い時間を有している。初期トランジェントの継続時間は，鋭いアタックであっても，C のオクターブでは 120 ms 以上を要し，100 ms 以下となるのは c より上の音域に限られる（Melka, 1970）。ただし，高周波成分の初期トランジェントはこの値より短いため，短い音符では，チェロに比べて顕著な音色の違いを生じる。

すなわち，音の豊かさを決める低周波数成分のエネルギーは非常に弱い状態に留まるため，鼻音成分が音質を支配することになる。また，速いスタッカートのパッセージではアタック時にかなり強いノイズが耳につくが，この成分はこうしたフレーズにリズミカルなアーティキュレーションを知覚させるプラスの効果を持っている。

歌唱のベルカントのように柔らかなアタックで音を立ち上げるときには，高音域の初期トランジェントは他の弦楽器と同程度の長さ（150～250 ms）になる。低音域ではこれよりも長い時間を要し，c 周辺の音域では 350 ms，C 周辺では 400 ms 以上の値となる。ただし，開放弦は柔らかなアタックには適しておらず，C 線であっても初期トランジェントの長さは 180 ms を下回る（Luce and Clark, 1965; Melka, 1970）。

コントラバスの減衰時間はチェロより少し長い。指板を指で押さえたときにはおよそ 3 秒，開放弦では 10 秒に近い値となる。図 6.10 からわかるように，この値は低次部分音によって決まっている。一方，高次部分音では 0.5 秒程度である。

7.3.4.4 ピッチカート

コントラバスのピッチカートは低い周波数であっても，その立ち上がり時間は極端に短く，C 線の開放弦でも約 35 ms にすぎない。この値は音域が上昇するにつれて徐々に減少し，C では約 25 ms，c 以上で 15 ms となる。したがって，すべての音域で歯切れのよい音を得ることができる（Melka, 1970）。

ダイナミックレンジの上限はチェロより 3 dB 大きい。ピッチカートでは弦の駆動時間が短いにもかかわらず，ff でのパワーレベルは 93 dB に達する。また，pp では 60 dB まで音量を抑えることができるので，ダイナミックレンジは 33 dB に及んでいる。つまり，コントラバスはアルコよりもピッチカートの方が広いダイナミックを表現できることになる（Spelda, 1968）。

減衰音の可聴時間は ff 音では最大で 1.6 秒に達し，あらゆる弦楽器の中で最も長い値となっている。これは中央の三つの弦（D, A, E 線）の開放弦に対する値であり，全音域についての平均

譜例 37　P. チャイコフスキー『交響曲第 5 番』第 2 楽章，108 小節より

値は約 1 秒である．ハイポジションを用いた時の減衰音の可聴時間は，（同じ音程を）隣の高い弦をローポジションで押さえた場合の約 2/3 の長さとなる．こうした理由から，非常に弱いピッチカートであってもその余韻は 400〜500 ms 続き，この値はチェロに比べると著しく長い．

　他の弦楽器と同じように，コントラバスの低周波成分の減衰音の持続時間は高周波成分に比べてかなり長い．さらに，その減衰時間の周波数特性が高音の弦楽器の周波数特性と平行なパターンであるため，弦楽セクション全体で奏でるピッチカートはきわめて均整のとれた響きとなる．弦楽セクション全体でピッチカートの和音を奏でる時，その響きに鐘の響きのような効果がもたらされるのはこの性質が原因となっている．P. チャイコフスキーの『交響曲第 5 番』では，こうした音響効果の顕著な例を見ることができる（譜例 37 参照）．

　なお，この箇所では mf との指定があるが，開放弦によって一音一音のアタックに長い余韻を持たせるという高度な作曲技法が用いられている．こうした意図が込められているにも関わらず，開放弦とディヴィジ（divisi）をあえて用いずに，柔らかな mf の響きを志向した演奏が存在することははなはだ驚くべきことである．こうした演奏は作曲者の意図を汲んでいるとは言い難いのではないだろうか．

7.4　ピアノ

7.4.1　スペクトル

　ピアノの発音機構は一定した連続駆動を必要としない．このため，定常な状態は存在しないが，短時間の擬似的な定常部分を生じている．したがって，音の立ち上がりにおけるスペクトルの部分音構造が音質を左右することになる．もちろん，全体の時間構造と減衰過程も重要な役割を担っており，それは弦楽器や管楽器に比べてもかなり大きい．

　ピアノの発生音のスペクトルは響板の音響放射特性によってほぼ決まっており，およそ 200〜1,000 Hz の帯域に強い共鳴を持っている．特に寸法の大きな楽器では 100〜200 Hz にも共鳴が存在する場合があり，この成分は最低音域にいっそうの音の豊かさを付け加えている．また，音の輝かしさを意図した設計によって，1,000〜約 2,000 Hz の帯域に特に強い共鳴作用を持たせた楽器も存在している（Wogram, 1984）．

　ピアノの音の大半については，基音が部分音のなかで最も強いエネルギーを持っている．ただし，低音域の 2 オクターブでは最大のエネルギー成分が 100〜250 Hz にシフトしており，これより低い周波数でスペクトルの勾配はオクターブ当たり 12〜15 dB 低下する．したがって，最低音 A_2（27.5 Hz）の基音は最大の部分音より 25 dB 小さいことになる．

　基音の周波数がこの周波数（100〜250 Hz）を超えると，すなわち，中・高音域では大半のピア

ノのスペクトル包絡線はかなり緩やかな勾配を持っている。基音の周波数が 1,500 Hz 以下ではオクターブ当たり平均 10 dB ずつ低下し，部分音が共鳴曲線内に存在するか否かの違いに応じて，スペクトル包絡線は数 dB 変動する。また，基音の周波数が 1,500 Hz 以上では，スペクトル包絡線はオクターブ当たり 12～20 dB の勾配で減少する。この結果，c^5（4,100 Hz）付近の音域では，スペクトルに含まれる部分音の数はわずか 3 個となり，オクターブ倍音も非常に弱まるため，その響きはほぼ純音に近づく。

グランドピアノ，アップライトのいずれについても，音色に影響するフォルマント成分はほとんど存在せず，わずかに 500～2,000 Hz の帯域にごく弱いフォルマント的なパターンが見られる程度である。なお，アップライトはグランドピアノとは異なり，100～350 Hz の周波数領域でスペクトル振幅が若干増加する傾向がある。これはピアノの筐体内の空気による空洞共鳴が原因であり，ピアノの設置位置によって変化する。これと類似した現象は，部屋の壁とピアノ背面の響板との間に存在する空気の共鳴によっても生じる。この現象は基音の周波数とは関係なく生じ，ピアノの音色に影響を与える。このため，多声の和音を演奏する場合に，この共鳴が特に耳障りになることがある。一方，グランドピアノは設置位置には関係なく，音域が変化してもその響きは安定している（Bork, 1992）。

ピアノの一部のモデルは特有のスペクトルを有しているが，同様に，ごく限られた音域についてみれば，あらゆるピアノが特徴的なスペクトルを持っている。これは，ハンマーが弦を整数比に分割する点を叩くことが原因であり，このとき，特定の部分音の発生が抑制されるためである。例えば，7 とその倍数次の部分音を弱めるため，弦の長さの 1/7 の位置を打弦することがしばしばなされる。その目的は 7 の倍数次部分音によるざらついた響き（Rauhigkeit）を抑えるためである。ただし，この方法は短音についてのみ有効であって，長い音符では，近接する部分音とエネルギー授受を行うことにより，こうした成分も成長するので効果は少ない（Meyer and Lottermoser, 1961）。

ピアノの音色の時間変化に関係するさらなる要素として，倍音の不協和性とノイズ成分の二つがある。後者はアタックの初期部分で顕著に発生し，スペクトル上でも観察することができる。そのスペクトルは楽器の共鳴周波数の分布特性に影響を受けており，ノイズ成分が最大となるのはおよそ 300～750 Hz の周波数領域である。なお，ピアノの最高音域では，この成分が最高で基音の 6 dB 以上に及ぶことがある（Wogram, 1984）。この場合，ノイズの周波数領域は基音よりかなり低い位置にあるため，マスキングは期待できず，はっきりと聞き取ることができる。

ピアノの倍音は，定常的に駆動される楽器とは異なって正確な調和関係を満していない。つまり，倍音の周波数が，基音の周波数の整数倍より若干大きな値となっている。この現象は高い音域で特に著しくなるが，低・中音域でも知覚することができる。なお，この倍音の不協和な関係は，グランドピアノとアップライトでさほど違いはない。したがって，かつての見解とは異なり，この二種類のピアノの不協和性には注目に値するような違いは存在しておらず（Bork, 1992），むしろ，二種のピアノの持つ共通の性質といえる。

最後に，弦の縦方向振動に言及する必要がある。これは最低音域に特有の音色を付け加えている。通常，この縦振動によって生じる部分音はまったく協和性を持っておらず，協和的な 12 次から 20 次の部分音の間に存在している。また，その周波数はピアノの通常の調律方法では変化しない。この部分音は響板の共鳴曲線内に存在しているため効率的に増幅されるという性質があり，同時に，その周波数は聴覚上，感度の鋭い帯域に該当している。

さらに，弦が異なれば縦振動の固有周波数は違った値を持ち，当然，異なった弦を打鍵するたびにその値が不規則に変化して知覚されることにな

る。こうした理由から，音階を弾いたときに，この部分音がさまざまな周波数に移動して耳障りに感じられる状況が起こる（Bork, 1989; Conklin, 1990）。縦振動を協和周波数に近づけるには，弦の材質の適切な選定が唯一の安全策である。

7.4.2 ダイナミクス

グランドピアノのダイナミックレンジは，基本的に打鍵の強さで決まるが，ペダルの操作と屋根（上蓋）の位置にも影響を受ける。両手で音階を演奏するとき，ffのパワーレベルは約 104 dB であり，低音域の方が高音域より 1～2 dB 大きい傾向がある。なお，この値は屋根を開放して，右側のペダルを用いないときの値である。ペダルを使用すると，パワーレベルは低音域で 4 dB，高音域で 3 dB 上昇する。一方，屋根を閉めることによるパワーレベルの低下は 1～2 dB にすぎない。これに対して，両手の音階を pp で演奏するときのパワーレベルは約 88 dB であり，基本的に音域とは関係しない。左のペダルを用いたときのパワーレベルの低下量はわずか 1 dB であり，屋根を閉じるとさらに 2 dB 下がる。一音ずつ演奏すると，パワーレベルはさらに低下して 65 dB 以下の値となる。当然，両手の指を駆使したときには，パワーレベルはさらに増大するので，グランドピアノのダイナミックレンジはおよそ 45 dB と考えて良い。

鍵盤を強く叩くほど，ハンマーが弦に接触する際，ハンマー表面のフェルトは（見かけ上）その硬さを増す。すなわち，ダイナミックの上昇とともに弦に駆動されるパルスに含まれる倍音は豊富になる（Askenfelt and Jansson, 1990）。これをスペクトルで見れば，最大の部分音は 1 dB，3,000 Hz の周波数帯域に含まれる部分音は 2 dB（一部のグランドピアノでは 2.5 dB）大きくなる。この結果，屋根を開いたグランドピアノは華麗で輝かしい響きを放つことになる。しかし，屋根を閉じていれば，高周波数成分の振幅は最大部分音の 1/2 に減衰してしまう。

7.4.3 時間構造

弦の振動はハンマーの接触によって生じるので，音の時間的成長は打鍵の速度と，ハンマーが弦に接触する時間の長さによって決まる。また，フェルトの硬さも大きく影響する。こうした理由から，アップライトとグランドピアノの初期トランジェントの継続時間はいずれについても，弦楽器のピッチカートとほぼ同じ長さである。低音域では，初期トランジェントの継続時間は約 20～30 ms であり，一音ずつ演奏するときには 15 ms まで短縮する。ただし，これらの値は楽器の共鳴条件により異なっている。高音域では，初期トランジェントの継続時間は 10～15 ms まで短くなる（Melka, 1970）。

打鍵に伴なって発生するアタックノイズ（Anschlaggeräusch）はピアノ特有の現象である。図7.21 は c^3 音に対する初期トランジェントの例であり，部分音に加えてさまざまなノイズが発生していることがわかる。この図では，低周波数域の響板の共鳴が励振されて，約 100 ms 継続していることがわかる。これはピアノに固有の音色を付け加える成分である。

また，600～2,500 Hz の帯域には，短いクリック性のノイズが発生している。この継続時間は25～40 ms にすぎないが，この成分が一定のアーティキュレーションをアタックに与えているのである。このノイズが消えた後には，通常の部分音

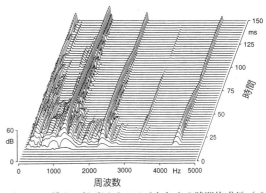

図 7.21　グランドピアノのスペクトルの時間的成長（c^3 音）

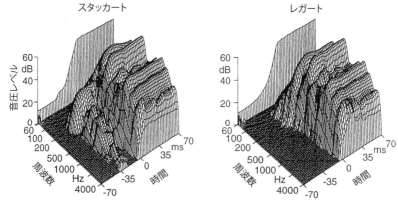

図7.22 グランドピアノの初期トランジェントに含まれるノイズ成分に及ぼすアタック奏法の影響（c 音，Koornhof and van der Walt, 1993 による）

だけが持続しており，これらは隣接する弦に励振された「高調波」である。ただし，これらの成分はマスキング作用によって知覚されることはない。

これらのノイズ成分は，アタックそのものの特徴である音質の可変性に大きく寄与している。また，これらの成分は打弦機構のさまざまな運動プロセスが原因となって生じたものである。レガートのアタックでは鍵盤に加えられる加速度は一定であり，一方，スタッカートでは鍵盤の動きは重なりあった変動と特徴づけられ，これがハンマーに伝えられる（Askenfelt and Jansson, 1990）。このとき，鍵盤の速い動きは，パルス状の外力として鍵盤の支持機構を経てフレームと響板にも伝搬する。その結果，ハンマーが弦に衝突するより先に可聴ノイズ[58]が発生する（Asklenfelt, 1993）。図7.22はスタッカートとレガートのアタックに対する初期トランジェントを示しており（Koornhof and van der Walt, 1993），時間「0」はハンマーが打弦する瞬間を表している。

この図では時間分解能を細かく設定し，周波数間隔は粗く表現されている。この結果，上述の打弦前に生じるノイズがはっきりと観察でき，その継続時間はおよそ 40 ms であることがわかる。コンサートホールでの聴感テストにおいても，このノイズの有無は明確に識別できることが示されている。つまり，このノイズ成分は先行する音によってマスクされないと考えてよい。こうした意味において，音と音に切れ目を感じさせないことを特徴とするレガート奏法は，ペダルの使い方を含めて，音を時間的に「重ね合わせる」ことの上に成立しているのである。

減衰過程の微細な時間構造はピアノの音にとって最も重要な性質である。右側のダンパーペダルを踏んでダンパーを弦から離すと，ピアノの音は 10 秒以上持続する。最初，音の強さは急速に小さくなるが，その後は，長い時間にわたって耳に聞こえる音量の範囲内で減衰を続ける。図7.23はこのメカニズムを説明している。弦に対する衝撃は，最初，響板に対して垂直方向に加わる。このとき，弦から響板に向けて非常に大きなエネルギーが入力される。この様子は響板の縦振動を表わす左上の図に示されている。これに続いて，響板と平行方向に弦の振動が発生するが，そのエネルギーは縦方向よりは弱い。さらに，横方向の弦振動に対する響板の「機械抵抗[59]」がかなり大きいため，このエネルギーは非常にゆっくりと響板に伝達する（左下の図）。響板からの放射音はこの 2 種類の振動の重ね合わせで成り立っており，両者の位相関係によって，放射音の減衰過程はさまざまな時間構造を持つことになる（Weinre-

---

[58] ノッキングノイズ（8.5.1節参照）と呼ぶ。
[59] 機械インピーダンスの実部。

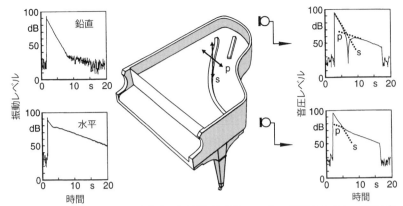

図 7.23　グランドピアノの発生音の減衰波形 (Weinreich, 1977 による)。左図：鉛直 (S) と水平方向 (P) の響板の振動，右図：二つのマイク位置で観測した放射音。

ich, 1977)。このとき，減衰過程の時間変化は原理的に 2 本の直線で表現することができる。第 1 の直線は振幅の最大点から急な勾配で低下するものであり，第 2 の直線は緩い勾配を持っている。この時間構造は演奏のダイナミクスとは無関係である。

短音の減衰は第 1 の直線の勾配でほぼ決まっている。図 7.24 はグランドピアノのすべての音域に対する，この初期減衰部の持続時間を示している。なお，右側の縦軸には持続時間に等しい音符の速度に対応するメトロノーム記号が表示してある。これより，図にプロットしたデータには大きなバラツキが存在することがわかる。この理由として，初期勾配自体がかなり幅を持って変動することに加えて，これに続く緩い勾配を持つ第 2 の減衰部が始まる音圧レベルの値もさまざまに異な

っていることがあげられる。なお，この後者の成分はピアノの音の躍動感 (Belebung) に大きく寄与している。一般に，低音域ではこの初期減衰の持続時間はゆっくりしたテンポでの二分音符から四分音符に，中音域では速いテンポの四分音符に，高音域ではアレグロの八分音符にほぼ対応していると言える。

初期減衰部の減衰時間 (初期減衰時間) は，初期の 10 dB 減衰する時間を求め，これを 60 dB に対応する値に換算して (6 倍して) 定義される。これは室内音響学で用いられる「初期残響時間」と同じ考え方である (9.3 節参照)。この初期減衰時間の値は，近い音域であっても 2 倍程度の違いを持つことがある。図 7.25 には初期減衰時間の各音域に対する代表値として，1/2 オクターブ毎の平均値がプロットされている。図より，初期減衰時間は最も低い音域では 10 秒であり，その後，オクターブ毎におよそ 1/1.7 の割合で減少して，中音域で約 3 秒，高音域では 0.6〜1.4 秒となっている。また，グランドピアノとアップライトはほぼ同じ傾向を示している (Meyer and Melka, 1983)。

初期減衰部の持続時間は旋律の歌声のような (gesanglich) 美しい繋がり，つまり音楽の流れの中での音符の連続性と主に関連している。もし，一音一音の減衰時間が非常に短いならば，その響きは光沢を失って乾いた性格を帯び，音楽全体の

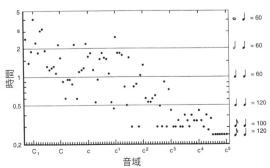

図 7.24　グランドピアノの各音域に対する初期勾配部分の継続時間 (Meyer and Melka, 1983)。

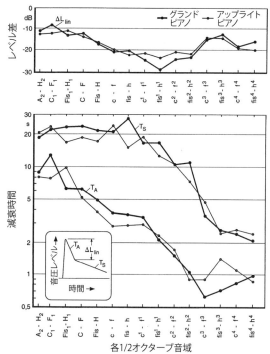

図7.25 グランドピアノとアップライトの減衰時間（1/2オクターブ毎の平均値）。上図：減衰波形のピーク値と後続減衰の開始時点までのレベル差。下図：初期と後続部の減衰時間。

持つ響きは損なわれる。なお，初期減衰時間に対する聴覚的な閾値は，初期減衰部の持続時間に関係している。単純化して言えば，初期減衰時間が4秒以上のとき，その違いを知覚するにはその値が約25％以上変化することが必要である。また，減衰時間が1.5〜3秒では15％，1秒以下では10％の変化が必要である。

継続時間の長い音符に対しては，後続減衰部の時間構造が重要な意味を持っている。図7.25には，後続減衰部の減衰時間（後部減衰時間，同じく60 dBに対する換算値）の値（下図）と，最大ピークから後続部が開始する時点までのレベル差（上図）がプロットされている。平均で見れば，後部減衰時間の値は低音域（鍵盤の左半分）では約20秒であり，一部の音域では30秒に達することもある。

高音域では，後部減衰時間の値は1オクターブ毎に約1/1.9の割合で減少し，最も高い音域では2〜3秒となっている。グランドピアノの場合，最も長い後部減衰時間を持つ音域は製造メーカによって異なっている。このとき，低い音域を強調する楽器では，後部減衰時間の最大値は第2オクターブに存在している。これに対して，中音域の後部減衰時間を長くすると，その音質は柔らかになるが，全体としての音量感は低下する。

減衰波形が二つの勾配を持つとき，減衰波形の最大点と後続減衰部の開始点とのレベル差はもう一つのパラメータとなる。図7.25の上図は，このレベル差の1/2オクターブ毎の平均値のプロットであり，隣りあう周波数域であっても，dB値で最大30％の変動をすることがわかる。なお，このパラメータの聴覚上の閾値は約3 dBである。低音域では，後続減衰部は短時間，つまり減衰波形の振幅が比較的大きな点から始まる性質があり，これは，あらゆる種類のピアノに該当する。また，中音域に近づくと，後続減衰部の開始時間は次第に遅くなり，中央のc^1のオクターブ音域では，初期減衰部が30 dB以上低下した後に後続減衰部が開始する。

この場合，ピアノの音色は透明感を持つが，初期減衰時間の長さが不足すれば，響きの連続性は損なわれる。高音域では，後続減衰部の開始点までのレベル差は再び小さくなる。ただし，後続減衰部の減衰時間が短いため，音色の透明感を失うことはない。つまり，この性質が高音域の響きの特徴を支えているのである。なお，減衰波形の最大点と後続減衰部の開始点とのレベル差は，打鍵の強さには関係しないという事実を強調しておく必要があろう。これに対して，左のソフトペダルを踏むと後続減衰部が開始する時点の（減衰波形上の）レベルが数 dB上昇するので，響きの中の余韻が強調されることになる。

図7.25で模式的に使用した，減衰過程を2本の折れ線で表現するモデルだけでは，ピアノの音の詳細な時間特性を完全に記述することはできない。こうした2本の折れ線の減衰パターンは，低音域では減衰波形の特徴を基本的に近似している

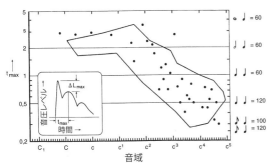

図 7.26　グランドピアノ（●）とアップライト（実線で囲んだ範囲）に関する，減衰波形に生じるうなりの最初のピークの生起時間。

と考えて良い。しかし，音域が高くなるにつれて直線勾配の減衰にビートのような脈動が重畳した減衰波形となり，中音域の 30～50%，c^2 より高い音域では 70～90% でこうしたパターンが表れる。このとき，「ビート」の最初のピークは，左半分の鍵盤では音の開始点から約 2～3 秒後（図 7.26 の t_{max}）に生じ，中・高音域ではこの開始点はオクターブ毎にほぼ 1/2 ずつの割合で短くなる。

図 7.26 に示した音符の速さが示すように，この音の脈動が聞き取れるのは，低音の長い音符に限定される。ただし，高音域の速く進行する音符に関しても，この脈動成分が耳障りな印象を与えることがある。一般に，この「ビートの最大値」は減衰波形の最初のピークに対して約 10～20 dB 小さい値である。ただし，音域全体で見れば 8～35 dB の範囲でばらついている（Meyer and Melka, 1983）。

最後に，ピアノの調律が充分であっても，放射音の音圧レベルは時間変動することに注意する必要がある。この現象は弦の振動方向が変化するために生じるが，これに加えて，一つの鍵に張られた 3 本の弦の倍音構造の違いも大きな影響を与えている。

7.5　チェンバロ

7.5.1　スペクトル

ピアノと同じく，チェンバロの放射音が強いエネルギーを持つ音域は，主に響板の共鳴によって決まり，その周波数範囲は 200～800 Hz である。楽器の細かな構造によるが，最も強い放射音は 300～600 Hz で生じる。チェンバロではツメが弦を下から上にひっかいて音を出すため，ピアノよりも倍音は豊かである。また，弦振動の不協和性はピアノに比べてはるかに小さい。チェンバロは 50 次の部分音であっても，調和振動数からの偏りは，低音域ではおよそ 15 セントが通常であり，高音域でも 30 セントにすぎない。ちなみに，同じピッチのピアノの音では，すでに第 6 部分音で周波数の偏りは 30 セントを超えている。

放射音のスペクトル包絡線は，200 Hz より低い周波数ではオクターブ当たり 40 dB ずつ減少するので，この帯域の部分音の振幅はきわめて弱い。低音域では最も強い部分音は 200～500 Hz の範囲に存在しており，中・高音域では基音が最も強い成分となっている。なお，高周波領域に存在する部分音の振幅は，多くの場合，時間とともに変化する。こうした理由から，チェンバロの音の特徴を数値で表現するために，最初の 1 秒間の部分音のエネルギーに着目することが推奨されている（Elfrath, 1992）。

800 Hz を超えると，スペクトルはオクターブ当たり約 7 dB の勾配で減少するが，2,000～2,500 Hz の範囲にディップが存在しており，その値は最大部分音より約 15 dB 小さい。このディップの後には，第 2 のピークが存在しており，この成分がチェンバロに独特の存在感を与えている。また，5,000 Hz 以上では，スペクトルはオクターブ当たり約 15 dB の勾配で減少する。

チェンバロの音の存在感に寄与する，この補助フォルマント成分は，（他のスペクトルの細かな構造とは異なって）楽器構造の違いに大きく依存している。なお，スペクトル包絡線は上述したデ

ィップを過ぎると 2〜6 dB 程度上昇し，このフォルマントの振幅は最終的に最大部分音より約 7〜12 dB 小さな値となっている。このフォルマントが存在する周波数は 4,000 Hz 付近であることが多いが，一部の楽器では 5,000 Hz 付近に移動することもある。

ところで，このフォルマント成分は常にシンガーズフォルマントよりも高い周波数領域に存在することから，チェンバロの存在感を保ちつつ，なおかつ，歌声を明瞭に伝えることができるという二つの特長に寄与している。この効果は例えば，オーケストラの中でチェンバロが通奏低音を受け持つ場面で，リズミックな構造をつかさどるチェンバロの高周波数成分が全体の響きに埋もれることからはっきりと理解することができる。ただし，チェンバロの通奏和音は聴衆にとって従属的な要素にすぎず，場合によってはまったく注目されないこともあるだろう。

7.5.2 ダイナミクス

チェンバロのダイナミックレンジは極めて狭い。それは基本的に鍵盤のタッチによって弦のはじき具合を変化できないためである。そこで，レジスターと呼ぶ弦のストップ機構を用いて，1 本の弦をはじくか複数の弦をはじくかを操作して強弱をつけている。この場合，二つの 8 フィート・レジスターを用いると，単一のレジスターを用いたときよりパワーレベルは 2〜3 dB 上昇する。さらに，4 フィート・レジスターを組み合わせると明るい音色に変化し，その効果によって音量が増加したような印象を与える。

パワーレベルの平均値は 71〜87 dB と考えられるが（Burghauser and Spelda, 1971 から換算），その値はレジスター機構と演奏テクニックに依存する。チェンバロのパワーレベルの値は 1 台のヴァイオリンにも及ばないが，その聴感的な存在感ははるかに優っている。なお，クラビコードのパワーレベルはチェンバロよりもさらに約 10 dB 小さいことを言及しておく。

チェンバロはパワーレベルが小さいことから，アンサンブルでの他の楽器とのバランスを改善するため，スピーカによる電気的な拡声を行うことがある。ただし，本来のチェンバロの音量よりも再生レベルを上げると，1,500 Hz 付近の周波数の谷が聴感に影響を及ぼして，鼻にかかった音色になるので，この影響を抑制することが重要である（Theinhaus, 1954）。

7.5.3 時間構造

チェンバロの音の初期トランジェントの継続時間は非常に短い。中・高音域では 10〜25 ms にすぎず，低音域では楽器の構造にもよるが 45〜75 ms まで拡がる（Neupert, 1971；Weyer, 1976）。さらに「アーティキュレーションのピーク」[60]（Artikulationsspitze）が持続する時間は約 20〜30 ms と短く，その主な成分は 2,000 Hz より高い周波数である。このように，チェンバロの一音一音ははっきりした輪郭を持っているため，複数の音を同時に演奏すると，耳障りな硬い音質となることがある。これは，チェンバロの和音が通常，アルペジオで演奏される一つの理由である。

チェンバロの音の減衰過程はピアノに近く，響板に対して垂直と平行方向の弦振動の重ね合わせで成り立っている。ただし，減衰の初期部分の勾配はいずれの音域でもピアノに比べて緩やかである。これには，弦をはじくという駆動方法によって水平方向の振動が支配的であること，そして，垂直方向の振動エネルギーが速やかに水平方向の振動エネルギーに変換されるという 2 点がその要因となっている。（ピアノとは異なって）減衰曲線の勾配は時間が経過しても変化しないので，チェンバロの減衰過程は単一の減衰時間で表現できる。

図 7.27 は，4 つの異なった様式のチェンバロ

---

[60] アーティキュレーションのピークとは，音の立ち上がりに際して，短く強いエネルギーを持って開始する 2,000 Hz 以上の成分のこと。スピーチの子音に含まれるノイズ成分に対応すると言える。

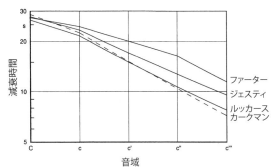

図7.27 製作地の異なる4種類のチェンバロの減衰時間（Elfrath, 1992）：ルッカース（フランダース，1628年），ジェスティ（伊，1681年），ファーター（独，1738年），カークマン（英，1783年）。

古楽器の減衰時間を，各音域について求めた結果である（Elfrath, 1992）。総じて，チェンバロの減衰時間はピアノの（初期減衰時間ではなく）後部減衰時間と同じオーダーであることがわかる。また，最も低いオクターブでは楽器による差はきわめて小さいが，周波数が上昇すると各測定結果は異なった勾配を持ち（オクターブ当たりの勾配は1/1.25～1/1.5），最高音域では減衰時間の違いは平均に対して±35%に及んでいる。ただし，このプロットは帯域毎の平均値を示しているが，スペクトル成分の時間平均を比較すると，一音一音で見ればそれぞれの楽器はさらに大きく異なっていることが理解できる。これに加えて，減衰時間が100 ms以内の値を持つ高次倍音構造が楽器の音色の違いに影響しており，楽器の性質を特徴づけている。

現代のチェンバロの減衰時間はカークマンの特性に近いが（図7.27），楽器による違いがかなり大きい。一般に，cの減衰時間は約20秒であり，オクターブ毎に1/1.4ずつ短くなると考えて良い（Neupert, 1971; Fretcher, 1977）。今，初期部分のパワーレベルを70 dB，室内の騒音を30 dBと仮定すると，耳に聞こえるのは減衰時間のほぼ2/3の長さということになる。しかしほとんどの場合，実際の減衰音の可聴時間は減衰時間よりはるかに短いと考えてよい。そのため，チェンバロの音質は基本的に減衰波形の最初の10 dB，あるいはたかだか20 dB低下する部分で決まっている。

7.6 ハープ

7.6.1 スペクトル

ハープの音響放射特性は基本的にボディ（胴）の共鳴で決まっている。3個の重要な共鳴が200～450 Hzの範囲に存在し，これに続いて2個の強い共鳴が850 Hzまでに存在する（Firth, 1977）。1,000 Hz以上にはさらに狭い周波数間隔で共鳴が存在するが，その共鳴の強さは次第に小さくなっていく。ハープの音域は広く，最低音はCes_1（31 Hz）に及んでいるが，低音域では基音のエネルギーは弱く，200～450 Hzの範囲に存在する共鳴で生じる部分音が卓越している。一方，gからc^1付近までの音域では，基音がスペクトルの最大成分となっている。

弦楽器のピッチカート奏法と同じように，ハープの倍音構造は弦のはじき方で決まる。弦の中央付近をはじくと，弦の振動理論に一致したスペクトルが形成され，倍音の振幅は周波数が高いほど小さくなる。すなわち，中・高音域ではオクターブ倍音は基音より10～15 dB小さくなる。一方，低音域では450 Hz以上の倍音で振幅の減少が生じる。弦の正確な2等分点をはじくと，奇数次部分音が偶数次部分音に比べて顕著に卓越することから，豊かで柔らかな音色となる。1/3の点をはじくと，3次の部分音が抑えられてオクターブ部分音（2次と4次）が強調されるので，明るく輝かしい響きとなる。弦の端部をはじくと（presso la tavola），8次までの低次部分音の振幅が20 dB低下して，ギターに近い金属的な音色となる。

7.6.2 ダイナミクス

ハープはピアノと同じように，放射音のパワーは音の初期部分のみで決まり，初期部分において音が大きく成長する。ダイナミックの下限（最弱音）でのパワーレベルは約60 dB（Burghauser and Spelda, 1971 から換算）であるが，第2オクターブでは約70 dBまで上昇する。パワーレベルの上限値は最も低い音域で約88 dBであり，c^1付近で100 dBに上昇した後，c^3のオクターブで再び約80 dBまで低下する。以上の結果から，c^1付近でダイナミックレンジは最も広く，その値は40 dBである。

7.6.3　時間構造

ハープのアタックは際立った輪郭感を持っている。この第一の理由は初期トランジェントがきわめて短いことであり，初期トランジェントの継続時間は最低音域では約20 ms，高音域では10 ms以下である（Melka, 1970）。もちろん，基音の周波数が共鳴曲線内に含まれているときには，その初期トランジェントは他の音に比べて長くなっている。なかでも，上述した5つの強い共鳴曲線のいずれかに基音の周波数が含まれる場合には，初期トランジェントの部分で短時間の唸りが発生する。

アタックの輪郭感が明確である第二の理由は，減衰部分の挙動である。鋭いアタックで生じた高次部分音は，通常での奏法に比べてかなり速く減衰する。その減衰時間は，低音域では約4～6秒，中音域では約2秒である。ただし，基音が上述の主要な共鳴曲線内に存在する音については，高次部分音の減衰時間はそれ以外の音に比べて著しく短いため，鈍く光沢の乏しい響きとなる。

また，通常の調律での弦の全長と太さは，ペダル操作によって隣の低音の弦の長さを短くして同じ音程まで上げた場合に比べて，長くて細い。この結果，二つの弦に音質の違いが生じる。つまり，通常の調律ではハープの音はゆっくりと減衰するが，ペダル操作により音程を上げた弦は硬い響きとなる（*secco*[61]）。これに関連して，減衰時間を伸ばす特殊な演奏テクニックとして，ペダルを用いて2本の弦を同じ音程に調整し，両者の音響カ

ップリングを生じさせる方法がある。例えばG. プッチーニの『トゥーランドット』でこの音響効果が使用される。

ハープはピアノとは異なって，「使用しない」弦の振動には制止機構を備えていない。このため，それらの弦にもボディの共鳴を介した相互カップリングによって振動が発生する。この現象は，減衰時間が伸びる大きな原因となっている。場合によっては，これらの弦の振動を手で制止して，余韻を抑える必要がある。また，外部から強い音がボディに入射するときに弦振動を誘発することがあり，ハープを演奏していない時であっても，オーケストラの和音がこうしたハープの自己残響音を発生させる可能性がある。少なくともハープの近くでは，この音をはっきりと知覚することができるので，なるべくその発生を抑える必要がある。なかでも，ハープの近くにマイクロフォンをセットするとき，この残響音は特に有害である。

7.7　打楽器

7.7.1　ティンパニ

打楽器の音質の大半はスペクトルの時間変化パターンによって決まり，その影響の度合いはピアノよりもはるかに大きい。これに関係するファクターとして，放射音の大きさが最大となる瞬間のスペクトル構造，次に，スペクトルの各成分の減衰時間の相違が挙げられる。特に後者はティンパニの特徴的な性質であり，最初に発生する衝撃性ノイズが減衰した後，協和成分が大きなエネルギーを持つことによって，ピッチ（音の高さ）をはっきりと聞き取ることができるのである。

ティンパニの膜（ヘッド）の振動はさまざまなパターンの振動モードの重ね合わせによって成り立っている。このうち，最も単純なモードは膜の周縁の固定端が節線となるもので，膜全体が同位

---

[61]　短く音を切って演奏する際の指示。

相で振動する。これに加えて，周縁と同心円を描く節線を持つ高次のモードが生じ，これを「同心円モード」（Ringmode）と称する。もう一つの種類は節線が膜の中心から放射状に形成されるモードであり，「動径モード」（Radialmoden）と呼ばれる。動径モードは低次の3次あるいは5次までのモードが互いに整数比を満たすので協和性を持つという特徴がある。その周波数比はおよそ2：3：4：5：6となっており，これらのモードが基本的なピッチ感覚に寄与している（Rossing, 1982 b; Fleischer, 1991）。

大型のコンサート用ケトルの主音域はF_1からD（44～73 Hz），小型のコンサート用ケトルはA_1からG（55～98 Hz）であるが，知覚するのはこの1オクターブ下のピッチである。低音のDケトルはD_1（37 Hz）まで音程を下げることができ，高音のAケトルはc（130 Hz）まで音程を上げることができる。ただし，ティンパニは部分音が充分な協和性を満たさず，それらの周波数が比較的低いことから，そのピッチは弦楽器や管楽器ほど正確には知覚されない。こうした理由から，G.ヴェルディのスコアでは，複雑な転調が生じて再調律する時間が得られないときには，最初の調律を保ったままにして，例えば変ト長調（Ges-Dur）の主音をGと記載している。ただし，こうした問題はペダル式ティンパニの発明によって解消している。

ティンパニの調律は膜の張力を変化させて行う。正常な楽器では，張力を変えても動径モードの周波数比の相対関係が一定に保たれて，協和性が保たれる。この周波数比の関係はケトルの大きさにも依存するが，その原因はケトルの容積が膜の各振動モードの周波数にある程度，影響を与えるためである。なお，調律に伴う1次の同心円モードの周波数の変化量は，動径モードの変化量に比べて小さい。したがって，調律後も1次の同心円モードが動径モードの協和関係に及ぼす影響はわずかである。

これら2種類の振動モードによって放射される部分音のエネルギーの大きさは，打撃を加える位置と関係する。節線の近くを叩くと，それに対応するモードはほとんど励振されない。一方，膜の中心を叩くと，不協和な同心円モードが強く励振され，協和性の動径モードのエネルギーは非常に弱くなる。このため，通常は手前の縁に近い位置を叩くことによって，協和性の成分を大きく鳴らして不協和成分を抑制している。また，ティンパニ奏者は最低次の動径モード（「基音」）と，これと「5度」の関係にある2次の動径モードを明確に演じ分けることができる。

図7.28は打撃後，約1秒間のティンパニの音のスペクトルの時間変化である。最初の1/2秒間で，部分音の多くは速やかに減衰することがわかるが，これらは打撃によって発生するノイズ成分である。この例では，最低次の同心円モードの周波数は約140 Hzである。約1/2秒経過すると，ゆっくりと減衰する一連の部分音だけが残り，この例では110 Hzの基本モード（主音，1次の動径モード），5度の部分音，オクターブ部分音（220 Hz）が大きなエネルギーを持っている。通常，基本モードの減衰時間は低音域から高音域に移動すると，7秒から1.5秒の範囲で変化する。5度とオクターブ部分音の減衰時間はさらに長く，10秒から3秒の値となる。そして，時間が経過

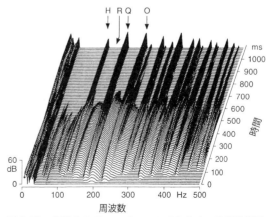

図7.28 音程Aのティンパニのスペクトルの時間的推移（Freischer, 1991）。H：基本モード，R：1次の同心円モード，Q：5度の部分音，O：オクターブ部分音

するとこの二つの部分音は基本モードよりも大きなエネルギーを持つことになる。ヘッド（膜）に本皮を用いると，各部分音の減衰時間の違いは小さくなるので，総じて，より均一な響きが得られる（Flrischer, 1991）。手で膜の振動を抑えると，減衰時間は低音域で0.7秒，高音域で0.2秒まで短縮する。

ティンパニでは，減衰波形の比較的初期の部分で協和成分が不協和成分をマスクする。このため，ティンパニの音は他の打楽器のようなノイズ性ではなく，「ピッチ感覚（音程感）」を持っている。この性質は（膜の正しい位置を叩くという前提のもとに）最低次の同心円モードの周波数が基本モードより低くないときに成立する。一方，ヘッドを高い音程に調律するとこの関係が保たれなくなり，ティンパニは高音で音の濁りを生じる（Flrischer, 1991）。膜の厚さが均一でないときにも振動モードのバランスが崩れるため，ティンパニの響きが濁ることがある。この場合には，打撃を加える位置によって著しく音質が変化するため，場合によっては，その微妙な音の特徴を故意に利用することもある。

ティンパニの初期トランジェントは，低周波成分の成長が相対的に遅いという傾向があり，およそ100 msを要する。高周波成分はヘッドを強く叩けばほぼ同時に立ち上がり，初期トランジェントの長さは20 ms以下である（Melka, 1970）。演奏可能なダイナミックレンジは約45 dBときわめて広く，ffのパワーレベルは115 dBである。ppのパワーレベルは低音域で67 dB，高音域で70 dBである（Burghauser and Spelda, 1971より換算）。最も強い成分音はおよそ100～250 Hzの範囲に存在しており，その周波数は音程と打撃方法によって決まる。

7.7.2　バスドラム（大太鼓）

ティンパニと対照的に，バスドラムは音程を持たない打楽器に属している。鈍いドーンという（dumpf）その音は不協和な部分音が強いことが原因であり，100 Hz付近の帯域に大きなエネルギーを持っている。また，これら部分音の周波数間隔は非常に狭い。通常用いる柔らかなマレット（桴）は高い周波数成分の発生を抑える働きがある。マレットが重いほど，膜に強いエネルギーを加えることができるが，膜との接触時間が長くなるため，その代償として高周波成分が抑えられる。また，膜の中心付近を打撃すると膜振動の同心円モードが卓越するので，ティンパニの場合と同じように，不明瞭で輪郭感に欠ける音質となってしまう。一方，打撃点を枠に近づけると，高次の非対称モードが励振されてざらついた響きとなる。

パワーレベルのダイナミックレンジはppで79 dB，ffで108 dBである（Burghauser and Spelda, 1971より換算）。なお，ppに対するラウドネス感覚に関連して，音圧が低い場合に，低周波音では耳の感度が鈍いことに注意する必要がある。つまり，ppではバスドラムに含まれる低周波成分は可聴域以下になっていると考えて良い。

バスドラムの音の時間構造の特徴として，打撃後1秒で最大140セント，つまり半音以上も周波数が下がることが挙げられる。また，基本周波数より上の帯域では，前述した周波数の接近したモード間の唸りによって振幅の変動が生じる。この結果，バスドラムの音は波打つような性質を持っている（Fletcher and Bassett, 1978）。減衰時間の平均値は，エネルギーが最も強い100 Hz付近の成分で約8秒，200～400 Hzの成分で約4秒であり，これより高い周波数ではオクターブ毎に1/2ずつ短くなる。一方，50 Hz以下では15秒以上の自己残響音が持続して知覚される（Plenge and Schwarz, 1967）。

フェルトのマレットに加えて，もう一つのマレットとしてトルコの音楽で使用される束にした葦「ルーテ（Rute）」がある。これは，短時間の硬い打撃を加えることができるので，フェルトのマレットとは異なった目的に使用される。J. ハイドンの『交響曲第100番，軍隊』はその代表例である。この曲の大部分では柔らかいフェルトのマレ

ットで小節の第1拍を刻み，それ以外の拍ではルーテが用いられる。また，スフォルツァンドと記された第1拍ではルーテを用いることもある。これに対して，W. A. モーツァルトの『後宮からの逃走』では，ルーテによる硬い打撃音で連続したリズムを刻み，場所によって第1拍と3拍でフェルトのマレットを使用している（譜例38参照）。

7.7.3 スネアドラム（小太鼓）

1817年，G. ロッシーニがオペラ『泥棒かささぎ』で採用して以来，スネアドラムはリズム楽器として交響曲の開始部などに使用されている。初期トランジェントは約7 ms と短く，低周波成分を持たないことから，正確にリズムを刻むことができる。スネアドラムの音は300〜1,000 Hz に最も強いエネルギーを持っており，そのスペクトルは打撃方法によって決まる。フォルテでは膜の中心付近を打撃するため低周波成分が優勢となり，一方，ピアノでは端部を打撃するので高い周波数の部分音を多く発生する。また，「部分音」は不協和性で，かつ，広い周波数範囲に存在しているため，固有のピッチ感覚は存在しない。

スペクトルの高周波成分は，スネア（底面の膜に張った細いコイル状の金属線）によって増強されており，これを調整すると，膜に周期的な衝撃が加わって高次の副次的な振動モードが励起される。この成分は，スネアドラムの音にいっそうノイズ的な感覚を付け加える効果を持っている（Rossing et al., 1992）。

最大部分音の減衰時間は1秒程度であり（Plenge and Schwarz, 1967），このため，連続して高速の打撃を加えても（ロール奏法）一音一音を知覚することができ，ノイズ性の連続音となることはない。pp でのパワーレベルは約74 dB であるが，一音ごとの打撃時間が短いので，きわめて弱い音に感じられる。ff のパワーレベルは約100 dB に達し，かなり広いダイナミックレンジを持っている（Burghauser and Spelda, 1971 より換算）。

7.7.4 ゴング

大規模なオーケストラを伴うオペラでは，異国

譜例38 上：J. ハイドン『交響曲第100番』第2楽章，174小節より（管楽器は省略）。下：W. A. モーツァルト『後宮からの逃走』第3幕より「トルコ兵の合唱」（管楽器と低弦は省略）。

情緒を感じさせる音色を造りだすために（音程を指定した）ゴングがしばしば使用される。カミュ・サン＝サーンスの『黄色い王女』，R. シュトラウスの『影のない女』を始めとして，最も有名な例としては G. プッチーニの『トゥーランドット』が挙げられ，この作品では A から a までのピッチを持つ 9 個のゴングと共に A の「音程つき中華銅鑼」（Gong Grave）が用いられる。ゴングのピッチ感覚は，正確に設定された基音とそのオクターブ部分音によって決まっており，楽器によっては 2 オクターブ倍音（第 4 部分音）が寄与することもある。

ただし，この第 4 部分音は第 2 部分音と 7 度の関係になっていることも多い。通常，ゴングの第 3 部分音は常に非協和性である。その周波数は楽器ごとに異なっており，オクターブ倍音の全音から 4 度上の範囲に存在している。このとき，その周波数が長 3 度付近，あるいは長 3 度に一致していれば，その音色は最も好ましく知覚される。（しかし，ゴングのピッチ感覚には基音，オクターブ倍音，2 オクターブ倍音の調律がより重要であるため，楽器製作者にとって第 3 部分音を正確に長 3 度に設定することはかなり難しいと思われる。）また，スペクトルにはさらに高次の不協和な強い部分音が存在しており，このノイズ成分がゴングの音色に欠かすことのできない要素となっている。

高音のゴングでは，基音のエネルギーが卓越している。一方，低音のゴングでは第 3 と第 4 部分音が基音より 8 dB 大きくなるが，オクターブ倍音は基音より約 10 dB 小さいことが多い。ノイズ成分は，ゴングのピッチが低いほど大きなエネルギーを持ち，1,000 Hz にそのピークが存在する。なお，この周波数は母音 /a/ のフォルマント帯域に該当している。3,000 Hz 付近の成分については，ff の場合，低音のゴングのノイズレベルは基音より約 10 dB 小さく，高音のゴングでは基音の 20 dB 以下である。また，3,000 Hz より高い周波数成分はオクターブ当たり 10 dB ずつ減少する。

ゴングへ加える打撃の強さは音色に大きな影響を与える。pp から mf のときには，部分音は安定して時間とともに成長するが，さらに音量を上げると非線形な振動現象が生じる。この場合，モード間でエネルギーの授受が起こり，最終的にノイズ成分が大きなエネルギーを持ってしまう。つまり，ノイズの影響を受けない澄んだ響きが得られるのは pp から mf（あるいは f）の範囲であり，そのパワーレベル（pp で 91 dB，f で 108 dB）を勘案するとダイナミックレンジは 17 dB にすぎない。物理的には，パワーレベルをさらに 8 dB 上げることが可能であるが，このときには基音の強さは変化せず，第 3 と第 4 部分音，そしてノイズ成分を中心とする高周波領域のエネルギーが増加する。これに加えて，上述した非線形作用によって，基音と各部分音は最大 80 セント高い音程から始まり，約 4 秒後に最終的な値に収束する。また，mf では，加振時の音程は約 20 セント高く，2 秒後に最終値まで低下する。

ff で強打した場合，最初の数秒間のスペクトル振幅の時間変化はきわめて特徴的である。図 7.29（上図）に示すように，最初，各部分音のエ

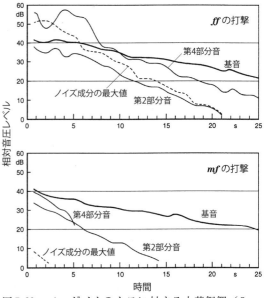

図 7.29　二つダイナミクスに対する中華銅鑼（Gong Grave）の主な成分の時間変化。音程は A。

ネルギーは小さく，約2秒にノイズ成分が最も大きなエネルギーを持っている。その後，ノイズ成分は次第に減衰して約6秒後に基音を下回り，次第に基音が最大の成分となる。このゆっくりとした基音の時間的成長がゴングに独特の劇的な響きを付与しているのである。mf（下図）やppの場合には，各部分音は打撃後，速やかに減衰するのに対し，ffでは部分音の減衰はかなり後の時点に生じている。基音の減衰時間はピッチとともに次第に短くなり，Aのゴングでは約75秒，aのゴングでは30秒である。また，基音周波数の5倍以下の周波数範囲に含まれる部分音の減衰時間は基音の約1/2である。さらに高次の部分音の減衰時間は周波数の上昇とともに短くなり，8,000 Hzでは4秒程度である。（短く音を切る）セッコ（secco）の打撃では手で制動するため，長い減衰音は生じない。

7.7.5 シンバル

シンバルの音の大半は，ゴングと同じように様々な成分音の時間変化によって決まる。周波数軸上で見ると，多数の不協和な部分音がかなり狭い間隔で存在しているため，ピッチ感覚は存在しない。初期トランジェントの最初の10〜20 msでは，400 Hz付近と700〜1,000 Hzに存在する数個の動径モードによる強い振動が生じる。その後，50〜100 ms以降には3,000〜5,000 Hz帯域（ときには10,000 Hzまで）のノイズ成分が次第に優勢となる。このプロセスには，それぞれのモード間，あるいは縦振動と曲げ振動間のエネルギー授受が関係している。

また，この高周波数のノイズ成分は，打撃後のおよそ1〜4秒後に卓越して放射され，シンバルの明るく金属性の響きに寄与している。その後，放射音のスペクトルは最初の状態のように，400 Hz付近が最大のエネルギー成分となる。ただし，この成分のエネルギーは非常に弱いため，通常はオーケストラ全体の音にマスクされて明確には知覚されない（Fletcher and Rossing, 1991）。

各振動モードの減衰時間は，400 Hz付近で30〜40秒，3,000 Hz付近で約10秒であり，6,000 Hz付近でも5秒という長さである（Plenge and Schwarz, 1967）。最低次の部分音は50〜100 Hzに存在しており，その減衰時間はおよそ100秒に達することもある。この成分は空間の響きに対してさほど大きな影響は及ぼさないが，周辺のマイクに影響を与えることがある。

なお，約700 Hz以下の周波数では，モード間のエネルギー授受の影響によって減衰過程の初期部分が急速に減衰するため，上に述べた減衰時間は約200 ms以降についての値を示していること，すなわち，（ピアノと同じく）減衰波形には折れ曲がりが生じていることに注意されたい（Müller, 1982; Fletcher and Rossing, 1991）。

シンバルのダイナミックレンジは打撃方法によって異なる。フェルトを巻いたマレットで叩くとき，パワーレベルはppで73 dB，ffで101 dBである（Burghauser and Spelda, 1971から換算）。木製のマレットを用いると，両者の値は82 dB（pp）と111 dB（ff）に上昇する。マレットと打撃方法の違いによって主に高周波数成分のエネルギーが変化するが，マレットの違いの方が大きく影響する。また，二つのシンバルを打ち合わせた場合のパワーレベルはppで74 dB，ffで108 dBである。

7.7.6 トライアングル

トライアングルの音には，高周波領域に高い密度で存在する不協和な部分音が大きな役割を担っており，通常の方法で（トライアングルに対して鉛直方向に）打つ場合，スペクトル成分は20,000 Hzにまで及んでいる。スペクトル包絡線には極端なディップは見られず，そのピークは6,000 Hz付近に存在している。1,500 Hz以下には部分音がただ一つだけ存在しており，その周波数は通常400 Hz付近である。トライアングルを（トライアングルが作る面に対して）平行方向に打つと，励振されるモードの数は減少し，部分音

の密度が低下する。このとき，400 Hz付近の基音に加えて，例えば1,600 Hzや2,000 Hz近辺に協和性に近い部分音が存在していれば，トライアングルの音には一定のピッチ感覚が生じる（Rossing, 1982 a）。

この楽器の主なエネルギー成分は非常に高い周波数に存在していることから，初期トランジェント（立ち上がり時間）は約4 msときわめて短い（Melka, 1970）。一方，減衰時間は非常に長く，基音では約30秒，高周波数ではオクターブ毎にほぼ1/2ずつ短い値となる（Plenge and Schwarz, 1967）。トライアングルの二辺を高速に「連打」（Wirbel）すると，減衰時間の長いこの高周波成分によって振幅変動する定常音に近い響きが生み出され，オーケストラの全体の響きに銀鈴を鳴らすような煌めき（silbrigen Glanzes）を付け加えることができる。

トライアングルのパワーレベルのダイナミックレンジはppで66 dB，ffで91 dBである（Burghauser and Spelda, 1971より換算）。非常に高い周波数成分が大きなエネルギーを持っているため，トライアングルの音がオーケストラの響きに埋没することはない。ただし，高周波成分であるがゆえに，ホールの壁面から反射して客席に到達する音はかなり弱いため，聴衆はその位置（直接音の到来方向）を容易に特定することができる。

7.8 歌声

7.8.1 スペクトル

歌声のスペクトル包絡線は，当然ながら主にフォルマントによって特徴づけられる。また，最大部分音の周波数は，通常，歌われる母音で決っている。男性の歌声では，最も低いフォルマントは150〜900 Hzの範囲，第2フォルマントは500〜3,000 Hzの範囲に存在する。女性の声は音域が異なるため，第1フォルマントの下限周波数は男声よりも高い。もちろん，歌詞に記された母音は常に変化するため，スペクトルの包絡線は時々刻々変化する。

また，およそa^2（880 Hz）より上の音域では，基音の周波数が母音の第1フォルマントよりも高くなる。このため，女性歌手は口腔内の共鳴状態を調節して，基音とそのオクターブ部分音が含まれる第2フォルマントを強調させている。この方法は低い音域についても用いられることがある。この場合，声量も上昇するという利点があるが，母音の了解性が低下して，若干の声質の劣化を招く可能性がある。

この歌唱法はテノールとアルトの最高音域において，十分な音量を確保するためしばしば用いられている（Sundberg, 1977；1991）。ただし，テノールの場合には，一般に（基音は弱く）第2，第3部分音が圧倒的に強いエネルギーを持つため，カウンターテナーに近い女性的な声質となってしまうことがある（Titze and Story, 1993）。

歌声のスペクトルは，第1フォルマントより低い周波数では急激に減衰する。例えば男声の低い音域では，基音のエネルギーは最大部分音よりも15〜20 dB小さいことがある。これに対して，約2,300 Hzから3,000 Hzを少し超える辺りまでの高周波成分は非常に重要な成分である。それは，この帯域には（同じ母音であっても）声質の違いを区別するための第2フォルマントが存在するだけではなく，トレーニングを積んだ歌声だけが持つ固有の成分である，いわゆる「シンガーズフォルマント」（Sängerformant）が生じるからである。

シンガーズフォルマントは歌声の特徴的な性質であり（Winckel, 1971；Sundberg, 1977），そのエネルギーは（最大部分音である）基音のレベルの−5 dB以内にまで達することがある。また，オーケストラのあらゆる楽器の部分音には，この周波数領域でエネルギーが弱いという性質がある。こうした理由から，歌声はシンガーズフォルマントの効果によって，オーケストラの音を超えて響

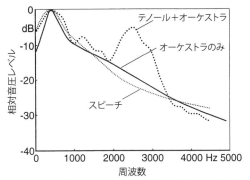

図7.30 スピーチ，オーケストラ，歌声のスペクトル包絡線の代表例．歌声はシンガーズフォルマントによるスペクトルの強調を伴っている（Sundberg, 1977）．

き渡るのである（図7.30参照）．

シンガーズフォルマントの周波数は「声道」の長さによって決まり，バスではおよそ2,300〜2,500 Hz，バリトンでは2,500〜2,700 Hz，テノールでは2,700〜2,900 Hzの範囲に存在している．女声のシンガーズフォルマントの周波数はさらに高く，メゾソプラノでは2,900 Hz付近，ソプラノでは3,200 Hzに位置している．

また，歌声のスペクトルは3,500 Hzより高い周波数ではオクターブ当たり約25 dBの勾配で急激に減少する．こうした減衰特性を持たない例外的な場合，その声質は金属的な音色になってしまう．なお，ミュージカルでしばしば用いられる「ベルティング」唱法では，喉頭を持ち上げ（胸声音域を拡張して）高周波数成分を意図的に強調することから，シンガーズフォルマントは3,500 Hzより高い周波数に上昇する（Estill et al., 1993）．

声域によるシンガーズフォルマントの違いは，チェンバロの音域によるフォルマント周波数の変化に平行しているという点で興味深い性質と言えよう（7.5.1節参照）．一方，子音の了解性には高い周波数成分が重要である．例えば，有声の歯擦音は約8,000 Hzまで，無声の歯擦音では12,000 Hzに及ぶ周波数成分を含んでいる．

7.8.2 ダイナミクス

あらゆる歌声のダイナミックレンジは，低音域から高音域に移動するにつれて次第に拡大する．BurghauserとSpelda（1971）による声楽ソリストを対象とした測定結果（パワーレベルへの換算値，図7.31）を参照すると，ダイナミックレンジの下限値は，男声バスの低音域では約70 dB，ヘルデン・テノール（Heldentenor）と女性の歌声の低音域では約60 dBであるが，高音域では85〜110 dBまで上昇している．ダイナミックレンジの上限値は，いずれの歌声についても低音域で85〜95 dBであり，高音域で110〜125 dBまで上昇している．以上の結果から，ソリストの歌声のダイナミックレンジの平均値は25〜30 dBであり，場合によって40 dBを上回ると言える．

声量を強めると，声帯は振動の1周期毎に開閉を繰り返すが，声量を弱めた場合には声帯は常に開いた状態になっている．このため，声量を強めるほど倍音成分が豊富になる．この作用によって，最大部分音が1 dB上昇すると，シンガーズフォルマントは約1.5 dB上昇する．他の音源が大きな音量を発生して，うるさいと感じられる場合，歌手は自分自身の声量をコントロールする．このとき，歌手の耳元における自分の歌声の音圧は，自身が発生したパワーレベルから10 dBを引いた値になること，そして，この値がその判断基準になることに注意されたい（Ternström and Sundberg, 1983）．

合唱団員のパワーレベルは一般にソリストほど

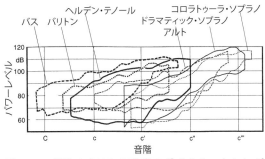

図7.31 声楽ソリストの歌声のダイナミックレンジ（Burghauser and Spelda, 1971）

の大きさはない。ただし，オペラの合唱団員ではソリストとさほどの違いはない。Ternström によれば，アマチュア合唱団員の（パワーレベルの）ダイナミックレンジは平均で 71 dB（*pp*）から 97 dB（*ff*），少年合唱団ではこれより狭く，およそ 80 dB（*pp*）から 91 dB（*ff*）である。フォルテの平均パワーレベルは成人の合唱団で約 91 dB，少年合唱団で約 88 dB である。

7.8.3 時間構造

歌声の初期トランジェントは最初に発声する子音の性質で決まる。破裂音の場合，最初に継続時間 20〜30 ms のごく短いパルスが発生し，40〜60 ms 経過した後に完全な高調波を含んだ音に成長する。対照的に，歯擦音は初期トランジェントの継続時間が約 200 ms に及ぶという特徴がある。ハミングのフレーズでは，/m/で始まった後にノイズが 40〜50 ms 続くが，（口を閉じた場合には）完全に音が成長するまで最大で 150 ms 継続することもある。このとき，「ハミングのフレーズ」であってもシンガーズフォルマントが生じることは注目に値する。子音/r/ではノイズ性のパルス列が繰り返すという性質があり，その発生間隔は 35〜45 ms である。

ビブラートをかけた歌声の変動周波数は通常 5〜7 Hz であり（Winckel, 1960），この値は音の終端部でわずかに増加する（Prame, 1993）。ビブラートによる音程の変動幅は ±40 から ±80 セントであるため，ビブラートによってスペクトル包絡線は変化しない。せいぜい，それぞれの部分音がフォルマント共鳴曲線の範囲内で左右に移動する程度であり，この性質がフォルマントを際立たせるために有効に作用している（Benade, 1976）。また，ビブラートによって音色の時間変化を生じることはない。

一方，意識的に強いビブラートをかけると，図 7.32 に示すように状況は変化する。この場合，ビブラートによる音程の変動幅が ±200 セント以上となるため音の美しさの点で問題はあるものの，

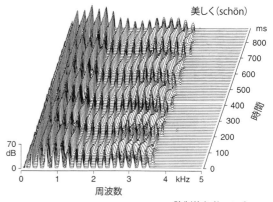

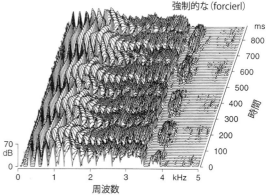

図 7.32 ビブラートをかけた歌声のスペクトルの時間変化（バリトン，歌声のピッチは G）。

高次部分音とノイズ成分が同じ位相で振幅変動することによって，声量を上げなくてもはっきり聞き取れるという特徴がある。こうした理由から，音楽の内容によっては，歌声を際立たせるという観点からこのビブラートが適していることもある。

7.8.4 合唱

多数の歌声が融合して均一な合唱の響きとなるためには，合唱団員が互いに協調することに加え，個人的な歌声を突出させるあらゆる要因を排除することが必要である。したがって，ソリストにとって欠かすことのできないシンガーズフォルマントも，団員各人が等しい強さのシンガーズフォルマントを持っていないかぎり阻害要因となる。プロの合唱団員のシンガーズフォルマントはソリストより約 5〜15 dB 弱い（Sundberg, 1990）。

一方，アマチュアの合唱団員は，シンガーズフォルマントをまったく持っていない。このため，

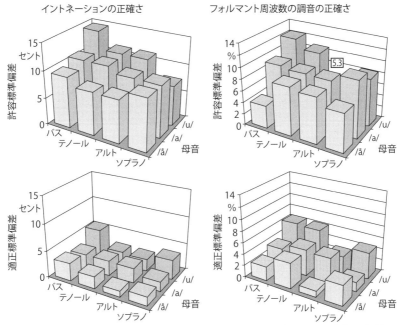

図7.33 イントネーションの正確さとフォルマントの調音に関する主観評価結果 (Ternström, 1991a)

アマチュア合唱の歌声は，全体の響きの中にソロ歌手のシンガーズフォルマントをいっそう際立たせることになる。ただし，合唱団のビブラートはこの効果を打ち消すので好ましいとはいえない。一般的に，アマチュア合唱の（*mf*での）3,000 Hz成分は最大の部分音より20〜25 dB小さく，少年合唱団では30 dB以下の値である（Ternström, 1991b）。

合唱全体の歌声にとって基本となるのは，すべての団員の正確なイントネーションである。Ternström（1991a）は合唱の電子合成声を用いて聴感テストを実施し，イントネーションの正確さの「適正値」と「許容値」を求めた。図7.33は，4種の声域と3つの母音に対する結果である。左図を参照すると，標準偏差（イントネーションのばらつき）が±5セント以下であれば（すなわち，2/3の団員のイントネーションがこの値以下であれば），イントネーションは適正と判定される。また，イントネーションの正確さに対する許容値は±10セントである。バスはやや感度が低く，暗い母音では許容値はかなり大きくなっている。なお，LottermoserとMeyer（1960）は，イントネーションの許容値はさらに大きい値と報告している。ドン・コサック合唱団はその極端な例で，±60セントまでが許容される。また，フォルマント周波数の調音，すなわち，各団員の母音のフォルマント周波数を統一することも重要である。図7.33右図を見ると，二つの低周波数側のフォルマント/a/と/å/に関して母音を好ましい状態に調音するには，フォルマント周波数の標準偏差の適正値は±6%以下，その許容範囲は±9%であることがいえる。また，高周波数のフォルマント/u/に対する許容値は±12%となっている。もちろん，この図に示された値を実現するためには，非常に系統だった合唱トレーニングを行うことが必要である。

第8章　楽器の指向性

8.1　指向性を伴う音響放射の基礎

8.1.1　方向特性と指向性パターン

前章では，さまざまな楽器の音質をその空間的性質と切り離して考察した。そこでは，大半の楽器はあらゆる方向に等しい強さで音を放射しないこと，つまり，程度の差はあるが一定の方向性を持っているという事実は扱わなかった。こうした方向による放射音の強さの違いは指向性と呼ばれる。

最も簡単な事例として，すべての表面が均一に膨張・収縮を繰り返す球形の音源を考えよう。この音源は「呼吸球」と呼ばれ，あらゆる方向に対して等しい強さの放射音を発生する。このとき，放射音の強さの空間分布は球状の無指向性のパターンを描く。音源が呼吸球，すなわち無指向性の球面波を発生すると見なせるのは，音源の寸法が波長に比べて充分に小さいときである。したがって，この条件は低周波数で成立する。図8.1はオーケストラの各楽器が，球面状に音を放射する周波数範囲を示している。いずれの楽器についても，それぞれ最も低いオクターブ音域に属する基音はほぼ無指向性であること，一方，500 Hzより高い周波数の音は球面状に放射されないことがわかる。

二つの音源がわずかに離れた位置に存在して，それぞれが球面波を放射すると，非常に複雑な音場が形成される。この音場の性質は，音源間の距離に加えて，周波数，位相差，放射面の振動の強さに関係する。このとき，両音源からの放射音が互いに強めあう方向では指向性のピークを形成し，反対の場合には指向性にディップが生じ，ときにはまったく音が消えてしまう方向が生じることもある。なお，このような単純な音源配置の指向性パターンは計算によって求めることができる(Lessig, 1965; Franz et al., 1969; 1970)。

これに対して，弦楽器の胴体の板振動のように，音響放射のモデル化が容易でない場合には，その数学的取り扱いは極めて複雑になり，板振動のモード形状の計測データに基づいて指向性を算出する必要がある。こうした理由から，本書では楽器の指向性は（ティンパニを除き）すべて無響室での実測結果を用いることにする。また，それらは楽器から3.5 mの距離にあるマイクロフォンでの測定値である（Meyer の1964～1970年の参考文献を参照せよ）。

この測定結果の一例として，オーボエの放射音の方向特性（以下では指向性パターンと呼ぶ）を図8.2に示す。この図はいくつかの周波数について，放射音の相対音圧レベルを放射角に対してプロットしたものであり，ベルの延長方向が0°になっている。各図の右上の数字は測定周波数であ

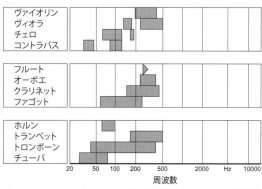

図8.1　オーケストラの各楽器が無指向性である周波数範囲

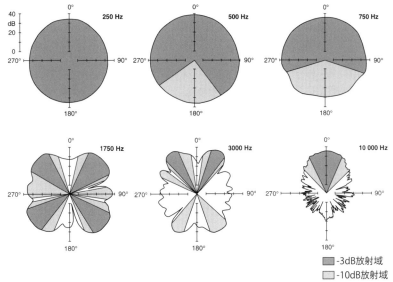

図 8.2　オーボエのいくつかの周波数に対する放射音の指向性パターン。楽器の主軸方向を 0° とする。

る。また，この測定結果には基音とスペクトルに存在する部分音の両方が含まれていること，下段の三つの図は倍音だけに対応していることに注意されたい。この若干の事例からも明らかなように，楽器音の指向性は周波数によって大きく異なること，つまり，スペクトルが違えば放射音の方向特性が変化し，ひいては，方向によって音色が異なることが理解できよう。

8.1.2　評価量とその定義

楽器の方向別の性質を表わすには，図 8.2 に示すような周波数毎の比較的複雑な多数の指向性パターンから，その基本的な特徴を抽出して，簡単な形式の評価量で表現することが望ましい。その一つとして，周波数毎の指向性パターンの最大値と最小値のレベル差を用いる方法が考えられる。しかし，指向性パターンは非常に狭い周波数範囲で急激なディップを持つことがあるため（例えば図 8.2 では 1,750 Hz の 75° と 170° 付近），こうした指向性の「ダイナミクス（音の強弱差）」は，空間の音響効果を考慮する際に有効な指標とはならない。なお，マイクロフォンはこのようなディップに敏感に応答するため，奏者が移動する収録シーンで突然，音が聞きとりにくくなることがある。

このため，楽器の音の空間的効果を扱う評価量として，指向性の最大ピークからの音圧レベル低下量が $-3\,\mathrm{dB}$ 以内と $-10\,\mathrm{dB}$ 以内となる角度範囲を採用することが有効と考えられている。ここで，$-3\,\mathrm{dB}$ のレベル低下は音のエネルギーが 1/2 になること，また，$-10\,\mathrm{dB}$ のレベル低下はラウドネスがほぼ 1/2 になることを意味していることに注意されたい。なお，レベル低下量が $-3\,\mathrm{dB}$ となる角度範囲を半値方向幅（Halbwertsbreite）とも呼ぶことにする。

図 8.2 の指向性パターンには，音圧レベル低下量が $-3\,\mathrm{dB}$ と $-10\,\mathrm{dB}$ となる範囲がそれぞれ濃淡をつけてプロットされている。例えば 250 Hz を参照すると，放射音圧はすべての方向でピーク値から $-3\,\mathrm{dB}$ 以内に収まっていることから，この周波数では指向性は一様，あるいはほぼ無指向性と言うことができる。対照的に，周波数が高くなるにつれて現象は複雑化し，強い指向性を示す角度範囲や方向は様々に変化する。

もうひとつの着目すべき評価量として，前方（正面方向）と後方への放射音圧のレベル差があ

る。この量は前後音圧比と呼ばれ（Vor-Rück-Verhältnis，単位は dB），奏者の背後にある反射面の効果を表す指標となっている。ただし，楽器の指向性は複雑なパターンを持つことが多いため，前後音圧比を求める場合，それぞれ前後±10°の平均測定値を用いることが好ましい。前後音圧比の値を明らかにすることによって，例えば，オペラやオーケストラの演奏会で管楽器の配置方法の違いを検討する際に有益な情報を得ることができる。

最後に，空間の音響状態を考察するためには統計指向係数（statistischer Richtfaktor）が重要な評価量となる。この量は，同一距離で観測される，対象とする楽器の放射音の強さと等パワーの無指向性音源からの放射音圧レベルの比として定義され，方向毎に異なった値を持つ。この値が1以上であれば，その方向の放射音はすべての方向に対する放射音の平均値より強く，1以下であれば，平均値より弱いことを意味している。

例えば，理想的なダイポール（双極子）音源では，最大の放射方向で統計指向係数の値は約1.7となり，放射音の強さが -3 dB と -10 dB となる方向で，それぞれ0.7，0.3となる。また，図2.3には，オーケストラの各楽器の統計指向係数の代表値を示してある。なお，音圧レベルによる検討を行う際には，統計指向係数を dB 表示した値を用いると都合がよい。この量は「指向性利得（Richtwirkungsmaß）」と呼ばれ，無指向性音源からの放射音に比べて，特定方向の音圧が何 dB 大きいかを表している。

オーボエの指向性は，楽器の主軸に対してほぼ回転対称と考えて良い。つまり，図8.2のパターンを0～180°を結ぶ直線を中心軸として回転すれば，全空間に対する指向性が得られることになる。このとき，放射音の空間内の3次元的な効果を求めるためには，奏者による放射音の（特に背後方向への）遮蔽の影響についても考える必要がある。

これに対して，弦楽器など，基本的に対称性を持たない楽器については，指向性データは幾つかの主要な放射面についてのみ表示することになる。図8.3はホルンの（演奏者の影響を含めた）指向性を示している。この例では，ベル（朝顔）の中心を通る水平面，奏者の視線方向に対する正中面，これと垂直な鉛直面，楽器本体を含む鉛直面の4つの平面について，放射音の指向性の空間的性質が表されている。

図8.3 演奏者の影響を含めたホルンの放射音の指向性パターンの3次元表示。放射音の最大値と内側の円までのレベル差は 30 dB に対応する。

8.2 金管楽器

8.2.1 トランペット

ホルン属を除く金管楽器の放射音の指向性は，ベルの形とサイズ，そしてベルにつながる円錐状の部分で決まる。一方，管の材質の違いはその振動性状に実質的な影響を及ぼさない。したがって，指向性はベルの中心軸に対して回転対称と考えて良い。また，指向性は周波数によって異なり，ベルのサイズと放射音の波長との寸法比に依存する。このとき，管内の空気が基音の周波数で振動しているか，高い共振モードの周波数で振動しているかを考える必要はない。つまり，指向性はバルブのポジションや共振モードの次数などとは関係なく，単純に周波数だけによって決まる（Martin, 1942; Meyer and Wogram, 1970）。

図8.1に示すように，トランペットの放射音は500 Hz以下で無指向性である。さらに周波数が高くなると，次第に横方向への放射エネルギーが弱くなり，その大半はベルの正面（中心線）方向へと放射される。

周波数がおよそ2,000 Hzを超えると，放射音はベルの中心線方向に進むビーム状のエネルギーとなる。また，横と後ろ方向に二次的なサイドローブ（副極）が生じ，それぞれのサイドローブの間には鋭いディップが存在する。周波数が高いほど，サイドローブの数は増加するが，（ベルの正面方向の放射音に対する）その振幅は次第に小さくなる。

横方向のサイドローブの振幅は2,000 Hz付近で中心線方向（中心軸の延長方向）の約 -16 dBとなる。また，5,000 Hzで約 -25 dB，10,000 Hzでは -25 dBよりさらに小さな値となる。後方向のサイドローブについても同様であり，中心線方向に対するサイドローブの相対振幅（すなわち前後音圧比）は2,000 Hzで約 -10 dB，5,000 Hzで約 -17 dB，10,000 Hz付近では -22 dBとなる。なお，これらの値は譜面台によって正面方向への放射音が遮られないと仮定したときのデータである。

このようにトランペットはすべての周波数で，ベルの中心線方向に最も強い音を放射する。この場合，指向性の鋭さを論じるためには主要放射方向（Hauptabstrahlungsgebiete）[62]，すなわち，指向性パターンにおいて振幅が最大値から -3 dB以内の角度範囲と -10 dB以内の角度範囲で定義される -3 dB放射域と -10 dB放射域を，それぞれの周波数について考えればよい。図8.4は，この2量のプロットである。

この図より，トランペットは下限周波数を500 Hzとして，これより高い周波数で指向性の影響が表れることがわかる。-3 dB放射域を示す曲線（-3 dB曲線）は500 Hzを超えると急速に低

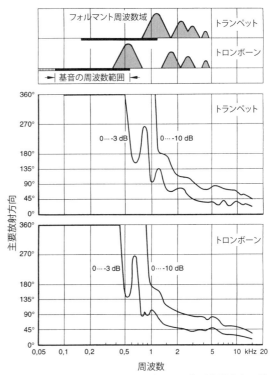

図8.4 トランペットとトロンボーンの主要放射方向，横軸は周波数。基音とフォルマントの周波数軸上の位置を併せて表示した。

---

[62] 中心方向ではメインローブと呼ぶことがある。

下し，数個の小さなピーク・ディップを生じた後，4,000 Hz を超えるとほぼ30°の一定値に収束する。中間周波数に現れるこのピーク・ディップは，ベルの内部でこの周波数の音波が平面波として伝搬できないために生じたものである。すなわち，ベルの断面方向について位相が一定値に保たれないことがその原因である。なお，−3 dB 放射域の角度範囲は800 Hz 付近に現れる最初の極大点で270°，1,200 Hz 付近の第2の極大点で約135°となっている。

図8.4の上段の図はトランペットの基音の周波数範囲とフォルマント帯域を示している。これを中段の図と対比すれば，トランペットの基音は，最も高い1オクターブ強の音域で指向性を持つことがわかる。また，第1フォルマントの中心周波数には，二つめのサイドローブ（−3 dB 放射域の極大）がちょうど一致しており，その値（角度範囲）は約±60°である。

次に，−10 dB 曲線の値は1,100 Hz 以下で360°となっており，この周波数を超えると最大値より−10 dB 低い放射音の生じる方向が表れている。−10 dB 曲線は1,100 Hz から急激に下降し，その後の起伏は比較的緩やかである。1,300 Hz 付近でその値は180°となり，このとき，奏者に対して横と頭上の方向（左右の耳を通る鉛直面）の振幅は楽器の中心線の方向より10 dB 小さいことになる。さらに周波数が上昇すると，−10 dB 放射域の範囲は75〜45°へと狭まっている。なお，ここに示したデータは標準的なボアサイズ（管の太さ）を持つ演奏会用トランペットの値である。ボアサイズの小さいジャズ用の楽器では，この二つの曲線は高い周波数の方向へ若干移動して，800 Hz と 1,200 Hz の極大点は890 Hz と 1,260 Hz へシフトする。ただし，これより高い周波数で−3 dB 曲線の値は変化しない。

周波数が高くなれば放射音の指向性が鋭くなることは，統計指向係数の値からも判断できる。放射音が最大となる方向の統計指向係数の値は2,000 Hz では2.3にすぎないが，6,300 Hz で4.4となり，15,000 Hz では6.6まで上昇する。これを指向性利得に換算すると，2,000 Hz で7.3 dB，6,000 Hz で12.8 dB，15,000 Hz で16.4 dB となる。これらの値から，トランペットがいかに鋭い指向性を有しているかが理解できよう。方向別の統計指向係数は付録に数表として示されており（p.307 参照），この値は前述した空間の拡散距離（1.1.3節）の算出時に使用される。

8.2.2 トロンボーン

トロンボーンの放射音の指向性パターンは基本的にトランペットと同じである。ベルのサイズが大きいため，低域側へシフトしているだけである。（Meyer and Wogram, 1970）。放射音が最大となるベルの中心軸方向に対する，横方向への放射音の強さは1,500 Hz で−18 dB，4,000 Hz で−25 dB であり，8,000 Hz では−25 dB より若干小さな値となる。ベルの中心線方向に対する，真後ろへの放射音の強さは1,500 Hz で−10 dB，4,000 Hz で約−18 dB であり，8,000 Hz で−25 dB に達する。これらは前後音圧比を表しており，譜面台が存在していないときの値である。

図8.4の−3 dB と−10 dB 曲線も，トランペットの両曲線を単に低音側へシフトしたものとほぼ同等である。このデータより，トロンボーンは約400 Hz 以下で無指向性と言える。−3 dB 曲線は，最初の極大点を650 Hz 付近（その角度範囲は270°）に持つが，それ以上の周波数には明確なピーク・ディップは存在しない。また，2,000〜5,000 Hz の周波数での半値方向幅（−3 dB 放射域の角度範囲）は約45°である。つまり，2,000 Hz 付近の周波数成分については，トランペットよりもトロンボーンの方が鋭い指向性を持つこと，この関係は5,000 Hz 付近では逆転することがわかる。

次に図8.4の上段の図を参照すると，トロンボーンの基音の大半は無指向性の周波数領域に含まれていること，第1フォルマント成分の一部は，無指向性の周波数領域の外側に存在することがわ

かる。ただし，トランペットと比較すれば，トロンボーンの第1フォルマントは広い範囲に放射されている。また，最も強い成分音に対する－3 dB 放射域の範囲は約±90°である。－10 dB 曲線もトランペットと同様な傾向を示しており，この場合，1,000 Hz 付近で 180°まで低下するが，900 Hz 以下では 360°となっている。なお，トロンボーンのボアやベルの形状が異なっても，指向性はほぼ同一であることに注意されたい。

（トロンボーンはトランペットより1オクターブ低いと見なして）両者に対応する周波数で比較すると，トロンボーンの統計指向係数はトランペットに比べてわずかに小さい。放射音が最大となる方向の統計指向係数は 1,000 Hz で 2.1，3,000 Hz で 4.5，10,000 Hz で 6.1 であり，これに対する指向性利得は順に 6.3 dB（1,000 Hz），13 dB（3,000 Hz），15.6 dB（10,000 Hz）である。方向別の統計指向係数の値は付録に示されている（p. 307 参照）。

8.2.3 チューバ

チューバのボアは太い円錐形であるため，その指向性はトランペットやトロンボーンと少し異なっている（Meyer and Wogram, 1970）。無指向性とみなせるのは 75 Hz 以下であり，この後，第2の指向性の極大が生じるため，鋭い指向性を持つのはかなり高い周波数（約 1,000 Hz 以上）である。500 Hz 付近では，放射音が最大となるベルの中心線方向に対する左右（中心線に対して法線方向）への相対音圧は約－10 dB であり，800 Hz では－20 dB，2,000 Hz では－28 dB に及んでいる。また，ベルの中心線方向の放射音の絶対値は周波数が高くなると次第に減少し，500 Hz で 10 dB，800 Hz で約 15 dB，2,000 Hz では約 22 dB 低下する。

図 8.5 に見られるように，－3 dB 曲線と－10 dB 曲線には大きな隔たりがある。これはチューバのベルは大きな円錐であるが，その拡がり方が比較的ゆるやかなことに由来している。－3 dB

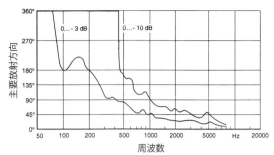

図 8.5　チューバの主要放射方向。

曲線（半値方向幅）は 75 Hz を超えると急激に低下して，100 Hz ですでに 180°に達している。最初の極大点はさほど大きくなく，以降の極大点は存在しているとしてもごくわずかである。また，300～400 Hz での半値方向幅はほぼ 90°となり，1,100 Hz 以上で約 30°に狭まっている。－10 dB 曲線については 450 Hz 付近までは 360°であるが，その後はトランペットやトロンボーンより急激に低下して，450 Hz で突然 180°となり，約 1,000 Hz で 90°となっている。

最大放射方向の統計指向係数は 125 Hz で 1.45 であり，400 Hz で 2.0，1,000 Hz で 4.5，2,000 Hz では 6.6 へと上昇する。なお，2,000 Hz の値はトランペットの最高音域と同じ大きさである。指向性利得で表わすと，これらの値は順に 125 Hz で 3.2 dB，400 Hz で 6 dB，1,000 Hz で 13 dB，2,000 Hz で 16.4 dB となる。

8.2.4 フレンチホルン

前述した金管楽器の指向性はベルの形だけで決まるが，ホルンの指向性は単純ではない。ホルン奏者は演奏時，ベルの中に右手を入れるので，これによって放射音の空間分布は変化する。また，体の近くで楽器を構えるため，奏者の体による回折効果も大きな役割を担っている。さらに，楽器を傾斜して構えることが，問題をいっそう複雑にしている。こうした理由から，ホルンの指向性は楽器と奏者を一体と見なして取り扱う必要がある（Meyer and Wogram, 1969）。

このように，ホルンの放射音場は回転対称性を

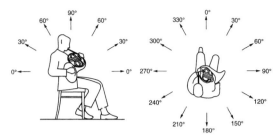

図 8.6 ホルンの指向性を表示するための極座標系

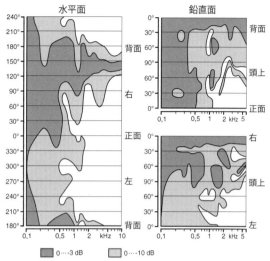

図 8.7 ホルンの主要放射方向（奏者の影響を含む）。

持たないため，図 8.3 のような複数の平面について指向性を考える必要がある。この際，主要放射方向とその角度範囲を表すために，図 8.6 の極座標系を用いることにする。すなわち，水平面については，奏者の視線方向を 0° として（奏者の頭上から見て）時計回りに面内の角を定め，鉛直面では水平方向を 0° として上昇方向に面内の角を定める。

図 8.3 の指向性パターンの 3 次元表示からわかるように，350 Hz の指向性は平面方向については円に近いが，頭上方向の放射音の振幅は最大放射方向に比べて約 7 dB 小さい。この頭上方向の相対振幅（減衰量）は 1,500 Hz で約 −15 dB，6,000 Hz では −25 dB 以下となる。（奏者の視線方向に対する）前後音圧比の周波数特性はかなり特徴的であり，1,700 Hz 付近の最小値（約 −20 dB）をはさんで，これより周波数が高くても，低くてもその絶対値は小さくなっている（1,000 Hz で極大となり，800 Hz に第 2 の極小が存在する）。この影響については前述した図 2.27 を参照されたい。

このデータから，すべての周波数にわたって前方に対して後方への放射音の方が常に大きいことがわかる。一方，放射音が最小となるのは，大半の周波数で奏者に対して左斜め上であり，唯一，1,000 Hz 付近では左側の水平方向となる。また，6,300 Hz 付近では放射音の相対振幅はかなり広い範囲で −30 dB 以下の値となる。なお，図 8.3 ではこの斜め上方向が表示できないため，−30 dB 以下となる範囲は黒い枠線で描かれている。このとき，水平面内 250° 方向で放射音が最小となっており，その相対振幅は −40 dB である。

図 8.7 は最大放射方向に対して −3 dB と −10 dB 減少する範囲，すなわち，−3 dB 放射域と −10 dB 放射域を周波数−方向角平面にプロットしたものである。この図は三つの直交面に対する測定結果であり，横軸は基音もしくは倍音の周波数，縦軸は図 8.6 で定義した放射角に対応している。水平面内の −3 dB 放射域に注目すると（左図），ホルンの指向性は 100 Hz 以下ではすべての方向に均一であるが，周波数が上昇すると奏者の左側で音圧が下がり始め，すでに 200 Hz で主要放射方向（−3 dB 放射域）は半円（180°）より狭くなっている。この後，−3 dB 放射域は 400 Hz 付近で再び拡大するが，最も強い音を放射する 600〜900 Hz のエネルギーはほぼ 100°〜200° の範囲に集中している。1,000 Hz を超えると，放射音の卓越する方向は次第に 80〜130° へと狭まり，さらに周波数が高くなるとほぼ 140° を中心とする狭い範囲に収束している。

水平面内では，放射音圧が 10 dB 以下となるのは 500 Hz より高い周波数に限られる。また，図の白い領域は周波数の上昇とともに広くなっており，これより，放射音は（140° 付近の）単一方向に次第に集中することがはっきりと理解できる。これに関連して，330° 付近，すなわち左前方にも

弱いサイドローブが現れており，1,700 Hz 以下の周波数成分が含まれていることに注意されたい。

鉛直面（右図）での放射音の相対音圧は，100 Hz 以下ではあらゆる方向について−3 dB 以内に収まっている。これより，奏者の影響を含めたとしても，ホルンは低音域では球面状に音を放射すると考えてよい。耳軸を通る鉛直面（下図）については，総じて奏者の右側に強い指向性を持っており，全周波数にわたって 0～15°の狭い範囲内に強い放射音が集中している。また，いくつかの周波数では，右斜め上に複数の強いサイドローブが生じている。さらに，500 Hz 以上の周波数では，奏者の左側に（水平面内と同じように）−10 dB 以下となる数個のディップが現れている。

正中面（上図）では，頭頂方向に二つのディップを生じることを除けば，（およそ 300 Hz 以下の）半値方向幅は比較的広い。この二つのディップは 200～300 Hz で生じ，前後ともに約 30°の方向に存在している。この後，600 Hz までと 1,000 Hz 付近では前方斜め上方向（40～60°）にも強い指向性を持っているが，300 Hz 以上のエネルギーの大半は後方の浅い方向（0～25°）に集中している。また，1 kHz 以上では，前方から頭頂方向へ放射されるエネルギーはかなり小さく，その大半で最大値より 10 dB 以下となっている。

統計指向係数の値は 500 Hz で 1.7 であり，放射音の強さが最大となる 1,000 Hz で 2.4 に上昇し，3,000 Hz では 4.8 に達する。これに対応する指向性利得の値は順に 4.5 dB（500 Hz），7.5 dB（1,000 Hz），13.6 dB（3,000 Hz）となる。

（ベルを右手で閉じる）ゲシュトップ奏法の場合，ホルンの指向性は通常の奏法から変化して 1,500 Hz 周辺と 6,000 Hz 周辺の成分については，上方と前方へ放射されるエネルギーが増加する。さらに，700～1,000 Hz と 2,000～4,000 Hz の成分はさらに鋭いビーム状に放射される。ただし，その指向性が卓越する方向は音を制止する手では

なく，ベルの向きで決まる（図 8.3 参照）。これに対して，（右手を挿入しないで）ベルを開放して演奏すると，放射音のエネルギーはベルの中心線方向の限られた範囲に集中する。半値方向幅は 1,000 Hz 付近では約 60°であり，最も高い周波数成分では 22°まで狭まる。このとき，放射音がすべての方向に対して無指向性と見なせるのは約 175 Hz 以下である。

8.3 木管楽器

8.3.1 フルート

フルートの音は歌口と，歌口に最も近い開いたトーンホール（最低音の場合は主軸の開口端）の二か所から放射される。このとき，（オーバーブロー奏法の場合を除くと）基音に関して，この二つの音源の位置は約半波長離れているので，音響放射体としてのフルートはダイポール（双極子）と見なすことができる。こうした理由により，フルートの指向性はパイプオルガンのフルー管の性質と類似している（Franz et al., 1969, 1970）。ただし，フルートは円筒管の両端にある二つの音源の強さがほぼ等しいこと，また，管の内径が細く，音源間の距離が基音周波数の半波長に近いことから，パイプオルガンよりも純粋なダイポールに近い放射特性を持っている。

オーバーブロー音[63]の場合を除外すると，c^1 から d^2 の音域の基音については，管内には（両端の「開口端補正」を含めて）半波長の定在波が生じ，両端の開口は同位相[64]で振動する。このとき，管の延長（長手）方向では，この二つの音源からの音の到達時間差が振動周期の約半分に等しくなるので，両音源からの放射音は互いにキャンセルする。一方，管の主軸に対して垂直な面上では，両音源からの寄与は同位相で足し合わされるので，この方向で放射音は最大となる。

---

[63] オーバーブロー音とは主管の 1 次モードでないということ。
[64] 管内では逆位相であるが，管から外部空間に対しては同位相になる。

同様に，フルートの指向性は倍音についてもダイポールに近い挙動を示す。この場合，部分音の次数が高いほど，両音源の相対的な距離が大きくなり，第2部分音では半波長の2倍，第3部分音は半波長の3倍と，順次増加していく。このときには，両音源の位相関係を考慮する必要があり，両端の開口は半波長の奇数倍となる部分音では同位相，半波長の偶数倍では逆位相で振動する。

したがって，例えば第2部分音は主軸の延長線上と主軸に対する垂直方向の双方で放射音圧は最小となる。それは，両端の開口が逆位相で振動し，なおかつ主軸延長線上では両端からの放射音の到達時間差が1周期に等しいためである。なお，当然ではあるが垂直方向では時間差は0である（Bork, 1991b）。こうしたダイポール的な性質は第6部分音までについて，はっきりと観察できる。

es^2 から d^3 の1オクターブでのオーバーブロー音は，1オクターブ低い音を吹いた際の偶数次部分音と同じ放射特性を持っている。このとき，両端の開口間の距離は常に半波長の偶数倍になるため，両音源から放射される一連の倍音は常に逆位相で振動する。なかでも最初の三つの部分音は，典型的なダイポール的性質を持っている。約3,000 Hz 以上の高周波領域では，ダイポールとは異なった物理現象が同時に起こる。それは，管内の進行波によって放射音が最も強い方向が主軸の端部開口の方向へシフトする現象である（Bork, 1991a）。

図 8.8 は主要放射方向の一般的特徴を表している。上述したように，フルートの指向性は周波数と同時に倍音の次数にも依存することから，－3 dB 放射域と－10 dB 放射域を（他の楽器の表示方法とは異なり）二つの図に分けて示してある。これらの図では横軸が周波数，縦軸が放射角に対応し，主軸を端部開口へ延長した方向を90°，これを90°前方へ回転した方向を0°と定義している。すなわち0°方向は奏者の視線の向きにほぼ等し

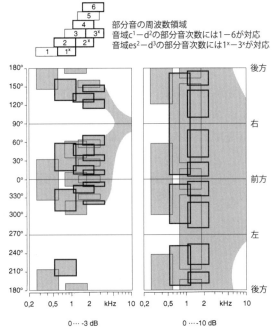

図 8.8 フルートの主要放射方向（奏者の影響を含む）

い（なお，実際には鉛直軸に対してフルートを少し傾けて構えることが多い）。

他のあらゆる管楽器とは対照的に，フルートの指向性はもっぱら低次の共鳴音によって決まり，周波数では一概に決まらない。例えば，オーバーブロー音ではない基音の－3 dB 放射域はすべて，およそ 327〜33°と 147〜213°の範囲に存在している。これは左図の 260〜590 Hz[65] の周波数に対して影の付いた領域であり，これらは基音の周波数に該当している。オクターブ部分音である 520〜1,180 Hz の周波数では4つの方向に指向性が卓越している。部分音の次数が高くなると－3 dB 放射域は細く分かれ，それぞれの放射方向の幅は次第に狭くなっている。なお，このときには奏者の後方と左側では，奏者の頭による遮蔽作用の影響を受けている。

この（－3 dB 放射域を示す）図の上部には，それぞれの周波数に対応する部分音の次数を示すために，オーバーブロー奏法を行わない音域 c^1

---

65 260〜590 Hz は c^1〜d^2 に対応。つまり，管内が1次モードで振動する状態。

$-d^2$ については1次から6次までの部分音の周波数範囲，また，es^2-d^3 については最初の3次までの部分音の周波数範囲が記されている。また，オーバーブローを行わない音の偶数次部分音を太線で囲って（オーバーブロー音の部分音も太線で囲ってある），奇数次部分音と対比させている。（なお，影が付いているが四角で囲まれていない領域は上記以外の部分音に対応する。）

-10 dB 放射域を示す右図では，4次までの部分音に対応する範囲が長方形で囲って示されている。それは，これより高次の周波数域では指向性のディップが存在しないためである。唯一，5,000 Hz を超えると奏者の後側に -10 dB となる領域が現れているが，これを除けば，放射音の振幅が -10 dB 以下となるのは低次部分音に限られていることがわかる。まず，0°方向に注目すると，偶数次部分音（第2部分音）が -10 dB 以下に低下しており，これに対して，奇数次部分音は（左図に示すように）この方向で音圧の極大を生じている。すなわち，正面方向では奇数次部分音が卓越することにより，フルートは鈍い音質を持つことになる。対照的に，正面に対して両側±20〜30°の方向では（5,000 Hz 以下の）部分音はすべて強いエネルギーを持っている。また，0°と180°方向のデータが示すように，フルートの前後音圧比の値はきわめて小さく，第1部分音では0 dB，高周波域でも -10 dB を若干下回る程度である。

フルートの統計指向係数は金管楽器ほど大きくない。主要放射方向での統計指向係数の値は1.45であり，オーバーブロー奏法をしない基音（視線方向）とオーバーブロー奏法時のオクターブ倍音（視線に対して両側約35°方向）のいずれについても同一である。また，これを指向性利得で表わせば3.2 dB となる。基音とオクターブ倍音の両方が共に強く放射される奏者の前方エリアの統計指向係数は約1.3（指向性利得で2.3 dB）である。6,000 Hz 周辺の最も高い周波数域についても，統計指向係数は若干増加するだけであり，その値は2.2（指向性利得に換算して6.8 dB）にすぎない。

フルートの指向性に関する以上のデータはすべて，協和的な部分音の放射に関するものである。これに対して，フルートの放射音には（程度の差はあるが）フルートの音の特徴とも言えるアタッ

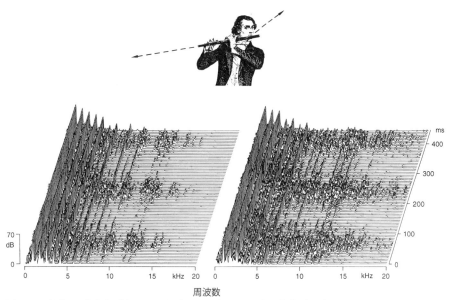

図 8.9 ビブラートをかけたフルート音のスペクトルの時間変化（g^2 音）。左：主軸の延長方向，右：奏者の視線，斜め上方向。

クに伴なうノイズが存在しているが，この成分はダイポール的な性質を持っていない。それは，このノイズ成分はほぼ例外なく歌口の近傍（唇の作る開口）から放射され，この部位が近似的に球面波の放射体として機能しているからである。図8.9に示すように，ノイズ成分の放射音圧は奏者に遮蔽される横方向に比べて，（遮蔽されない）前方で広い範囲に渡って大きな値となる。ただし，横方向についても 10,000 Hz 以上のノイズ成分は知覚することができる。

古楽器のフルートは管の断面が著しい円錐形状となっている。このため，協和成分は主として唇の開口から到来することに注意されたい。したがって，放射音の指向性パターンはほぼ球形に近く，90°方向であっても指向性のディップは発生しない。また，0°方向で奇数次部分音が偶数次部分音より卓越することもない。近距離でマイクロフォンを用いて録音する際には，こうした現代のフルートとの違いを了解しておくことが大切である。

8.3.2 オーボエ

オーボエはリード楽器属に含まれるが，管の上端に取り付けられた振動源であるリードは（フルートの唇開口とは対照的に）音の放射体として機能しない。このため，ダイポール的な性質は持っておらず，その指向性は他の要因で決まる（Meyer, 1966b）。低周波領域では，図 8.2 の指向性パターンに示すように放射音は球面状に伝搬しており，これより実効的な音源の寸法は波長に比べて充分小さいことがわかる。一方，中音の周波数領域では，音響機器のマルチウェイスピーカで問題となる多重音源による群放射作用（Gruppenstrahlern）と同様な現象が生じる。つまり，リードに最も近い音孔だけでなく，開いた音孔すべてが放射音に寄与して，これらの開口がそれぞれ点音源として作用するのである。

したがって，これら開口の間隔と相対的な位相関係によって指向性の卓越する方向が決まり，主要放射方向は周波数に依存することになる。図 8.2 の 1,750 と 3,000 Hz に対する指向性パターンには，指向性のこうした特徴が現れており，例えば 0°方向（管の延長方向）に指向性のディップを生じていることがわかる。さらに高い周波数領域ではベル，すなわち，下管の端部開口からの放射音が支配的となる。これは（フルートと同じく）周波数が高くなると管内では定在波よりも進行波が支配的となり，その結果，管の延長方向に鋭い指向性を生じるためである。この様子は図 8.2 の 10,000 Hz のプロットに示されている。

中間周波数領域で生じる多重音源による群放射作用は，複数の音孔が開いていることで生じる。したがって，最低音域ではすべての音孔が閉じているため[66]この現象は起こらず，この特別な場合には，大半の音響エネルギーが管の延長方向に放射される。一方，最低音を除くすべての音の主要放射方向は方向，角度範囲のどちらについてもある程度の類似性を持っている。

図 8.10 は，オーバーブロー奏法を行わない音域の低，中，高音についての主要放射方向の例であり，いずれもがほぼ類似したパターンであることが理解できよう。（ホルンに対する図 8.7 と同じく）この図では横軸が周波数，縦軸が放射角を表しており，ベルの延長方向を 0°と定義している（図 8.12 参照）。暗い陰影をつけた部分は，音圧レベルが最大値から $-3\,\mathrm{dB}$ 以内となる範囲（$-3\,\mathrm{dB}$ 放射域）である。三つの音（左側の三つの図）に対する $-10\,\mathrm{dB}$ 放射域は細い縦線で表示されており，その位置は倍音の周波数に該当している。

図 8.10 を詳細に比較すると，オーボエの最低音域に属する c^1 については 500 Hz であっても球面波とは見なせないこと，一方，図中央の f^1 では 600 Hz 以下の成分がすべての方向に均一に放射されることがわかる。これに対して，右図の

---

[66] 最低音でもベル寄りの音孔が開いている場合がある。

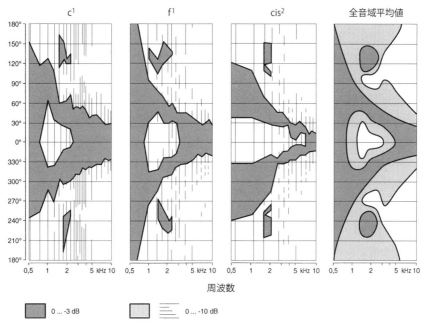

図 8.10 三つの音に対するオーボエの主要放射方向とその全音域平均値。

cis² では基音そのもの（周波数は約 550 Hz）の指向性がかなり鋭くなっている。この 3 音のデータを比較すると，0°付近の音圧の低下量が異なっているなど細かな違いを除外すれば，その指向性はほぼ類似したパターンであると見なすことができる。こうした考察に基づけば，すべての音域の平均値をオーボエの代表特性とすることができる。この結果が右端の図であり，図中の濃淡をつけた陰影は $-3\,\mathrm{dB}$ 放射域と $-10\,\mathrm{dB}$ 放射域を示している。

この図によると，オーボエの放射音は 500 Hz 以下では概ね球面波であると言え，これより周波数が高くなると主要放射方向は次第に狭くなっていく。また，約 800 Hz を超えると 0°方向の音圧が低下し始め，1,000 Hz 付近では $\pm60°$ 方向の音圧が最大となる。周波数がさらに上昇すると，放射音は再び管の延長方向（0°方向）に移動し，5,000 Hz を超えるとこの方向に集中する。なお，1,100〜2,500 Hz での 0°方向の音圧低下量は $-10\,\mathrm{dB}$ を下回っている。

オーボエの寸法は奏者の体の大きさに比べて十分小さい。このため，側方から後方への放射音は奏者の体によって遮蔽される。この作用が楽器の指向性に付加される結果，1,000 Hz 以上で前後音圧比は 15〜18 dB となる。図 8.11 は側方から後方にかけての放射音と奏者の視線方向への放射音のレベル差を示している。この図から，奏者自身による遮蔽効果の大きさが理解できるが，なかでもオーボエの側方への放射音が視線方向（前方）よりも約 5 dB 弱いことは注目すべき特徴と言えよう。

群放射作用が生じる周波数領域では，オーボエ

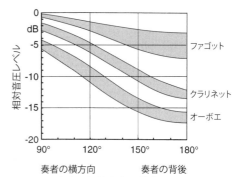

図 8.11 奏者の視線方向を基準とする相対音圧レベル。データの拡がりは，オーボエとクラリネットについては 1,000 Hz 以上，ファゴットについては 500 Hz 以上に対する値を示しているため。

の指向性パターンは0°と180°を結ぶ軸（管の中心軸）に対して回転対称になる。このため，オーボエの統計指向係数はさほど大きな値とならない。指向性が卓越するのは中心軸に対する「赤道面」付近であり，その角度範囲は約30°である。一方，非常に高い周波数では楽器の延長方向に音は集中するので，0°を中心とする比較的狭い範囲で統計指向係数は大きくなる。ただし，主要放射方向での統計指向係数は1,000 Hzで1.2（指向性利得では1.5 dB）にすぎない。なお，この値には奏者による遮蔽の影響が含まれていないため，実際には，1,000 Hz付近の統計指向係数は1.5（指向性利得で3.5 dB）と考えれば良い。また，10,000 Hzの統計指向係数は3.6（指向性利得で11 dB）であり，この値は金管楽器に比べて小さい。

8.3.3 クラリネット

クラリネットは，マウスピースにシングルリードを装着し，ボア（管断面）はほぼ円筒の直管であるが，その指向性はオーボエに類似している。三つの木管楽器の主要放射方向を比較した図8.12を見ると，クラリネットだけが約700 Hzまで無指向性となっているが，実際には奏者自身による放射音の遮蔽作用によって，無指向性の上限周波数は500 Hzより低いと考えてよい。また，周波数が高くなると，クラリネットの主要放射方向は次第に狭くなっており，このとき，クラリネットの指向性は群放射作用，すなわち，複数の開いた指孔からの放射音の総和によって決まっている。

また，0°を中心とする方向には指向性のディップ，なかでも，放射音圧が－10 dB以下となる範囲が広いといえる。この指向性のディップの音圧は低い音域では約－20 dBを下回り，高い音域では約－10 dBである（Meyer, 1965b）。

ファゴットやオーボエとは異なり，クラリネットの指向性パターンには0°方向以外に音圧極大点は存在せず，クローバの葉状のサイドローブは生じない（図8.2のオーボエの1,750 Hzの指向性パターンを参照されたい）。この性質は，クラリネットのベルが大きく拡がった形であるため，マウスピースの方向に比べてベルの方向に強い音が放射されることに由来している。こうした理由から，図8.12ではクラリネットのサイドローブは－10 dB放射域だけで成り立っている。なお，約3,500 Hzで0°方向のディップは消失し，これより高い周波数の指向性パターンはオーボエとクラリネットともほぼ同一である。

クラリネットの場合，楽器のサイズがオーボエより少し大きいことから，奏者による放射音の遮

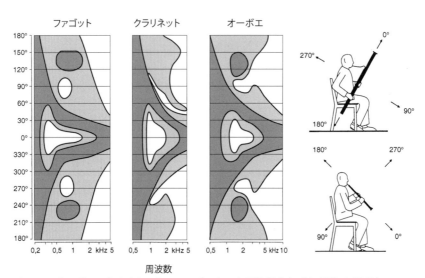

図8.12 オーボエ，クラリネット，ファゴットの主要放射方向（全音域の平均値）。

蔽作用はオーボエほど顕著ではない。また、概してクラリネットはオーボエほど傾斜させて構えないため、前後音圧比の値は小さい。図8.11 を参照すると、1,000 Hz 以上の周波数成分について、後側への放射音は視線方向より約 13 dB 小さいことがわかる。これに対して、横方向と視線方向との差は 1.5～3 dB にすぎない。

図 8.12 が示すように、クラリネットの主要放射方向はオーボエに比較してやや狭いため、統計指向係数は若干大きな値となる。奏者による遮蔽作用を含めた場合、1,000 Hz での最大放射方向（約±75°）の統計指向係数は 2.0、指向性利得は 6 dB である。また、5,000 Hz での最大放射方向（0°）の統計指向係数は 4.5（指向性利得は 13 dB）である。このときには、ベルが指向性に及ぼす効果をはっきりと聞き取ることができる。

8.3.4 ファゴット

ファゴットは楽器の寸法が大きく、音域も低い。このため、その指向性は高音のリード楽器の指向性を低周波数へシフトさせたパターンを持っている（Meyer, 1966b）。放射音が球面波状であるのは 250 Hz 以下に限られており（図 8.12）、250 Hz を超えると、最初、指向性は（0°方向ではなく）管に対して垂直方向が優勢となる。その後、500 Hz を超えた辺りで指向性のピークの位置は徐々に 0°方向へ近づいていく。0°方向の指向性のディップは、300 Hz 付近ではかなり広い範囲に及んでいるが、周波数とともに次第に狭くなる。この指向性のディップは 2,000 Hz まで存在する。また、（放射音の最大値の）−10 dB 以下となる範囲は比較的広いが、−15 dB を下回ることはない。

550～1,300 Hz の周波数では、オーボエと同じように 4 つの方向で放射音が卓越して、その指向性パターンはクローバの葉のような形となる。2,000 Hz 以上での 0°方向のメインローブの幅はかなり狭く、5,000 Hz での半値方向幅は ±20°にすぎない。こうした一方向への放射音の集中現象は、ベルが上向きであることがその原因であり、ファゴットの音に大きな影響を与えている。

ファゴットに関して、奏者による遮蔽の影響は比較的小さい。その一つの理由は、楽器の寸法との関係からわかるように、奏者が楽器を視覚的にブロックする範囲が小さいためであり、第二の理由は、音域が低いので放射音が奏者を回り込んで伝搬するためである。図 8.11 が示すように、奏者の視線方向に対する横方向（90°）への放射音圧の差はほとんど誤差範囲と言え、120°以内での放射音圧の差も 3 dB 以内である。また、前後の音圧レベル差は 3～7 dB であり、オーボエやクラリネットと比較するときわめて小さな値となっている。なお、（130°を超えた辺りから）ファゴットの放射音圧の幅が拡がっているが、それは、この方向の放射音圧が楽器自体の指向性で決まり、奏者による遮蔽の影響が小さいことによる。

また、図 8.12 の主要放射方向を参照すると、240°周辺のサイドローブが示すように、550～1,300 Hz の周波数成分は奏者の背後に向かって強い放射音を生じること、これに対して 400～550 Hz と 1,500 Hz 以上の成分は、楽器の正面方向に強く放射されることがわかる。

ファゴットの主要放射方向は（オーボエと同じく）赤道面付近に存在している。このため、統計指向係数は比較的小さな値であり、他のリード楽器の中音域の値と同じオーダーである。350 Hz 以下では、奏者による遮蔽の影響はきわめて小さいため、主要放射方向に対する統計指向係数は約 1.4（指向性利得は 3 dB）にすぎない。2,000 Hz では 2.1 に上昇し（指向性利得は 6.5 dB）、その後、3,500 Hz 付近でサイドローブが 0°方向のメインローブに吸収されるため、その値は最大値の 2.5（指向性利得は 8 dB）となる。

8.4 弦楽器

8.4.1 一般的考察

弦楽器の指向性のおもな原因は，胴体の表板と裏板に生じる分割振動である。すなわち，板の部位ごとに異なる振幅と位相関係によって決まる。これに加えて，低周波数では胴体内での空洞共鳴がf字孔を介して放射される。したがって，指向性は周波数だけでは決まらず，楽器の構造にも依存する。また，使用される木材の性質に影響を受けるので，指向性パターンは個々の楽器ごとに異なっている。ただし，大多数の楽器の音響放射特性には共通の傾向が存在しており，その共通点ゆえに，ヴァイオリン，ヴィオラ，チェロ，コントラバスなどの弦楽器の指向性についての一般的性質を論じることができる。

その例として，3種類の異なったヴァイオリンの指向性パターンが図8.13に示されている。これは1,000 Hzの指向性を比較したものである。上段の三つの－3 dB放射域を比較すると，それぞれに違いは見られるものの，放射音が卓越する方向には共通性が認められる。また，ヴァイオリンの平均的な放射特性を把握するには，多数の楽器に対して主要放射方向（－3 dBと－10 dB放射域）を測定する必要がある。図8.13はその（1,000 Hzに対する）結果をヒストグラムとして要約したものである。図の縦軸は，各楽器の放射音の方向が主要放射方向となる確率を表わしており，測定した楽器すべてが主要放射方向内に含まれるときこの値は1となる。一方，縦軸の値が小さいとき，その方向が主要放射方向になることは少ないと言える。

この例は8台のヴァイオリンに対する測定結果である。これより，275～325°はすべての楽器について－3 dB放射域となること，258～15°は7台の楽器について－3 dB放射域となることがわかる。一方，75～195°が－3 dB放射域となる楽器は1台もない。この図には－10 dB放射域となる確率も表示されている。ただし，8台のうち4台はすべての方向で－10 dB以下とならなかったため，縦軸の最小値は0.5となっている。－10 dB放射域に関して220～85°では，楽器によって－10 dB放射域を満たす方向に違いが見られ，270～65°でその確率は最大値の1となる。このヒ

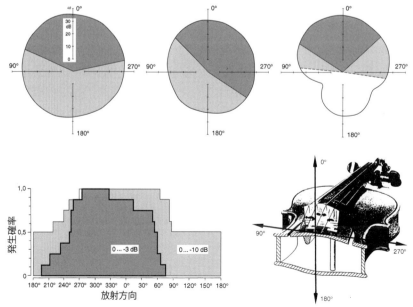

図8.13 ヴァイオリンの指向性，周波数は1,000 Hz。上：三種類の楽器の指向性パターン。下：（8台の楽器について求めた）主要放射方向のヒストグラム表示。

ストグラムは主要放射方向の全体的な傾向を与えるものであって，楽器1台ごとが持つ固有の複雑な指向性を表現しているものではないことに注意されたい。

弦楽器の主要放射方向には，協和性の倍音成分とノイズ成分の二つが寄与するという特徴がある。図8.14はこの二つの成分の比較例であり，定常振動する1,250 Hzの純音成分と中心周波数1,250 Hzの狭帯域ノイズの指向性がプロットされている。二つの曲線は基本的に同じ形に見えるが，特有の相違が存在している。これは次のように要約される。

1. 純音では，狭い角度範囲に指向性の深いディップが生じる。一方，ノイズ成分の指向性パターンの変化は緩やかであり，若干の音圧低下が生じる程度である。
2. 主要放射方向の半値方向幅はノイズ成分のほうが広い。その範囲は純音の約2倍と考えてよい。
3. ノイズ成分の放射音圧が−10 dBを下回ることは，すべての周波数領域についてもまれである。中間周波数では若干の落ち込みを生じ

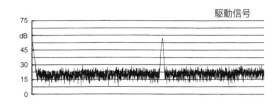
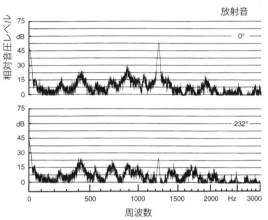

図8.15 ホワイトノイズと正弦波を重畳した信号で電気的に駆動した，ヴィオラ放射音のスペクトル。図中の角度は図8.14の定義に同じ。

ることがあるが，その角度範囲は90°より狭い。

このように，ノイズ成分は純音成分に比べてはるかに広い主要放射方向を持っており，純音成分の指向性がディップとなる方向であっても，その音圧低下はきわめて小さい。図8.15はこの一例を示している。この図は，正弦波とホワイトノイズを重畳した電気信号でヴィオラを機械加振[67]して，そのとき求められた放射音のスペクトルである。中段の波形は主要放射方向，下段は図8.14に示した指向性のディップとなる方向の測定結果である。これより，この二つの方向に対して，ノイズ成分の音圧差はおよそ5 dBにすぎないこと，一方，純音成分は約30 dBも異なることがわかる。また，指向性のディップの方向では，ノイズ成分と純音成分の大きさはほぼ同一である。

弦楽器の胴体の共鳴による放射音の指向性は一

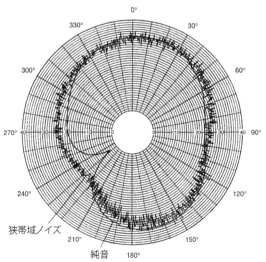

図8.14 1,250 Hzの純音成分と1,250 Hzを中心周波数とする狭帯域ノイズに関するヴィオラの放射音の指向性。

---

[67] ボーイングしたときと同じ方向に弦が振動するように駒の上端を人工的に点加振した。

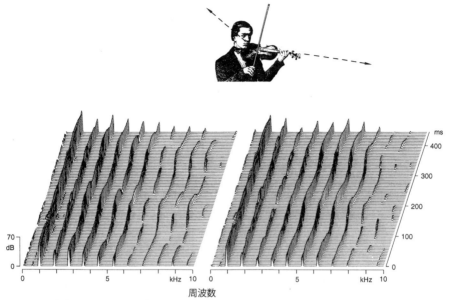

図8.16 ビブラートをかけたヴァイオリン放射音のスペクトルの時間変化。左：ヴァイオリン表板に対して垂直方向，右：指板の延長方向。

台ごとに異なっている。これに関連して，注目すべき現象が起きることがある。例えば，ビブラートをかけると，一つの部分音が（周波数軸上で共鳴曲線が）重なり合う複数の共鳴音を誘引するので，この結果，特定の方向で一つの共鳴音が卓越し，別の方向では異なった共鳴音が卓越するのである。図8.16は，表板に対して垂直な方向と指板（ネック）の延長方向での，ヴァイオリン放射音のスペクトルの測定例である。

第5部分音に注目すると，ネックの方向での振幅変動はごくわずかであるが，表板に対して垂直方向では約20 dBに及んでいる。第7部分音については，ネックの方向の振幅変動は小さいが，これに対して，表板の垂直方向ではビブラートの2倍の周波数で振幅変動している。さらに，第9部分音はいずれの方向についても，ビブラートの2倍の周波数で振幅変動しているが，両者の位相が逆の関係になっている。

すなわち，左図では，振幅が最小となるのは（ビブラートによって共鳴周波数からシフトした）周波数が最も高いときと最も低いときであり，これに対して，右図では，最も高いときと最も低い周波数で振幅は最大となっている。また，その中間の周波数（共鳴周波数付近）で振幅は最小となっている。このような，方向による放射音の違いは弦楽器に特有な現象である。この性質は，例えどんなに優れた実際の楽器の録音を用いたとしても，ヴァイオリンの音を電子的方法，すなわち，スピーカ再生で模擬することが極めて困難な理由のひとつである。

8.4.2 ヴァイオリン

図8.17～8.19は，さまざまな周波数についてヒストグラムで表示したヴァイオリンの主要放射方向である。これらは，駒を含み胴体に対して垂直な平面（鉛直面と呼ぶ）と水平面に対するデータであり，奏者が楽器を構えたときを想定している。したがって，表板は床に対して傾斜した状態となっている。カラー図版の2色刷りは第1，第2ヴァイオリンの放射方向の違いを示しており，このとき，二つのヴァイオリンセクションが対向して座るドイツ式楽器配置を対象としている。なお，座席配置に関連する諸問題については前述したが，本節では周波数ごとの主要放射方向の性質

8.4 弦楽器　275

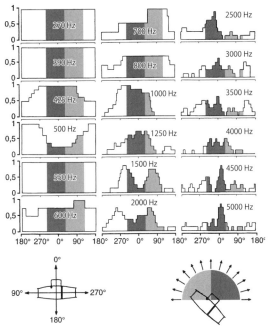

図8.17　鉛直面内（駒を含み胴体に垂直な平面）におけるヴァイオリンの主要放射方向（−3 dB 放射域）のヒストグラム表示。■：第1ヴァイオリンからの放射音が客席への直接音となるか，あるいは天井へ入射した後に1回反射音として客席へ返る放射方向，■：ドイツ式配置の第2ヴァイオリンからの放射音が客席への直接音となるか，天井へ入射後に客席へ1回反射音として返る放射方向。

について考える。

　この図を見ると，弦楽器の指向性の周波数依存性は管楽器のように安定しておらず，周波数によって放射音の強くなる方向がさまざまに変化することがわかる。この性質は，図8.17と図8.18の−3 dB 放射域に注目するといっそう明らかである。鉛直面（図8.17）では，400 Hz以下でヒストグラムの高さはすべて等しく，方向による違いは存在しない。つまり，縦軸の発生確率は全放射角について1となっている。また，550 Hzでもヴァイオリンの放射音はすべての方向に均一である。しかし，この中間の周波数では，表板からの放射音（425 Hz付近）と裏板からの放射音（500 Hz付近）が互いに卓越していることがわかる。

　これに対して水平面（図8.18）では，500 Hz以下の放射音の強さはすべての方向について同一であると見なすことができる。その後，550 Hz

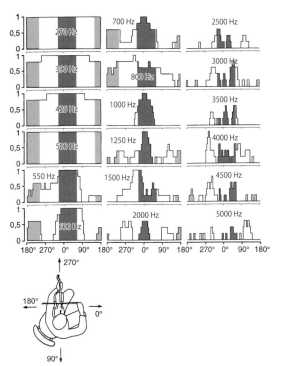

図8.18　水平面におけるヴァイオリンの主要放射方向（−3 dB 放射域）のヒストグラム表示。■：第1ヴァイオリンから客席方向へ向かう直接音の放射方向，■：ドイツ式配置の第2ヴァイオリンから客席方向へ進む直接音の放射方向。

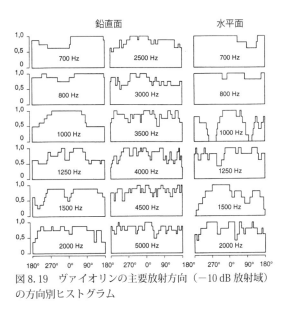

図8.19　ヴァイオリンの主要放射方向（−10 dB 放射域）の方向別ヒストグラム

を超えると放射音のエネルギーは0°付近に集中し，さらに，裏板の方向に第2の指向性のピークが生じている。650〜700 Hzで観察されるこの第

2の極大は，鉛直面内の90°を中心とする方向のエネルギーが増加することに対応している。これは奏者の背面方向へ進む放射音である。

800 Hz では特定方向へのエネルギーの集中は見られないが，1,000～1,250 Hz では，再び明確な指向性のピークが現れている。すなわち，水平面の0°方向（奏者に対して右側）に集中して音が放射されており，鉛直面では270～45°の範囲がこれに該当している。この指向性のピークは主に表板からの放射音によって生じている。その後，1,500 Hz と 2,000 Hz で鉛直面の放射パターンは二つに分かれ，さらに周波数が高くなると，主要放射方向は0°を中心とする（表板に対して垂直な）方向に再び集中する。

このとき，水平面では270～90°のかなり広い範囲に，高周波音の指向性のピークが離散的に生じている。ただし，4,000 と 4,500 Hz では 300°付近に比較的強い音の集中が生じることに注意されたい。これは奏者のほぼ視線の向きと近い方向である。これに関連して，音質に関して高く評価されるイタリア製古楽器の多くは，ホールに対して表板の向く方向，つまり，客席の方向に主要放射方向が集中的に生じる指向性を持っていることを指摘しておく（Meyer, 1964b）。

−10 dB 放射域（放射音のレベルが−10 dB 以内となる放射方向）については，600 Hz 以下で方向による違いはみられない。このため，図8.19 では 700 Hz より高い周波数に対するヒストグラムを表示している。鉛直面では，700 Hz と 800 Hz でも方向特性はほぼ一様であり，2,000 Hz 以上に関しても特定方向に音は集中しないこと，ただし，1,000 Hz と 1,500 Hz では若干の音の集中が存在することがわかる。水平面についてもほぼ類似した傾向が観察されるが，特に 1,000 Hz については 270°と 100°，すなわち指板の延長方向とその反対方向で，すべての楽器について−10 dB 以下となる指向性のディップを生じている。

1,000 Hz 付近に生じるこの音の集中現象はヴァイオリン特有のものであり，前後音圧比の値にもその影響が現れている。なお，ステージ上にヴァイオリンが通常の配列方法で並んだときには，前後音圧比は左側（180°）の放射音に対する右側（0°）の放射音の振幅で定義される。すなわち，前後音圧比は 1,000 Hz 付近で最大値の約 7.5 dB となるが，これより周波数が高くてもこれより小さくなる。500 Hz 付近のごく一部の周波数では，床方向（鉛直面 180°方向）への放射音が優勢となるため前後音圧比は負の値となるが，その前後の 425 Hz と 600 Hz では右側への放射音が約 3 dB 大きい。これより高い周波数で前後音圧比は 3 dB よりも小さな値となる。しかし，この帯域ではヴァイオリンの右側への放射音は主として上向きに進むため，天井からの反射音エネルギーが客席エリアに到達することに注意されたい。

主要放射方向に対する統計指向係数は，表板と裏板の共鳴周波数（425～550 Hz）付近では約 1.25 であり，1,000～1,250 Hz の周波数域で最大値の 2.1 となる。これより高い周波数では再び減少し，3,000 Hz で平均値の 1.8 まで低下する。ただし，個別の強い共鳴周波数で統計指向係数は大きな値となるが，これについては除外されている。また，指向性利得は 425～550 Hz で 1.8 dB，1,000 Hz 付近では 6.2 dB，3,000 Hz で 5 dB である。

8.4.3 ヴィオラ

ヴィオラとヴァイオリンの寸法にはほとんど違いがないため，両者の指向性は極めて類似している（Meyer, 1967a）。ただし，最も高い周波数領域ではヴィオラの指向性の方がいくぶん鋭い。図8.20 と 8.21 はヴィオラの主要放射方向（−3 dB 放射域）の詳細をヒストグラム表示したものである。これより，ヴィオラの放射音は 500 Hz 以下でほぼ球面波状であると見なすことができる。ただし，200 Hz 付近では，かなりの割合の楽器が表板と f 字孔からの放射音の干渉作用によって指向性が生じている。なお，この干渉作用は特定の離散周波数でしばしば生じることがある。こうした

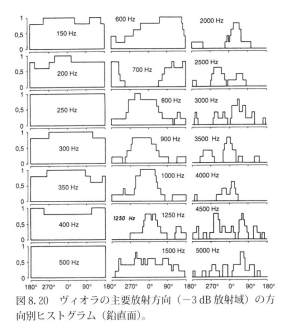

図 8.20　ヴィオラの主要放射方向（−3 dB 放射域）の方向別ヒストグラム（鉛直面）。

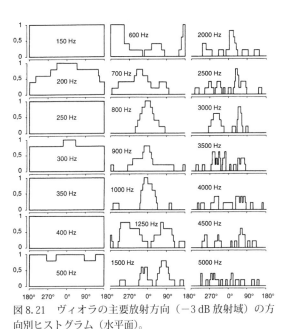

図 8.21　ヴィオラの主要放射方向（−3 dB 放射域）の方向別ヒストグラム（水平面）。

「特殊事例」は，ヴィオラについては楽器ごとの個体差（胴体の寸法や板材の調整方法）がヴァイオリンよりも大きいという事実によるものである。

600 Hz を超えるとヴィオラの指向性は特定の方向で卓越し，すべての楽器について，放射音が到達しない特定の方向が現れる。鉛直面（図 8.20）に関して，最も強い放射音が生じるのは 600 Hz～700 Hz の帯域では裏板（180°）の方向，800～1,200 Hz では 0°方向（表板に垂直な方向）であることがわかる。なお，後者については周波数が高いほど卓越する方向範囲は狭くなっている。1,500 Hz では，特定の方向に対して指向性は卓越しないが，それは楽器ごとの違いが著しいためである。さらに高い周波数になると，ヒストグラムのパターンはさらに複雑になり複数の方向に指向性のピークが生じるが，基本的に表板を中心とする 270～90°の方向が主要放射方向となっている。これに対して，3,500～4,000 Hz では，主要放射方向は表板に対する垂直方向に集中している。

水平面に対する図 8.21 に注目すると，鉛直面と同じく 500 Hz 以下で放射音はほぼ球面波状であることがわかる。ただし，200 Hz では奏者の左側に減衰が見受けられる。これは，この帯域に胴体の空洞共鳴周波数が存在するためであり，その結果，f 字孔から強いエネルギーの放射音が発生するからである。一方，600～1,000 Hz では比較的鋭い音の集中が生じている。このとき，600 Hz 付近では奏者の左側が卓越し，700 Hz 以上では右側が卓越している。

1,250 Hz になると，指板の延長方向（270°）と奏者の右側（90°）の 2 方向に強い放射音が生じ，次の 1,500 Hz では，指板の延長方向のピークは奏者の正面方向に移動している。2,000 Hz 以上の周波数では，放射音は次第に奏者の右側に集中しており，なかでも 60°方向，つまり奏者の右肩の延長方向が卓越している。

ヴィオラの前後音圧比（ヴァイオリンと同じく，水平面内の右側（0°）と左側（180°）のレベル差で定義する）はヴァイオリンに近い値である。ただし，ヴァイオリンに比べると，ヴィオラでは広い周波数にわたって裏板から強い放射音が発生すること，この放射音はヴァイオリンの裏板からの放射音よりも高い周波数領域に存在することが大きな特徴である。すなわち，600～700 Hz の範囲で，右側（0°）に比べて左側（180°）への放射音は 5 dB 以上大きな値となる。しかし，900～

1,000 Hz になるとヴァイオリンと同じように右側へ音が集中し，前後音圧比は約 7 dB となる。

放射音のエネルギーが最大となる方向での統計指向係数は，500 Hz では比較的小さく 1.15 である。しかし，1,000 Hz では 1.9，3,000 Hz では 2.6 と次第に大きくなる。この値は，指向性利得に換算すると 500 Hz で 1.2 dB，1,000 Hz で 5.4 dB，3,000 Hz で 7.2 dB に相当する。

8.4.4 チェロ

チェロは寸法が大きいため，放射音が無指向性となる周波数もさらに低い帯域へシフトする。図 8.22 と 8.23 のヒストグラムによれば，チェロの放射音が球面波的な性質を持つのは 200 Hz 未満に限られることがわかる。まず，バスバーを含む平面，つまり空間に対する鉛直面（図 8.22）に注目すると，200 Hz 付近では前方への放射音が卓越することがいえる。250 Hz と 300 Hz では強い板振動の効果が認められ，それに続く 500 Hz までの帯域では，0°方向を中心とする±40°の範囲，すなわち楽器に対して正面方向に極大を生じ

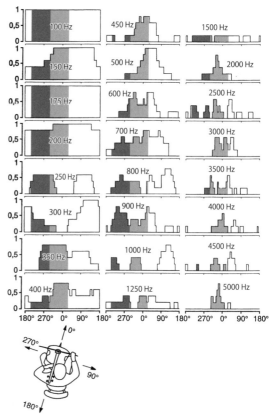

図 8.23 チェロの主要放射方向（−3 dB 放射域）の方向別ヒストグラム（駒を含む水平面）。▨：表板を客席方向に向けて配置したとき，聴衆エリアが対応する方向。■：ステージの先端に沿って横向きに配置したとき，聴衆エリアが対応する方向。

ている。

また，1,000 Hz〜1,250 Hz になると，やや上向きの 25〜75°の方向に放射音が集中している。さらに周波数が高くなると，チェロは 300°と 60°の 2 方向のそれぞれ 20°の狭い範囲内に，強い成分の放射音を発生している。ヴァイオリンはこの帯域の音を表板に対して垂直な方向に最も強く放射することと対比すれば，これはチェロの指向性に関する注目すべき特徴と言える。

次に，駒を含む水平面の方向別ヒストグラム（図 8.23）を見ると，150 Hz では奏者の正面から右側の比較的広い範囲に音の集中が生じていることがわかる。しかし，再び 175 Hz と 200 Hz では球面状に放射されている。その後，250 Hz では，奏者に対して左右の 2 方向に分割して放射され，

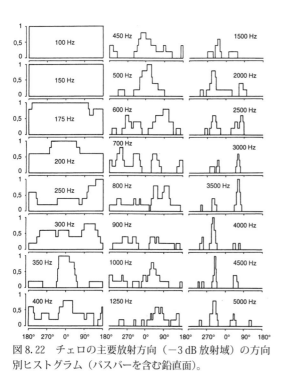

図 8.22 チェロの主要放射方向（−3 dB 放射域）の方向別ヒストグラム（バスバーを含む鉛直面）。

300 Hz 付近では，奏者の背後方向に強い放射音を生じている．なお，指向性が卓越する角度範囲は楽器によって大きく異なっている．次の 350〜700 Hz の帯域では 0° 方向の成分が最強である．これは上述の鉛直面に類似した性質といえる．

つまり，この帯域の主要放射方向は空間的に見れば円錐状になっており，楽器の表板に立てた垂直線がその中心軸となっている．その後，800〜1,000 Hz では主要放射方向は側方が支配的となるが，2,000 Hz 以上の高周波数では，放射音は再び表板の正面方向に集中している．このとき，奏者の右側への放射音が左側に比べて弱いことが多い（Meyer, 1965c）．

チェロの前後音圧比は，奏者の視線方向を前方と定めるのが一般的である．この定義を採用すると，約 200 Hz では前方への放射は後方より 5 dB 大きいが，250 Hz 付近では後方への放射音のほうが少し大きくなる．これは裏板から強い音が放射されるためであり，奏者の影になる影響をも凌いだ効果が生じている．350 Hz 以上の全周波数では，前後音圧比は（視線方向を前方として）正の値をとる．このとき，最初の極大が 500 Hz で現れ，10 dB を超える値となる．1,500 Hz 以上では奏者による遮蔽を受けるため，水平面前方よりも後方への放射音は弱められる．なお，これら高周波成分の主要放射方向は，前方下向きと前方上向きに存在することに注意すべきである．

主要放射方向の統計指向係数は，強い共鳴が生じる 350〜500 Hz の帯域では 2.1 dB まで上昇する．これを指向性利得に換算すると 6.5 dB となる．主要放射方向の統計指向係数は 1,000 Hz 付近で再び 2.1 まで上昇し，その後次第に増加して 3,000 Hz で 3 に達する．この値は，指向性利得に換算すると 1,000 Hz で 6.5 dB，3,000 Hz で 9.3 dB に相当する．

8.4.5 コントラバス

コントラバスの指向性については，低い周波数領域であっても特定の方向に放射音が卓越するこ

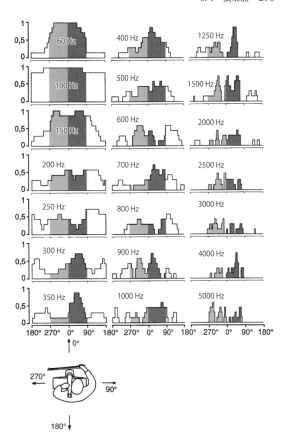

図 8.24　コントラバスの主要放射方向（−3 dB 放射域）の方向別ヒストグラム（駒を含む水平面）．■：ステージ上手の後方に配置したとき，聴衆エリアが対応する方向．■：ステージ下手の後方に配置したとき，聴衆エリアが対応する方向．

とに注意が必要である．図 8.24 のヒストグラムからわかるように，大半の楽器が無指向性と見なせるのは 100 Hz 付近の狭い帯域に限られており，これは胴体の空洞共鳴周波数より低い帯域に該当している．対照的に，空洞共鳴周波数では，いずれの楽器も（駒の高さの）水平面においては表板より前方のほぼ半円内に強いエネルギーを放射する．また，160 Hz 付近では，やや範囲は広いものの同様な音の集中が右斜め前方に生じている．

200 Hz 以上の周波数では，こうした 1 方向への音の集中は起こらず，主要放射方向は 2 から 3 個に分割する傾向がある．例えば，200〜250 Hz では左斜め前方と右斜め後方に二つのピークが生じているが，これ以外の方向の音圧も大きい．300〜400 Hz では 345° から 90° の範囲，つまり前

方から右側の方向に音が集中している。500 Hzと 700 Hz でも同じ方向で放射音は卓越しているが，その指向性はさほど鋭くはない。一方，600 Hz と 800 Hz では再び主要放射方向は二つに分かれ，その方向は 200 Hz の場合に近い。1,000 Hzより高い周波数では，音の集中は 290°～70°，つまり前方の広い範囲となっている（Meyer，1967 a）。

こうした指向性を前後音圧比に換算すると，高周波域では，前方への放射音が（チェロと同じく）後方への放射音より 10～15 dB 大きいことがわかる。ただし，この値には楽器によって比較的大きな個体差が存在している。これに対して，低周波域の前後音圧比は変動が激しく，50～200 Hz の帯域では 5～7 dB となるが，275 Hz 付近の狭い帯域内では後方への放射音が卓越して，-10 dB 未満の値となる。この後，前後音圧比は正の値となり，500～700 Hz でその値は約 10 dB となる。

主要放射方向の統計指向係数は低周波域（160 Hz 付近）で 1.5 であり，300～1,000 Hz の帯域で 2.1，3,000 Hz では 2.6 まで上昇する。この値を指向性利得に換算すると，低周波数で 3.5 dB，中間周波数で 6.5 dB，高周波数で 8.3 dB となる。

8.5 グランドピアノ

8.5.1 屋根を開けた時

演奏会用グランドピアノは，主に響板の振動を発生源として音を放射する（Grützmacher and Lottermoser，1936）。その指向性は，ホールに対して上向きに放射される直接音と，屋根（上蓋）からの反射音によって決まっている。また，この反射音は下向きに進んだ後，再び床面で反射してホールの響きに影響を与える（Meyer and Bork，1993）。最も高い周波数では，弦そのものから放射される音も存在しており，その一部は客席に直接到達し，一部は屋根からの反射音となる。したがって，屋根を開けた状態の指向性はこれらの成分の複合効果で決まる。ただし，特定の方向に対して屋根と楽器本体が直接音と反射音の双方を遮蔽することも考慮する必要がある。この影響に関しては，低音域の音波は障害物を回り込んで伝搬するため，周波数が高いほど遮蔽作用は顕著になる。

響板の振動パターンは周波数と板に対する加振点の位置によって決まるので，放射音の指向性は，励振された弦の基本周波数にもある程度依存する。そこで，本節では鍵盤を低，中，高の三つの音域に分けて，それぞれの指向性データを表わすことにする。図 8.25 はこの 3 音域に関する，グランドピアノの鉛直面内での指向性パターンである。また，図 8.26 は鉛直面と水平面に対する放射角度の定義を示している。

低音の鍵盤（ここでは C[68] を中心とする音域）では，グランドピアノはほぼすべての方向に均一な放射音を発生する。このとき，水平面（0°）から約 20°までの方向では，基音の振幅は 20°より上の放射方向に比べて約 4 dB 小さい。これは，響板の裏側と表側が逆位相で振動することによって，両面からの音波が水平（0°）方向で相殺するためであり，つまり，低音域で響板はダイポールとして作用している。

これに対して図 8.25 の上段の図を参照すると，250 Hz の周波数域では，ピアノの後ろ側の音圧レベルが屋根が開かれた方向に比べて約 5 dB 大きくなっている。それは，この周波数域では響板の表側から上向きに放射される音波が，屋根に遮蔽されて後ろ側へ伝わらないためであり，後ろ側では表板と裏板からの放射音の相殺が生じないからである。このとき，聴衆はピアノのやや後方かつ楽器本体よりも低い位置に音源が存在するような感覚を持つ。

---

[68] 65 Hz。

8.5 グランドピアノ 281

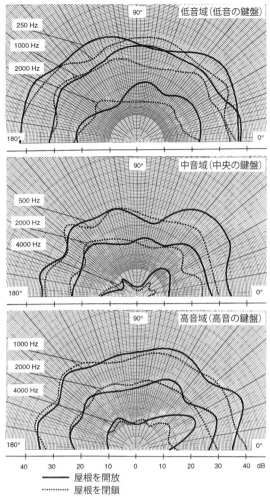

図 8.25　グランドピアノの放射音の鉛直面内の指向性パターン

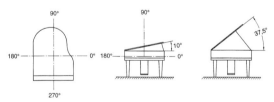

図 8.26　グランドピアノの指向性を示す座標系の定義

一方，1,000 Hz 以上の指向性は，これ以下の周波数に比べてピーク・ディップを有しており，鉛直面の 0〜55°の方向，すなわち屋根の開いた方向に強い音を放射している。つまり，この周波数域では 0°を中心とする水平面に強い指向性を持ち，−3 dB 放射域（半値方向幅）の範囲は約 ±30°であると言える。

中音の鍵盤（中段の図）では，上向きの放射音に対する屋根の遮蔽作用はさらに強くなるが，屋根からの反射音は前方に強いエネルギーとして放射される。低音の鍵盤と同じく，高周波数成分は奏者から見て右側で放射音圧が卓越する傾向がある。このとき，約 40°の方向で音圧は最大であり，−3 dB 放射域（半値方向幅）は水平面（0°）から約 55°までの範囲となる。また，第二の極大が奏者の左側，130〜150°の範囲に生じている。この音域では，基音を除けば，直上方向への指向性が押さえつけられたようなパターンとなっているため，他方向に比べると，直上でのピアノの音は光沢感が不足（matt）している。これに対して，中音の鍵盤では水平方向への放射音のエネルギーは比較的均一である。基音については 90〜180°方向の放射音がやや弱いが，それでも，その振幅は最大値の 10 dB 以内に収まっている。

高音の鍵盤では（下段の図），屋根は指向性に極めて大きな影響を与えている。この場合，基音であっても指向性の集中が生じており，（基音に対応する）1,000 Hz 帯域の指向性は鉛直面内 15〜35°の方向，すなわち，奏者の右及び斜め上の方向に振幅の卓越が見られる。また，−3 dB 放射域（半値方向幅）の範囲は 2,000 Hz 以上でも一定であり，屋根の開いた方向にほぼ一致している。この −3 dB 放射域の下端の方向角は周波数によって若干異なるが，水平面（0°）まで下がることはない。さらに，4,000 Hz の帯域では特に鋭い音の集中が生じており，0〜5°と 60〜180°の方向の音圧はピーク値の −10 dB よりも低下している。

これより，ピアノの音が輝かしい響きを持つ放射方向は，かなり狭い範囲に限られることがわかる。また，水平面の指向性についても同様の指向性の集中が存在している。（4,000 Hz 帯域では）0°方向と 30°付近に二つの指向性のピークを生じ，それぞれ，半値方向幅（−3 dB 放射域）の範囲は ±5°である。このとき，奏者の左側および視線方向のかなり広い範囲の音圧はピーク値に比べて

−10 dB 以下の値となっている。これに対して，（高音の鍵盤に対する）基音の指向性はすべての方向で最大値の−10 dB 以内に収まっており，オクターブ部分音は 135°付近のごく狭い範囲内でのみ−10 dB 以下となっている。

グランドピアノの 3 次元の指向性パターンは，中音域以上の周波数で多数のピーク・ディップを持っている。このため，統計指向係数を十分な精度で求めることは容易ではない。その値は低音域（C 付近）の場合，250 Hz で 1.2，1,000 Hz で 1.5，また高音域では 1,000 Hz で 2.0，4,000 Hz で 3.5 となるが，これらは参考値と考えるべきであろう。また，これらを指向性利得に換算すると，1.5 dB と 3.5 dB（低音域），6 dB と 11 dB（高音域）になる。

初期トランジェントに含まれるアタックノイズ（打鍵に伴うノイズ[69]，Anschlagieräusches）もすべての方向に一様に放射されず，指向性を持っている。ただし，そのパターンは協和的な部分音ほどは不規則ではない。響板の 1 次の共鳴振動に伴う（90 Hz 付近に生じる）放射音はダイポール的な挙動を示す。このため，上向きの放射音圧が最も大きく，水平方向の音圧はこれより約 15 dB 小さい。

一方，300〜600 Hz の帯域では響板の共鳴によるノッキングノイズ[70]が発生する。この帯域の放射音は（上向きに開いた）屋根によって遮蔽されるので，水平方向への放射音が強くなり，水平から上方 10°までの音圧が前者（1 次共鳴音）に比べて 10 dB 程度大きい。これら二つのノイズ成分の音量と楽音成分の音量の相対関係は，ピアノの響きの主観的印象にとって重要である。このため，図 8.27 には，響板が発生する 1 次共鳴音とノッキングノイズの音圧レベルを最大の部分音の音圧

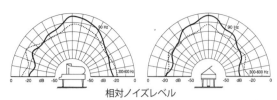

図 8.27 演奏会用グランドピアノの c^4 を打鍵したときに発生するアタックノイズの指向性。図のプロットは最大部分音の振幅で基準化した，響板発生音（90 Hz）とノッキングノイズ（300–600 Hz）の相対音圧レベル。

で基準化した相対レベルとして表示している[71]。

右図より，水平面から約 40°以下では（左図に示す奏者の視線の方向については 30°以下，背面の方向では 50°以下で），ノッキングノイズが 1 次共鳴音を上回っていることがわかる。この 2 種類のノイズ成分は直上方向で共にかなり大きな値となっているが，それは，この方向で協和的な部分音は屋根によって強い遮蔽を受けるためである。この図に示したノイズ成分の指向性は，低音の鍵盤を打鍵してもほぼ同じ結果となる。なお，ピアノの放射音が最も弱い方向においても，協和的な部分音に対するノイズ成分の相対音圧は−15 dB から−20 dB 程度である（Bork et al., 1994）。

8.5.2 屋根を閉じた時

グランドピアノの屋根の開閉による指向性の違いは，特に鉛直面前向きの 0〜90°方向で顕著になる。しかし，ピアノの後側には基本的な相違は見られない。図 8.25 のプロットを参照すると，屋根を閉じたときには，奏者の左右で放射パターンが等しくなることがわかる。屋根を開くと，強い音の集中が存在していた方向で指向性のピークが消えるが，そのエネルギーが他の方向に放射されることはない。この指向性のピークの音圧低下量はかなり大きく，高周波数域では 10 dB におよ

---

[69] 音の開始部に生じるノイズで，すべての周波数成分を含んでいる。
[70] 板を叩いたときに生じるようなノイズで，主成分は 300〜600 Hz。高音域の鍵盤を打鍵したときに発生し，アーティキュレーションなど音の立ち上がりに影響する。これに対して音のふくよかさに寄与する低域のノイズがある。これは響板の 1 次共鳴（約 90 Hz）によって生じる。この成分が不足すると金属的な音色になってしまう。
[71] 中〜高音域の鍵盤を打鍵したときには基音（第 1 部分音）が最大の部分音となる。最高音域では第 1 部分音と他の部分音とのレベル差は非常に大きくなる。

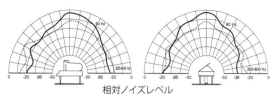

図 8.27 演奏会用グランドピアノの c^4 を打鍵したときに発生するアタックノイズの指向性。図のプロットは最大部分音の振幅で基準化した，響板発生音（90 Hz）とノッキングノイズ（300–600 Hz）の相対音圧レベル。

んでいる。この結果，屋根を閉じることによって，ピアノの音質は鈍いものへと変化し，光沢と輝かしさは失われる。また，水平よりやや上向きの方向では，音量感も著しく低下する。

同様に，水平方向の指向性についても右側（0°方向）の放射音圧が著しく低下する。周波数が高くなると，主に奏者の方向で放射音が強くなり，屋根を開いた場合の音圧とほぼ同一になる。なお，2,000 Hz 以上では，譜面台と屋根の間に出来る約 25 cm の開口からの放射音がその原因である。

8.5.3 屋根が半開の時

屋根を半開にした時とは，基本的に上記の条件の中間の状態を意味しており，図 8.26 に示すように，短い突上棒を用いて屋根を約 10°開いた状態が一般的である。開き角が狭いため，指向性のピークは（奏者の）右側に向かって生じるが，当然，標準の方法で屋根を開いた場合よりもその範囲は狭くなる。ただし，屋根が半開のときの主要放射方向は，屋根を開いた場合とほぼ同じ範囲であることに注意すべきであり，半値方向幅（-3 dB 放射域）はおよそ 10°から 60°の範囲となっている。ただし，その音圧は屋根を開いた場合に比べて少し小さな値である。この音圧差は高次の部分音ほど大きくなり，高音の鍵盤に対する 4,000 Hz 付近の部分音では約 6 dB に及んでいる。

屋根が半開のときには，響板の上面から放射される低次の共鳴による放射音はかなり減衰する。この結果，ダイポール的性質により生じる（水平方向の）音圧のディップは屋根を開いたときほど顕著にはならず，奏者の右側の放射音圧は約 10 dB 増加する。したがって，この主要放射方向での音質はわずかに柔らかなものとなるが，屋根を正しく開けた場合に比べて，輝かしさと華やかさが不足することになる。ピアノの後ろ側（奏者から見て左）では，屋根を開放・閉鎖した場合と比較して指向性に基本的な違いは存在しない。

8.5.4 屋根を取り外した時

屋根を完全に取り外したときには，ピアノの放射音の指向性は低音域の鍵盤から中音域の鍵盤までほぼ一様であり，鉛直面の指向性は，大半の周波数成分に対して ± 2 dB 以内の偏差に収まっている。ただし，250 Hz 以下の周波数では次第に水平方向（0°）付近の音圧に減少が生じ，65 Hz では約 -5 dB まで低下する。一方，高音域の鍵盤については，最も高い音域の部分音の指向性が上向き（90°方向）に卓越する。例えば，4,000 Hz 成分の 90°方向の音圧は，屋根が開放または半開のときに比べて 3〜5 dB 大きな値となる。

この結果，屋根を撤去する影響を総合的に評価すると，上向きの放射音が強くなること，つまり，水平方向の音が弱音化することが言える。すなわち，客席方向に対して，ピアノの響きに重要な役割を果たす高周波成分が大幅に減少することになり，光沢感に欠けた印象を与えるのである。さらに，低周波数の成分も不足するため，その音色は厚みのない薄っぺらなものになる。これに対して，水平面の指向性は必ずしも円状（無指向性）のパターンとはならない。この場合，高周波領域で 300°方向，つまり奏者から見て右斜め後ろの方向に，指向性の鋭いピークが現れる。また，0〜200°の方向では高次倍音の振幅がかなり低下する。

一方，中音域から低音域の鍵盤による放射音は水平面内でほぼ無指向性と見なせる。ただし，c^1 付近では，1,000 Hz 周辺の周波数成分が奏者の左側に指向性のピークを生じる。

8.5.5 チェンバロ

チェンバロのケースと屋根は，演奏会用グランドピアノに比べて，かなり軽量で剛性が低いので振動を生じやすい。このため，特に低周波数の放射音には板振動の影響が強く現れる。屋根板の共鳴周波数の代表値は 120 Hz 付近に存在しており，この周波数領域では，屋根と響板の振動振幅が同程度の大きさになることもある。これに加えて，これらの部材は交互に反対の位相を持つ複数の振動面に分割されるため，複雑な放射音場を形成する。

こうした理由から，チェンバロの指向性はピアノよりもさらにピーク・ディップの激しいパターンを有している。また，その指向性パターンは周波数がわずかに異なるだけで著しく変化するのみならず，楽器による構造の違いにも大きく左右される。このような指向性の強い周波数依存性と，一音ごとの響きの違いは，チェンバロの板振動放射音がもたらす基本的な特徴である。つまり，チェンバロの音には，放射音の指向性が大きな役割を担っているのである。(Elfrath, 1992)

空間の音響特性とチェンバロの音の相互関係を考えるとき，チェンバロの指向性は次のように要約される。すなわち，指向性のパターンは 100 Hz 以下ではほぼ無指向性である。100〜150 Hz の帯域ではダイポール的な特性を持ち，(奏者の) 右側への放射音が最大となる。これに対して，左側では約 5 dB，視線方向と背後では 10 dB 弱い値となる。これより高い周波数では，さまざまな方向に幅の狭い指向性のピークを生じるが，後ろ側 (奏者の左側) への放射音圧は屋根の開いた方向に比べて 6〜10 dB 弱い。

8.6 ハープ

ハープは放射音のエネルギーの大半を響板 (共鳴胴の表板) から放射する。響板を除く胴の表面や背面の開口部の寄与はごくわずかである。胴の気柱が空洞共鳴することによって，響板には強い分割振動が生じる。このとき節線 (ノード) は主に響板に対して横向きに現れるが，およそ 170 Hz 以上では縦方向の節線も生じる (Firth, 1977)。このため，ハープの中・高周波数の指向性には多数のピークとディップが存在している。また，指向性のパターンは響板を駆動する位置，つまり，演奏する音程にも左右される。

図 8.28 は三つの断面方向に対する主要放射方向 (−3 dB 放射域) を示している。なお，この結果はさまざまな音域に対する平均値である (Bell and Firth, 1989)。まず，水平面 (左図) の放射音は約 400 Hz 以下で無指向性であること，400〜2,000 Hz で前後の 2 方向に集中し，2,000 Hz 以上では前方に二つのピークを生じることがわかる。弦を含む鉛直面 (中図) については，400 Hz 以下で響板に対して垂直な 2 方向 (0°と 90°)，400〜1,000 Hz では主に直上と直下が主要放射方向となっており，上方への集中は 4,000 Hz まで続いている。弦に直交する鉛直面 (右図) については，1,000 Hz 以下では左右両側の広い範囲，1,000 Hz 付近では主に上方，1,000 Hz 以上では左右上下にクローバの葉状に枝分かれした方向に強い放射音を生じている。この図に示した 3 方向のデータは，それぞれの平面ごとの最大値に対して定められる主要放射方向である。したがって，各図の絶対音圧レベルは異なっている。なお，統計指向係数は求められていない。

8.7 打楽器

8.7.1 ティンパニ

ティンパニの指向性は，振動する膜面が上向きに放射する音場で決まっている。膜の下面からの放射音はケトルによって遮蔽されており，ケトルと下端の開口からの放射音は非常に弱い。したがって，放射音場の指向性は膜の分割振動モードのパターンによって特徴づけられる (Rossing,

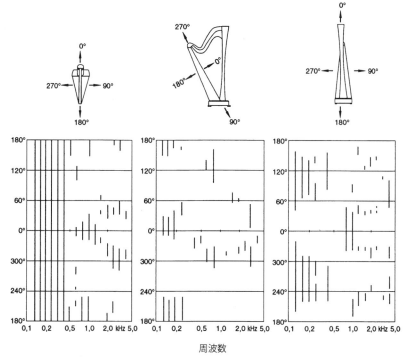

図 8.28 ハープの主要放射方向（−3 dB 放射域）の角度分布（Bell and Firth, 1989 による）。

1982b; Fleischer, 1992）。

図 8.29 は膜の低次の三つの振動モードに関する放射音の指向性の計算結果である。この図は，鉛直断面内の指向性を表しており，この面内で放射音の振幅は最大となる。また，それぞれの指向性パターンは節線を含む鉛直面に対する値である。まず，1 次の同心円モードでは膜全体が同位相で振動するため，球面波に近い放射音場を形成することがわかる。次の 1 次の動径モードはティンパニの音質とピッチ感覚に最も大きな影響を与える。このモードでは 1 本の節線によって膜は逆位相の振動面に分割されるため，ダイポール的な放射音場を生じている。したがって，指向性パターンは（膜の中心を通る）水平軸に対して回転対称となる。

その放射音は水平面上で最大であり，−3 dB 放射域は水平面に対して±45°，−10 dB 放射域は±71.5°の範囲となる。2 次の動径モードは 2 本の節線を持つため，4 重極（クアドロポール）が形成される。このため，その指向性は（真上か

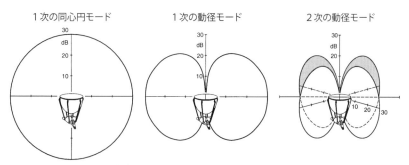

図 8.29 ティンパニ発生音の低次の 3 部分音の指向性計算値。

ら見ると）クローバの葉のような4つのピークを持っている。この場合にも放射音は水平面で最大となるが、これより上下に移動すると音圧レベルはダイポールに比べ速やかに低下する。このモードに対する−3 dB 放射域は±31°，−10 dB 放射域は±56°の範囲である。さらに高次の振動モードでは，節線数の増加に伴って指向性のピークの数も増えるが，その放射範囲（ローブ）の幅は狭くなる。

膜材の材質が一様で，張力も均一であれば，水平面での指向性パターンの測定値は上述の計算結果と良好に対応する。実測によれば，1次の同心円モードは−3 dB 以下の放射域を持たないが，1次の動径モードについては二つの主要放射方向の中間方向に約−18 dB のディップが現れ，高次の振動モードでも−16 dB 程度のディップが生じると報告されている（Fleischer, 1988）。

水平面の−3 dB 放射域のパターンも計算値にほぼ一致するが，−10 dB 放射域は実測値の方がわずかに拡がった結果となる。これは，指向性のディップの方向で膜からの放射音が完全な対称性を満たさないためであり，1次の動径モードの範囲は±73°である。また，この音場は回転対称と見なせるので，このパターンを（膜の中心を通る水平軸の廻りに）回転したものが鉛直面の指向性であると考えて良い。

2次の動径モードについては水平面内に4つの−10 dB 放射域が現れ，その範囲はそれぞれ±41°となる（4重極の理論値は±36°）。ただしこの場合には，音場はさらに複雑であるため，水平面のパターンを回転しても鉛直面のパターンは求められない。また，水平面上の指向性パターンはヘッドをマレットが叩く位置によって決まり，この位置を対称に節線が生じる。

主要放射方向に対する統計指向係数は，1次の動径モードで約1.7，2次の動径モードで約1.9である。これを指向性利得に換算すると，それぞれ4.5 dB と 5.5 dB となる。

8.7.2 太鼓

太鼓はティンパニとは異なり，裏側のヘッド（膜）からも音を放射する。このため，その指向性は打面側と裏側（フロント）の両方のヘッドからの放射音によって決まる。シェル（胴）の振動振幅はヘッドの約1% にすぎないので，シェルの影響は無視して差し支えない。図8.30 は、小太

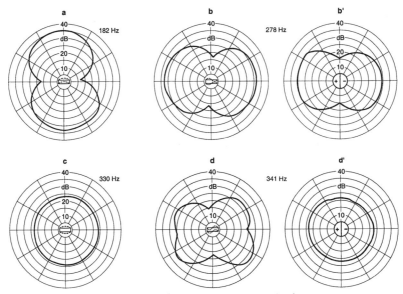

図 8.30 小太鼓の指向性パターン（Rossing et al., 1992 による）。

鼓の特に重要な振動パターンに対する指向性の測定結果である。また，図の中心には振動パターンの振幅と位相の関係を示してある。（Rossing et al., 1992）。

第1の基本振動（図a）は両側のヘッドが同じ方向に振動する場合であり，打面側と裏側のヘッドからの放射音は互いに逆位相となる。このため，主要放射方向は約±30°の範囲となり，水平面から±20°の範囲では最大値よりも10 dB以上，音圧が低下する。このとき，主要放射方向での統計指向係数は約1.6（指向性利得では4dB）である。こうしたダイポール的な放射特性は裏側のヘッドを取り外しても生じる。なお，打面側のヘッドに対する裏面のヘッドの音程が狂っていると，裏面のヘッドの振動が抑えられるので，すべての方向に一様な放射音を生じる。第2の基本振動（図c）は両側のヘッドが逆方向に振動する場合であり，これは「呼吸球」に該当するため，すべての方向に一様な放射音を発生する。

膜が1本の節線を持つときには，逆位相で振動する二つの半円の膜が指向性を決める。この節線はヘッドの中心と打撃点を結んだ直線に対して垂直な方向に現れる。このとき，打面側と裏側のヘッドが逆方向に振動すれば（図bとb'）再びダイポール的な性質を持ち，水平面内に二つの主要放射方向が現れる。このとき，約±45°の範囲が−3 dB放射域となり，±20°の範囲で放射音圧は−10 dB以下となる。指向性のピークの方向の統計指向係数は1.5（指向性利得は3.5dB）である。

これに対して，打面側と裏側のヘッドが同じ方向に振動すると（図dとd'）4重極の性質を持つ。4つの主要放射方向（−3 dB放射域）の範囲はそれぞれ約±20°であり，その間に8〜15 dBの深さのディップが存在する。ただし，水平面の放射音特性はほぼ均一で，その絶対値は小さい。

大太鼓の放射音は比較的均一な指向性を持っている。Olsen（1967）の報告によると，打面側の

ヘッドに垂直な方向で前後の音圧レベル差は120 Hzで8 dBとなること，400 Hz周辺では指向性が4方向で卓越することが示されている。この指向性のピークは膜の中心を通って生じる2本の節線に関係しており，膜を含む平面内に2個，膜に垂直な面内に2個，それぞれ一対となっている。したがって，ヘッドを含む面内の指向性は4分割したパターンになる。

8.7.3 ゴング

ゴングの指向性も打撃面と裏面からの放射音の重ね合わせで決まる。このとき，両面には互いに逆位相で振動する分割振動が生じている。また，銅鑼もこれと同様である。図8.31はd音[72]のゴングの指向性である。上の図は，打撃直後と3秒経過後の基音の指向性を示している。これより，放射音の最大値は，ゴングの振動面から約30°傾斜した方向に存在しており，この方向の統計指向係数は約1.8（指向性利得で5dB）である。また，−3 dB放射域は打撃時には25〜65°であり，3秒

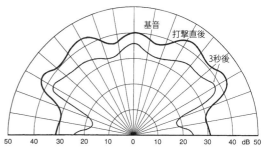

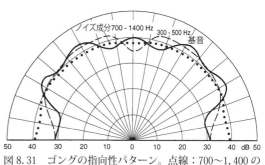

図8.31　ゴングの指向性パターン。点線：700〜1,400のノイズ成分，破線：300〜500 Hzの倍音成分，実線：基音。

---

[72] 約147 Hz。

後に 25〜55°まで狭まっている。なお，ゴングの振動面を含む浅い方向で，放射音圧レベルは最大値から 10 dB 以上低下している。

次に打撃直後の倍音成分の指向性に注目すると（下図），300〜500 Hz の成分は基音とほぼ同じパターンであることがわかる。なお，この値は帯域内で平均化された放射パターンになっていることに注意されたい。ただし，ゴングの正面（90°）方向にはディップが生じており，互いに逆位相で振動する分割面が対称に分布していることがその理由である。このディップの深さは最大値に対して −7 dB である。また，この方向で基音の指向性はピークとなっている。

一方，正面から ±15°それると，今度は倍音成分が基音を上回っている。これに対して，ゴングの主要なノイズ成分（点線）はほぼ球面波状に放射される。それは，ノイズ成分は振動面に定在波を形成しないからであり，すべての方向にわたって音圧レベルの偏差は 2 dB 未満に収まっている。以上の結果から，協和音成分とノイズ成分のエネルギーの相対関係は放射角によって異なることがわかる。なかでも，振動面に沿う浅い方向では，ノイズが特に大きな値となっている。

8.8 歌声

歌手が発生する歌声の指向性は頭部による音の遮蔽作用と，口もとを漏斗状に開くことによるホーンの効果（Trichterwirkung）によって決まる。したがって，口の開き方による影響が存在し[73]，同一の歌手であっても発生音によって指向性は異なっている。しばしば引用される Dunn と Farnsworth（1939）や Niese（1956）の報告によれば，話し声の放射音レベルは，水平面内では前から後ろに向かってしだいに低下し，鉛直面内では視線方向で最大となると記されている。

しかし，歌声の放射音が最大となるのは必ずしも歌手の視線方向ではない。一例として，図 8.32 に 2,000 Hz を中心とする成分の放射音の指向性を示す。これより，歌声は水平面から下向き 20°で最大となること，水平面では正面に比べて斜め前方の方が少し大きいことがわかる。歌声の持つこの二つの特徴は，口の開き方と発声する母音により異なっている。方向による放射音圧の違いは，母音 /a/ や /e/ に比べて /o/ が顕著であり，特に /o/ は歌手の背後方向で音圧低下が著しい（Marshall and Meyer, 1985）。

訓練を受けた歌手に限定すれば，指向性の個人差はきわめて小さいので，普遍性のある指向性を

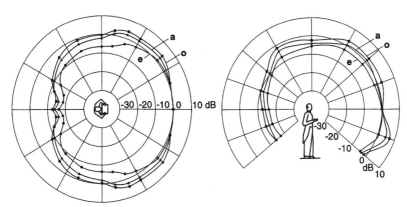

図 8.32　2,000 Hz のオクターブ帯域における歌声の指向性。異なった母音を明瞭に発声した場合（Marshall and Meyer, 1985 による）。

---

[73] 口の開き方はラウドネスと母音の音色に影響する。このため，大音量で母音を区別できないことがある。

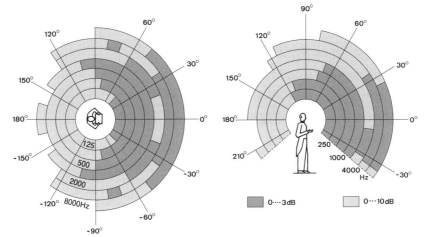

図 8.33 オクターブ帯域に対する歌声の主要放射方向（Marshall and Meyer, 1985による）。

求めることができる。このとき，ピッチとダイナミクスが指向性に与える影響はさほど大きくない。図 8.33 は，異なった母音に対する指向性の平均値から求めた主要放射方向の要約である。

図より，水平面の －3 dB 放射域は周波数の上昇とともに次第に拡がり，1,000 Hz 成分の放射域は 125 Hz 成分の 2 倍になること，2,000 Hz でその範囲はかなり縮小することがわかる。また，2,000 Hz では水平面の正面方向にディップを生じているが，これは前述したように，この帯域の成分が斜め下 20°方向に強い指向性を持っているためである。また，4,000 Hz 成分の －3 dB 放射域もかなり狭くその範囲は ±35°にすぎないが，8,000 Hz ではその範囲は少し拡がっている。ただし，この図のデータは母音の歌声に対する協和性の倍音成分だけに関するものであり，同じ周波数帯域に含まれる子音の歌声にはあてはまらない。Niese（1956）によると，子音の歌声については，8,000 Hz 成分の －3 dB 放射域は ±30°であると報告されている。

鉛直面の指向性については，すべての周波数成分が斜め下方向で卓越していることがはっきりと理解できる。一方，上向きの放射音については，周波数が高いほど －3 dB 放射域は狭くなっており，－10 dB 放射域も同じ傾向である。すなわち，

高周波数では直上方向のエネルギーが側方に比べて弱いことが言える。背後への放射音は，ピーク値に対して 3,000 Hz で 15 dB，8,000 Hz で約 25 dB 小さい。

歌声の統計指向係数は，ホール内の音響効果を考える上で特に重要な指標である。このため，その代表的な周波数特性と放射音が最大となる方向を図 8.34 に示す。図より，視線方向（0°）の統計指向係数は 2,000 Hz で 1.2 であるが，4,000 Hz で 1.65，8,000 Hz で 1.95 と次第に増加することがわかる。この値を指向性利得で表わせば順に 1.6 dB，4.4 dB，5.8 dB となる。放射音が最大となる －20°方向については，シンガーズフォルマント帯域の統計指向係数は約 2.0（指向性利得で 6 dB）に及んでいる。鉛直面に対する角度

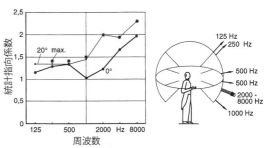

図 8.34 視線方向（0°）と斜め下 20°方向の歌声の統計指向係数。右図は放射音が最大となる方向（対応する周波数ごとに矢印で示す）。

ごとの統計指向係数は付録（p.307）の数表を参照されたい。

　音域による指向性の違いは，（Sp，Altなど）各声域の最も高い音域で際立って知覚される。また，それぞれの指向性パターンは発声する母音によって異なっている。なかでも，最高音域の指向性は各声域の中心的な音域の指向性と著しく異なっており，母音の主要な周波数帯域である500〜2,000 Hzの成分に関して，最高音域では他の音域に比べて上方（頭頂方向）で2〜4 dB，歌手の背後方向で4〜5 dB大きな値となる。これに対して，最高音域での4,000 Hz以上の成分は，他の音域の4,000 Hz以上の成分より横方向で3〜5 dB小さい。したがって，最高音域のシンガーズフォルマントは横方向でさほど強調されないことになる。

　ダイナミクス（音の強弱）が指向性に及ぼす影響はわずかであり，強弱記号がピアノのときに，歌手の横方向で1,000〜4,000 Hzの成分が3 dB小さくなることに言及すれば十分であろう。なお，この音質変化に伴って，横方向のダイナミックレンジが視線方向に比べて幾分広く感じられるという結果になる。

第 9 章　室内音響学の基礎

9.1　反射と回折

9.1.1　平面による反射

　温度一定の静止空気など，均質な媒質中で音は直進する。したがって，音の伝搬経路は音源と観測点を直線で結んだ「音線」によって表すことができる。これは，さまざまな音響問題を取り扱うために有効な方法であり，室内の音の伝搬を幾何学的に検討する際の基本原理となっている。

　音線が十分大きな平面に衝突するとき，入射角と反射角が等しいという光学分野で使用される反射法則に従って反射音が発生する。これは音や光が波動であることから生じる現象であり，入射音線と反射音線，そして平面に音線が衝突する点から立てた法線は同一平面内に存在する。図9.1はこの反射法則の概要図である。この図から，入射音線と反射音線が作る角は入射角によって決まること，つまり，反射面を適宜傾斜させれば入射音を所望の方向に反射できることがわかる。

　二つの壁面が直角に交差しているとき，いずれかの面に入射した音は2回の反射の後，入射音のちょうど反対方向に反射音を生じる。この様子を図9.1bに示す。図に示す二つの経路からわかるように，単一平面による1回反射と異なって，この場合には壁面への入射角に関わらず，反射音線は常に入射音の逆方向に戻ることになる。

　二つの壁面が鈍角をなしているとき，入射角 θ が小さければ1回の反射音が生じる。一方，入射角 θ が直角（擦過入射）に近づくと，コーナーを経由して2回反射音が発生する。図9.1cがこの

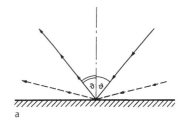

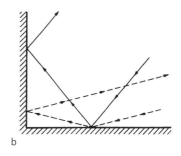

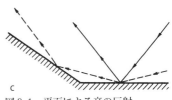

図9.1　平面による音の反射

状況を示しており，音波は最初，下側の壁面に衝突している。破線で描かれているのが2回反射する音線であり，この音線はほぼ左側の壁面に沿った方向に伝搬している。つまり，右側から到達する入射音線の入射角 θ が大きいほど2回目の反射角も大きくなるので，下側の壁面で反射した音線が左側の壁面と平行になるときが2回反射を生じる θ の下限値となる。つまり，2平面がなす2等

74　正確には入射角 θ が45度より小さい場合，いかなる場合にも2回反射音は発生しないことが言える。

分角の大きさと入射角の大小関係によって1回反射音を生じる場合と，2回反射音を生じる場合がある。[74]

9.1.2 曲面による反射

音波が大きな曲面の壁に衝突するときには，入射音線が曲面と交わる点に接平面を考え，この面に対する入射角に反射法則を適用すれば反射音線の方向が決まる。このとき，入射音線と反射音線，接平面に対する法線はすべて同一平面内に存在する。曲面の壁では，壁から音源までの距離と壁の曲率半径に応じて音の集中と拡散が生じるが，これは光学の曲面鏡と同じように扱うことができる。図9.2はこの現象に関して特に重要な場合を示している。

(a) 音源－壁面間の距離が曲率半径の1/2より大きいときには，曲率中心より遠方側に焦点を生じる。図に示すように，音源が曲率中心と壁面との中間に存在する場合には，焦点はさらに遠方に発生する。この焦点が客席エリアに発生すると，音響エネルギーの集中が響きの欠陥として知覚される。一方，マイクロフォンで音を収音する場合には，楕円反射体を用いてこの音の集中現象を利用している。（例えばハノーバーのマルクト教会では小型ワイヤレスマイクが開発されるまで，このタイプの装置が長期間にわたり使用されていた）。

(b) 音源－壁面間の距離が曲率半径の1/2に等しいときには，反射面の中心軸に平行な音線の「束」（ひとかたまりの平行な音線）を発生する。放物線型反射鏡はこの作用（但し，図9.2bの逆方向伝搬）を最適化して利用する形状になっている。同様に，遠方の音源から平行な音線の束が凹面に到達すれば，曲率半径の1/2に対応する点に焦点が生じることになる。

(c) 音源－壁面間の距離が曲率半径の1/2より小さければ，反射音線は壁面背後に位置する単一の点音源から放射されたかのように拡がる。この反射音場の拡大作用は，曲率中心より遠方領域の音響エネルギー分布を均一化する方法としてしばしば利用されている。同様に，凸曲面も音線の束を扇型状に拡げる効果を持っている。

(d) 曲面が放物面である場合には，音源－壁面間の距離が曲率半径の1/2に等しければ，音源が反射体の中心軸上に存在しなくとも，ほぼ平行な音線の束を発生する。これは，放物面に入射する音線の入射角と反射角が常に同じ値となるためである。これと同じく，ケース（a）で音源位置が中心軸上から外れると，焦点の位置が移動するとともに，音の集中現象も弱まる。

以上を要約すると，凹曲面の前方に多数の奏者が存在する場合には，各楽器セクションがそれぞれ異なった方向に反射されたり，ホール内の特定の位置で一部の演奏音が著しく強調される危険性をはらんでいることが言える。

9.1.3 波長の影響

前節では，音の衝突する反射面は十分に大きいと仮定したが，面の大きさは波長の寸法と関連づけて扱う必要がある。光学で成立する反射現象が成り立つためには，反射体の寸法は少なくとも波長の数倍以上でなければならず，これより小さな反射体ではその縁辺から音波は裏側へ回り込むため，反射音はほとんど発生しない。例えば，反射体の寸法が3波長であれば，音の陰となるわずか

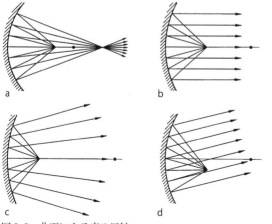

図9.2 曲面による音の反射

な領域が生じ，1波長程度の物体は音場にほとんど影響を与えない。つまり，波長に対する物体の相対的な大きさは周波数によって異なるので，反射体や障害物の音響効果はピッチ（音の高さ）によって変化する。すなわち，音源が物体に遮蔽されて見通せないとき，低音は波長が長いためはっきりと聞きとれ，高音は小さな物体であっても反射されて聞こえないのである。

音源とリスナとの間に存在する物体による音の遮蔽効果は図9.3によって計算できる。音源とリスナの間に壁が存在しているとき，例えば，オペラハウスのオーケストラピットの仕切り壁については，音源から壁の上端へ進む音線と壁の上端からリスナに進む音線の作る角（回折角）γ と，音源とリスナを結んだ直線に対する壁の実質的な高さを波長で基準化した値 h_{eff}/λ がパラメータとなる。

特に角 $\gamma = 0$，つまり，音源と壁の上端を結ぶ直線上にリスナの視点が位置しているときにも，5〜6 dB の減衰が生じることに注意が必要である。この値は，仕切り壁の背後（客席側）に回りこんだ音波は（回折現象によって）壁より低い空間に拡がって，その結果，エネルギー密度が半分になることから理解できる。また，壁による音の遮蔽効果は回折角 γ が小さい場合には，γ のわずかな違いにより著しく異なること，$\gamma = 30$〜$90°$ ではほとんど変わらないことに注意されたい。

実用上，自立式や吊り下げ式の反射体がしばしば使用されるが，この場合には，有効な反射体として作用する下限周波数が問題となる。図9.4に示すように，音源から反射体の中心点までの距離を a_1，リスナからの距離を a_2，音源とリスナを含む平面で切った反射体の幅を b，入射角を θ とすれば，反射体に関する音響波動理論から，下限周波数は次のように与えられる。

$$f_u = \frac{2c}{(b \cdot \cos\theta)^2} \cdot \frac{a_1 \cdot a_2}{a_1 + a_2}$$

ここで c は空気中の音速であり，a_1 と a_2 は反射体の幅 b より大きいという条件が要請される（Cremer, 1953）。なお，これより低い周波数では，反射音の音圧はオクターブ当たり 6 dB の割合で減少する（Rindel, 1992）。

この公式より，反射体の効果を低音域に拡大するには以下の条件が必要であることがわかる。

  反射体の寸法を大きくする，
  音源から反射体までの距離を短くする，
  リスナから反射体までの距離を短くする，
  反射体への入射角を垂直に近づける，

これらの条件から，ホール内に設置した反射体がすべて同じ寸法であれば，前方の席に比べて後

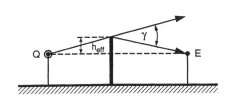

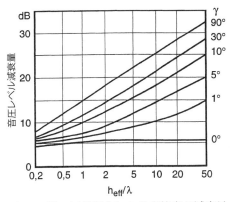

図9.3 壁の回折現象による直接音の減衰量 (Redfearn, 1940)。Q：音源，E：受音点，λ：波長。

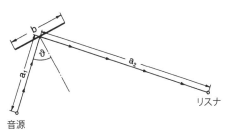

図9.4 反射体の有効領域を計算するためのパラメータ

ろの席では低音が弱くなることが言える。したがって，後方の席に向けて反射体を設ける場合，その寸法を大きくする必要がある。

図9.5はこの計算式を図式化したものであり，実際に即した寸法の反射体について簡略計算することができる。例えば，反射体までの距離をそれぞれ $a_1 = 10$ m，$a_2 = 20$ m とすると，下の図から式中の第2項は6.7となる。次に反射体の幅を $b = 1.5$ m とすれば，上の図から下限周波数 f_u は垂直入射時（$\theta = 0°$）に約2,000 Hz，45°入射では約4,000 Hz となることがわかる。一方，奏者の背後2 mの位置に寸法2×2 mの反射体を設けたとしてこの図を使用すると，下限周波数は300 Hz まで拡がることがわかる。

反射体の効果には寸法とともに，その質量も重要である。それは，軽量すぎるパネルや膜材は入射エネルギーをすべて再放射せず，その一部は板振動となって吸収されるからである。中高音を対象とする反射板では，面密度は 10 kg・m^{-2} 以上であることが望ましく，これは厚さ12 mmの木材にほぼ該当する。このタイプの反射板はスピーチや歌声にとって非常に大切である。また，低音までを充分に反射することが求められる場合には 40 kg・m^{-2} 以上の面密度が必要である。

上述した反射体に関する議論は表面が平滑である場合，つまり，表面に凹凸を持たない素面に対するものである。しかし，壁や天井の表面には小さな突出部や窪み，あるいは装飾が付け加えられていることが多い。このような表面は散乱効果を持っており，前述した音波の（単一方向への）幾何学的反射ではなく，さまざまな方向に音のエネルギーは拡散して反射する。この現象は表面構造の深さが1/4から1/2波長のオーダーであるとき最も顕著であり，拡散反射を生じる周波数帯域は表面構造の深さに変化をつければさらに拡大する。さらに，ある種の確率的整数論やいわゆるM系列などの数学的手法で構成される凹凸の千鳥配列を利用すれば，より優れた拡散効果を得ることができる（Schroeder, 1979）。

拡散反射を生じる周波数帯域より低い周波数では，つまり波長が大きくなると，表面構造の効果は平滑面と同じになり幾何学的な反射音が発生する。一方，拡散反射の生じる周波数帯域よりさらに高い周波数では，表面構造を構成する一つ一つの面は幾何光学的な反射音を発生する。このときには，壁面全体の平均面が作る方向ではなく，さまざまな方向に「離散的な反射音」が生じる。特に表面構造の凹凸が極端な場合には，特定の方向において音色の変化（カラレーション）を知覚することがある。この現象にはこの三番目の周波数領域に含まれる反射音が原因となっている。

なお，等間隔かつ階段状の表面構造（反射面）は，一つ一つの階段面から特定方向に規則的な一

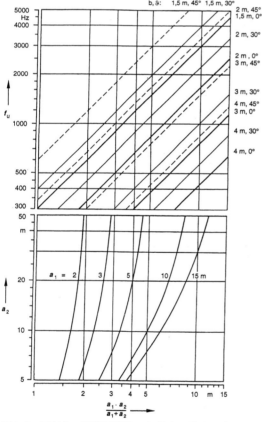

図9.5　反射体の下限周波数 f_u を求めるダイアグラム。反射体の幅 b，入射角 θ に対する f_u を求めるには，まず，下図において既知量の距離 a_2（縦軸）と距離 a_1 に対応する曲線の交点を求めて，その点から上図まで垂線を引く。次に，この線が所望の b と θ の組み合わせに対応する直線と交差する点から水平線を左向きに引くと f_u が求まる。

連の反射音を発生する。この場合，波長の1/2が段差に一致する周波数（主に中音域）の音だけを知覚することがある。

9.2 吸音

前節では音の反射現象を考察した。その際，反射体との位置関係に応じた入射音と反射音の方向だけを取り扱い，入射音と反射音の振幅の相対関係は考えなかった。前節で引用した光の反射現象では，黒い表面から反射するエネルギーがごくわずかであるように，音についても，どの程度の割合の音響エネルギーが反射されるかは壁面の性質や組成に応じて異なっている。

音が壁面で反射するとき，一般にその材質や構造に応じて一定のエネルギーが吸収される。入射エネルギーに対する吸収されるエネルギーの割合を「吸音率」（Absorptionsgrad）と呼び，通常は記号 α で表す。一方，「等価吸音面積」（Absorptionsvermögen） A は特殊な形状の吸音体や空間（すべての壁面の合計）の吸音力を表しており，次の関係で定義される。

$$A = \alpha \cdot S$$

ここに，S は吸音率 α を持つ壁面の面積である。吸音率の大きな特徴は周波数に依存することである。すなわち，同じ物質であっても，入射音のピッチ（音の高さ）が異なれば吸音あるいは反射する音の強弱は異なるのである。

例えば，多孔質材料の壁面は，高周波成分だけを吸収して，低周波成分の大半を反射する。こうした材料は高音吸音体と呼ばれ，その代表的な周波数特性が図9.6の左図に示されている。この場合，吸音率の大きさと実質的な吸音効果が得られる周波数範囲は多孔質材料の物性と厚さによって決まり，多孔質層が薄いほどピークの位置は高音域にシフトする。

ホール内の聴衆は基本的には「高音吸音体」と見なすことができ，約500 Hz以上の入射音のほ

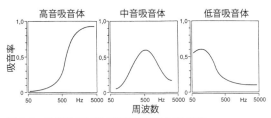

図9.6 各種吸音材料の周波数特性と吸音率

ぼすべてを吸収する。このとき，聴衆エリアの吸音力は聴衆の占める総面積で決まり，座席の密度（単位面積あたりの席数）はほとんど意味を持たない。したがって，座席数が同じ場合には席の間隔が広いほど高い吸音力を持つことになる。例えば，床面積 100 m² に 200 人が着席するとき，1,000 Hz の等価吸音面積は 95 m² となる。一方，同じ 200 人の着席する床面積が 200 と 300 m² とすると，等価吸音面積はそれぞれ 140 と 165 m² に増大する。

これに対して，図9.6の右図は「低音吸音体」の代表的な特性を示しており，この場合には，主に低音成分を吸収して高音成分を反射する。こうした周波数特性は空洞の前面で板振動が生じる場合に生じ，例えば，薄い木製パネルがこれに該当する。このとき，空洞の奥行きが深いほど，また，板の質量が大きいほど，吸音のピークは低音側に移動する。なお，板厚が非常に薄くて空洞が浅い場合や，スリットや孔を介して駆動内の空気が室内側と通じているときには，吸音のピークは中間の周波数領域に移動して「中音吸音体」となる。このとき，吸音の生じる周波数範囲は吸音体の構造に応じて変化する。

厳密に言えば，あらゆる材料の吸音率は周波数に依存する。ただし，コンクリート，大理石，漆喰塗りの石壁など「音響的に剛」な材料はすべての音域の音をほとんど減衰させずに，ほぼその大半を反射することに注意されたい。これに対して，オルガンの前面（露出部）は 125〜4,000 Hz の広い周波数範囲で 0.55〜0.60 の吸音率を持っている。また，大型のオルガンでは低周波数でさらに大きな吸音率を持つことがある（Meyer，1976;

Graner, 1988)。このため，コンサートホールや放送スタジオでは，オルガンを使用しないときに，演目によってはその表面を（透過性でなく）反射性の材料で覆うことが望ましい。

カーテンは建物の構造を変更せずに仮設的な運用ができる，実用上，有効な吸音の手法である。カーテンは多孔質材料であるため，カーペットと同じように高音を選択的に吸音するが，壁から一定の距離をとってカーテンを吊るせば，吸音する周波数を低域まで拡げることができる。この場合，壁との距離を目的周波数の波長の1/4にすると，それより高い周波数ではほぼ一様な吸音特性を得ることができる。この下限周波数 f_u（Hz）は次式で与えられる。

$$f_u = 8,500/d$$

d は壁までの距離（cm）である（Cremer, 1961）。ただし，カーテンにはある程度の重量を持つものを選び，空気層の厚さを変化させるためヒダつきとする必要がある。例えば，壁までの距離が10 cm で下限周波数は 850 Hz，25 cm では 340 Hz となる。

9.3 残響

音源からリスナへ到達する音の伝搬経路を幾何学的方法で求めることができるのは，直接音と反射次数が2～3回までの反射音に限られる。これ以上の反射次数になると，経路が次第に複雑化し視覚的な検討は困難になる。こうした理由から，音のエネルギーが完全に吸収されるまでのすべての反射過程を対象にして，室内のあらゆる位置に対する包括的な性質を論じるために統計的な考え方が採用される。

この場合，音源停止後の個々の反射音を一つ一つ追跡するのではなく，反射音全体の挙動を把握することに主眼がおかれる。統計的な考え方を用

いると，リスナに到達する反射音の（時間軸上の）密度が濃いほど，残響音の音圧はゆっくりと減衰することを示すことができる。

図9.7は残響音の典型的な時間変化を示している。図のように，残響音は（dB 表示することにより）音源の停止後，小さな変動を伴ないつつ直線的に減衰し，部屋の暗騒音と同じ値に収束する。このような残響音のレベル波形（残響曲線）[75]の基本的なパターンは，それが電気的な音響信号を停止したときのものであるか，オーケストラの和音を突然停止したとき（ストップコード）のものであるかには関係しない。リスナは，暗騒音によってマスキングされるまでこの残響音を聞き取ることができ，この例での長さは約2秒である。この時間長は残響音の可聴時間（Nachhalldauer）と呼ばれる。当然ながら，その値は音源の出力（パワーレベル）と暗騒音レベルに影響を受ける。

残響曲線は，折れ曲がりを生じる場合を除けば，通常は直線的に減衰する。また，その勾配は空間の性質によって決まり，（突然，音を停止した）音源には無関係である。したがって，残響曲線を観測すれば空間の応答の持続時間を表す物理量が定義できることになる。

一般には，この量として最初の値から60 dB 低下するまでの時間，すなわち，残響時間（Nachhallzeit）が用いられる。なお，この60 dB とい

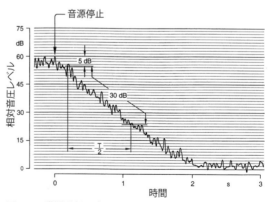

図9.7 残響過程の音圧レベル

---

[75] 残響レベル波形とも呼ぶ。

う値は大型オーケストラのダイナミックレンジとほぼ同一である。ただし、このように広いダイナミックレンジの音を測定の際に用いることは必ずしも現実的ではなく、さらに、音が停止した瞬間を正確に特定することも簡単でないという問題がある。このため、残響時間の測定では、定常状態の平均値から 5 dB 低下した点を開始点として、それから 30 dB 低下するまでの時間を求め、その 2 倍の値が採用される。図 9.7 はこの手順を示しており、この場合、残響時間は約 $2 \times 0.9 = 1.8$ 秒となる。

音楽の演奏では、一連の音符の時間進行においてそのダイナミックレンジが 60 dB を超えることはきわめて少ない。そこで、残響曲線の初期部分に着目し、初期の $-10 \sim -20$ dB までの勾配がその後も継続すると考えて、-60 dB まで減衰したときの時間長に換算した値を評価対象とすることがある。このうち、初期の -10 dB、-15 dB、-20 dB までの勾配を評価対象としたものは、それぞれ「初期残響時間 EDT（Early Decay Time）」(Jordan, 1968)、「Initial Reverberation Time」(Atal et al., 1965)、「Anfangsnachhallzeit」(Kürer and Kurze, 1967) と呼ばれている。

壁、床、天井が吸音性であるほど、それぞれの反射音の振幅は減少するので、残響時間は短くなる。一方、空間が大きいほど、反射を生じる時間間隔は広くなる。この結果、音が衝突せずに室内を伝搬する距離「平均自由行路」が増加して、（これに比例する）残響時間は長くなる。空間の総吸音力が極端に大きい場合を除けば、この関係はセービンの残響公式、

$$T = 0.163 V/A$$

で表される。ここで T（秒）は（60 dB 減衰する時間に対して定義される）「セービン公式」による残響時間、V（m³）は室容積である。また、A（m²）は空間の等価吸音面積であり、それぞれの壁面や物体の等価吸音面積の総和で定義される。

物質の吸音性能は周波数によって変化するため、残響時間も周波数によって異なった値になる。つまり、空間の内装や家具・備品の性質に応じて残響時間は様々な周波数特性を持っている。一例として、バイロイト祝祭劇場の満席状態での残響時間の周波数特性を図 9.8 に示す。この場合、残響時間は低周波数で最も長く、周波数が高くなるにつれて短くなっている。この際、高周波数では、上述した壁面での吸音に加えて、空気中を伝搬する際に（吸収損失による）減衰が生じることに注意する必要がある。

残響音の時間的な音色変化は、リスナの受ける聴感的印象と密接に関係している。したがって、調和した響きを実現するために残響時間の周波数特性は非常に重要な役割を担っている。例えば、高周波成分が速く減衰するほど、空間の響きは次第に輝きを失う。一方、125 Hz 以下の残響時間については聴覚との非線形な関係、すなわち、ラウドネス知覚における補償作用の影響を受けることを考慮する必要がある。

「等ラウドネス曲線」（図 5.1）を参照すれば、低周波数では曲線間の間隔が非常に狭くなっており、$0 \sim 60$ phon に対するラウドネス曲線間の距離は絶対音圧 $0 \sim 60$ dB に対する距離よりもかなり小さいことがわかる。つまり、残響過程のラウドネスは、高周波数では（残響音の）絶対音圧レベルの変化に比例して等間隔に減少するが、これに対して、低周波数では（音圧レベルが変化する時間よりも）速やかに減少するのである。

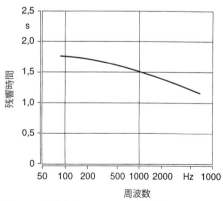

図 9.8 満席状態のバイロイト祝祭劇場の残響時間周波数特性（Beranek, 1962）

125～2,000 Hz 帯域の初期残響時間は，空間が音色に及ぼす影響を特徴づける最も適したパラメータであると報告されている（Lehmann, 1976）。これは，音楽のダイナミクス（音の強弱）の短時間構造は比較的小さなレベル差の範囲内で進行することが理由である。ほとんどの空間において，初期残響時間はセービンの残響時間よりわずかに短い値となる。また，天井反射板の上部に音響的に結合（カップリング）した部分空間が形成されると，残響音の後部過程はその影響を受けて，主に低周波数において両者に違いを生じる。

空間の残響時間を比較評価する際には，訓練を受けた聴覚を持つリスナが比較弁別できる残響時間の最小変化量（弁別限）を知っておく必要がある。この問題に対する答えは次のように要約される。残響時間が 0.8 秒以下では，約 0.02 秒の違いを聞き取ることができる。一方，0.8 秒以上では残響時間の約 3.5 ％ が弁別限である（Seraphim, 1958）。この結果から，実用上，0.1 秒未満の精度で残響時間を求める必要はないと言える。

9.4 直接音と拡散音場

9.4.1 音響エネルギー密度

音源から長く続く音や連続的なノイズを放射するとき，リスナには同じ時刻に直接音やさまざまな反射音が到達する。これらの音はそれぞれ異なった伝搬時間を持ち，異なった減衰を受けており，このすべての成分が重なり合ったものが知覚する音圧レベルに対応する。

室内の音響エネルギーが一定値に保たれているとき，すなわち定常状態では，壁面で吸音されるエネルギーと音源から放射されるエネルギーは平衡状態となっている。この条件から音のエネルギー密度（単位体積当たりの音響エネルギー）が求まり，さらに，拡散音場を仮定すると室内の音圧レベル L_P は次式で与えられる。

$$L_p = L_W - 10\log(V/V_o) + 10\log(T/T_o) + 14\,\text{dB}$$

L_W は音源のパワーレベル，V は室容積（$V_0 = 1$ m³），T は残響時間（$T_0 = 1_s$），式中の 14 dB の項はパワーレベルから音圧レベルへの換算に伴って生じる定数である。この式で与えられる拡散音場内の音圧レベルは，（少なくとも理論上は）室内のあらゆる点で一定値となる。

拡散音場内の音圧レベルは，音源の出力と空間の大きさ，そして残響時間によって決まる。残響時間は周波数に依存するため，音響エネルギー密度，すなわち音圧レベルも周波数によって異なった値となる。つまり，残響時間の周波数特性に応じて，音圧レベルのみならず音質も変化することになる。例えば，特定の周波数で残響時間が短い場合，それを含むスペクトル領域で音質上の欠陥を生じることがある。

室内楽を演奏する小さな部屋から巨大な大聖堂まで，空間の容積は数 100 m³ から数 10 万 m³ の広い範囲に及んでいる。しかし，残響時間はこれほど大きな範囲で変化することはなく，室容積が多少増加しても残響時間はほとんど変化しないという，実用上，好ましい性質がある。ただし，このときには音響エネルギー密度の減少との関係，つまり，音圧レベルが低下するとそれに応じて（残響時間が同じであっても）知覚する残響音の長さは短くなることに注意する必要がある。一方，この性質を利用すれば音圧レベルを上昇させることによって主観的な残響感を部分的に補えることが言える。最後に（限界はあるが）奏者は空間の音響条件に応じて，発生音の大きさを調整できることを忘れてはならない。

さまざまな空間の音響エネルギー密度を比較する場合，拡散音場の音圧レベルの右辺第 2 項以下を一つにまとめて，次のように表現することがある。

$$L_p = L_W - D_A$$

ここで，D_A は「空間減衰指数」（Raumdämpfungsmaß）と呼ぶ量である。空間減衰指数は（空間の性質とは関係しない）音源のパワーレベ

ルと室内の音圧レベルとの差で定義される音源の性質とは無関係な量であり，室容積と残響時間を用いて次のように表される。

$$D_A = 10\log(V/V_o) - 10\log(T/T_o) - 14 \text{ dB}$$

空間減衰指数は，同じ音源を異なった空間に移動したときに，音圧レベルが平均で何dB変化するかを表わしている。ただし，この量は空間が拡散音場であることを前提としており，（長い音符を演奏したときのような）定常状態での空間平均値に該当することに注意する必要がある。

一方，ホール内の音響エネルギー密度は場所によってそれぞれ異なっており，反射音構造と音源の指向性に応じて決まっている。この場合，音量因子[76]（Stärkemass，単位はdB）を用いてその違いを表現することが多い。音量因子はホール内の各点で観測される（定常状態の）音圧レベルと音源のパワーレベルの差を表す物理量であり，それぞれの位置で測定したインパルス応答から算出される。なお，初期80ms以内に到達する反射音のエネルギーでラウドネス感覚がおおむね決まることから，（複雑な手順を必要とするが）この時間内に対応する音量因子についても，いくつかの空間に関するデータが報告されている（Lehmann，1976）。

9.4.2 直接音

音源から放射された音が伝搬するとき，その音圧は距離とともに次第に減少する。音場に障害物が存在しなければ，エネルギー保存の関係からその音圧は音源からの距離 r に反比例する。この関係は $1/r$ 則あるいは $1/r$ 減衰則と呼ばれ，音圧レベルは音源からの距離を r とすると次式で表される。

$$L = L_W - 20\log(r/r_o) - 11 \text{ dB} + D_i$$

ここで L_W は再び音源のパワーレベル，r_0 は距離の基準値1m，D_i は考察対称の方向に対する音源の指向係数（Richtwirkungsmaß）である。この式から，音源からの距離が2倍になるごとに音圧レベルは6dB減少すること，距離が10倍になれば20dB減少することが言える。

図9.9はパワーレベルが0dBの無指向性音源からの放射音の音圧レベルのプロットである（音源からの距離は28cm～20m）。ただし，実際には，音源の大きさや振動モードの影響によって，音源付近の音圧レベルは無指向性音源に対するこの理論曲線から外れることがある。また，高周波領域では前述した空気による吸収損失が生じるため，音圧レベルは理論曲線（$1/r$ 則）より小さな値となる。さらに，高吸音性の境界面に沿って音が伝搬する場合にも，音波の一部が境界面内に屈折して侵入することによって，音圧レベルは $1/r$ 則より大きく減衰する。これと同じ状況として，座席面に沿って音が伝搬する場合が該当するため，以下に補足する。

図9.10は音源からの距離13.5m（第12列）の座席において，音源の高さを様々に変化させて測定した座席列による超過減衰量，すなわち，$1/r$ 則を超える音圧レベルの減衰量である。これより，周波数による程度の違いは見られるものの，音源の高さが聴衆の頭と同じとき（1.2m）に減衰が最も大きいことがわかる。この現象のひとつ

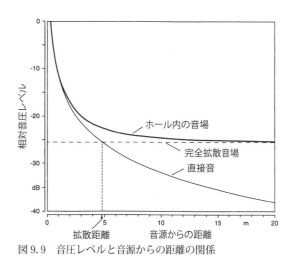

図9.9 音圧レベルと音源からの距離の関係

---

[76] Stärkemass の定義は Cremer and Müller, *Principles and Applications of Room Acoustics,* vol.1 (Appl. Sci. Pub., Essex, 1982) p.429。

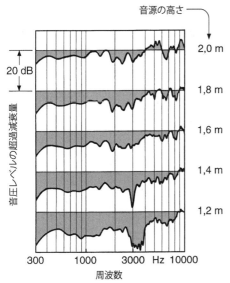

図 9.10 座席列に沿う音圧レベルの減衰量。音源と測定点との距離は 13.5 m, 客席の配置は千鳥配置ではない（Mommertz, 1993）。

の原因は，聴衆の頭に衝突した音波が下向きに折れ曲がる（回折する）ためであり，高い周波数ほど回折音のエネルギーは大きい。この結果，直接音に含まれる音の輝かしさやアーティキュレーションの明瞭性に寄与する周波数成分が失われることになる。

この減衰作用は，音の伝搬方向に対して聴衆が互い違いに着席しているとき（千鳥配置）に比べて，一列に並んでいる方が顕著に生じる。なお，音源をステージのひな壇（段床）に移動すると，この減衰作用が減少することをはっきりと聞き取ることができる。図 9.10 を参照すると，音源の高さが 2 m では座席列の影響がほぼ消失していることがわかる。したがって，座席列による減衰作用はステージの高さを上げ，座席面の床勾配を大きくとればほぼ解決する（Mommertz, 1993）。

一方，図 9.10 の各曲線の左端，すなわち，最も低い周波数領域では音源の高さに関わらず（回折現象では説明しきれない）$1/r$ 則を超える超過減衰が生じている。なかでも，130～170 Hz では共鳴とでも言えるような著しい音圧レベルの低下を生じることが知られている。この超過減衰作用は聴衆の着席の有無や座席列の間隔とは無関係であり，椅子の背もたれの高さと床への椅子の設置方法だけによって決まる。

この減衰量は音源までの距離が 20～25 m になると 10～20 dB に達することがあり，低音楽器の直接音のスペクトルに大きな変化を引き起こす可能性がある。例えば，天井面あるいは天吊り反射板から弱い 1 回反射音だけが到来するような音場では，このスペクトル変化を空間の響きの中ではっきりと聞き取ることができる。この減衰作用は，問題となる周波数領域で作用する吸音体を座席列の床面に設置すれば改善する（Schultz and Watters, 1964；Ando 1985；Davies and Lam, 1994）。

9.4.3 拡散距離

室内の音場では，直接音の強さは距離とともに次第に減少し，やがて（空間内のすべての位置について一定な）拡散音と同じ大きさになる。つまり，音源の近くの音場は直接音で決まるが，音源から遠くなると，全体の音圧レベルに対する直接音の寄与は小さくなる。図 9.9 はこの関係，すなわち，前述した $1/r$ 則に従う直接音と（室容積と残響時間によって決まる）拡散音，両者の重ね合わせによって空間内の音圧レベルが決まる状況を示している。この図は dB 尺度でプロットされている。このため，直接音と拡散音のエネルギー和に対応する（室内の）音圧レベルは，音源の近傍では $1/r$ 則（直接音）とほとんど同じ値となり，音源から離れると徐々に拡散音の音圧レベルに漸近していく。ただし，大型のホールでは拡散音場が成り立つことは少なく，一般に，拡散音のレベルは音源からの距離 10 m ごとに約 0.85 dB 減少する。したがって，ホールの後方の席では音響エネルギー密度が 3 dB 程度減少することになり，音量感の不足を知覚する原因となっている（Barron and Lee, 1988）。

空間の音響的性質は，直接音が支配的な領域と拡散音が支配的な領域に分けて考えることが好ましい。このとき，音源から両者の境界までの距離

を「拡散距離[77]」（Hallabstand）と呼び，特に音源が無指向性であるときには「拡散半径」（Hallradius）と称することもある（かつては指向性音源についても拡散半径という用語が一義的に用いられた）。図9.9にプロットした二つの曲線の交点がこの条件に該当しており，直接音レベルと拡散音レベルが等しい距離を与えている。したがって，図の例では無指向性音源に対する拡散距離は4.8 m と与えられる。また，拡散距離は次の数値的関係を満足している。

$$r_H = 0.057\, \Gamma_{st} \sqrt{V/T} \quad \text{(m)}$$

ここに V (m³) は室容積，T (s) は残響時間，Γ_{st} は音源の統計指向係数（statistischen Richtfaktor）である。これより，音源が特定の方向に強い指向性を持てば，拡散距離はその方向で無指向性点音源に対する値より大きくなり，それ以外の方向では小さな値となる。拡散距離は音源のパワーとは関係しないことに注意されたい（Cremer, 1961）。

図9.11は上式で与えられる拡散距離のプロットであり，これを用いれば拡散距離を図式的に求めることができる。ただし，音源は無指向性の球面波を発生すること，すなわち，統計指向係数はすべての方向について1と仮定している。拡散距離は，残響時間が一定であれば室容積が大きいほど長くなり，室容積が一定であれば残響時間が長いほど短くなる。この関係は，残響時間が長ければ，音響エネルギー密度が増加してラウドネスが

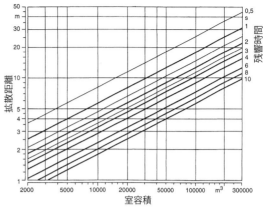

図9.11 拡散距離と室容積および残響時間との関係（無指向性音源の場合）

上昇するという利点があるが，大きな空間では，拡散距離が短くなるために響きの明瞭性は低下することを意味している。

表9.1は，拡散距離をパラメータにして，音源からの距離の異なるいくつかの地点での，音圧レベルに占める直接音と拡散音の相対レベルと寄与の大きさを示している。なかでも，音源からの距離が拡散距離の3倍の地点は特に重要な意味を持っている。この地点では，直接音のレベルが拡散音よりも10 dB 小さい値となり，最初に耳に到達する波面から音源の位置を特定できるか否かの境界となるからである。また，拡散距離の2倍の地点では，直接音が加わることによって上昇する音圧レベルは1 dB にすぎないこと，これに対して，拡散距離の半分の地点では，拡散音によるレベル

表9.1

音源からの距離	$r_H/2$	r_H	$2r_H$	$3r_H$
相対音圧レベル(dB)				
直接音	+6	0	−6	−10
拡散音	0	0	0	0
両者の和	7	3	1	0.4
レベル増加量(dB)				
直接音の寄与	−	3	1	0.4
拡散音の寄与	1	−	−	−

[77] 臨界距離とも呼ぶ。

上昇量は 1 dB にすぎないことがわかる。

9.5 音場の時間構造

拡散音場が成立するのは，音波が時間的に高い密度であらゆる方向から到来する場合に限られる。つまり，室内で発生する楽音や騒音などの時間応答の初期部分はこの条件を満足しないため，その間の音場を統計的に取り扱うことはできない。このときには，直接音に続いて，若干の時間をおいて第 1 反射音が到達した後（その遅れ時間は伝搬経路で決まる），短い時間間隔で複数の反射音が到来する。均一な残響音は，この後に生じると見なすべきである。

図 9.12 は 1 個の音源に対するこのプロセスを模式的に表現したものであり，理解を助けるため，初期の反射音だけが示されている。この図で特に重要なものは，側壁からの反射音（W_1 と W_2）とバルコニー下の天井から側壁を経由（W'_1 と W'_2）する反射音である。各反射音の強さと到達時間は概ね室形と壁や天井の反射特性によって決まり，それらの値は座席位置によって異なっている。

この初期の音響プロセス（初期反射音）は音楽演奏に対する主観的印象に大きな影響を及ぼしている。まず，直接音は速いパッセージの明瞭性（Deutlichkeit）と響きの透明感（Durchsichtigkeit）に寄与するとともに，奏者の空間的な位置関係の知覚（音源の定位），そして，オーケストラ（あるいはステージ）と聴衆との近接感（Nähe）に影響する。これに対して，遅れて到達する反射音は残響音[78]となり，個々の声部を融合させて響きを完成させる役目を担っている。同様な作用として，残響音は一つ一つの音符の間に存在するわずかな時間的空白をつなぎ，いっそう調和した旋律が形成される。さらに，残響音によってラウドネスは著しく増大する。

初期反射音は遅れ時間とその大きさに応じて，空間の響きの主観的印象にさまざまな影響を与え

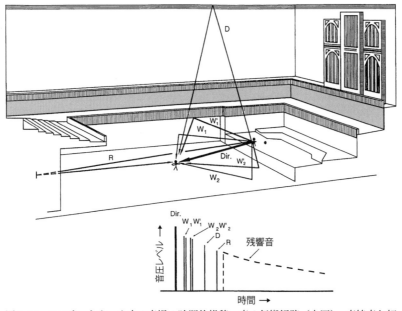

図 9.12 コンサートホール内の音場の時間的推移。音の伝搬経路（上図），直接音と初期の 1 回反射音の時間系列（下図）

---

[78] 後部残響音とも呼ぶ。

る(Kuhl, 1965)。また,聴衆に対する各反射音の到来方向も重要な意味を持っている。さらに,演奏する音楽の性質によって,主観的な知覚に及ぼす初期反射音の影響は異なっている(Schubert, 1969)。例えば,鋭いスタッカートやピッチカートなどのパルス的な短音を多く含む音楽では,ヒトの聴覚は空間からの反射音に対して敏感に反応するため,最初に到来する第1反射音はきわめて大きな影響を与える。

また,遅れ時間が約30 msec以内(伝搬経路は約10 mに相当)の第1反射音は(明瞭性を損なうことなく)オーケストラからの直接音を補強する。このとき,わずかな音色変化を生じることがあるが,それは直接音と反射音の位相差が原因となっている。しかし,この音色変化を聞き取ることができるのは,第1反射音が他の初期反射音に比べて著しく大きい場合,つまり,他の反射音の振幅が小さいか,遅れ時間が非常に大きいときに限られる。この例としては,野外の演奏会場やきわめて残響の短い(ドライな響きの)ホールが挙げられる。非常にリズミカルでダイナミックレンジの広いソロのパッセージを演奏する場合には,第1反射音の遅れ時間は20 msに近い方が好ましい。

一般に,第1反射音の遅れ時間が長いほど,空間が大きくなったような感覚が生じる。こうした理由から,直接音と第1反射音の時間差[79](初期時間遅れ)は空間的な音の印象である「親密感」(Intimität, intimacy)に関係している(Beranek, 1962)。そして,この初期時間遅れが短いほど,リスナは音響的な意味で演奏者に接近しているように感じる。なお,空間の大きさの感覚は壁および天井から到達する1回反射音の時間構造によって決まり,その振幅には関係しない。

前述したように,第1反射音が直接音より10 dB大きくても,音源の方向感は損なわれない(Haas, 1951)。このような状況は,何らかの原因によって音源からの直接音が遮蔽される場合であり,例えばオペラハウスのメインフロア席とピット内オーケストラとの関係が該当する。

反射音の存在が知覚される最小の大きさ(弁別閾)には,リスナに対する反射音の入射方向が大きく影響する。リスナの前方または上部から初期の30 ms以内に反射音が到来する場合,音楽の種類にもよるが,知覚できる反射音の最小振幅は直接音の$-10 \sim -20$ dBである。一方,側方からの反射音については,この値はさらに10 dB小さい(Schubert, 1969)。

第1反射音の時間遅れが十分短いと仮定すると,直接音の到来後80 msec以内に到達するすべての反射音は楽音の明瞭性と透明感に寄与し,80 msec以降に到達する反射音と残響音は透明感を阻害することが知られている。こうした理由から,初期の80 msec以内に到達する音響エネルギー(E_{80})とそれ以降のエネルギーの比をとって,「透明感因子」(Klarheitsmaß)(C_{80})が次式で定義されている。

$$C_{80} = 10 \log(E_{80}/(E_\infty - E_{80})) \text{ dB}$$

ここに,E_∞はリスナに到達する総音響エネルギーである。コンサートホールにおける透明感因子の推奨値は$-2 \sim +4$ dBであり,遠方の席では-5 dBまでが許容値とされている。スピーチや速いフレーズを含む音楽では,反射音が明瞭性に寄与するか否かの境界は50 msecに存在する。これより,「明瞭性因子」(Deutlichkeitsmaß)(C_{50})は次のように定義される。

$$C_{50} = 10 \log(E_{50}/(E_\infty - E_{50})) \text{ dB}$$

ここで,E_{50}は初期の50 msec以内に到達するエネルギーである。この値は0 dB以上となることが望ましいとされている(Reichardt et al., 1975)。

また,25 msec以上の遅れ時間で到達する反射音は,その到来方向に応じて,音の知覚に異なった影響を与える。正中面(リスナの視線を含む鉛

---

79 初期時間遅れ,ITDG(Initial time delay gap)とも呼ぶ。

直面）から到来する反射音は，ラウドネスを補強するが，響きの空間的な属性には影響しない。この性質は，遅れ時間が最大で約80 msec以内の正中面内の反射音について成り立つ。

これに対して，25〜80 msecの遅れ時間で到達する側方からの反射音と，80 msec以降に到達するすべての反射音は響きの空間的印象[80]（Raumeindruck）に影響を与える（Barron, 1971）。もちろん，この側方からの反射音と「側方ではない」反射音を分ける時間的・空間的な境界は，ある程度，あいまいであると見なすべきである。当然ながら，音の入射方向が真横に近いほど，左右の耳に到来する音の差は大きくなる。事実，空間的印象に及ぼす側方反射音の影響度は（視線方向を0度とする）入射角の正弦値に比例して大きくなり（Alrutz and Gottlob, 1978），それに伴って，空間的印象の大きさを決定する「両耳間相関」（interaurale Korrelation）は小さな値となることが示されている（Gottlob, 1973）。

次に，この音響効果の物理量として「空間印象尺度」（Raumeindrucksmaß）を用いる場合には，視線方向を中心とする頂角40度の円錐が（側方反射音との）境界と規定される（Lehmann, 1975; Reichardt et al., 1975）。このとき，遅れ時間が80 msec以降のあらゆる反射音は，25〜80 msecの時間内に側方（40度の円錐の外側）から到達する反射音とともに空間的印象を高め，初期の25 msec以内に到達するすべての反射音と25〜80 msecの間に正面（40度の円錐内）から到達するすべての音は，空間的印象に寄与しないとして扱われる。つまり，空間的印象に寄与するエネルギーをE_R，寄与しないものをE_{NR}とすれば，空間印象尺度は次式で与えられる。

$$R = 10 \log(E_R/E_{NR}) \text{ dB}$$

この値の，コンサートホールについての推奨値は1〜7 dBと報告されている。なお，測定の便宜上，25〜80 msecの範囲に側方から到達する音響エネルギーを，0〜80 msecに到達するすべての側方エネルギーで近似する「側方エネルギー比」（lateral efficiency）を用いる方法も存在する（Jordan, 1979）。

空間印象尺度Rと側方エネルギー比は，リスナの知覚するラウドネスとは関係しない物理量（指標）である。つまり，この二つの指標は「ラウドネスが大きくなれば，音楽は空間的性質を帯びる」（Keet, 1968）という感覚とは異なったものである。一方，Keetの指摘する現象は「音源の拡がり感」（Räumlichkeit[81]）という概念で表現される。これはオーケストラの音が，奏者自身からステージの側壁まで，ときには床から天井へと「空間的に拡がった」ように感じられる感覚であり，この場合，それぞれの楽器の定位が損なわれることはない（Kuhl, 1978）。ただし，大きな教会の最前列付近に着席した場合を除けば，背後方向に音源の拡がりを知覚することはきわめてまれであり，原則的には，音源の拡がり感を知覚するのは（リスナから見て）前方の半球面内に限られる。

音源の拡がり感には充分なラウドネスが必須条件であるため，この感覚は音楽の中のフォルテのパッセージでのみ生起する。正確に言えば，ラウドネスが充分である場合にのみ，音源の拡がり感は指標としての意味を持っている。すなわち，平凡なホールでは弱音のパッセージを美しく響かせることはできるかもしれないが，フォルテのパッセージでの人を引き付けるような音の成長は，音響的に優れたホールだけで体験できるのであり，この指標はこうした響きの属性に関係しているのである。つまり，十分な音量と音源の拡がり感の双方が，音楽聴取体験を感動的なものとするため

---

[80] 「空間的印象」（Raumeindruck）は屋外で知覚する音と空間内で知覚する音の印象の違いを区別する，あらゆる音響効果を包括的に意味する用語である。見かけの音源の幅（apparent source width, ASW），音に包まれた感覚（development, LEV）も含まれる。ただし，室内に音源が一つだけ存在するときには，見かけの音源の幅に対応する感覚は生じない。

[81] 「音源の拡がり感」（Räumlichkeit）はKuhl（1976）が定義した感覚であり，80 msec以内に到来する反射音によって生じる空間的印象を示す。主に見かけの音源の幅（ASW）と対応すると考えて良い。

に極めて重要なのである。

音源の拡がり感の知覚には，音量に加えて，遅れ時間10〜80 msecの正中面以外の方向からの反射音と直接音のエネルギーとの相対関係（レベル差）が影響する。なお，この条件に該当するすべての反射音のエネルギー和と直接音とのレベル差を，「側方音圧レベル」(Seitenschallpegel)と呼んでいる。音源の拡がり感については，その感覚を定量的に表現する（心理）評価尺度が求められており，これに基づけば，聴取音圧レベルが5 dB増加すると音源の拡がり感が1段階上昇することが知られている。ただし，この場合には（比較用の）最初の音圧提示時に音源の拡がり感が知覚されている必要がある。また，この音圧レベルがある一定の値より小さいときには，音源の拡がり感は知覚されない（段階0）。図9.13は，ハンブルク・ムジークハレで求められた音源の拡がり感の評価尺度である。この図からは，76 dB以下では音源の拡がり感を生じないこと，これを下限値（尺度0）として，フォルテに対応する音圧レベル91 dBでは尺度が3段階上昇することがわかる。

音源の拡がり感を生じる音圧レベルの下限値はホールによって異なっている。また，この下限値は側方音圧レベルが増加するにつれて低下する。

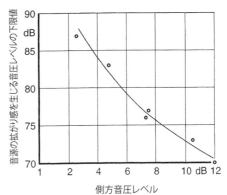

図9.14 音源の拡がり感を生じる音圧レベルの下限値(Kuhl, 1978)。図中のデータは上から順に，ハノーバー・シュタットハレ，デュッセルドルフ・ラインハレ，ベルリン・フィルハーモニー，ハンブルク・ムジークハレ，ヴッパータール・シュタットハレ。一番下のプロットは電気音響再生による聴感試験による実験値。

図9.14はその関係を示しており，縦長の矩形ホールではこの下限値は特に低い値となっていること，つまり，強い音源の拡がり感が生じることがわかる。このデータは，音楽を美しく響かせるためには，側壁からの第1反射音は天井や客席部の後壁からの反射音より先に到達すべきという主張の根拠となっている（Marshall, 1967）。

音源の拡がり感には，基本的に初期の側方反射音のすべての周波数成分が寄与しており，その周波数範囲が広いほど音源は拡がって知覚される。ただし，反射音に含まれる周波数成分に応じて，知覚する音源の拡がり感の性質は異なっている。例えば，初期の側方反射音が低・中周波数成分だけを含んでいると，音源は主に空間の奥行き方向（前後）に拡がったように感じられ，聴衆の多くは音に「包み込まれた」(eingehüllt)ような印象を持つ。反射音が高周波成分（3,000 Hz以上）を豊富に含んでいれば，主として左右への音源の拡大を知覚する（Blauert and Lindemann, 1986）。また，音源の拡がり感は（程度の差はあるが）初期の側方反射音を発生する壁面のディテール（凹凸性）に影響を受ける。したがって，この表面構造の違いは，大型のホールの響きの違いを分ける一つの要因となっている。

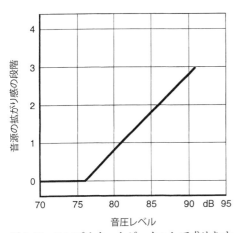

図9.13 ハンブルク・ムジークハレで求めたオーケストラに対する音源の拡がり感と音圧レベルの関係 (Kuhl, 1978)

反射面の方向や位置を変更すると，それに伴なって反射音の遅れ時間は影響を受け変化する。このとき，ヒトの聴覚は前後または上方に比べて，側方から到来する反射音に敏感であることに注意する必要がある（Reichardt and Schmidt, 1967）。一連の実験によると，側方反射音については遅れ時間が 7 msec 変化するとその違いを知覚し，一方，天井反射音については約 12 msec の変化でその違いを知覚することが報告されている。なお，両者の時間差は伝搬経路長に換算して 2.4 m と 4.1 m に等しい。ただし，非常にリズミカルでアーティキュレーションの求められる音楽では，この遅れ時間の値（遅れ時間の変化を知覚する閾値）は約半分に減少する（Schubert, 1969）。この実験結果は，オーケストラ奏者がステージの床レベルで演奏するか，（ひな壇を用いて）1.5 m 高い位置で演奏するかによる，空間的な音響効果の違いを明確に感じ取っているという事実からも裏付けられることができよう。

　コンサートホール内の音の成長プロセスは場所によって大きく異なっている。したがって，（楽器音に対して初期トランジェントを扱った場合とは違い）音の立ち上がりを正確に規定することは簡単ではない。いま，音場に完全拡散性を仮定して，音圧レベルが定常状態より 3 dB 低い値になるまでに要する時間を求めてみると，（楽器音で言うところの）初期トランジェントの継続時間は残響時間の 1/20 と，かなり短い値となる。また，残響時間の約 1/14 が経過すると，音圧レベルは定常状態の −2 dB まで成長することが言える。ただし，実際の音場ではこのような短い時間内に拡散状態が実現していると考えるのは正確ではない。

　一方，コンサートホール内の音場の時間的成長に関する詳細な研究によると，ホール内のほとんどの位置において，上述の理論値の 3/4 の時間内に，音圧レベルは定常状態の −3 dB まで成長することが報告されている。なお，この 3/4 という値は統計的な結果であり，最も条件の悪い座席位置では −3 dB に達する時間と上述の理論値はほぼ同一であった（Junius, 1959）。この結果に基づけば，空間の大部分の位置における初期トランジェントの継続時間は，残響時間の 1/20 より若干短い値であると考えることができる。

付表　統計指向係数の角度ごとの値

方向	トランペット				トロンボーン			
	2,000 Hz	4,000 Hz	10,000 Hz	15,000 Hz	500 Hz	1,000 Hz	3,000 Hz	10,000 Hz
0°（ベル主軸）	2.30	4.40	4.70	6.60	1.60	2.10	4.50	6.10
10°	2.21	3.85	4.40	4.40	1.59	2.05	3.90	5.15
20°	1.92	3.18	3.35	3.05	1.55	1.85	3.00	3.20
30°	1.85	2.35	1.85	1.60	1.51	1.60	2.00	1.67
40°	1.78	1.30	1.10	0.87	1.47	1.36	1.30	1.21
50°	1.30	0.86	0.75	0.65	1.32	1.22	0.95	0.50
60°	1.10	0.60	0.50	0.56	1.18	1.00	0.53	0.27
70°	0.94	0.39	0.47	0.51	1.05	0.90	0.53	0.23
80°	0.85	0.24	0.32	0.46	0.94	0.84	0.54	0.29
90°（側方）	0.75	0.15	0.22	0.28	0.84	0.73	0.44	0.30

方向	歌声（水平面）						
	125 Hz	250 Hz	500 Hz	1,000 Hz	2,000 Hz	4,000 Hz	8,000 Hz
0°（正面）	1.15	1.29	1.33	1.02	1.23	1.66	1.97
20°	1.25	1.41	1.40	1.08	1.38	1.62	2.00
40°	1.11	1.24	1.33	1.15	1.62	1.32	1.97
60°	0.91	1.06	1.14	1.06	1.41	1.17	1.14
80°	0.99	1.02	1.15	1.23	1.08	1.40	1.12
90°（側方）	0.86	0.91	1.00	1.20	0.88	1.04	0.67
100°	0.94	0.96	0.94	1.13	0.85	0.97	0.61
120°	0.95	0.86	0.76	0.90	0.71	0.72	0.45
140°	0.84	0.69	0.55	0.62	0.48	0.43	0.25
160°	0.71	0.65	0.48	0.46	0.25	0.28	0.12
180°（背後）	0.78	0.68	0.47	0.50	0.27	0.25	0.09

方向	歌声（鉛直面）						
	125 Hz	250 Hz	500 Hz	1,000 Hz	2,000 Hz	4,000 Hz	8,000 Hz
−40°	1.07	1.18	1.31	1.48	0.90	1.10	1.42
−20°	1.33	1.35	1.35	1.45	2.00	1.94	2.30
0°（正面）	1.15	1.29	1.33	1.02	1.23	1.44	1.97
20°	1.18	1.29	1.18	1.08	1.28	1.65	1.80
40°	1.48	1.42	1.10	1.28	1.33	1.35	1.40
60°	1.42	1.25	1.00	1.05	1.23	1.13	1.13
90°（直上）	1.08	1.08	0.98	0.70	0.78	0.84	0.54
120°	1.05	0.98	0.90	0.91	0.77	0.60	0.34
140°	1.00	0.88	0.76	0.91	0.43	0.29	0.17
160°	0.74	0.66	0.58	0.58	0.31	0.24	0.11
180°（背後）	0.75	0.65	0.45	0.48	0.31	0.28	0.10
200°	0.84	0.67	0.52	0.44	0.31	0.21	0.08
220°	0.78	0.78	0.53	0.63	0.21	0.13	0.06

参考文献

Ahnert, W., Steinke, G., Hoeg, W. und Steffen, F. (1986): Moderne Methoden der Beschallung von Salen und Freilichtspielstatten. Kulturbauten H. 1/86, S.2

Allen, W.A. (1980): Music stage design. J.Sound Vib. 69, S.143

Alrutz, H. und Gottlob, D. (1978): Der Einflus der fruhen seitlichen Reflexionen auf die Raumlichkeit. Fortschritte der Akustik-DAGA '78, Bad Honnef DPG-GmbH, S.579

Ando, Y. (1985): Concert Hall Acoustics. Springer, Berlin

Askenfelt, A. (1986): Stage floors and risers-supporting resonant bodies or sound traps? In: S.Ternstrom, Acoustics for Choir and Orchestra. Royal Academy of Music, Stockholm

Askenfelt, A. and Jansson, E. (1990): From touch to string vibrations. In: A.Askenfelt, Five lectures on the Acoustics of the Piano. Royal Swedish Academy of Music No 64, Stockholm

Askenfelt, A. (1993): Observations on the transient components of the piano tone. Proc. SMAC '93, Stockholm, S.297

Atal, B.S., Schroeder, M.R. and Sessler, G.M. (1965): Subjective reverberation time and its relation to sound decay. Kongresber. 5. ICA, Liege

Backus, J. (1961): Vibrations of the reed and the air column in the clarinet. J. Acoust. Soc. Am. 33, S.806

Backus, J. (1963): Acoustical investigations of the clarinet. Sound 2 (3), S.22

Bagenal, H. and Bursar, G. (1930): Bach's music and church acoustics. J.R. Inst. Brit. Architects, S. 154

Bagenal, H. und Wood, A. (1931): Planning for good Acoustics. Methuen, London

Barron, M. (1971): The objective effects of first reflections in concert halls? the need for lateral reflections. J. Sound Vib. 14(4), S.475

Barron, M. (1978): The Gulbenkian great hall, lisbon, ii-an acoustic study of a concert hall with variable stage. J.Sound Vib. 59, S.481

Barron, M. (1993): Auditorium Acoustics and Architectural Design. Taylor & Francis, London

Barron, M. and Lee, L.-J. (1988): Energy relations in concert auditoriums. J.Acoust. Soc. Am. 84, S. 618

Becker, H. (1962): Art. ≫Orchester≪ in MGG, Kassel

Bell, A.J. and Firth, I.M. (1989): The directivity of the concert harp. Acustica 69, S.26

Benade, A.H. (1976): Fundamentals of Musical Acoustics. Dover Publications, New York

Beranek, L.L. (1962/1995): Music, Acoustics and Architecture. Krieger Publishing Company, New York (2. Auflage in Vorbe-reitung fur 1995)

Beranek, L.L., Johnson, F.R., Schultz, T.J. and Watters, G.B. (1964): Acoustics of Philharmonic Hall, New York during its first season. J. Acoust. Soc. Am. 36, S.1247

Berlioz, H. (1864): Der Orchesterdirigent. Deutsche Ausgabe Leipzig

Blauert, J. (1970): Zur Tragheit des Richtungshorens bei Laufzeit-und Intensitatsstereophonie. Acustica 23, S.287

Blauert, J. (1974): Raumliches Horen, Stuttgart

Blauert, J. and Lindemann, W. (1986): Explorative studies on auditory spaciousness. Proc. Vancouver Symp. Acoust. Theatre Plann., S.39

Blaukopf, K. (1957): Hexenkuche der Musik, Teufen/St. Gallen, Wien

Bork, I. und Meyer, J. (1988): Zum Einflus der Spieltechnik auf den Klang der Querflote. Tibia 13, S.179

Bork, I. (1989): Longitudinalschwingungen von Klaviersaiten. Jahresber. Phys.-Techn. Bundesanstalt, S.129

Bork, I. (1991a): Modalanalyse von Schallfeldem. Acustica 75, S.154

Bork, I. (1991b): Klang und Schallabstrahlung der Querflote. Ber. 16. Tonmeistertagung Karlsruhe 1990, Munchen, London, S.351

Bork, I. (1993): Akustische Untersuchungen an Klavieren und Fluge ln. Ber. 17 Tonmeistertagung Karlsruhe 1992, Munchen, London, S.751

Bork, I., Marshall, A.H. und Meyer, J. (1994): Abstrahlung des Anschlaggerausches beim Flugel. Ber. 18. Tonmeistertagung Karlsruhe 1994, Munchen, London

Borris, S.(1969): Die grosen Orchester. Hamburg, Dusseldorf

Boult, Sir A. (1963): Thoughts on Conducting. Phoenix House, London

Bradley, J. S.(1976): Effects of bow force and speed on violin response. J. Acoust. Soc. Am. 60, S.24

Briner-Aimo, E. (1966): Ungeloste Probleme der Klangubertragung. Grav. Blatter, H. 27/28, S.162

Brinkmann, K. (1978): Gehorschutzer-Sicherheitstechnische Anforderungen, Prufungen, Mesergebnisse. Mod. Unfallverh. H. 22, Vulkan-Verlag, Essen

Bruckmann, M. (1984): Akustische Daten der Alten Oper Frankfurt/Main. Fortschritte der Akustik DAGA '84, Bad Honnef DPG-GmbH, S.371

Burd, A. and Haslam, L. (1994): The relationship of choir and orchestra in concert halls. Proc. Inst. Acoust. 16, S.479

Burghauser, J. und Spelda, A. (1971): Die akustischen Grundlagen der Instrumentation, Regensburg

Canac, F (1967): L'Acoustique des theatres antiques, Paris

Clark, M. and Luce, D. (1965): Intensities of orchestral instrument scales played at prescribed dynamic markings. J. Audio Eng. Soc. 13, S.151

Clements, P. (1999): Reflections on an ideal: tradition and change of the grosser Musikvereinssaal, Vienna. Acoust. Bull.-Heft, S.5

Cohen, E. (1992): Acoustics of practice rooms, paper presentation, at 92 nd AES Convention Wien, Preprint 3347

Coltman, J.W. (1971): Effect of material on flute tone quality. J.Acoust. Soc. Am. 49, S.520

Conklin, H.A. (1990): Piano design factors? their influence on tone and acoustical performance. In: A. Askenfelt, Five Lectures on the Acoustics of the Piano. Royal Swedish Academy of Music No 64, Stockholm

Creighton, H. (1978): Music colleges, Design Experience. Proc. Inst. Acoust. London, S.17.4

Cremer, L. (1953): Die Plexiglas-Reflektoren im neuen Herkulessaal der Munchener Residenz. Die Schalltechnik 13, Nr. 5, S.1

Cremer, L. (1961): Statistische Raumakustik, Stuttgart

Cremer, L. (1964): Die raum-und bauakustischen Masnahmen beim Wiederaufbau der Berliner Philharmonie. Die Schalltechnik 24, Nr. 57, S.1

Cremer, L. (1981): Physik der Geige, Stuttgart

Cremer, L. und Muller, H. A. (1964): ≫Bemerkungen zur Akustik≪ in dem Representationsband der Meistersingerhalle in Nurnberg, Nurnberg

Cremer, L. und Muller, H.A "? (1978): Die wissenschaftlichen Grundlagen der Raumakustik. Band 1, 2. Aufl., Stuttgart

Cremer, L., Keidel, L. und Muller, H.A. (1956): Die akustischen Eigenschaften des grosen und des mittleren Saales der neuen Liederhalle in Stuttgart. Acustica 6, S.466

Cremer, L., Kurer, R. undPlenge, G. (1968): Impulsmessungen in Freilufttheaterm. Phys. Verh. 19, S.

Creuzberg, H. (1953): Die neue Sitzordnung der Sinfonie-Orchester. Das Musikleben II, S.81

Dahlstedt, S.(1974): Electronic reverberation equipment in the Stockholm Concert Hall. J. Audio Eng. Soc. 22, S.627

Davies, W.J. and Lam, Y.W. (1994): New attributes of seat dip attenuation. Appl. Acoust. 41, S.1

Ditters von Dittersdorf, C.: Lebensbeschreibung, seinem Sohne in die Feder diktiert. Neuausgabe, Regensburg 1940

Dunnwald, H. (1988): Ableitung objektiver Qualitatsmerkmale aus Messungen an alten und neuen Geigen. In: J. Meyer, Qualitatsaspekte bei Musikinstrumenten, Celle

Dunn, H.K. and Famsworth, D.W. (1939): Exploration of pressure field around the human head during speech. J. Acoust. Soc. Am. 10, S.184

Elfrath, Th. (1992): Bestimmung der akustischen und schwingungstechnischen Eigenschaften von Cembali. Diss. Techn. Univ. Braunschweig

Elkin, E. (1955): The Old Concert Rooms of London. Edward Arnold, London

Estill, J., Fujimura, O., Erickson, D., Zhang, T. and Beechler, K. (1993): Vocal tract contributions to voice qualities. Proc. Stockholm Music Acoustics Conf., S.161

Fasold, W., Tennhardt, H.-P. und Winkler, H. (1982): Die Raumakustik im Neuen Gewandhaus Leipzig. Bauten der Kultur H. 1/82, S.14

Fasold, W., Sonntag, E. und Winkler, H. (1987): Bau-und Raumakustik, Berlin

Fasold, W., Tennhardt, H.-P und Winkler, H. (1991): Erganzende raumakustische Masnahmen im Grosen Konzertsaal des Schauspielhauses Berlin. Bauforschung-Baupraxis H. 287, S.23

Fasold, W., Kustner, E., Tennhardt, H.-P. und Winkler, H. (1981): Akustische Masnahmen im Neuen Gewandhaus Leipzig. Bauforschung-Baupraxis H. 117, S.9

Fasold, W., Lehmann, U., Tennhardt, H.-P und Winkler, H. (1986): Akustische Masnahmen im Schauspielhaus Berlin. Bauforschung-Baupraxis H. 181, S.5

Firth, I.M. (1977): On the acoustics of the harp. Acustica 37, S.148

Fleischer, H. (1988): Die Pauke-Mechanischer Schwinger und akustischer Strahler. For-schungsber. 01/88 Univ. BW Munchen

Fleischer, H. (1991): Akustische Untersuchungen an Orchesterpauken. Forschungsber. 02/91 Univ. BW Munchen

Fleischer, H. (1992): Zur Rolle des Kessels bei Pauken. Forschungsber. 01/92 Univ. BM Munchen

Fletcher, H. and Bassett, I.G. (1978): Some experiments with the bass drum. J.Acoust. Soc. Am. 64, S.1570

Fletcher, H., Blackham, E.D. and Gertsen, O.N. (1965): Quality of violin, viola, cello and bass-viol tones. J. Acoust. Soc. Am. 37, S.851

Fletcher, N.H. (1977): Analysis of the design and performance of harpsichords. Acustica 37, S.139

Fletcher, N. H. and Rosssing, Th. D. (1991): The Physics of Musical Instruments. Springer, Berlin

Fransson, F. (1966/67): The source spectrum of double-reed woodwind instruments. Quartly Progress and States Report 4/66 and 1/67 des Speech Transmission Laboratory der KTH, Stockholm

Forsyth, M. (1987): Buildings for Music. MIT, Cambridge

Franz, G., Ising, H. und Meinusch, P. (1969/70): Schallabstrahlung von Orgelpfeifen. Acustica 22, S. 226

Frei, J. (1979): Die Gehorbelastung des Orchestermusikers in der Konzert-und Opernformation der Tonhalle Zurich. Diss. Univ. Zurich

Friesenhagen, A. (1993): Ein englisches Oratorium als Wegbereiter. Das Orchester 41, S.927

Fry, D.W. (1978): The auditorium and the singer. Proc. Inst. Acoust., London, S.17.5

Furrer, W. (1972): Raum-und Bauakustik, Larmabwehr 3. Aufl., Basel, Stuttgart

Furtwangler, W. (1965): Podiumsgesprache in der Berliner Hochschule fur Musik. Sendung des NDR mit Originalaufnahmen der Gesprache

Futterer, Th. (1988): The acoustics of the new chamber music hall in Berlin. Proc. Inst. Acoust. 10, Teil 2, S.339

Gabler, W. (1955): Akustische Gesichtspunkte beim Entwurf und Bau von Buhnendekorationen. Buhnentechn. Rundschau, H.1, S.8

Gabler, W. (1962): Zur Akustik der Kirchen. Die Schalltechnik 22, S.4

Gade, A.C. (1989 a): Investigations of musician's room acoustic conditions in concert halls. Acustica 69, S.193

Gade, A.C. (1989 b): Acoustical survey of eleven European concert halls. Techn. Univ. Denmark Report No. 44

Gartner, J. (1974): Das Vibrato unter besonderer Berucksichtigung der Verhaltnisse beim Flotisten, Regensburg

Gilford, Ch. (1972): Acoustics for Radio and Television Studios. Peter Peregrinus, London

Gottlob, D. (1973): Vergleich objektiver akustischer Parameter mit Ergebnissen subjektiver Untersuchungen an Konzertsalen. Diss. Univ., Gottingen

Graham, R.N. (1992): Symphony Hall Birmingham: a fusion of architecture and acoustics. Proc. Inst. of Acoust. 14, Teil 2, S.73

Graner, H. (1988): Personliche Mitteilung an den Verfasser (Messung des Ingenieurburos Graner und Partner, Bergisch Gladbach)

Grutzmacher, M. und Lottermoser, W. (1936): Neuere Untersuchungen an Flugeln. Akust. Z.1, S.49

Haas, H. (1951): Einflus eines Einfach-Echos auf die Horsamkeit von Sprache. Acustica 1, S.49

Hadamowsky, H. (1958): Wiener Blaserstil, Wien (Eigenverlag)

Hoeg, W. und Steinke, G. (1972): Stereofonie-Grundlagen, Berlin

Hoffmann, H. (1949): Art. ≫Auffuhrungspraxis≪ in MGG, Kassel

Holl, K. (1947): Giuseppe Verdi, Lindau i. B.

Husson, R. (1952): L'Acoustique des Salles. Ann. Telecomm, 7, S.16

Irion, H. (1979): Gehorschaden durch Musik. Moderne Unfallverhutung 23, S.89

Jahn, G. (1963): Zum Unterschied zwischen einohrigem und beidohrigem Horen. HF und Ela 72, S. 15

Januschka, J. (1969): Personliche Mitteilung an den Verfasser. (Messung des VUZORT, Prag)

Jordan, V.L. (1968): Einige Bemerkungen uber Anhall und Anfangsnachhall in Musikraumen. Appl. Acoust. 1, S.29

Jordan, V.L. (1979): Acoustical criterion? efficiency of lateral reflections. Proc. 3. Symp. FASE Dubrovnik, S.101

Junius, W. (1959): Raumakustische Untersuchungen mit neueren Mesverfahren in der Liederhalle Stuttgart. Acustica 9, S.289

Karlsson, K., Lundquist, P.G. and Olaussen, T. (1983): The Hearing of symphony orchestra musicians. Scand. Audiol. 12, S.257

Karsai, M. (1974): The acoustical reconstruction of teaching studios at the Hungarian academy of music. Kongr.-Ber. 8 ICA, London

Katschke, N., Neubauer, Ch. und Behrmann, C.-A. (1981): Untersuchungen des Schallpegels in Orchestern. Das Orchester 29, S.437

Keet, W.d.V. (1968): The influence of early lateral reflections on the spatial impression. Kongr. Ber. 6. ICA, Tokio

Keibs, L. und Kuhl, W. (1959): Zur Akustik der Thomaskirche in Leipzig. Acustica 9, S.365

Keller, W. und Widmann, M. (1979): Kommunikationssysteme im ICC Berlin. Funkschau 51, S.858

Kern, E. (1972): Ruckkopplungsphanomene zwischen Musiker und Musikinstrument. Nova acta Leopoldina 37, S.574

Kihlman, T. and Kleiner, M. (1980): Scale models in room acoustics—what accuracy is needed? paper presented at l 00 th meeting of ASA

Kleis, D. (1979): Nachhallbeeinflussungsanlagen. Ext. publ. Audio. Eng. Exp. Group, Philips Breda

Kobald, K. (1964): Beethoven, Wien

Koornhof, G.W. and van der Walt, A.J. (1993): The influence of touch on piano sound. Proc. SMAC '93, Stockholm, S.318

Kurer, R. und Kurze, U. (1967): Integrationsverfahren zur Nachhallauswertung. Acustica 19, S.313

Kuhl, W. (1954 a): Uber Versuche zur Ermittlung der gunstigsten Nachhallzeit groser Musikstudios. Acustica 4, S.618

Kuhl, W. (1954 b): Durchfuhrung und Ergebnisse eines Ringversuchs zur Ermittlung der gunstigsten Nachhallzeit groser Musikstudios. Ber. 3. Tonmeister-Tagung Detmold, S.49

Kuhl, W. (1959): zitiert nach Beranek (1962)

Kuhl, W. (1965): Das Zusammenwirken von direktem Schall, ersten Reflexionen und Nachhall bei der Horsamkeit von Raumen und bei Schallaufnahunen. Rundfunktechn. Mitt. 9, S.170

Kuhl, W. (1978): Raumlichkeit als Komponente des Raumeindrucks. Acustica 40, S.167

Kuhl, W. und Kath, V. (1963): Akustische Anforderungen an ein Konzertstudio und ihre Realisierung beim Grosen Sendesaal des NDR in Hannover. Rundfunktechn. Mitt. 7, S.270

Kunitz, H. (1957): Die Instrumentation, Teil 4: Klarinette, Leipzig

Kunitz, H. (1959): Die Instrumentation, Teil 9: Tuba, Leipzig

Kunitz, H. (1961): Die Instrumentation, Teil 6: Horn, Leipzig

Kurtovic, H. and Gurganov, M. (1979): Computer calculated initial reverberation time of some open air musical theaters. Kongr. Ber. FASE '79, Dubrovnik, S.149

Kuttruff, H. (1978): Geloste und ungeloste Fragen der Konzertsaalakustik. Vortr. Rhein.-Westf. Akad. Wiss., N 278, Koln, S.7

Kuttruff, H. (1991): Room acoustics, 3. Aufl., London

Kuwano, S., Namba, S.and Yamasaki, T. (1991): Effect of temporal pattern of non-steady state sounds on loudness. J. Acoust. Soc. Jpn. (E) 12, S.229

Lamberty, D.C. (1978): Music practice rooms. Proc. Inst. Acoust. London, S.17.7

Lamparter, H. und Bruckmann, M. (1989): Akustik des neugestalteten Horfunkstudios I des Hessischen Rundfunks in Frankfurt a. M. Fortschritte der Akustik-DAGA '89, Bad Honnef DPG-GmbH, S.451

Lehmann, P.R. (1962): The harmonic structure of the tone of the bassoon. Diss., Michigan

Lehmann, P. (1976): Uber die Ermittlung raumakustischer Kriterien und deren Zusammenhang mit subjektiven Beurteilungen der Horsamkeit. Diss., Berlin

Lehmann, U. (1975): Untersuchung zur Bestimmung des Raumeindrucks bei Musikdarbietungen und Grundlagen der Optimierung. Diss. TU Dresden

Leipp, E. (1965): Le Violon, Paris

Leipp, E. (1969): Un diapason electronique nouveau a l'Opera de Paris. GAM-Bul. Nr. 40

Lessig, E. (1965): Richtungsfaktoren additiver elektroakustischer Strahlersysteme. HF und Ela 74, S.

211

Lifschitz, S.(1925): Optimum reverberation for an auditorium. Phys. Rev. 25, S.391

Lottermoser, W. (1952): Nachhallzeiten in Barockkirchen. Acustica 2, S.109

Lottermoser, W. (1958): Das Ausgleichsverhalten von Geigen und seine Beziehung zu der Resonanzkurve. Acustica 8, S.91

Lottermoser, W. (1960): Die Akustik des Raumes und der Orgel in der Frauenkirche zu Dresden. Arch. f. Musikwiss. 17, S.71

Lottermoser, W. (1983): Orgeln, Kirchen und Akustik. Frankfurt a. M.

Lottermoser, W. und Meyer, J. (1958): Verdeckungseffekt bei Orgelspektren. Acustica 8, S.398

Lottermoser, W. und Meyer, J. (1960): Frequenzmessungen an gesungenen Akkorden. Acustica 10, S. 181

Lottermoser, W. und Meyer, J. (1961): Uber das Anstrichgeräusch bei Geigen. Instrumentenbau? Zeitschrift 15, S.382

Lottermoser, W. und Meyer, J. (1962a): Akustische Messungen an elektronischen Kirchenorgeln. Bulletin des SEV 53, S.657

Lottermoser, W. und Meyer, J. (1962b): Die d'Egville-Geige von Guarneri del Gesu? Resonanzmessung und Dendrochronologie. Instrumentenbau-Zeitschrift 16, S.270

Lottermoser, W. und Meyer, J. (1965): Raumakustische Grundlagenmessungen zur Planung von Orgeln. Das Musikinstrument 14, S.723

Lottermoser, W. und Meyer, J. (1966): Orgelakustik in Einzeldarstellungen. Das Musikinstrument, Frankfurt/Main

Lottermoser, W. und Meyer, J. (1968): Uber den Klang der Stradivari-Geige ≫Prince Khevenhuller≪. Instrumentenbau-Zeitschrift 22, S.140

Luce, D. and Clark, M. (1965): Durations of attack transients of nonpercussive orchestral instruments. J. Audio Eng. Soc. 13, S.194

Marshall, A. H (1967): A note on the importance of room cross-section in concert halls. J. Sound Vib. 5, S.100

Marshall, A. H. and Meyer, J. (1985): The directivity and auditory impressions of singers. Acustica 58, S.130

Marshall, A.H., Gottlob, D. and Alrutz, H. (1978): Acoustical conditions preferred for ensemble. J. Acoust. Soc. Am. 64, S.1437

Martin, D.W. (1942): Directivity and the acoustic spectra of brass wind instruments. J. Acoust. Soc. Am. XIII S.309

Martin, D.W. (1962): Supplementary sound for opera. Sound 1 H (1), S.25

Marx, B. und Tennhardt, H.-P. (1991): Raum-und bauakustische Aspekte bei der Rekonstruktion der Deutschen Staatsoper Berlin. Bauforschung-Baupraxis H.287, S.15

Melichar, A. (1981): Der vollkommene Dirigent. München, Wien 1981

Melka, A. (1970): Messungen der Klangeinsatzdauer bei Musikinstrumenten. Acustica 23, S.108

Mertens, P.H. (1975): Die Schumannsehen Klangfarbengesetze und ihre Bedeutung für die Übertragung von Sprache und Musik, Frankfurt

Meyer, E. (1965): Zur Akustik von Theater-und Konzerträumen. Phys. Blätter, Hbchst, S.368

Meyer, E. und Cremer, L. (1933): Über die Hörsamkeit holzausgekleideter Räume. Zeitschr. techn. Physik 14, S.500

Meyer, E. und Kuttruff, H. (1959): Zur akustischen Gestaltung der neuerbauten Beethovenhalle in Bonn. Acustica 9, S.465

Meyer, E. und Kuttruff, H. (1963): Reflexionseigenschaften durchbrochener Decken (Modelluntersuchungen an der Reflektoranordnung der neuen Philh.-Hall N.Y.). Acustica 13, S.183

Meyer, J. (1964a): Geräuschanteile im Klangspektrum der Musikinstrumente. Das Musikinstrument 13, S.685

Meyer, J. (1964b): Die Richtcharakteristiken von Geigen. Instrumentenbau-Zeitschrift 18, S.275

Meyer, J. (1965a): Die Richtcharakteristik des Flügels. Das Musikinstrument 14, S.1085

Meyer, J. (1965b): Die Richtcharakteristiken von Klarinetten. Das Musikinstrument 14, S.21

Meyer, J. (1965c): Die Richtcharakteristiken von Violoncelli. Instr.-Bau-Zeitschr. 19, S.281

Meyer, J. (1966a): Der Klang des Heckelphons. Instrumentenbau-Zeitschrift 20, S.197

Meyer, J. (1966b): Die Richtcharakteristiken von Oboen und Fagotten. Das Musikinstrument 15, S. 958

Meyer, J. (1966c): Akustik der Holzblasinstrumente in Einzeldarstellungen, Frankfurt

Meyer, J. (1967a): Die Richtcharakteristiken von Bratschen und Kontrabässen. Instrumenten-bau-Zeitschrift 21, S.3 und S.116

Meyer, J. (1967b): Akustische Untersuchungen über den Klang des Horns. Das Musikinstrument 16, S.32 und S.199

Meyer, J. (1968): Akustische Untersuchungen über den Klang alter und neuer Fagotte. Das Musikinstrument 17, S.1259

Meyer, J. (1975): Die Wirksamkeit von Reflexionsflächen in der Nähe eines Orchesters. Tag.-Ber. 10. Tonmeistertagung, Köln, S.71

Meyer, J. (1976/77): Der Einfluß der richtungsabhängigen Schallabstrahlung der Musikinstrumente auf die Wirksamkeit von Refexions-und Absorptionsflächen in der Nähe des Orchesters. Acustica 36, S.147 ·

Meyer, J. (1977): Der akustische Raum. In: Umgang mit Raum, Gütersloh, S.41

Meyer, J. (1978a): Raumakustik und Orchesterklang in den Konzertsälen Joseph Haydns. Acustica 41, S.145

Meyer, J. (1978b): Physikalische Aspekte des Geigenspiels, Siegburg

Meyer, J. (1979): Die Tonhöhenempfindung bei musikalischen Klängen in Abhängigkeit vom Grad der Gehörschulung. Acustica 42, S.189

Meyer, J. (1982a): Zum Klangphänomen der altitalienischen Geigen. Acustica 51, S.1

Meyer, J. (1982b): Zum Hör-Erlebnis des Musikers im Konzertsaal. In: M.Krause: Tiefenstruktur der Musik. Techn. Univ. Berlin

Meyer, J. (1985): Akustik der Gitarre in Einzeldarstellungen, Frankfurt a. M.

Meyer, J. (1986): Some problems of opera house acoustics. Proc. Vancouver Symp. Acoust. Theatre Plann., S.13

Meyer, J. (1987): Gedanken zur Sitzordnung der Streicher im Orchester. Das Orchester 35, S.249

Meyer, J. (1988a): Kammermusik in drei Räumen. In: J.Meyer, Qualitätsaspekte bei Musikinstrumenten, Celle

Meyer, J. (1988b): Some aspects of opera house acoustics. Proc. Inst. of Acoust. 10, Teil 2, S.237

Meyer, J. (1990): Zur Dynamik und Schalleistung von Orchesterinstrumenten. Acustica 71, S.277

Meyer, J. (1991): Die spektrale Feinstruktur von Vibratoklängen. Proc. 9 th FASE Symp. Balatonfüred, S.285

Meyer, J. (1992): Zur klanglichen Wirkung des Streicher-Vibratos. Acustica 76, S.283

Meyer, J. (1994a): Understanding the orchestral stage environment from the musician's, singer's and conductor's point of view. Proc. W.C. Sabine Centennial Symp., Cambridge MA, S.93

Meyer, J. (1994b): Vibrato sounds in large halls. Proc. SMAC '93, Stockholm, S.117

Meyer, J. (2000): Zur Raumakustik in Johann Sebastian Bachs Kirchen. Ber. 21. Tonmeistertagung Hannover, S.1064

Meyer, J. (2002): Acoustics of Gothic Churches. Proc. Forum Acoust. Sevilla, paper RBA-05-002-IP

Meyer, J. (2003): Kirchenakustik. Frankfurt am Main

Meyer, J. und Lottermoser, W. (1961): Über die Möglichkeiten einer klanglichen Beurteilung von Flügeln. Acustica (Ak. Beihefte), S.291

Meyer, J. und Wogram, K. (1969): Die Richtcharakteristiken des Hornes. Das Musikinstrument 18, H. 6, S.1

Meyer, J. und Wogram, K. (1970): Die Richtcharakteristiken von Trompete, Posaune und Tuba. Das Musikinstrument 19, S.171

Meyer, J. und Biassoni de Serra, E.C. (1980): Zum Verdeckungseffekt bei Instrumentalmusikern. Acustica 46, S.130

Meyer, J. und Angster, J. (1981): Zur Schalleistungsmessung bei Violinen. Acustica 49, S.192

Meyer, J. und Melka, A. (1983): Messung und Darstellung des Ausklingverhaltens von Klavieren. Das Musikinstrument 32, S.1049

Miśkiewicz, A. and Rakowski, A. (1994): Sound level versus sound pressure level: A comparison of musical instruments. J. Acoust. Soc. Am. 96, S.3375

Mommertz, E. (1993): Einige Messungen zur streifenden Schallausbreitung über Publikum und Gestühl. Acustica 79, S.42

Mozart, W.A. (1781): Brief vom 1 April an seinen Vater

Mozart, W.A. (1791): Brief vom 7/8 Oktober an seine Frau

Mühle, Ch. (1965): Akustische Untersuchungen an einer D-Clarine, einer D-und einer B-Trompete. Das Orchester 9, S.296

Müller, H.A. (1969): Persönliche Mitteilung an den Verfasser (Messung von Müller BBM, München)

Müller, H.A. und Opitz, U. (1986): Raumakustische Gestaltung. arcus H. 1/86, S.

Müller, H.A. und Vian, J.P. (1989): The acoustics of the new "Opera de la Bastille" in Paris. Proc. 13 th ICA Belgrad, Vol. 2, S.191

Müller, U. (1971): Untersuchungen zu den Strukturen von Klängen der Clarin-und Ventiltrompete, Regensburg

Müller, U. (1982): Die Klangerzeugung bei Becken. Das Musikinstrument 31, S.1424

Nagata, M. (1989): Nankohall. In: E.McCue and R.H.Talaske, Acoustical Design of Music Education Facilities. Syracuse, New York

Nakamura, S.(1992): A preliminary study on the directional characteristics of room resonance perceived by solo performers. Proc. Int. Symp. Mus. Acoust. Tokyo, S.255

Naylor, G.M. (1987): Musical and acoustical influences upon achievement of ensemble. Diss. Univ. Edinburgh

Neupert, W.-D. (1971): Physikalische Aspekte des Combaloklanges. Das Musikinstrument 20, S.857

Niese, H. (1956): Untersuchung über die Knallform bei raumakustischen Impulsmessungen. HF und Ela 65, S.98

Öhlberger, K. (1970): Artikulationsprobleme des Bläsers bei der Wiedergabe der Werke Mozarts. Wiener Figaro 38, H. 5, S.18

O'Keefe, J. (1994): Modern stage acoustics measurements in orchestra pits. Proc. W.C.Sabine Centenial Symp., Cambridge, MA, S.219

Olson, H. F. (1967): Music, Physics and Engineering. 2. Aufl., New York

Opitz, U. (1993): Architektur und Akustik. Bauwelt 44, S.2378

Parkin, P.H. and Morgan, K. (1965): 》Assisted Resonance《 in the Royal Festival Hall London. J. Sound Vib. 2, S.74

Parkin, P.H. and Morgan, K. (1970): 》Assisted Resonance《 in the Royal Festival Hall, London. J. Acoust. Soc. Am. 48, S.1025

Parkin, P.H., Schales, W.E. and Derbyshire, A.G. (1952): The reverberation times of ten British concert halls. Acustica 2, S.97.

Paumgartner, B. (1966): Das instrumentale Ensemble, Zürich

Planyavsky, A. (1984): Die Geschichte des Kontrabasses, Tutzing

Plenge, G. und Schwarz, N. (1967): Über die Ausklingzeit von Musikinstrumenten. Kongreßber. 4. Akust. Konferenz, Bundapest

Prame, E. (1993): Measurements of the vibrato rate of 10 singers. Proc. SMAC '93, Stockholm, S. 122

Prante, H., Remmers, H. und Mellert. V. (1990): Experimente zur binauralen Lautstärkeempfindung im diffusen Schallfeld. Fortschritte der Akustik–DAGA '90, Bad Honnef DPG–GmbH, S.711

Pratt, R.L. and Bowsher, J.M. (1978): The subjective assessment of trombone quality. J. Sound Vib. 57, S.425

Pravica, P. (1979): Sound pressure levels in open air theatres. Ungedruckter Vortrag FASE '79, Dubrovnik

Prince, D. and Talaske, R. (1994): Variation of room acoustic measurements as a function of source location and directivity. Proc. W. C. Sabine Centennial Symp., Cambridge, MA, S.211

Quantz, J.J. (1752): Versuch einer Anweisung, die Flöte traversière zu spielen, Berlin

Rakowski, A. (1966): Opening Transients in tones of the flute. Bul. Soc. Amis Sc. et Lt. Poznan, Ser. B, 19, S.157

Rakowski, A. (1967): Musical Instruments as natural sources of sound for the reverberation time measurements. Arch. Akustyki, 3, S.179

Rasch, R.A. (1979): Synchronization in performed ensemble music. Acustica 43, S.121

Redfeam, S.W. (1940): Some acoustical source observer problems. Phil. Mag. J. Soc. 7, S.223

Reichardt, W. (1968): Grundlagen der Technischen Akustik, Leipzig

Reichardt, W. und Schmidt, W. (1967): Die Wahrnehmung der Veränderung von Schallfeldparametern bei der Darbietung von Musik. Acustica 18, S.274

Reichardt, W., Kohlsdorf, E. und Mutscher, H. (1955): Die optimale Nachhallzeit für Studioräume. HF u. ELA 64, H. 1, S.18

Reichardt, W., Schmidt, W. undLehmann, U. (1972): Harter und weicher Klangeinsatz bei Musik. Acustica 26, S.253

Reichardt, W., Abdel Alim, O. und Schmidt, W. (1975): Zusammenhang zwischen Klarheitsmaß C und anderen objektiven raumakustischen Kriterien. Z. el. Inf. Energ. Techn. 5, S.144

Reinecke, H.–P. (1953): Über den doppelten Sinn des Lautheitsbegriffes beim musikalischen Hören. Diss. Hamburg

Rindel, J.H. (1992): Acoustic design of reflectors in auditoria. Proc. Inst. Acoust. 14, Teil 2, S.119

Robbins Landon, H.C. (1955): The Symphonies of Joseph Haydn, London

Robbins Landon, H.C. (1976): Haydn: Chronicle and Works, Vol.3, Thames & Hudson, London

Roederer, J.G. (1977): Physikalische und psychoakustische Grundlagen der Musik. Springer, Berlin

Rossing, Th. D. (1982a): Acoustics of bar percussion instruments. Percussive Notes 19, Nr.3, S.6

Rossing, Th. D. (1982b): The Sience of Sound. Reading MA, Menlo Park CA

Rossing, Th. D., Bork, I., Zhao, H. and Fystrom, D.O. (1992): Acoustics of snare drums. J. Acoust. Soc. Am. 92, S.84

Saunders, F.A. (1946): Analyses of tones of a few wind instruments. J. Acoust. Soc. Am. 18, S.395

Schelleng, J.C. (1973): The bowed string and the player. J. Acoust. Soc. Am. 53, S.26

Schirmer, W. (1963): Die Richtcharakteristik des Ohres. HF und Ela 72, S.39

Schlosser, H. and Krieger, A. (1993): Mozarts ≫Zauberflöte≪ in der Waldbühne zu Berlin–ein zauberhaftes Erlebnis. Tonmeister–Inform. Sept./Okt. 1993, S.10

Schmidt, W. (1985): Die neue Semperoper in Dresden–die Raumakustik im Zuschauerraum. Kulturbauten H. 2/85, S.20

Schreiber, H. (1958): Der große Sendesaal des Hessischen Rundfunks. Rundfunktechn. Mitt. 2, S.29

Schreiber, O. (1938): Orchester und Orchesterpraxis in Deutschland zwischen 1780 und 1850. Diss. Friedrich–Wilhelms–Univ. Berlin

Schroeder, M.R. (1979): Binaural dissimilarity and optimum ceilings for concert halls. J. Acoust. Soc. Am. 65, S.958

Schubert, P. (1969): Die Wahrnehmbarkeit von Rückwürfen bei Musik. HF und Ela 78, S.230

Schultz, Th. J, and Watters, G.B. (1964): Propagation of sound across audience seating. J. Acoust. Soc. Am. 36, S.885

Schultz, Th. J. (1981): Persönliche Mitteilung an den Verfasser

Seraphim, H.P. (1958): Untersuchungen über die Unterschiedsschwelle exponentiellen Abklingens von Rauschbandimpulsen. Acustica 8, S.280

Shankland, R.S.and Shankland, H.K. (1971): Acoustics of St. Peter's and Patriarchal Basilicas in Rome, J. Acoust. Soc. Am. 50, S.389

Singer, H. (1958): Die Akustik des alten Burgtheaters. Maske und Kothurn 4, S.220

Singer, H. (1959): Das ideale Mozarttheater. Phono 5, H. 4

Skudrzyk, E. (1954): Die Grundlagen der Akustik, Wien

Smith, R.A. and Mercer, D.M.A. (1973): The effect of lip pressure and air pressure on the intonation and tone quality of the bassoon. J. Sound Vib. 30, S.261

Smith, R.A. and Mercer, D.M.A. (1974): Possible causes of woodwind tone color. J. Sound Vib. 32, S.347

Spelda, A. (1968): Pizzicato smyčcových nástroju. Hud. Veda, S.49

Stensson, K. (1968): Persönliche Mitteilung an den Verfasser (Messung des Schwedischen Rundfunks Stockholm)

Strauss, R. (1905): rev. Neuausgabe der Instrumentationslehre von Borlioz, Leipzig

Strong, W. and Clark, M. (1967): Synthesis of wind instrument tones. J. Acoust. Soc. Am. 41, S.39

Stumpf, K. (1970): Die Viola d'amore in der neuen Musik. Das Orchester 18, S.405

Sundberg, J. (1977): The acoustics of the singing voice. Sci. Am. 236, S.82

Sundberg, J. (1979): Chest wall vibrations in singers. Tagungsber. 18. Akust. Konferenz, Cesky Krumlov, S.155

Sundberg, J. (1990): What's so special about singers? J. Voice 4, S.107

Sundberg, J. (1991): The Science of Musical Sounds. Academic press, San Diego

Tarnóczy, T. (1943): Resonanzdaten der Vokalresonatoren. Akust. Z. 8, S.22

Tarnóczy, T. (1991): Einführung in die musikalische Akustik, Budapest

Tarnóczy, T., Járfas, T. und Lukács, M. (1960): Neuere subjektiv–akustische Untersuchungen über die Nachhallzeit. Elektron. Rundschau 14, S.223

Tennhardt, H.–P. und Winkler, H. (1994): Raumakustische Probleme bei der Planung von Orchester-proberäumen. Fortschritte der Akustik-DAGA '94, Bad Honnef DPG-GmbH, S.245

Terhardt, E. (1973): Tonhöhenwahrnehmung und harmonisches Empfinden. Fortschritte der Akustik-DAGA '72, Berlin, S.59

Terhardt, E. (1974): On the perception of periodic sound fluctuations. Acustica 30, S.201

Terhardt, E. and Stoll, G. (1978): Bewertung des Wohlklangs verschiedener Schalle. Fortschritte der Akustik, Tagungsbericht-DAGA '78, Berlin, S.583

Ternström, S.(1989): Long-time average spectrum characteristics of different choirs in different rooms. Quarterly Progress and States Report 3/89 des Speech Transmission Laboratory der KTH Stockholm, S.15

Ternström, S.(1991a): Perceptual evaluations of voice scatter in unison choir sounds. Quarterly Progress and States Report 2/1991 des Speech Transmission Laboratory der KTH Stockholm, S.41

Ternström, S.(1991b): Physical and acoustic factors that interact with the singer to produce the choral sound. J. voice 5, S.128

Ternström, S.(1993): Perceptual evaluations of voice scatter in unison choir sounds. J. Voice 7, S.129

Ternström, S.and Sundberg, J. (1983): How loudly should you hear your collegues and yourself. Quarterly Progress and States Report 4/83 des. Speech Transmission Laboratory der KTH Stockholm, S.16

Theile, G. (1980): Über die Lokalisation im überlagerten Schallfeld. Diss. TU Berlin

Thienhaus, E. (1934): Neuere Versuche zur Klangfarbe und Lautstärke von Vokalen. Zeitschr. Techn. Phys. 15, S.637

Thienhaus, E. (1954): Stereophonische Übertragung klangschwacher Instrumente im Konzertsaal. Acustica 4, S.253

Thienhaus, E. (1962): Art. ≫Raumakustik≪ im MGG, Kassel

Titze, I. and Story, B. (1993): The lowa singing synthesis. Proc. SMAC '93, Stockholm, S.294

Trendelenburg, F. (1961): Einführung in die Akustik. 3. Auflage, Berlin, Göttingen, Heidelberg

Veneklasen, P.S.(1986): Has symphony orchestra performance reached its Zenith? P. S.Veneklasen Research Foundation Santa Monica California

Venzke, G. (1959): Die Raumakustik der Kirchen verschiedener Baustilepochen. Acustica 9, S.151

Völker, E.J. (1988): Zur Akustik von Orchester-Proberäumen. Fortschritte der Akustik-DAGA '88. Bad Honnef, DPG-GmbH, S.733

Vogel, M. (1968): Die Zukunft der Musik, Düsseldorf

von. Békézy, G. (1968): Feedback phenomena between the stringed instrument and the musician, Rockefeller Univ. Rev.

von. Bismarck G. (1974): Timbre of steady sounds-a factorial investigation of its verbal attributes. Acustica 30, S.146

Vos, J. and Rasch, R. (1981): The perceptual onset of musical tones. Percept. Psychophys. 29, S.323

Wagner, R. (1911): Mein Leben, 2. Teil, München

Walter, B. (1959): Von der Musik und vom Musizieren, Frankfurt

Weinreich, G. (1977): Coupled piano strings. J. Acoust. Soc. Am. 62, S.1474

Weisse, K. und Gelies, 0. (1979): Akustik weltberühmter Musikräume. Technik am Bau H. 8/79

Westphal, W. (1994): Zur Schallverteilung in Musiktheatern im Nah-und Fernfeld einer ausgedehnten Schallquelle. Acustica 80, S.226

Weyer, R.-D. (1976): Time-Frequency-Structures in the Attack-Transients of Piano and Harpsichord Sounds. Acustica 35, S.232

Widholm, G. und Sonneck, G. (1988): Wiener Horn versus Doppelhorn, WWV Wien

Wilkens, R. (1975): Mehrdimensionale Beschreibung subjektiver Beurteilungen der Akustik von Konzertsälen. Diss. TU Berlin

Winckel, F. (1955): Die besten Konzertsäle der Welt. Baukunst und Werkform 8, S.751

Winckel, F. (1960): Phänomene des musikalischen Hörens, Berlin und Wunsiedel

Winckel, F. (1962a): Optimum acoustic criteria of concert halls for the performance of classical Music. J. Acoust. Soc. Am. 34, S.81

Winckel, F. (1962b): Über den Einfluß der Deckenhöhe auf die Klangqualität in Konzertsälen. 4, ICA-Kongreß Kopenhagen, M 37

Winckel, F. (1963): Von der Akustik im Kirchenraum. Kunst und Kirche 26, S.18

Winckel, F. (1969): Nachrichtenverarbeitung unter kybernetischen Aspekten. In: Handbuch für HF- und E-Techniker, Bd. 8, Berlin

Winckel, F. (1971): How to measure the effectiveness of stage singers voices. Folia phoniat. 23, S. 228

Winckel, F. (1974): Neuere Erkenntnisse in der Raumakustik, ORF-Seminar, Wien

Winckel, H. (1979): Probleme der Orchesteraufstellung in großen Sälen. Tagungsber. 18. Akust. Konf., Cesky Krumlov, S.195

Winkler, H. (1992): Das Sehen beim Hören. Fortschritte der Akustik-DAGA '92, Bad Honnef DPG-GmbH, S.181

Winkler, H. und Tennhardt, H.-P. (1993): Balance der Instrumentengruppen im Orchester, Bestimmung und Beeinflussung. Fortschritte der Akustik-DAGA '93, Bad Honnef DPG-GmbH, S. 207

Winkler, H. und Tennhardt, H.-P. (1994): Gegenseitiges Hören der Musiker im Orchester. Fortschritte der Akustik-DAGA '94, Bad Honnef DPG-GmbH, S.237

Winkler, K. und Kaetel, K. (1990): Natürlicher Klang von innen heraus. Das Orchester 38, S.507

Wirth, H. (1958): »Kammermusik« in MGG, Kassel

Wogram, K. (1979): Diskrepanz zwischen Tragfähigkeit und Hörbarkeit von Blechblasinstrumenten. Tagungsber. 18 Akust. Konf., Cesky Krumlov, S.55

Wogram, K. (1984): Akustische Untersuchungen an Klavieren. In: H. Junghanns, Der Piano-und Flügelbau. Frankfurt a. M

Woolford, D.H. and Carterette, E.C. (1989): Hearing impairment among orchestral musicians and music performance. Proc. 1 st Int. Conf. Music Perception and Cognition, S.287

Zwicker, E. (1982): Psychoakustik. Berlin, Heidelberg, New York O.V. (1960): Das neue Salzburger Festspielhaus. Residenzverlag Salzburg, ohne Herausgeber

参考文献（追加分）

Zwicker, E. (1982): Psychoakustik. Berlin, Heidelberg, New York O.V. (1960): Das neue Salzburger Festspielhaus. Residenzverlag Salzburg, ohne Herausgeber

Barron, M. (2012): 45 years of spatial impression. Acoustics 2012 Hong Kong, Paper 5 aAA 1 and Applied Acoustics (2001) 62, p.91 and 18

Dammerud, J.J. and Barron, M. (2010）:

Attenuation of direct sound and the contributions of early reflections within symphony orchestras. J. Acoust. Soc. Am. 128, p.1757

Detzner, E., Schultz, F., Pollow, M. and Weinzierl, S.(2010): Zur Schallleistung von modernen und historischen Orchesterinstrumenten II: Holz-und Blechblasinstrumente. Fortschritte der Akustik: Proc. DAGA 2010 Berlin, p.891

Engel, G. and Blome, M. (2009): Creating Temporary Venues for High Demanding Classical Concerts using a Room Enhancement System. Proc. NAG/DAGA 2009 Rotterdam, p.544

Krämer, J., Schultz, F., Pollow, M. and Weinzierl, S.(2010): Zur Schallleistung von modernen und historischen Orchestcrinstrumenten I: Streichinstrumente Fortschritte der Akustik: Proc. DAGA 2010 Berlin, p.889

Lorentz-Kierakiewitz, K.-H., Vercammen, M. and Kremer, H. (2011): Verbesserung der Akustik im Orchestergraben-Umgestaltung des Prosceniums der Deutschen Oper am Rhein in Düsseldorf Fortschritte der Akustik: Proc. DAGA 2011 Düsseldorf, p.861

Meyer, J. (2008): Acoustical Demands for the Conductors Location. BUILDING ACOUSTICS Vol. 15, No. 2, p.79

Meyer, J. (2011): Trends in Concert Hall Design-experiences of the past 50 years Proc. of Forum Acusticum 2011 Aalborg, p.1457

Meyer, J. (2012): Gedanken zur räumlichen Klangvorstellung von Komponisten. Proc. 27. Tonmeistertagung Köln 2012 (CD) in print

Neumann, H.-D. and Bork, I. (2011): Lärmschutz im Orchester. Musikphysiologie und Musikermedizin Vol. 18, No.1, p.14

Nishihara, N. and Hidaka, T. (2012): Loudness perception of low tones undergoing partial masking by higher tones in orchestral music in concert halls. J. Acoust. Soc. Am. 132, p.799

索引

事項

アルファベット

-3 dB 放射域　261
A 管クラリネット　220
B 管クラリネット　140, 217, 220
B 管トランペット　203, 206
B 管ホルン　198
C 管クラリネット　220
C 管トランペット　161
D 管クラリネット　140, 220
D 管トランペット　161, 205
Es 管クラリネット　140, 220
Es 管トランペット　161
E 管トランペット　161
F 管トランペット　161
F 管ホルン　186, 197, 201, 209
High-B 管トランペット　205
High-F 管ホルン　202

あ行

アーティキュレーション（歌声の）　37, 39, 110, 156, 159
アーティキュレーション（音楽の）　10, 41, 49, 69, 77, 97, 130, 136, 144, 193, 201, 212, 219, 230, 238, 241, 300, 306
アーティキュレーション（スピーチの）　191
アーティキュレーションのピーク　246
アイーダのトランペット　162
アイコンタクト（目視による連携）　11, 55, 87, 161
アクセント　87, 107, 130, 134, 191, 193, 223
アタックノイズ，アタックに伴うノイズ　80, 97, 172, 204, 219, 228, 241, 267, 282
圧力変動　165, 168
粗さ　178, 185, 193, 231
暗騒音　125, 128, 137, 189, 194, 218, 296

い行

移弦　227, 230
位相　165, 178, 195, 199, 242, 258, 262, 266, 274, 287, 303
インヴェンションホルン　86, 154, 202
イングリッシュホルン　164, 216
イントネーション　10, 28, 30, 87, 106, 117, 159, 163, 187, 198, 200, 206, 211, 222, 257

う行

ヴァイオリン　20, 59, 129, 137, 158, 162, 163, 176, 177, 181, 188, 226, 272, 274
ウィーン式オーボエ　215
ウィーン式ホルン（ウィンナホルン）　201, 209
ウィーンフィルハーモニー管弦楽団　18, 72, 94, 201
ウィーン式ユニゾン　57
ヴィオラ　65, 122, 177, 233, 276
ヴィオラ・ダモーレ　234
ヴィオラの首席奏者　65
うなり　170, 183, 193
運指による音程移動　194

え行

エコー（音楽における）　80, 108
エコー（音響学的）　45, 50, 51, 67
遠距離音場　166

お行

オーケストラシェル　51
オーケストラ直上の天井　38
オーケストラの音量　106, 125, 130, 146, 156
オーケストラの楽器配置　53, 60, 94, 102, 105, 117, 151, 152
オーケストラピット　36, 39, 53, 148, 152, 157, 293
オーケストラ用リハーサル室　48, 148, 164
オーケストラ録音用スタジオ　29, 47, 190
大太鼓　250, 287
オーボエ　19, 77, 108, 140, 158, 177, 187, 203, 214, 229, 236, 258, 268
屋外劇場　50
屋外の演奏会（セレナーデコンサート）　52, 122
屋外の場面　161, 164
オクターブ倍音　183
オクターブ平行　57, 68, 186
遅れ時間　22, 25, 37, 55, 67, 97, 103, 130, 148, 302, 306
音圧　37, 51, 82, 96, 165
音の開始部分（アインザッツ）　54, 103, 130, 144, 164, 190, 199, 222
音の集中現象　159, 292
音の高さ　180, 193, 248, 293
音のつながり　136, 181
音（音符，響き）の連続性　32, 194, 243
オペラ　9, 50
オペラハウス　32, 146, 303
オルガン　17, 41, 47, 112, 164, 168, 295
音圧レベル　25, 67, 102, 115, 124, 147, 148, 157, 165
音響エネルギー密度（空間の）　116, 298
音響スペクトル　182, 188, 226
音響パワースペクトル　75, 183
音響パワーレベル　69, 118
音源（音像，響き）の拡がり感　21, 22, 32, 61, 72, 117, 304
音叉　191, 194
音場　165, 300
音色　99, 167, 170, 180, 189
音速　167
温度　167, 291
音量因子　299

か行

カーテン　17, 35, 45, 50, 92, 109, 152, 162, 296
カーペット　109, 296
回折　36, 41, 143, 152, 263, 300
回折角　293

拡散　10, 18, 292, 298
拡散距離　19, 30, 37, 90, 110, 158, 301
拡散半径　18, 301
拡散反射音　29, 41
カクテルパーティ効果　159, 176
下限周波数　183, 225, 254, 261, 296
下限周波数（反射体の）　41, 293
歌手　11, 30, 32, 37, 51, 109, 139, 153, 156, 185, 195, 254, 288
可聴閾値　129, 171
合唱　26, 34, 88, 96, 109, 140, 157, 161, 255, 256
干渉　85, 141, 226, 276

き行

キー操作　191, 194
基音　179, 182
逆向マスキング　172
キャノピー　17
吸音　12, 40, 70, 186, 295
吸音材料，吸音処理　15, 48, 94, 122, 150, 155
吸音率　15, 295
球面波　87, 258, 301
教会　9, 40, 116, 144, 304
強弱記号，強弱の指示記号　10, 122, 128, 143, 189
強弱段階　189
共鳴　35, 137, 183, 191, 193
曲面鏡　292
距離感　46, 52, 79, 109, 154, 164
金管楽器　48, 57, 178, 196, 197, 261
近接効果　166
金管楽器によるマスキング　29

く行

空間印象尺度　304
空間印象評価量　22
空間減衰指数　115, 119, 147, 298
空間的印象　1, 13, 22, 119, 304
空気による吸収　15, 299
空洞共鳴周波数　205, 228, 232, 235, 237, 277
空洞共鳴　226, 233, 240, 272, 284

唇による音程移動　199
クラリーノ　122, 206
クラリネット　79, 106, 140, 177, 217, 230, 270
クリーブランド管弦楽団　125, 128, 144
グレゴリオ聖歌　42
クレッシェンド　73, 84, 87, 128, 141, 154
群放射作用　268

け行

傾斜角（天井の）　38
弦楽合奏　187
弦楽四重奏　45, 187
弦楽器　59, 188, 193, 226, 258, 272
減衰音の可聴時間　194
減衰過程　130, 181
減衰時間　132, 195
検知限（界）　178, 195
検知限（ビブラートの）　179
弦楽器と管楽器の分離　151

こ行

高音吸音体　295
後部減衰時間（ピアノ）　244
後部残響音　9, 110, 159, 302
後壁からの反射音（客席部の）　305
コーラス効果　117, 121, 187
小太鼓　58, 251, 286
コミュニケーション（奏者間の）　11, 30, 49, 87, 105
コラ・パルテ　136
コル・レーニョ　230
コルノ・ダ・カッチャ　202
コン・ソルディーノ　132
ゴング　251, 287
コンサートホール　9, 24, 110, 116, 137, 142, 303, 306
コンサートマスター　30, 54, 56, 153
コントラバス　37, 58, 69, 95, 98, 99, 107, 157, 162, 194, 237, 279
コントラバス・チューバ　209, 225
コントラバスのソロ奏者　72

コントラファゴット　182, 225

さ行

座（椅子の）　15
最小可聴値　165, 168, 171, 175
最小可聴値の移動　172
座席（楽器）配置　53
座席（楽器）配置（アメリカ方式）　55, 61, 66, 72, 105
座席（楽器）配置（フルトヴェングラーの）　56, 69, 101
座席（楽器）配置（ヨーロッパ方式，ドイツ方式）　54, 60, 66, 72, 107
座席列による減衰作用　300
作曲様式　16, 32, 42
擦弦点（擦弦位置）　124, 228, 229
サポート（歌手への）　33, 136
サラウンド席　24, 64, 142
残響時間　9, 11, 32, 42, 44, 115, 124, 141, 144, 147, 157, 296
残響（音）　9, 32, 96, 132, 172, 298, 301
残響（ステージハウスの）　161, 163
残響音の可聴時間　296
残響時間の周波数特性　15, 33, 40, 122, 297

し行

子音　193, 255, 289
視覚（的印象）　24, 44, 98
指揮者（の位置）　26, 150
指揮者（の知覚する音の印象）　10, 30, 31, 53, 93, 97, 153
指揮者のビートの刻み方　136
指向係数　299
指向性（楽器の）　59, 258, 261, 262, 263, 265, 268, 270, 271, 273, 275, 276, 278, 279, 280, 284, 288
指向性（耳の）　173
指向性パターン　141, 258, 281, 286, 287
指向性利得　260
自然7度　183
室内オーケストラ　44, 48, 122, 144
室内楽　9, 17, 44

室内楽ホール　44
質量（反射体の）　294
弱音器，ミュート　204, 232, 234, 236, 238
ジャズ用トランペット　262
遮蔽　21, 36, 76, 80, 83, 86, 97, 99, 102, 109, 128, 142, 150, 153, 159, 173, 260, 266, 269, 279, 280, 284, 288, 293
周波数　166
主要放射方向　20, 261, 263, 264, 266, 269, 270, 272, 275, 277, 278, 279, 285, 289
狩猟ホルン　141, 201
順向マスキング　172
準定常状態　181
焦点　45, 292
初期減衰時間（ピアノ）　243, 247
初期残響時間，EDT　297
初期時間遅れ　303
初期パルス　199, 204, 207
初期部分のパルス成分　212
初期トランジェント　136, 180, 191
初期トランジェントの継続時間（楽器の）　131, 191
初期トランジェントの継続時間（空間の）　43, 306
シンガーズフォルマント　33, 37, 157, 246, 254, 289
振動数　167, 245
振動モード　229, 248, 299
シンバル　253
親密感　303

す行

スイッチング　191
スタジオ　29, 47, 142, 190
スタッカート　49, 133, 172, 181
ステージ　53, 77, 99, 126, 306
ステージ（舞台）床からの反射音　39, 66, 78, 81, 88, 110
ステージ（舞台）後壁からの反射音　28, 50, 64, 69, 72, 77, 81, 85, 92, 105, 111, 156
ステージ囲い　51, 67, 111

ステージ後壁　86, 98
ステージの音響条件　24
ステージハウス（舞台裏）　161, 163, 234
ステージ床の振動　71
ステレオ効果　54, 57
ストップ奏法（ゲシュトップ）　199, 265
スペクトルの包絡線　140, 183

せ行

正弦波，正弦振動　180, 273
絶対音圧レベル　165, 297
先行音効果　18, 175
前後音圧比　260
線スペクトル　182, 187
セント　179

そ行

総吸音力　297
相互作用　69, 172, 228
相互マスキング　30, 75, 129, 173
奏者相互の聞き取りやすさ　11, 25, 31, 105, 161
相対音圧　189
側壁からの反射音　21, 79, 86, 92, 101, 109, 117, 302
側方エネルギー比　304
側方音圧レベル　23, 305
側方反射音　306
ソリスト（ソロ奏者）　65, 77, 87, 108, 110, 128, 139, 156

た行

第1波面則　160
第1反射音　10, 21, 26, 44, 117, 130, 302, 305
対称性（響きの）　58, 151
対数減衰率　186
ダイナミクス（音の強弱）　30, 59, 123, 183, 188, 298
ダイナミック音色因子　123, 189
ダイナミックレンジ　123, 189
ダイポール　260, 265, 280, 284, 285

楕円反射体　292
打楽器　58, 98, 108, 194, 248, 284
打鍵に伴うノイズ　241, 282
多孔質（性）材料　41, 295
ダブルホルン　197, 201
ダンパー（ピアノ）　242

ち行

チェレスタ　29, 98, 99, 103, 186
チェロ　20, 65, 107, 153, 162, 176, 235, 278
チェロの首席奏者（ソロ奏者）　54, 56
チェンバロ　53, 108, 122, 150, 245, 255, 284
中音吸音体　295
中音残響時間　11, 116
チューバ　93, 209, 263
調音ブース　48
聴覚　165, 168
聴覚の限界（最高周波数）　167, 203
聴衆の吸音　15, 30
聴衆までの距離　18, 44, 166
聴衆までの適正最遠距離　38
調律室　48
直接音　9, 18, 37, 44, 58, 82, 105, 298, 302
チンバッソ　209
痛覚の閾値　169

つ行

通奏低音　53, 113, 150, 225, 246

て行

定位　30, 47, 79, 109, 138, 175, 302
定位の誤判断（定位感覚の低下）　93
低音吸音体　295
定常状態　43, 117, 132, 181, 190, 298, 306
ティンパニ　48, 58, 95, 107, 148, 154, 248, 258, 284
デシベル　165
デタシェ　230
テナー・トロンボーン　206
電子オルガン　191

電子楽器　106, 181
電子的な増幅装置　122
天井からの反射音（天井反射音）　22, 25, 38, 58, 66, 78, 81, 84, 97, 104, 110, 117, 156, 276, 305, 306
天吊り反射板　25, 27, 31, 98, 300
テンポ　30, 32, 143
等価吸音面積　295

と行

同期　25, 58, 130, 136
統計指向係数　37, 59, 260
動径モード　96, 249, 253, 285
同心円モード　96, 249, 285
透明感　9, 24, 30, 36, 46, 47, 54, 100, 110, 128, 144, 152, 172, 302
透明感因子（C80）　46, 303
等ラウドネス曲線　72, 122, 169, 171, 297
トーンバースト状パルス成分　212
トライアングル　253
トランペット　19, 87, 106, 107, 109, 123, 130, 141, 154, 161, 177, 203, 206, 261
トロンペ・デ・チャセ　202
トロンボーン　29, 91, 143, 161, 176, 206, 262
ドン・コサック合唱団　187, 257

な行

内部損失（ダンピング）　191, 194, 198, 232
ナチュラル・トランペット　205
ナチュラルホルン　199, 202

に行

入射角　291, 293

の行

ノイズ　188
ノイズ（成分）の混入　188, 195, 237
ノイズ成分　80, 93, 125, 131, 138, 188, 210, 212, 222, 229, 236, 252, 268, 273, 282, 288

ノッキングノイズ　282

は行

ハープ　98, 247, 284
ハーモニクス（フラジオレット）　232, 236, 237
倍音　123, 180, 198
背景騒音　194
バス・クラリネット　220
バス・チューバ　155, 209
バス・トランペット　203
バス・トロンボーン　209
波長　69, 168, 261, 268, 292
バランス（楽器間の）　19, 31, 46, 99, 115
バランス（空間的な）　73, 109
バランス（周波数の）　67
バルブ（操作）　84, 194, 198, 209
バルブによる音の移行　199
パルランド　32
バロック期のファゴット　224
バロック式オーボエ　215
バロック式劇場　36
パワー係数　117
反射　291
反射体　17, 22, 292
反射パネル　24, 96, 105, 154
半値幅　186
半値方向幅　259

ひ行

ピアノ（グランドピアノ）　23, 96, 99, 108, 124, 239, 253, 280
鼻音　60, 85, 201, 203, 215, 220, 224, 232, 238
低い圧力のアタック　198
ヒスノイズ　186, 228
ピッコロ　106, 186, 214
ピッチ　178, 182
ピッチカート　194, 231, 234, 236, 238
ひな壇（ライザー）　32, 54, 69, 99, 104, 110, 300
ビブラート　56, 117, 137, 178, 180, 187, 195, 230, 267, 274

ビブラート（横隔膜による）　219
ビブラート（唇による）　209, 219
ビブラート（スライドによる）　208
ビブラート周波数変動の幅　139, 178
ビブラート振幅変動の大きさ（幅）　139, 178

ふ行

ファゴット　80, 181, 187, 206, 216, 221, 271
ファゴット協奏曲　82
フォルマント（音声，スピーチの）　185
フォルマント（楽器音の）　186, 261
フォルマント帯域　15, 185
フォルマントのエネルギーの上昇　186
フォン（phon）　169
不快感の境界　170
不協和性　183, 240, 245, 251
舞台　32, 36, 50, 148, 153, 156, 161
舞台前方の両側の壁　38
舞台背景　35, 159, 161
舞台背景内での演奏（影コーラス）　161, 234
付点リズム　134
部分マスキング　31, 98, 129, 172
部分ラウドネス　170
部分音系列　182
譜面台　88, 98, 141, 150, 261, 283
フラウタンド　195
フラッター・タンギング　212
フランクフルト放送交響楽団　48
フランス式オーボエ　215
フランス式ファゴット　224
フランス式ホルン　87, 202
フルー管　265
フルート　76, 106, 121, 139, 187, 188, 192, 196, 211, 214, 236, 265
プレヌム音　178

へ行

閉管　181
平均フォルテパワーレベル　190

ヘッケルフォーン　216
ベルカント　32, 238
ヘルツ　167
ベルティング唱法　255
ベルリンフィルハーモニー管弦楽団　13, 31, 53
変動周波数　137, 140, 178, 195, 230, 256

ほ行

方向分解能　174
放物線型反射鏡　292
ボーイング　188, 228, 234, 235
ボーイングに伴うノイズ　188
ボーイングの圧力　29, 71, 194, 230, 238
ボーイングの速度　229
母音　185, 193, 198, 206, 254, 288
補助フォルマント　85, 197, 201, 206, 210, 214, 221, 235, 245
ポストホルン　108
ボストン交響楽団　73
ポリフォニック音楽　13, 42
ホルン（フレンチホルン）　29, 57, 83, 106, 141, 176, 177, 183, 186, 197, 203, 207, 210, 260, 263
ホルンのソロ奏者　86

ま行

マイクロフォン　18, 52, 248, 259
マスキング効果（効果）　15, 28, 128, 150, 171, 176
マスキング量　171, 175
マスキング量の方向特性　176

み行

耳栓用の綿　150
耳の感度　165, 169, 177, 225

め行

明瞭性　9, 15, 32, 37, 41, 50, 59, 99, 110, 160, 302
明瞭性因子 C50　303

も行

木製パネル　70, 295
木管楽器　57, 188, 193, 211, 265

や行

屋根（蓋）　97, 241, 280, 284

ゆ行

融合　17, 37, 61, 92, 302

ら行

ライプツィヒ・ゲヴァントハウス管弦楽団　114
ラウドネス（音量）　21, 77, 84, 91, 115, 123, 128, 138, 157, 168, 180
ラウドネスレベル　117, 169

り行

リード管　186
リップ・ビブラート　199
粒子速度　165
両耳間相関　304
両耳聴の指向性　173
臨界帯域　139, 170, 178, 183, 187

れ行

レチタティーヴォ　32
練習室　49
連続周波数　192

ろ行

録音（収音）　13, 80, 82, 139, 160, 166, 190, 268
ロンターノ　79

わ行

ワーグナーチューバ　151, 155

建物

オペラハウス

ウィーン・アン・デア劇場　34
ウィーン・ヴィーデン・フライハウス劇場　34, 152
ウィーン・旧ブルグ劇場　34, 37
ウィーン・ケルントナー劇場　114
ウィーン国立歌劇場　34, 37, 151, 153, 163, 164
エステルハーザ宮廷劇場　35
ゴーテンブルグ・オペラハウス　34
ザルツブルク祝祭劇場　33, 152
シアトル・オペラハウス　105
チェスキー・クルムロフ宮廷劇場　36, 147
トリノ・レジオ劇場　150
ドレスデン・ゼンパー歌劇場　34, 37, 38
ドレスデン国立歌劇場　151, 152
ドロットニングホルム宮廷劇場　155
ナポリ・サンカルロ歌劇場　38
ニューヨーク・メトロポリタン歌劇場　34, 151
バイロイト祝祭劇場　33, 37, 152, 157, 297
バイロイト辺境伯歌劇場　35, 37
パリ・ガルニエオペラ座　34, 151, 162
パリ・バスチーユオペラ座　34
プラハ国立歌劇場　35, 146
ベルリン国立歌劇場　38
マンハイム・旧オペラハウス　35
ミュンヘン・バイエルン州立歌劇場　35
ミラノ・スカラ座　34, 157
ロンドン・コベントガーデンオペラハウス　150

教会

アルンシュタット・バッハ教会　42
オットーボイレン大修道院　42, 144
ケルン大聖堂　43
シャルトル大聖堂　144
ダルムシュタット宮廷教会　40, 43
ドレスデン・フラウエン教会　43
ハノーバー・マルクト教会　292
ハンブルク・聖ミカエル教会　40, 42
ミュンスター・ウルム大聖堂　40
ライプツィヒ・トーマス教会　42
リューベック・マリエン教会　41
ローマ・聖ピエトロ大聖堂　43

索引

コンサートホール

アイゼンシュタット宮廷ホール 16, 113, 118
アムステルダム・コンセルトヘボウ 11
ウィーン・アルテン大学祝祭ホール 16
ウィーン・ホフブルグ宮殿・レドゥーテンザール 114
ウィーン・ロブコヴィッツ宮殿・エロイカホール 45
ウィーン・楽友協会大ホール 11, 13, 15, 19, 27, 94, 99, 116
ウィーン・楽友協会ブラームスザール 46
エステルハーザ宮廷ホール 16, 113, 118
クライストチャーチ・タウンホール 27
ケルン・フィルハーモニー 28
ゴーテンブルグ・コンツェルトハウス 11
コスタメサ・オレンジカウンティ・パーフォーミング・アートセンター 22
シュツットガルト・リーダーハレ 12
ストックホルム・ベルワルドホール 28
ストックホルム・ロイヤルコンサートホール 18
ダラス・モートン・H. メイヤーソンホール 17, 71
トロント・マッセイホール 31
ニューヨーク・フィルハーモニーホール 23, 66
ニュルンベルク・マイスタージンガーハレ 13, 22
ニュルンベルク・マイスタージンガーハレ小ホール 46
バーデン・バーデン・ハンス・ロスバウトスタジオ 29
バーミンガム・シンフォニーホール 17
ハノーバー・シュタットハレ 119
ハノーバー・ラジオスタジオ 47
ハンブルク・ムジークハレ 119, 305
バンベルク・ヨセフ・カイルベルトホール 13, 22, 24, 28
ブラウンシュバイク・シュタットハレ 23, 27, 100, 125
フランクフルト・アルテオパー 13, 28, 48
フランクフルト・ラジオスタジオ 47
ベルリン・旧フィルハーモニー 16, 100
ベルリン・国際会議センター 18
ベルリン・コンツェルトハウス（旧名：シャウシュピールハウス) 13, 105
ベルリン・コンツェルトハウス小ホール 46
ベルリン・フィルハーモニー 13, 15, 18, 23, 27, 65, 108, 116
ベルリン・フィルハーモニー室内楽ホール 46
ボストン・シンフォニーホール 27
ボン・ベートーヴェンハレ 16, 61, 125
ミュンヘン・フィルハーモニー 13, 28
モスクワ・人民の家 13
ヨハネスブルグ宮廷ホール 45
ライプツィヒ・旧ゲヴァントハウス 16, 19, 45, 116
ライプツィヒ・新ゲヴァントハウス 13, 114
ライプツィヒ・新（第3世代）ゲヴァントハウス 13, 19, 22, 24, 28
ライプツィヒ・新ゲヴァントハウス・小ホール 46
ロンドン・キングス劇場 16, 119
ロンドン・ハノーバースクウェアルーム 17, 119
ロンドン・ロイヤルフェスティバルホール 12, 18

野外劇場他

アブダビ・エミレーツ・パレスホテル 18
ヴェローナ 50
エピドーラス 50
ズイルト島ヴェスターランド 51
ノルダーナイ島 51
ブラウンシュバイク・シムメル社プレゼンテーションルーム 46
ベルゲンツ 52
ベルリン・ヴァルトビューネ 52

人名・音楽作品

あ行

ヴィヴァルディ，アントニオ
　コンチェルトグロッソ 113
ヴィンケル，フリッツ 11, 125, 128, 136, 144
ウェーバー，カール・マリア・フォン 151
　魔弾の射手 95, 223
ヴェネクラーセン，P.S. 105
ヴェルディ，ジョゼッペ 33, 148, 157, 249
　アイーダ 161, 162, 221
　オテロ 153
　オペラ 146, 157, 164, 209
　ファルスタッフ 151
エステルハーザ伯爵 114
オッフェンバック，ジャック
　天国と地獄 162

か行

カークマン，J. 247
カナレット，アントーニオ 188
カラヤン，ヘルベルト・フォン 31
ガルネリウス，デル・ジェス 227
クヴァンツ，ヨハン・ヨアヒム 53
クーレンカンプ，ゲオルク 128
グノー，シャルル
　ファウスト 162
コープランド，アロン
　交響曲第3番 106
コダーイ，ゾルタン
　ハーリ・ヤーノシュ 163
コレッリ，アルカンジェロ

コンチェルトグロッソ　113
コンティ公　44

さ行

サン=サーンス，カミュ
　黄色い王女　252
シャルパンティエ，ギュスターヴ
　ルイーズ　234
シュトラウス，リヒャルト　33
　エレクトラ　146
　オペラ　151
　影のない女　252
　カプリッチョ　163
　管弦楽法　210
　サロメ　159, 216, 220, 225
　ティル・オイレンシュピーゲルの愉
　　快ないたずら　220
　ドン・キホーテ　65, 212
　ナクソス島のアリアドネ　151
　ばらの騎士　164
シュトラウス，ヨハン
　ポルカ「浮気心」　193
シューベルト，フランツ　15
　交響曲第7番　72
　交響曲ハ長調　ザ・グレート　134
シューマン，ロベルト
　交響曲第1番　16
　交響曲第2番　16
　交響曲第4番　16, 54
　ピアノ四重奏曲　235
　4つのホルンと管弦楽のためのコン
　　ツェルトシュテュック　87
シュターミッツ，ヨハン　113
　エコー交響曲　108
ジェスティ, G. B.　247
ショスタコーヴィチ，ドミトリ
　交響曲　214
　交響曲第15番　58
シンケル，カルル・フリードリッヒ
　152
ストコフスキー，レオポルド　47, 56,
　105
ストラヴィンスキー，イーゴリ
　管弦楽作品　47, 141

春の祭典　47
ストラディヴァリウス，アントニオ
　227
スメタナ，ベドルジハ
　売られた花嫁　220
セービン，ウォリス・クレメント
　297
セル，ジョージ　125

た行

チャイコフスキー，ピョートル　15
　交響曲　141
　交響曲第5番　73, 217, 239
ディッタースドルフ，ディッタース・
　フォン　45
ティペット，マイケル
　2組の弦楽合奏のための協奏曲
　　107
ドヴォルザーク，アントニン
　管楽器，チェロ，コントラバスのた
　　めのセレナード　79
　交響曲第8番　121
　序曲「オテロ」　132
トスカニーニ，アルトゥーロ　48, 53,
　151

な行

ニールセン，カール
　クラリネット協奏曲　58
　交響曲第4番　95
ニキシュ，アルトゥル　13

は行

ハイドン，ヨーゼフ　16, 113, 118, 128
　オラトリオ「天地創造」　16, 120
　弦楽四重奏曲 Op. 76　145
　交響曲　16, 115, 120
　交響曲第6番　72
　交響曲第7番　72
　交響曲第8番　72
　交響曲第15番　65
　交響曲第31番　72
　交響曲第72番　72
　交響曲第94番　59

　交響曲第100番　250
　交響曲第103番　63
　交響曲ロンドンセット　113
　初期交響曲　57
　2組の弦楽トリオのためのディヴェ
　　ルティメント　108
バッハ，ヨハン・クリスティアン
　2組のオーケストラのための交響曲
　　107
バッハ，ヨハン・クリストフ・フリー
　ドリッヒ
　交響曲第20番変ロ長調　57
バッハ，ヨハン・セバスティアン
　42, 113
　オルガン作品　42
　ブランデンブルク協奏曲第6番　65
バルトーク，ベーラ
　弦楽器，打楽器とチェレスタのため
　　の音楽　108
バーンスタイン，レナード　16
ヒンデミット，パウル
　管弦楽のための協奏曲　106
ファーター, Ch.　247
フォークラー，アベ　54
プッチーニ，ジャコモ
　蝶々夫人　234
　トゥーランドット　248, 252
プフィッツナー，ハンス
　パレストリーナ　234
ブラームス，ヨハネス　12, 86
　アルト・ラプソディ　111
　ヴァイオリン協奏曲　16
　交響曲第1番　54, 58, 63, 68, 87, 142
　交響曲第2番　134
　交響曲第4番　47
　セレナーデ第2番　65, 77
フランク，セザール
　呪われた狩人　141
ブリテン，ベンジャミン
　アルバート・ヘリング　151
　シンフォニア・ダ・レクイエム
　　94, 98
　ルクレティアの凌辱　151
ブルックナー，アントン　12, 144

交響曲　86, 136, 165
　交響曲第3番　127
　交響曲第4番　94
　交響曲第8番　125
　交響曲第9番　88, 125
ブーレーズ，ピエール　55
フルトヴェングラー，ヴィルヘルム　53, 56, 69
フンパーディンク，エンゲルベルト
　王様の子供たち　163
ベートーヴェン，ルートヴィヒ・ヴァン　34, 45, 114, 116, 118
　エグモント序曲　141
　弦楽四重奏　44
　交響曲　115
　交響曲第3番　45, 114, 142, 145
　交響曲第4番　45, 63, 137
　交響曲第5番　69, 120
　交響曲第6番　60
　交響曲第7番　56, 114
　交響曲第8番　107, 135
　交響曲第9番　53, 114, 187
　フィデリオ　164, 199
　レオノーレ序曲第2番　108
　レオノーレ序曲第3番　108
ベーム，カール　31
ベケシー，ゲオルク・フォン　124
ベルク，アルバン
　ヴォツェック　162
ベルリオーズ，エクトル　17, 53, 152
　幻想交響曲　73, 79, 80, 95, 108, 115, 210
ヘンデル，ゲオルク・フリードリヒ
　サウル　225
ボールト，エードリアン　92

ま行
マーラー，グスタフ　17, 140
　交響曲　141, 200
　交響曲第1番　72
　交響曲第3番　108, 140
　交響曲第4番　141
　交響曲第6番　73
マッテゾン，ヨハン　53

マトゥス，ジークフリート
　トランペットとティンパニのための協奏曲　96
マルタン，フランク
　（ハープ，チェンバロ，ピアノ，二つの弦楽合奏のための）小協奏曲　108
ムソルグスキー，モデスト
　展覧会の絵　205
メリヒェル，アロイス　53
モーツァルト，ウォルフガング・アマデウス　16, 34, 86, 114
　ヴァイオリン協奏曲第3番 K219　215
　オペラ　33
　弦楽と2本のホルンのためのディヴェルティメント　122
　交響曲　115
　後宮からの逃走　34, 154, 236, 251
　交響曲第33番 K319　82, 104, 128
　交響曲第41番「ジュピター」K551　47, 63
　交響曲ハ長調 K-338　114
　皇帝ティートの慈悲　153
　コシ・ファン・トゥッテ　34
　初期交響曲　57
　セレナーデ「アイネ・クライネ・ナハトムジーク」K525　122
　セレナーデ「ノットゥルナ」K239　108
　セレナーデ K286　108
　セレナーデ K320　128
　ドン・ジョヴァンニ　34, 146, 153, 160, 162
　フィガロの結婚　158
　ポントの王ミトリダーテ　146
　魔笛　34, 152

や行
ヤナーチェク，レオシュ
　カーチャ・カバノヴァー　234
　マクロプロス事件　234

ら行
ラヴェル，モーリス
　展覧会の絵　204

ボレロ　59, 73, 106, 186
リヒター，ハンス　73
ルッカース，A.　247
ロッシーニ，ジョキアーノ
　オペラ　33
　泥棒かささぎ　251
ロブコヴィッツ伯爵　114

わ行
ワーグナー，リヒャルト　53, 146, 151
　オペラ（楽劇）　33
　ジークフリート牧歌　160
　タンホイザー　164
　トリスタンとイゾルデ　164, 221
　ニーベルングの指環（リング）　37, 146
　ニュルンベルクのマイスタージンガー　37, 129, 161, 200, 221
　パルシファル　37
　ローエングリン　161
　ワルキューレ　160, 220
ワルター，ブルーノ　143

B
Burghauser, J.　190

C
Clark, M.　190

D
Dunn, H. K.　288

F
Farnsworth, D. W.　288

G
Gade, A. C.　55

K
Kuhl, W.　47

L
Lindner　224
Lottermoser, W.　257

Luce, D. 190

M
Meyer, J. 257
Miśkiewicz, A. 123

N
Niese, H. 288, 289

P
Prince, D. 67

R
Rakowski, A. 123
Raoux, J. 197

S
Spelda, A. 190

T
Talaske, R. 67
Tauber 224
Temström, S. 256, 257
Tennhardt, H.-P. 49, 67

W
Westphal, W 157
Winkler, H. 49, 67

[著 者] ユルゲン・メイヤー　Juergen Meyer

1960年，ブラウンシュバイク工科大学よりPhD授与。1957–1996年，ブラウンシュバイク州立物理工学研究所にて楽音の品質，楽器と空間の相互作用に関する研究を行う。1968–2004年，デットモルト音楽大学トーンマイスター・コース教授。1989–2003年，ブラウンシュバイク室内管弦楽団の指揮者を務める（氏に献呈されたG.クレベ作『弦楽のためのディベルディメント』初演）。160編の原著論文と会議報告，3冊の著書（本書，『教会の音響』，『ヴァイオリン奏法の物理学』）がある。2004年，独音響学会ヘルムホルツ賞，独トーンマイスター協会名誉賞を授与される。

[訳 者] 日高　孝之　Hidaka Takayuki

1979年大阪大学大学院工学部修士課程（応用物理学科）卒，現在，（株）竹中工務店技術研究所リサーチフェロー。工博（京都大学），技術士（応用理学），アメリカ音響学会フェロー。

[序　音響とこれからの音楽ホール]　三枝　成彰　Saegusa Shigeaki

1966年東京藝術大学音楽部（作曲科）卒，1971年同大学院修了。作曲家，東京音楽大学客員教授。財団法人日本交響楽振興財団理事。日本現代音楽協会理事。日本作編曲家協会副会長。日本モーツァルト協会理事長。2007年紫綬褒章受章。

（写真／山本倫子）

ホールの響きと音楽演奏

2015年5月1日　初版印刷
2015年5月15日　初版発行

著　者　　ユルゲン・メイヤー
訳　者　　日高　孝之
発行者　　澤崎　明治

　装丁・デザイン　加藤三喜
　印刷・製本　大日本法令印刷（株）

発行所　株式会社　市ヶ谷出版社
東京都千代田区五番町5
　電話　03-3265-3711（代）
　FAX　03-3265-4008

ⓒ2015 Hidaka　　　　ISBN 978-4-87071-279-9

室内音響設計に関わる建築家、研究者必携！

30年にわたり版を重ねてきた名著の邦訳！

B5判・上製本・352頁・本体価格 7,000 円
2003 年刊行　市ヶ谷出版社